● 무비 스님 ●

법화경 강의

하

불광출판사

무비 스님
법화경 강의

◉

하권

머리말

인류 역사상 위대한 성인들은 많습니다. 사람들은 수많은 성인들이 남긴 훌륭한 가르침을 의지하여 인생을 보람 있고 의미 있게 살아갑니다. 그러나 시간이 흐르고 세상이 변천함에 따라 삶의 가치관도 늘 바뀌고 변합니다. 그래서 소신이 없는 사람들은 오늘날과 같은 혼돈의 시대에는 인생의 방향감각을 상실한 채 이리 저리 눈에 보이고 귀에 들리는 것만을 쫓아 표류합니다.

   이러한 때에 성인 중의 성인이시며 부처님 중의 부처님이신 석가세존의 무수한 가르침 중에서 가장 위대한 가르침으로 널리 알려져 있는 '연꽃처럼 아름답고 미묘한 진리의 가르침'인 『묘법연화경』을 그 대안으로 삼아 만천하에 드러내어 사람 사람들의 지극히 고귀한 가치를 되찾고자 합니다.

   『묘법연화경』은 모든 경전 중에서 왕의 자리를 차지할 뿐만 아니라 부처님 교설의 완성입니다. 즉 팔만장경의 최 궁극입니다. 그러므로 사람 사람들의 지극히 고귀한 가치를 되찾는 데 완벽한 가르침이며, 그 가르침을 통하여 인생의 가치에 눈을 뜨게 되면 매일 매일이 개개인의 생애에 있어서 최고가는 축제의 날이 될 것입니다. 날마다 좋은 날, 일일시호일(日日是好日)입니다.

   한 생애를 송두리째 바쳐 옆도 뒤도 돌아보지 않고 오직 이 길에만 정진하였으나 인생 궁극의 경지를 터득하신 세존의 가르침은 너무나 높고 너무나 깊어 그 끝을 알 길이 없었습니다. 최선의 방법은 오로지 정진하고 또 정진하는 것뿐입니다. 정진하는 사람에게는 간경이나 참선이나 모두가 정진이요, 심지어 지독한 병고마저 불법에 눈을 뜨게 하는 훌륭한 정진이라는 사실을 체험하였습니다.

세상과 인생의 참되고 바른 이치를 깨닫기 위한 정진으로 이 『묘법연화경』을 수차례 강의하다 보니, 사찰의 한 귀퉁이 방에 앉아 인터넷 방송이라는 매우 편리한 첨단 기술을 활용하여 전 세계에 있는 인연 있는 불자들을 대상으로 강의를 하기에까지 이르렀습니다.

저의 강의가 삶에 도움이 되었다 하여 많은 도반들과 법우님들이 앞 다투어 녹취를 해서 다시 읽게 하는 불사를 하였습니다. 고맙고 감사하여 그 보답으로 그것을 다시 다듬고 정리하여 책으로 출판하기에 이르렀습니다. 이 책이 불교를 이해하고 인생의 지고한 가치를 되찾아 매일 매일이 축제와 같은 환희로운 삶을 사는 데 비장의 열쇠가 되기를 간절히 바랍니다.

인터넷 방송을 청취해 주신 법우님들과 녹취를 하신 도반님들과 특히 애써주신 불광출판사 관계자 여러분들과 물심양면으로 알게 모르게 많은 도움을 주신 주변의 여러 불자님들에게 마음 깊이 감사의 말씀을 올립니다. 이 뜻 깊은 인연으로 길이길이 지혜롭고 복된 삶이 되시기를 빕니다.

2008년 11월 7일
금정산 범어사 한주 如天 無比 삼가 씀

상권(上卷) ● 제1 서품(序品)
　　　　　　　제2 방편품(方便品)
　　　　　　　제3 비유품(譬喩品)
　　　　　　　제4 신해품(信解品)
　　　　　　　제5 약초유품(藥草喩品)
　　　　　　　제6 수기품(授記品)
　　　　　　　제7 화성유품(化城喩品)
　　　　　　　제8 오백제자수기품(五百弟子授記品)
　　　　　　　제9 수학무학인기품(授學無學人記品)
　　　　　　　제10 법사품(法師品)

하권(下卷) ● 제11 견보탑품(見寶塔品)
　　　　　　　제12 제바달다품(提婆達多品)
　　　　　　　제13 권지품(勸持品)
　　　　　　　제14 안락행품(安樂行品)
　　　　　　　제15 종지용출품(從地涌出品)
　　　　　　　제16 여래수량품(如來壽量品)
　　　　　　　제17 분별공덕품(分別功德品)
　　　　　　　제18 수희공덕품(隨喜功德品)
　　　　　　　제19 법사공덕품(法師功德品)
　　　　　　　제20 상불경보살품(常不輕菩薩品)
　　　　　　　제21 여래신력품(如來神力品)
　　　　　　　제22 촉루품(囑累品)
　　　　　　　제23 약왕보살본사품(藥王菩薩本事品)
　　　　　　　제24 묘음보살품(妙音菩薩品)
　　　　　　　제25 관세음보살보문품(觀世音菩薩普門品)
　　　　　　　제26 다라니품(陀羅尼品)
　　　　　　　제27 묘장엄왕본사품(妙莊嚴王本事品)
　　　　　　　제28 보현보살권발품(普賢菩薩勸發品)

머리말 ... 2

11품 ● 견보탑품 見寶塔品 ... 17

1. 다보불탑의 출현 ... 19
(1) 다보불탑의 장엄 · 19
(2) 천신들의 공양 · 21
(3) 다보여래의 찬탄 · 22
(4) 대요설보살이 묻다 · 24
(5) 부처님이 답하다 · 25

2. 세존의 분신들이 모이다 ... 27
(1) 대요설보살이 청하다 · 27
(2) 광명을 놓아 분신들을 모으다 · 30
(3) 국토를 세 번 변화시키다 · 33
(4) 다보불탑을 열다 · 41
(5) 석가모니불이 다보불탑에 들다 · 44

3. 법화경 설할 때를 알리다 ... 46
4. 게송으로 다시 설하다 ... 47
(1) 다보불탑의 출현 · 47
(2) 분신불이 모이다 · 50
(3) 석가모니불이 부촉하다 · 52

12품 ● 제바달다품 提婆達多品 ... 71

1. 제바달다는 석가의 스승 ... 75
(1) 제바달다와 석가모니불의 과거 · 75
(2) 게송으로 다시 밝히다 · 78
(3) 석가모니불의 성불은 제바달다의 공덕 · 81

2. 제바달다는 천왕여래가 되리라 ... 83
3. 제바달다품을 권하다 ... 85
4. 지적보살과 문수보살의 만남 ... 86

(1) 문수보살의 교화 • 86
　　(2) 지적보살의 찬탄 • 89
　5. 팔세 용녀의 성불 ································· 90
　　(1) 지적보살의 질문 • 90
　　(2) 문수보살의 설명 • 91
　　(3) 지적보살의 의심 • 93
　　(4) 용녀의 출현 • 94
　　(5) 사리불의 의심 • 95
　　(6) 용녀가 구슬을 바치고 성불하다 • 97
　　(7) 대중들이 보고 이익을 얻다 • 99

13품 ● 권지품 勸持品 ································· 101

　1. 약왕보살의 서원 ································· 103
　2. 오백 아라한과 팔천 성문의 서원 ··········· 106
　3. 교담미는 일체중생희견여래가 되리라 ······ 108
　4. 야수다라는 구족천만광상여래가 되리라 ··· 110
　5. 비구니들의 기쁨과 서원 ························ 112
　6. 팔십만 억 보살들의 서원 ······················ 113
　7. 인욕의 옷을 입고 경을 설하리라 ············ 116
　8. 인욕의 옷을 입는 이유 ························· 122
　9. 우리는 세존의 사자 ····························· 126

14품 ● 안락행품 安樂行品 ························· 129

　1. 법화경은 어떻게 설하는가 ···················· 131
　2. 수행방법을 해석하다 ··························· 132
　　(1) 몸의 안락행 • 132
　　(2) 게송으로 거듭 밝히다 • 143
　　(3) 입의 안락행 • 155
　　(4) 게송으로 거듭 설하다 • 158

　　　　⑸ 마음의 안락행 • 164
　　　　⑹ 게송으로 거듭 설하다 • 170
　　　　⑺ 서원의 안락행 • 175

　　3. 법화경의 존귀함을 말하다 180
　　　　⑴ 법을 말하다 • 180
　　　　⑵ 계명주의 비유 • 180
　　　　⑶ 비유에서 법을 밝히다 • 182
　　　　⑷ 계명주를 받는 사람 • 183
　　　　⑸ 여래의 비밀하고 요긴한 가르침 • 184

　　4. 게송으로 거듭 설하다 186
　　　　⑴ 법을 말하다 • 186
　　　　⑵ 비유를 들다 • 188
　　　　⑶ 비유에서 법을 밝히다 • 189

　　5. 네 가지 안락행의 성취 190
　　　　⑴ 안락행의 과보 • 190
　　　　⑵ 모든 번뇌가 소멸하다 • 193

15품 ● 종지용출품 從地涌出品 199

　　1. 타방 보살들이 경전 설할 것을 청하다 201
　　2. 부처님께서 허락하지 않다 202
　　3. 세계가 진동하며 한량없는 보살들이 솟아오르다 203
　　　　⑴ 보살들의 모습과 주처와 권속 • 203
　　　　⑵ 두 세존께 예경 찬탄하다 • 207
　　　　⑶ 네 도사들의 문안 • 208
　　　　⑷ 부처님의 답 • 211
　　　　⑸ 보살들의 수희 • 213

　　4. 미륵보살의 의문 214
　　　　⑴ 의문을 풀고자 하다 • 214
　　　　⑵ 미륵보살이 게송으로 묻다 • 215
　　　　⑶ 솟아 나온 보살들의 수량 • 217

(4) 그들의 스승을 묻다 • 220
　　　(5) 의문을 풀어주기를 청하다 • 221

　5. 타방 보살들의 의문 ········· 223
　6. 여래의 지혜와 힘을 표하다 ········· 225
　　　(1) 장항 • 225
　　　(2) 게송 • 226

　7. 현세의 일[近]에서 영원[遠]을 드러내다 ········· 227
　　　(1) 장항 • 227
　　　(2) 게송 • 230

　8. 미륵보살이 다시 의심하여 청하다 ········· 235
　9. 부소자노의 비유 ········· 238
　10. 게송으로 다시 청하다 ········· 241
　　　(1) 법으로 표현하다 • 241
　　　(2) 비유로써 표현하다 • 243

16품 ● 여래수량품 如來壽量品 ········· 247

　1. 현세의 일[近]에서 영원[遠]을 밝히다 ········· 251
　　　(1) 세 번의 주의를 주다 • 251
　　　(2) 세 번 청하다 • 252
　　　(3) 세상 사람들이 보는 성불 • 253
　　　(4) 본래성불을 밝히다 • 254
　　　(5) 근기를 따라 설하다 • 257
　　　(6) 방편으로 보인 일생 • 258
　　　(7) 열반이 아니나 열반을 보이다 • 262

　2. 양의의 비유 ········· 265
　3. 비유에서 법을 밝히다 ········· 272
　4. 자아게로써 거듭 밝히다 ········· 273
　　　(1) 과거 사람들의 이익을 위하여 • 273
　　　(2) 현재 사람들의 이익을 위하여 • 275

　　　　(3) 미래 사람들의 이익을 위하여 • 276
　　　　(4) 비유를 들다 • 279
　　　　(5) 비유에서 법을 밝히다 • 279

17품 ● 분별공덕품 分別功德品　　281

　　1. 영원한 생명을 듣고 얻은 이익　　283
　　2. 하늘에서 꽃비가 내리다　　287
　　3. 미륵보살이 영원한 생명을 찬탄하다　　288
　　　　(1) 대중들의 이해를 찬탄하다 • 288
　　　　(2) 여래의 설명을 찬탄하다 • 290
　　　　(3) 대중들의 공양을 찬탄하다 • 292

　　4. 영원한 생명의 공덕　　294
　　　　(1) 다섯 가지 바라밀보다 수승한 공덕 • 294
　　　　(2) 게송으로 다시 밝히다 • 296
　　　　(3) 말의 뜻을 이해한 공덕 • 303
　　　　(4) 경전을 수지하고 공양한 공덕 • 304
　　　　(5) 믿고 이해하면 부처님을 보리라 • 305
　　　　(6) 여래 열반 후의 공덕 • 306
　　　　(7) 게송으로 거듭 밝히다 • 312

18품 ● 수희공덕품 隨喜功德品　　319

　　1. 경을 듣고 따라서 기뻐한 공덕　　322
　　　　(1) 미륵보살이 묻다 • 322
　　　　(2) 세존이 공덕을 답하다 • 323

　　2. 게송으로 거듭 밝히다　　333
　　　　(1) 속으로 따라 기뻐한 공덕 • 333
　　　　(2) 다른 사람들에게 듣기를 권한 공덕 • 335

19품 ● 법사공덕품 法師功德品　341

1. 육근의 공덕을 모두 밝히다　343
2. 눈의 공덕을 밝히다　352
   - (1) 장항 • 352
   - (2) 게송 • 353
3. 귀의 공덕을 밝히다　355
   - (1) 장항 • 355
   - (2) 게송 • 357
4. 코의 공덕을 밝히다　361
   - (1) 장항 • 361
   - (2) 게송 • 365
5. 혀의 공덕을 밝히다　371
   - (1) 장항 • 371
   - (2) 게송 • 373
6. 몸의 공덕을 밝히다　377
   - (1) 장항 • 377
   - (2) 게송 • 379
7. 의식의 공덕을 밝히다　381
   - (1) 장항 • 381
   - (2) 게송 • 384

20품 ● 상불경보살품 常不輕菩薩品　387

1. 법화경의 죄와 공덕　391
2. 위음왕여래의 이야기　392
3. 상불경보살의 인간존중　395
4. 경전을 바로 믿는 사람의 공덕　400
5. 상불경보살은 곧 석가모니불　406
6. 수기를 부정한 사람들의 과보　407

7. 게송으로 거듭 밝히다 ... 410
   (1) 위음왕여래 • 410
   (2) 상불경보살 • 410

21품 ● 여래신력품 如來神力品 ... 419

1. 땅에서 솟아 나온 보살대중 ... 420
2. 여래의 신력 ... 421
3. 경전을 찬탄하고 유통을 부촉하다 ... 428
4. 게송으로 거듭 설하다 ... 433
   (1) 부처님의 신력 • 433
   (2) 유통을 부촉하다 • 434

22품 ● 촉루품 囑累品 ... 439

1. 여래가 유통을 부촉하다 ... 441
2. 유통을 부촉하는 이유 ... 443
3. 보살들이 받들어 행할 것을 다짐하다 ... 447
4. 모든 대중들이 환희하다 ... 448

23품 ● 약왕보살본사품 藥王菩薩本事品 ... 451

1. 약왕보살에 대하여 묻다 ... 453
2. 여래가 해설하다 ... 455
   (1) 일월정명덕여래 • 455
   (2) 일체중생희견보살의 삼매 • 456
   (3) 보살의 소신공양 • 459
   (4) 보살의 화생 • 462
   (5) 부처님의 처소에 나아가다 • 465
   (6) 여래가 부촉하고 열반에 들다 • 466
   (7) 보살이 부촉을 받들어 행하다 • 468

3. 그 옛날 그 보살은 오늘의 약왕보살 ········ 473
4. 법화경의 공덕을 찬탄하다 ················ 474
5. 비유로써 모든 경 중에 제일임을 밝히다 ······ 475
6. 법화경은 이러한 능력이 있다 ············· 478
7. 경을 수지하는 공덕 ······················ 480
　(1) 전경을 들은 공덕 • 480
　(2) 약왕보살본사품을 들은 공덕 • 482
　(3) 약왕보살본사품을 부촉하다 • 486
　(4) 약왕보살본사품을 설한 이익 • 489

24품 ● 묘음보살품 妙音菩薩品 ········· 491

1. 부처님이 광명을 놓다 ···················· 492
2. 묘음보살이 얻은 삼매 ···················· 494
3. 묘음보살이 사바세계에 가기를 원하다 ······ 496
4. 정화수왕지불이 주의를 주다 ··············· 497
5. 묘음보살의 수행력 ······················· 499
6. 묘음보살이 오는 모습 ···················· 504
7. 묘음보살이 안부를 전하다 ················ 507
8. 묘음보살의 선근과 공덕 ·················· 509
9. 묘음보살의 신력 ························· 511
10. 삼매에 대한 문답 ······················· 515
11. 묘음보살품을 설하고 삼매를 얻다 ········· 516
12. 묘음보살이 본토로 돌아가다 ············· 517

25품 ● 관세음보살보문품 觀世音菩薩普門品 ······ 519

1. 무진의보살이 묻다 ······················ 525
2. 일곱 가지 재난을 벗어나다 ··············· 528
3. 삼독을 떠나다 ·························· 536
4. 자녀를 얻다 ···························· 537

5. 관세음보살의 이름을 지니는 복덕 539
6. 관세음보살의 삼업을 묻다 540
7. 관세음보살의 삼십이응신 541
8. 관세음보살에게 공양하다 545
9. 게송을 설하다 551
10. 관세음보살보문품을 듣고 이익을 얻다 566

26품 ● 다라니품 陀羅尼品 567

1. 법화경을 독송한 공덕 571
2. 약왕보살이 주문으로 수호하다 575
3. 용시보살의 주문 577
4. 비사문천왕의 주문 580
5. 지국천왕의 주문 581
6. 나찰녀의 주문 582

27품 ● 묘장엄왕본사품 妙莊嚴王本事品 589

1. 운뢰음여래 591
2. 정장과 정안의 수행 591
3. 두 아들의 교화 방편 593
    (1) 부처님께서 법화경을 설하다 • 593
    (2) 아버지를 교화할 것을 권하다 • 594
    (3) 두 아들이 신통을 보이다 • 596
    (4) 아버지가 크게 환희하다 • 597
4. 두 아들이 출가수도를 원하다 598
5. 불법 만나기가 맹구우목과 같다 600
6. 교화의 공이 드러나다 602
7. 부처님께 나아가 설법을 듣다 602
8. 묘장엄왕은 사라수왕불이 되리라 605

9. 왕이 출가하여 수행하다 ········· 605
10. 두 아들은 아버지의 선지식 ········· 606
11. 두 아들의 덕행 ········· 608
12. 부처님을 찬탄하고 서원을 세우다 ········· 610
13. 부모와 두 아들의 현재 ········· 612

28품 ● 보현보살권발품 普賢菩薩勸發品 ········· 615

1. 보현보살이 영축산에 오다 ········· 617
2. 법화경을 얻을 방법을 묻다 ········· 618
3. 법화경을 얻을 네 가지 조건 ········· 619
4. 법화행자를 수호할 것을 서원하다 ········· 621
   (1) 외난을 수호하다 • 621
   (2) 법을 수호하다 • 623
   (3) 주문을 설하다 • 625

5. 보현보살의 위신력 ········· 626
6. 수승한 선근이 되다 ········· 627
7. 법화행자의 공덕 ········· 629
8. 보현보살의 서원 ········· 630
9. 보현보살의 내력을 말하다 ········· 631
10. 법화행자는 이러하니라 ········· 632
11. 보현보살권발품을 설한 공덕 ········· 638

무비 스님
법화경 강의

◉

하권

11
견보탑품

(見寶塔品)

 흔히 법화경을 이처삼회(二處三會)에서 28품(品)을 설했다고 합니다. 제1 서품에서 제11 견보탑품의 중간까지는 기사굴산 즉 영축산에서 처음 설법했고, 제11 견보탑품의 중간에서부터 제22 촉루품까지 허공의 칠보탑 가운데로 장소를 옮겨서 두 번째 설법을 합니다. 여기까지가 2처 2회의 설법이 됩니다. 다음으로 제23 약왕보살본사품부터 마지막 제28 보현보살권발품까지는 다시 영축산으로 내려와서 세 번째 설법을 하는 것으로 이루어져 있습니다. 이것을 일러서 법화경은 2처 3회 28품을 설했다고 말합니다. 화엄경을 간추릴 때는 7처 9회 39품을 설했다고 합니다. 일곱 곳에서 아홉 번의 법회를 열어서 39품을 설했다는 것입니다.

경주에 있는 불국사는 세계적으로 명성이 난 고찰로 아름다운 국보급 문화재도 많이 보유하고 있습니다. 청운교와 백운교가 있고 연화교와 칠보교가 있습니다. 지금 소나무가 빽빽이 들어서 있는 그 광장은 원래 넓은 호수였습니다. 그래서 옛날에는 그 아래에 물길이 지나고 있어서 처음에는 배를 타고 다리에 닿으면 계단을 올라가서 법당으로 집어드는 구조였습니다. 불국사(佛國寺)라는 이름 그대로 불국토를 이 땅에 구현하려 했기에 창건 당시의 모습은 상상을 초월할 정도로 아름다웠으리라 생각됩니다.

오랜 세월을 지나오면서 그 분위기는 많이 달라졌지만 옛날의 원형은 아직도 살아 있습니다. 비록 물을 건너는 배는 없지만 경건한 발걸음으로 청운교를 지나 백운교를 올라서면 자하문입니다. 자하문을 지나서 왼편으로 석가탑, 오른편으로 다보탑이 마주하는 대웅전 마당을 가로지르면 대웅전에 이르게 됩니다. 이곳은 석가모니 부처님의 정토입니다. 다시 내려와서 연화교와 칠보교를 지나 안양문을 거치면 아미타 부처님을 모신 극락전이 있는 극락정토에 이르게 됩니다. 한 걸음 한 걸음 옮길 때마다 아름다운 불국정토에 다가서는 경건함이 느껴집니다.

저는 불국사를 떠올릴 때마다 법화경 견보탑품을 지상에 구현시킨 곳이라는 생각을 지울 수가 없습니다. 아마도 불국사를 창건한 이는 법화경에 근거해서 법화경의 이상세계를 지상에 구현한 것이라고 알고 있습니다.

제11 견보탑품의 구성은 이렇습니다. 석가모니 부처님께서 영산회상에서 하셨던 법화경 설법이 온 시방삼세의 모든 깨달은 분께서 설법하시는 진리의 가르침과 하나도 다름없는 진실한 법이라는 것을 다보여래께서 출현하여 증명하고 있습니다. 칠보로 된 다보탑이 땅에서 솟아난 것은 석가모니 부처님께서 설한 법화경이 진실한 말씀이고 진리의 말씀이며 어떤 깨달은 분에게도 인정받을 수 있는 가르침이라는 의미가 있습니다. 칠보로 된 다보탑이 허공으로 솟아오른 뒤 부처님께서 미래세에 법화경을 널리 유포하도록 제자들에게 부촉하는 내용이 이어집니다. 제11 견보탑품은 영축산에서 그동안 설법한 내용과는 조금 다른 분위기로 이야기가 진행됩니다. 지상에서 천상의 허공 가운데로 올라가서 모든 대중들이 법화경의 설법을 듣는 형식을 취하고 있습니다.

1. 다보불탑(多寶佛塔)의 출현

[1] 다보불탑의 장엄

【 경문 】

爾時佛前에 有七寶塔하대 高五百由旬이요 縱廣二百五十由旬이라 從地涌出하야 住在空中하대 種種寶物로 而莊校之하며 五千欄楯이요 龕室千萬이며 無數幢幡으로 以爲嚴飾하고 垂寶瓔珞하니 寶鈴萬億으로 而懸其上하며 四面皆出多摩羅跋栴檀之香하야 充遍世界하며 其諸幡蓋는 以金

銀琉璃硨磲瑪瑙眞珠瑪瑙七寶合成하야 高至四天王宮하니라

　그때에 부처님 앞에 칠보(七寶)로 된 탑(塔)이 있으니 높이가 오백 유순이요, 가로와 세로는 이백 오십 유순이었습니다. 땅에서 솟아올라 와서 공중에 머물러 있었습니다. 갖가지 보물로 장식하였으니 난간이 오천이요, 감실이 천만이었습니다. 무수한 당기와 번기로 꾸미었고 보배로 된 영락을 드리우고 보배 풍경 만 억 개를 그 위에 달았습니다. 사면에서는 다마라발 진단향기가 나와서 세계에 충만하였습니다. 그 모든 번기와 일산들은 금·은·유리·자거·마노·진주·매괴 등의 칠보로 만든 것인데 높이가 사천왕(四天王) 궁전에까지 이르렀습니다.

　❀　다보 부처님의 탑이 땅에서 솟아올라 허공 가운데 머물러 있습니다. 칠보로 아름답게 장식되어 있는 장엄한 모습을 눈에 보이듯 설명하고 있습니다. 칠보로 장식된 다보불탑이 땅에서 솟아난 것은 우리의 불성이 드러나는 것을 비유하였습니다. 우리에게 내재된 불성은 칠보로 장엄한 듯 아름답고 신기합니다.

　불국사에 있는 다보탑이 여기 견보탑품의 다보탑을 구현한 것입니다. 과거의 부처님인 다보 부처님이 현재의 부처님인 석가모니 부처님이 설법한 법화경이 옳다고 증명하는 견보탑품의 내용을 눈으로 직접 볼 수 있도록 석가탑과 마주 보는 자리에 다보탑을 세웠습니다. 다보탑을 아름답고 정교하게 다듬어 놓은 솜씨는 목수가 나무를 깎아도 그렇게 깎을 수 없고, 도공이 흙으로 빚어도 도저히 빚어내기 어려울 정도로 뛰어난 솜씨입니다. 뿐만 아니라 정확한 자(尺)도 없었을

1,300여 년 전에 한 치의 오차도 없이 돌을 다듬어 모양을 내고 아귀를 맞추어낸 것은 상상을 뛰어넘습니다.

다보탑과 마주보는 석가탑의 원래 이름은 석가여래상주설법탑(釋迦如來常住說法塔)입니다. 석가모니 부처님이 법화경을 설법하는 것을 다보 부처님이 지켜보며 증명하는 형식을 구현한 것입니다. 얼른 봐서는 평범한 석탑 같지만 전체적인 균형이나 층의 높이나 넓이 등은 예술적 조화의 극치를 이루고 있습니다. 얼른 보아서는 다보탑이 아름답지만 보면 볼수록 사람을 매료하는 아름다움을 지닌 것은 석가탑이라고 생각합니다.

(2) 천신들의 공양

【경문】
三十三天은 雨天曼陀羅華하야 供養寶塔하고 餘諸天龍夜叉와 乾闥婆阿修羅와 迦樓羅緊那羅와 摩睺羅伽人非人等千萬億衆은 以一切華香瓔珞과 幡蓋伎樂으로 供養寶塔하며 恭敬尊重讚歎이러라

삼십삼천에서 하늘의 만다라 꽃을 비 내려서 보배 탑에 공양하였습니다. 그 밖의 모든 천신(天神)과 용과 야차와 건달바와 아수라와 가루라와 긴나라와 마후라가와 사람과 사람 아닌 이들 천만 억 대중들이 온갖 꽃·향·영락·번기·일산·풍류로 보배 탑에 공양 공경하며 존중 찬탄하였습니다.

🪷   땅에서 허공으로 보탑이 솟아오른 것은 우리의 위대한 불성이 평범한 인간의 상태를 뛰어넘어 활동하기 시작한 상태를 말합니다. 참으로 만나기 어려운 일입니다. 그래서 모든 존재가 찬탄하며 공양하고 있습니다.

[3] 다보여래(多寶如來)의 찬탄

【 경문 】

爾時寶塔中에 出大音聲하야 歎言善哉善哉라 釋迦牟尼世尊이여 能以平等大慧로 敎菩薩法이며 佛所護念이신 妙法華經으로 爲大衆說하시니 如是如是하야 釋迦牟尼世尊의 如所說者는 皆是眞實이니다

그때 보배 탑 안에서 큰 소리를 내어 찬탄하였습니다.
"훌륭하여라. 훌륭하여라. 석가모니불 세존(世尊)께서 평등한 큰 지혜로써 보살들을 가르치는 법이며, 부처님들이 호념(護念)하시는 묘법연화경(妙法蓮華經)을 대중들에게 말씀하십니다. 그렇습니다. 그렇습니다. 석가모니 세존께서 말씀하시는 것은 모두 진실(眞實)입니다."

【 경문 】

爾時四衆이 見大寶塔이 住在空中하며 又聞塔中에 所出音聲하고 皆得法喜하야 怪未曾有하고 從座而起하야 恭敬合掌하고 却住一面이러라

이때 사부대중들은 큰 보배 탑이 공중에 머물러 있는 것을 보았습니다.

또 탑 속에서 나오는 음성을 듣고는 모두 법(法)의 기쁨을 얻었습니다. 전에 없던 일이라 하여 괴이하게 여기며 자리에서 일어나 공경하며 합장하고 한 곳에 물러가 있었습니다.

묘법연화경이라는 말의 뜻은 심심미묘한 진리의 말씀이 마치 연꽃과 같다고 풀이할 수 있습니다. 연꽃이 불교에서 갖는 의미가 있습니다. 염화미소처럼 석가모니 부처님께서 대가섭 존자에게 마음의 법을 전하실 때 연꽃을 들어 올린 삼처전심의 일화는 매우 유명합니다. 또한 연꽃은 첫째, 처염상정(處染常淨) 즉 더러운 물에서 살지만 더럽혀지지 않고 항상 깨끗함을 유지합니다. 둘째로 화과동시(花果同時) 즉 꽃이 피는 것과 동시에 열매가 그 속에 자리잡는데 이 열매를 연밥이라 합니다. 꽃은 열매를 맺기 위한 수단이며 열매의 원인이고 열매는 꽃의 결과인 것입니다. 이렇게 꽃과 열매로써 어느 누구도 거스를 수 없는 인과율을 상징적으로 압축하고 있습니다. 셋째로 연꽃 봉오리의 모양은 두 손을 가지런히 합장한 모습을 연상하게 합니다. 이런 이유로 연꽃은 불교를 상징하기에 안성맞춤인 꽃이 된 것입니다.

불교는 희로애락과 시시비비가 뒤범벅이 된 인간세상에 바탕을 두고 그 자리에서 이상적인 삶으로 가는 길을 제시합니다. 불교가 현실을 떠나지 않고 처한 그 자리에 발을 딛고 있음을 처염상정한 특징으로 상징하고 있습니다. 인간의 삶과 우주 삼라만상에 내재한 참다운 이치를 설하는 경전이라는 뜻이 묘법연화경의 이름에 담겨 있습니다. 이러한 묘법연화경을 석가모니 부처님께서 말씀하셨습니다. 또한 그 내용이 조금도 틀림없는 진실이라고 다보 부처님께서 다보탑 안에서 증명하는 소리가 들리는 것입니다.

[4] **대요설(大樂說)보살이 묻다**

【 경문 】

爾時有菩薩摩訶薩하니 名大樂說이라 知一切世間의 天人阿脩羅等心之所疑하고 而白佛言하사대 世尊하 以何因緣으로 有此寶塔이 從地涌出하며 又於其中에 發是音聲이닛고

그때에 한 보살 마하살이 있으니 이름이 대요설이었습니다. 그는 모든 세간의 천신과 인간과 아수라들이 마음속에 의심하는 것을 알고 부처님께 말씀드렸습니다.
"세존이시여, 무슨 인연(因緣)으로 이 보배 탑이 땅에서 솟아올랐으며 또 그 속에서 이러한 음성이 나오는 것입니까?"

❋ 대요설(大樂說)이라는 보살이 있었습니다. 대요설은 큰 대(大) 자, 좋아할 요(樂) 자, 말할 설(說) 자를 사용하는데, 말하기를 좋아하며 말을 아주 잘 하는 언변가라는 뜻입니다. 대요설보살이 모든 세간의 중생들이 의심하는 것을 알게 되었습니다. 사실 의심한다기보다는 굉장히 의아하고 궁금한 것이겠지요. 그래서 대요설보살이 여러 대중을 대신해서 석가모니 부처님께 질문합니다. 부처님께서는 항상 어떤 성문제자나 보살의 질문에 대답하여 법을 설하셨습니다. 그래서 여기서도 같은 형식을 취하고 있습니다. 어느 누구도 부처님께 질문을 하지

않았음에도 부처님께서 스스로 먼저 법을 설하는 것은 무문자설(無問自說)이라고 합니다. 불설아미타경(佛說阿彌陀經)과 같은 경우가 무문자설의 대표적인 예인데, 이런 경우는 많지 않습니다.

[5] **부처님께서 답하다**

【 경문 】

爾時佛告大樂說菩薩하사대 此寶塔中에 有如來全身하니 乃往過去에 東方無量千萬億阿僧祇世界에 國名寶淨이요 彼中有佛하니 號日多寶라 其佛行菩薩道時에 作大誓願하대 若我成佛滅度之後에 於十方國土에 有說法華經處면 我之塔廟는 爲聽是經故로 涌現其前하야 爲作證明하고 讚言善哉라하리라 彼佛成道已하고 臨滅度時하야 於天人大衆中에 告諸比丘하사대 我滅度後에 欲供養我全身者면 應起一大塔이라하니라 其佛以神通力으로 十方世界在在處處에 若有說法華經者면 彼之寶塔이 皆涌出其前하니 全身이 在於塔中하야 讚言善哉善哉라하니라 大樂說아 今多寶如來塔이 聞說法華經故로 從地涌出하야 讚言善哉善哉라하니라

이때 부처님께서 대요설보살에게 말씀하셨습니다.
"이 보배 탑 안에는 여래의 전신(全身)이 계시니라. 지나간 옛적에 동방으로 한량없는 천만 억 아승지 세계밖에 나라가 있었으니 이름이 보정(寶淨)이니라. 그 나라에 부처님이 계셨으니 이름이 다보(多寶)이니라. 그 부처님이 보살의 도를 행하실 때에 큰 서원(誓願)을 세우시기를 '내가 성불하였다가 열반한 뒤에 시방의 국토 중에 묘법연화경을 설하는

곳이 있으면, 내 탑이 그 경전을 듣기 위하여 그 앞에 솟아올라 증명하면서 〈훌륭하고 훌륭하다〉고 찬탄하리라.' 하였느니라.

그리고 그 부처님이 성불하셨다가 열반하시려는 때에 천신과 인간 대중들 가운데서 비구들에게 이렇게 말씀하셨느니라.

'내가 열반한 뒤에 내 전신에 공양하려는 사람은 마땅히 큰 탑 하나를 세우라.' 라고 하였느니라.

그 부처님이 신통력(神通力)으로 시방세계의 가는 곳마다 만약 묘법연화경을 설하는 사람이 있으면, 그 부처님이 보배 탑이 그 앞에 솟아나고 그 탑 속에 전신이 계시어서 '훌륭하고 훌륭하다'고 찬탄하느니라. 대요설이여, 지금 다보여래(多寶如來)의 탑이 묘법연화경을 설하는 것을 들으려고 땅에서 솟아 올라와서 '훌륭하고 훌륭하다'고 찬탄하는 것이니라."

❀ 칠보로 장식한 탑 안에는 여래의 전신(全身) 즉 여래의 온전한 몸이 계신다고 했습니다. 그 여래의 전신은 한량없는 과거에 계셨던 다보 부처님의 서원에 의해서 법화경을 증명하기 위해 탑 안에 계신 것입니다. 앞의 제10 법사품에서 여래의 전신에 대해 배웠습니다. 여래의 전신은 여래의 육체적인 몸을 말하는 것이 아니라 여래의 가르침의 핵심, 참된 진리를 가리키는 것입니다. 견보탑품에서는 여래의 전신을 다보여래라는 형상으로 구체화하고 있는 것입니다. 그래서 이 다보여래는 언제 어디에서 어떤 이름의 국토를 다스렸으며 어떤 서원을 세우고 어떤 불사를 행하셨다고 구체화하는 것입니다.

법화경을 설하는 곳은 어디든지 나타나서 찬탄하겠다는 다보여래의 서원에 따라 이 보배 탑이 솟아올랐고 마침내 법화경을 증명하는 말씀을 하게 되었습니다. 법화경을 설하는 곳이란 참된 진리의 말씀을 설하는 곳이라는 뜻입니다.

2. 세존의 분신(分身)들이 모이다

[1] 대요설보살이 청하다

【 경문 】

是時大樂說菩薩이 以如來神力故로 白佛言하사대 世尊하 我等願欲見此佛身하노이다 佛告大樂說菩薩摩訶薩하사대 是多寶佛이 有深重願하대 若我寶塔이 爲聽法華經故로 出於諸佛前時에 其有欲以我身으로 示四衆者인댄 彼佛分身諸佛의 在於十方世界說法을 盡還集一處然後에 我身乃出現耳라하시니라 大樂說아 我分身諸佛이 在於十方世界說法者를 今應當集호리라 大樂說白佛言하사대 世尊하 我等亦願欲見世尊의 分身諸佛하고 禮拜供養하노이다

이때 대요설보살이 여래의 신력을 입어서 부처님께 말씀드렸습니다.
"세존이시여, 저희들이 그 부처님의 몸을 뵙기를 원합니다."
부처님께서 대요설보살마하살에게 말씀하셨습니다.
"이 다보 부처님은 깊고도 중대한 서원이 있었느니라. '만일 나의 보배 탑이 법화경을 듣기 위하여 여러 부처님 앞에 솟아나거든, 그때 나

의 몸을 그의 사부대중들에게 보이려 하면 그 부처님의 분신(分身) 부처님이 시방세계에서 법을 설하는 이들을 모두 한 곳에 모은 뒤에야 내 몸이 나타나리라.'하였느니라. 대요설이여, 나의 분신 부처님으로서 시방세계에서 법문을 설하는 이들을 이제 모두 모아야 하리라."
대요설보살이 부처님께 여쭈었습니다.
"세존이시여, 저희들도 세존의 분신 부처님들을 뵈옵고 예배하고 공양하려 합니다."

허공 가운데 커다란 보배 탑이 솟아 있고 그 탑 속에서 울려퍼지는 부처님의 말씀을 분명하고 또렷하게 들었습니다. 그래서 대중들은 다보 부처님을 뵙고 싶은 마음을 자연스럽게 내었습니다. 그러나 다보 부처님을 뵙기 위해서는 하나의 조건이 충족되어야 합니다. 그것은 시방세계에서 법을 설하고 있는 석가모니 부처님의 모든 분신들이 다 이 자리에 모여야 한다는 것입니다.

석가모니 부처님의 분신 부처님이라는 말을 태어나서 처음 들은 분들이 대부분일 것입니다. 분신 부처님이 누구이겠습니까? 지금까지 열심히 법화경을 공부한 사람들에게는 어렵지 않은 질문입니다. 분신 부처님은 따로 존재하지 않습니다. 법화경을 공부하는 우리들, 참된 진리를 실천하고자 하는 이들이 모두 석가모니 부처님의 분신인 것입니다. "천지(天地)가 여아(與我) 동근(同根)이요, 만물(萬物)이 여아(與我) 일체(一體)라."는 벽암록의 제40칙이 이 구절을 잘 설명합니다. 삼라만상은 모두 나와 더불어 한 뿌리이고, 우주의 만물은 나와 한 몸이라는 말입니다. 이것은 차별상을 떠나서 바라본 모든 존재의 참 모습을 말합니다.

　쉽게 예를 들어보겠습니다. 높은 하늘에 커다란 달이 떠 있습니다. 그러면 강이든 바다든 호수든 간에 물이 있는 곳마다 전부 달이 비치게 됩니다. 물에만 비치는 것이 아니라 하늘을 올려다보는 중생의 눈동자에도 달이 비칩니다. 남쪽에도 달이 비치고 북쪽에도 달이 비칩니다. 하늘에 떠 있는 달은 하나이지만 장소와 대상을 가리지 않고 비칠 수 있는 모든 곳에 달이 비칩니다. 그렇게 비치는 달을 바라보는 사람의 감정에 따라서 갖가지로 느낌이 달라집니다. 따뜻하게 보이기도 하고, 차갑게 보이기도 하고, 미워 보이기도 하고 아주 반가워 보이기도 하는 등 천차만별의 차별된 달이 있을 것입니다. 수만 가지로 차별상을 띠더라도 그것은 모두 하늘에 떠 있는 단 하나의 달이 비치는 것입니다. 본질은 하나입니다. 다보 부처님이 계시고, 석가모니 부처님이 계시고 또 시방세계에 셀 수 없는 분신 부처님이 펼쳐져 있더라도 모두 하나의 참된 진리로 집중됩니다.

　석가모니 부처님의 분신은 바로 우리 자신입니다. 법화경의 바른 가르침을 배우고 익히며 실천하려는 우리들 법화행자(法華行者)가 바로 분신입니다. 과거, 현재, 미래의 모든 시간에 법화행자가 존재하고, 동서남북 어디에도 법화행자가 있습니다. 이 많은 법화행자를 한 자리에 모으려면 어떻게 해야 할까요? 한정된 시간과 한정된 공간으로는 불가능한 일입니다. 그러나 이것을 가능하게 하는 방법이 있습니다. 그것은 마음을 하나로 모으는 것입니다. 아무리 먼 시방에 펼쳐져 있더라도 한 마음이면 한 곳에 모인 것과 같습니다. 물리적으로 한 자리에 모인 사람들이라고 하더라도 각자 생각이 다르면 그것은 한 곳에 모인 것이 아닙니다. 한 자리에 있어도 생각이 다르다면 그것이 무슨 의미가 있겠습니까? 아무리 멀리 떨어져 있더라도 생각이 같으면 한 자리에 있는 것입니다.

　　법화경을 이해하고 법화경의 원리대로 살고 법화경의 원리에 수긍하는 사람들의 앞에는 참다운 진리가 나타나기 마련입니다. 그 진리가 바로 다보 부처님이고, 석가모니 부처님입니다.

[2] 광명을 놓아 분신들을 모으다

【 경문 】
爾時佛放白毫一光하시니 卽見東方五百萬億那由他恒河沙等國土諸佛이라 彼諸國土는 皆以玻瓈爲地하고 寶樹寶衣로 以爲莊嚴하며 無數千萬億菩薩이 充滿其中하고 徧張寶幔하며 寶網羅上하니 彼國諸佛이 以大妙音으로 而說諸法하며 及見無量千萬億菩薩이 徧滿諸國하야 爲衆說法하대 南西北方四維上下의 白毫相光所照之處도 亦復如是러라
爾時十方諸佛이 各告衆菩薩言하사대 善男子야 我今應往娑婆世界釋迦牟尼佛所하야 幷供養多寶如來寶塔이라하니라

　　이때에 부처님께서 미간(眉間)의 백호상(白毫相)으로 한 광명을 놓으시니 동방으로 오백만 억 나유타 항하사와 같은 국토에 계시는 여러 부처님들을 보게 되었습니다. 그 여러 국토의 땅은 모두 파리로 되어 있고, 보배 나무와 보배 옷으로 장엄하였습니다. 무수한 천만 억 보살들이 그 가운데 가득 차 있었습니다. 보배 휘장을 둘러치고 보배 그물을 위에

덮었습니다. 그 나라의 부처님들이 크고 아름다운 음성으로 법을 설하였습니다. 또 한량없는 천만 억 보살들이 그 여러 국토에 충만하여 대중들에게 법을 설하는 것을 보게 되었습니다. 남방·서방·북방과 네 간방과 상방·하방에도 백호상의 광명이 비치는 곳은 모두 그와 같았습니다.
이때 시방의 여러 부처님들이 각각 모든 보살들에게 말씀하셨습니다.
"선남자들이여, 내가 이제 사바세계의 석가모니 부처님 계신 곳으로 갈 것이며 아울러 다보여래의 보배탑에 공양하리라."라고 하셨습니다.

❁   석가모니 부처님께서 양 눈썹 사이에 있는 백호에서 동쪽으로 광명을 놓으셨는데, 그 동쪽에 항하의 모래처럼 무수히 많은 국토가 있었고 그 국토마다 분신 부처님이 수없는 보살을 거느리고 설법하는 모양이 비춰졌습니다. 동서남북과 상하 그리고 간방까지 모두 합해서 시방(十方)이 되는데 그 중에서 동방을 먼저 비춰보았습니다. 법화경의 서두에서도 석가모니 부처님께서 양 눈썹 사이의 백호에 광명을 놓아 동방의 일만 팔천 세계를 골고루 비추는 장면이 나옵니다.

　　이렇게 동쪽부터 먼저 시작하는 것은 동쪽이 태양이 떠오르는 방향이기 때문입니다. 나는 가끔 새벽에 해가 얼마나 떴는지 보려고 밖으로 나가보곤 합니다. 매일 맞는 아침이지만 볼수록 신기합니다. 대략 삼십 분마다 한 번씩 나가서 동쪽 하늘이 점점 밝아지는 모양을 살펴봅니다. 해가 막 올라올 무렵이면 그 밝음이 이루 말할 수가 없습니다. 어느새 가까이 와서 세상을 맑고 아름답게 비추어줍니다. 요즘처럼 공해가 심한 때에도 아침 해가 떠오르는 모습은 정말 장관입니다.

공해도 없는 옛날에 선정을 깊이 닦은 분들이 깊이깊이 가라앉은 마음으로 바라본다면 해가 떠오르는 미세한 변화를 아주 민감하게 다 느꼈을 것입니다. 아마도 그런 여러 가지 이유로 동쪽에서 아침 해가 떠오르는 느낌이 이렇게 경전에 반영되었을 것입니다. 만약 북쪽이나 서쪽에서 햇빛이 비친다고 하면 참 이상한 느낌이 들었을 것입니다. 경전의 이야기를 지혜의 빛으로 해석하더라도 동쪽이라야 빛과 어울립니다. 우리의 모든 상식이 햇빛이라 하면 으레 동쪽을 떠올립니다.

그렇다면, 왜 정토는 서방에 있느냐고 물을 수 있습니다. 아미타 부처님이 계시는 극락정토는 서방에 있습니다. 이것은 불교가 발생한 인도의 기후와 같은 풍토와 관련이 있습니다. 인도는 우리나라보다 훨씬 더 더운 나라입니다. 하루 종일 뜨거운 햇빛 때문에 어떻게 할 길이 없습니다. 햇빛이 너무 뜨거워서 야외에서 일하는 것도 힘듭니다. 그래서 시원한 것을 갈망합니다. 그러다가 해가 서쪽으로 넘어갈 무렵이면 그때부터 평안하고 평화롭습니다. 시원해져서 활동하기 좋아집니다. 그래서 인도에서는 이상적으로 살기 좋은 곳을 이야기할 때는 서쪽을 말하곤 한 것입니다. 아침에 떠오르는 태양은 신비스럽고, 서쪽으로 저무는 태양은 참 고마웠을 것입니다. 경전에서 동방과 서방을 이야기할 때는 그런 의미로 이해하면 됩니다.

석가모니 부처님께서 분신 부처님들의 모습을 백호에서 광명을 내어 비춰 보이면서 설명하고 있습니다. 석가모니 부처님의 분신 부처님이 따로 있는 것이 아니라 모든 생명, 모든 사람이 다 분신 부처님입니다. 모든 존재가 다 부처님이기 때문에 시방에 이토록 수많은 분신 부처님이 있는 것이 가능한 것입니다. 그렇지 않고 글자 그대로 따로따로 존재하는 부처님이라고 하면 도무지 해석할 길이 없습니다. 그러므로 이러한 분신 부처님이 존재한다는 것은 모든 생명이 다 본래 부처님이라는 인불사상을 따르면 얼마든지 가능한 이야기입니다.

[3] 국토를 세 번 변화시키다
① 사바세계를 변화시키다

【 경문 】
時娑婆世界가 卽變淸淨하대 瑠璃爲地하고 寶樹莊嚴하며 黃金爲繩하야 以界八道하며 無諸聚落村營城邑과 大海江河와 山川林藪하며 燒大寶香하고 曼陀羅華가 徧布其地하며 以寶網幔으로 羅覆其上하고 懸諸寶鈴하니 唯留此會衆하고 移諸天人하야 置於他土러라 是時諸佛이 各將一大菩薩하야 以爲侍者하고 至娑婆世界하야 各到寶樹下하니 一一寶樹의 高五百由旬이라 枝葉華果가 次第莊嚴하며 諸寶樹下에 皆有師子之座하대 高五由旬이라 亦以大寶로 而校飾之러라 爾時諸佛이 各於此座에 結跏趺坐하니 如是展轉하야 徧滿三千大千世界하대 而於釋迦牟尼佛의 一方所分之身도 猶故未盡이러라

이때 사바세계가 변하여 청정하여졌습니다. 유리로 땅이 되고 보배나무로 장엄하였으며 황금으로 된 노끈으로 여덟 갈래 길에 경계를 쳤습니다. 여러 취락(聚落)과 마을과 성읍과 바다·강·산·내·숲·덤불들이 없고, 큰 보배 향을 사르고 만다라 꽃이 땅에 깔리고 보배 그물과 보배 휘장을 그 위에 덮고 보배 풍경을 달았습니다. 이 회상(會上)의 대중

만은 그냥 남겨두고 여러 천신(天神)과 인간들을 옮겨서 다른 국토로 보내었습니다.

이때에 여러 부처님들께서 각각 한 대보살을 시자(侍者)로 삼아 데리고 사바세계에 와서 각각 보배 나무 아래에 이르렀습니다. 그 보배 나무들은 각각 높이가 오백 유순이요, 가지와 잎과 꽃과 열매가 차례대로 장엄하였습니다. 여러 보배 나무 아래에는 모두 사자좌가 놓였는데 높이가 오 유순이며 또한 큰 보배로 꾸며져 있었습니다. 그때 여러 부처님께서 각각 이 사자좌에 가부좌를 하고 앉으셨습니다. 이와 같이하여 점점 삼천대천세계에 가득 찼으나 석가모니 부처님의 한 지역에 계신 분신 부처님도 오히려 다 앉지 못하였습니다.

❀ 사바세계가 청정하게 변했습니다. 땅이 모두 유리가 되고 보배 나무와 꽃과 향으로 장엄했습니다. 분신 부처님마다 한 명의 대보살을 시자로 데리고 이곳으로 와서 보배나무 아래에 있는 사자좌에 가부좌를 하고 앉으셨는데, 온 세상에 가득 찼습니다. 빈 곳이 없이 꽉 찼는데도 한 방향에서 온 부처님들도 다 자리에 앉지 못했다고 합니다. 분신 부처님의 수가 어마어마하게 많다는 이야기입니다. 이것이 무슨 뜻일까요? 두두물물이 다 부처요, 일마다 전부 불공이라는 말입니다. 모든 생명, 모든 존재가 있는 그대로 부처님이라는 뜻을 이렇게 표현했다고 생각하면 됩니다.

모두 39품으로 된 방대한 화엄경을 간략하게 표현한 것이 약찬게 입니다. 잘 알다시피 약찬게의 내용에 깊은 의미를 가진 말은 한 마디도 없습니다. 그저 단지 세상에 펼쳐져 있는 모든 사물들을 소개하고 있을 뿐입니다. 신(神)이나 보살(菩薩)의 호칭을 뒤에 붙여서, 주화신(主火神), 주지신(主地神), 주공신(主空神), 주풍신(主風神)으로 소개합니다. 다시 말해서 바람이나 물, 불, 구름과 같이 세상에 펼쳐져 있는 온갖 사물을 신이라고 표현하면서 소개하는 것이 약찬게의 내용입니다. 약찬게가 지어졌을 당시의 상황에서는 신(神)이라는 이름이 가장 존귀한 이름입니다. 일반 대중에게는 신이 위대하고 존귀하게 여겨지기 때문에 삼라만상을 신이라고 이름 붙여서 표현하고 있습니다. 화엄경을 아주 간략하게 표현한다는 화엄경 약찬게가 이렇게 짜여진 것이 이상하지 않습니까? 반야심경만 보더라도 '색즉시공 공즉시색'이 얼마나 의미심장합니까? 그보다 더 높은 경전인 화엄경에 그런 심오한 표현도 없이 그저 천지만물의 이름을 하나씩 소개하는 것이 전부입니다. 그래서 어떻게 보면 화엄경이 가장 이해하기 쉬우면서도 동시에 가장 이해하기 어려운 것이기도 합니다.

② 이백만 억 국토를 변화시키다

【 경문 】

時釋迦牟尼佛이 欲容受所分身諸佛故로 八方各更變二百萬億那由他國하야 皆令淸淨하대 無有地獄餓鬼畜生과 及阿脩羅하며 又移諸天人하야 置於他土하고 所化之國은 亦以琉璃爲地하고 寶樹莊嚴하며 樹高五百由旬이라 枝葉華果가 次第嚴飾하며 樹下皆有寶師子座하대 高五由旬이라 種種諸寶로 以爲莊校하며 亦無大海江河와 及目眞隣陀山과 摩訶目眞隣陀山과 鐵圍山과 大鐵圍山과 須彌山等諸山王하야 通爲一佛國

土하며 寶地平正하고 寶交露幔이 徧覆其上하며 懸諸幡蓋하고 燒大寶香하니 諸天寶華가 徧布其地러라

이때 석가모니 부처님께서 여러 분신 부처님을 앉게 하시려고 팔방(八方)으로 각각 또다시 이백만 억 나유타 세계를 변화시켜 모두 청정케 하였습니다. 지옥과 아귀와 축생과 아수라는 없고 천신과 인간들을 옮겨 다른 국토로 보내 두었습니다.

그 변화한 나라들은 유리로 땅이 되고 보배 나무로 장엄하였으며 그 나무는 높이가 오백 유순이요, 가지와 잎과 꽃과 열매가 차례로 장엄하였습니다. 여러 보배 나무 아래에는 모두 보배로 된 사자좌가 놓였는데 높이가 오 유순이요, 갖가지 보배로 꾸며졌습니다.

또한 큰 바다와 강과 목진린타산과 마하목진린타산과 철위산과 대철위산과 수미산 등의 여러 큰 산들이 없었습니다. 전체가 한 불국토(佛國土)가 되었는데 보배로 된 땅이 평평하고 반듯하며 보배로 얽어 만든 휘장을 그 위에 덮었습니다. 여러 가지 번기와 일산을 달았으며 큰 보배 향을 사르고 여러 가지 하늘의 보배 꽃들이 땅에 두루 깔리었습니다.

❀ 시방에 있는 분신 부처님이 다보여래가 계시는 보탑에 공양을 올리려고 하는 순간 사바세계가 아주 청정하게 변했습니다. 높은 손님이 어느 지역으로 방문하신다면 당연히 청소를 하겠지요. 그것과 같습니다. 몇 달 전부터 없던 다리를 새로 놓고, 지붕도 새로 갈고 색도 칠합니다. 예전에 시골에서는 그렇게 해서 임시라도 다른 세상으로 바꾸어 놓곤 했습니다. 여기서는 실제로 물리적인 세계가 변했다

는 게 아니라 세상을 바라보는 마음이 바뀌었다는 뜻입니다. 세상을 바라보는 마음이 바뀌었기 때문에 세상이 다르게 보이는 것입니다. 부처님을 맞아들이는 사람의 마음이 기쁨으로 가득해서 청정하고 아름다운 세상이 보이는 것입니다. 사실 청소를 한다고 해서 얼마나 깨끗해지겠습니까? 세상의 더러움을 다 없애버릴 수는 없는 일입니다. 부처님을 맞아들이는 이의 마음이 법의 기쁨과 환희로 충만했다는 뜻으로 이해하면 됩니다.

그런데 한 번도 아니고 모두 세 번이나 변하게 됩니다. 그래서 삼변정토(三變淨土)라고 합니다. 여기서는 두 번째로 변했습니다. 이렇게 자꾸 변하는 것은 내 마음에 환희심이 가득 차서 지혜의 눈이 한 번뿐만 아니라 두 번, 세 번 거듭 열렸기 때문입니다. 마음이 열려서 변할 때마다 지금 발을 딛고 사는 이 땅이 아름답고 청정한 정토로 보입니다. 부처님의 가르침을 공부하면 할수록 지혜의 눈이 열리고 또 열리기 때문입니다. 어느 것 하나 바꾸거나 변화시키지 않고 그대로 두어도 아름답게 보입니다.

이와 같은 변화는 한두 번뿐만 아니라 반복해서 자꾸자꾸 와야 합니다. 불교를 믿으면서 기도하고 참선 수행하고 경전 독송을 하면서 마음의 저 밑바닥부터 열리고 바뀌고 변해야 합니다. 그러면 이 세상은 있는 그대로 아름답게 느껴집니다. 세상이 오히려 전보다 더 못해지더라도 나의 삶은 소중하고 아름다우며 더 살고 싶고 좋게 여겨집니다.

지금 내가 살고 있는 이 세계가 바로 정토이고, 내 마음이 변하면 이 자리가 극락이 됩니다. 가정도 마찬가지입니다. '아이구, 원수같이 미워서 들어가기 싫다'고 생각할지도 모릅니다. 그러나 그것은 상대를 바라보는 마음에 달린 것이지 그 사람이 나의 원수이기 때문은 절대 아닙니다. 밉다, 싫다, 무섭다, 더럽다고 하는 것도 순전히 내 마음에 달려 있습니다. 그렇기 때문에 마음이 변하면 다 괜찮아집니다. 싫을 것도 무서울 것도 없습니다. 사람이란 참 묘한 존재입니다. 내가 아주 나쁘게 보는 그 사람이 다른 곳에서는 환영받고 칭찬받는 사람입니다. 나의 잣대에서 안 좋은 사람이지, 실제로 안 좋은 사람은 없습니다. 다른 상황과 다른 환경에서는 아주 좋은 사람이고 믿을 만한 사람입니다. 그러므로 무엇보다 중요한 것은 바로 나의 마음자세에 달려있다고 하는 것이 가장 불교적인 이해입니다.

③ 이백만 억 국토를 다시 변화시키다

【 경문 】

釋迦牟尼佛이 爲諸佛當來坐故로 復於八方에 各更變二百萬億那由他 國하야 皆令淸淨하대 無有地獄餓鬼畜生과 及阿脩羅하고 又移諸天人하 야 置於他土하며 所化之國도 亦以瑠璃爲地하고 寶樹莊嚴하며 樹高五 百由旬이라 枝葉華果가 次第莊嚴하며 樹下皆有寶師子座하대 高五由旬 이라 亦以大寶로 以校飾之하며 亦無大海江河와 及目眞隣陀山과 摩訶 目眞隣陀山과 鐵圍山과 大鐵圍山과 須彌山等諸山王하야 通爲一佛國 土어든 寶地平正하고 寶交露幔이 徧覆其上하며 懸諸幡蓋하고 燒大寶香 하니 諸天寶華가 徧布其地러라

석가모니 부처님께서 여러 분신 부처님들을 마땅히 와서 앉게 하려고

또다시 팔방으로 각각 이백만 억 나유타 세계를 변화시켜 모두 청정케 하였습니다. 지옥과 아귀와 축생과 아수라는 없고, 천신과 인간들을 옮겨서 다른 국토로 보내 두었습니다.

그 변화한 나라들도 또한 유리로 땅이 되고 보배 나무로 장엄하였습니다. 보배 나무는 높이가 오백 유순이요, 가지와 잎과 꽃과 열매가 차례로 장엄하였습니다. 그 보배 나무 아래에는 모두 보배로 된 사자좌가 놓였는데 높이가 오 유순이요, 또한 큰 보배로 꾸며졌습니다.

역시 큰 바다와 강과 하천과 목진린타산과 마하목진린타산과 철위산과 대철위산과 수미산 등의 여러 큰 산들이 없었습니다. 전체가 한 불국토가 되었는데 보배로 된 땅이 평평하고 반듯하며 보배로 얽어 만든 휘장을 위에 덮었고 여러 가지 번기와 일산을 달았습니다. 큰 보배 향을 사르고 여러 가지 하늘의 보배 꽃들이 땅에 두루 깔리었습니다.

국토가 세 번째로 변했습니다. 삼천대천세계에 있는 모든 분신 부처님이 다 오고 계신데 그 부처님들을 다 받아들이려니 변하고 또 변하는 것입니다. 부처님이 계시는 세계를 무엇이라고 합니까? 불세계(佛世界), 불국토(佛國土)라고 합니다. 부처의 세계인 것이지요. 부처의 세계라는 것도 그런 땅이 따로 있는 것이 아닙니다. 부처님이 계실 수 있는 환경이 조성된 곳, 부처님을 모실 수 있는 마음자세가 갖추어진 곳이 바로 부처의 세계입니다.

　수억 수천의 부처님이 바로 내 눈 앞에 있다고 하더라도, 그 부처님을 받아들이는 마음이 준비되지 않으면 부처님은 눈에 보이지 않습니다. 부처를 보더라도 부처인 줄 모르는 것이지요. 부처님을 알아볼 수 있는 마음의 준비, 부처님을 받아들일 수 있는 마음의 변화가 있어 야 비로소 부처님이 존재하게 됩니다. 또한 그와 같이 준비가 되면, 모든 존재가 다 부처님으로 보입니다. 누구는 부처고 누구는 범부라는 분별과 차별이 사라집니다. 부처님 눈에는 부처님만 보일 테니까요.

【 경문 】
爾時東方으로 釋迦牟尼所分之身의 百千萬億那由他恒河沙等國土中 諸佛이 各各說法하야 來集於此할새 如是次第로 十方諸佛이 皆悉來集 하야 坐於八方하니 爾時一一方四百萬億那由他國土에 諸佛如來도 徧 滿其中이러라

이때에 동방의 백천만 억 나유타 항하사의 국토에 계시는 석가모니 부처님의 분신 부처님들이 각각 법을 설하시고 여기에 모여 왔습니다. 이와 같이 차례차례로 시방세계에 계시던 여러 분신 부처님들이 다 모여와서 팔방에 앉으셨습니다. 이때 낱낱 방위(方位)의 사백만 억 나유타 국토에 여러 부처님 여래들이 가득하게 찼습니다.

❀   시방은 동서남북과 그 사이 간방을 더한 8곳과 상하의 2곳을 합한 10개의 방향을 말합니다. 그런데 다보 부처님의 법문을 들으려면 부처님의 머리 위나 자리 아래에 앉을 수는 없지 않습니까? 그래서 상하(上下) 즉 위와 아래를 제외한 나머지 8개의 방향에 둘러앉았다는 이야기입니다.

[4] 다보불탑(多寶佛塔)을 열다

【 경문 】

是時諸佛이 各在寶樹下하사 坐師子座하며 皆遣侍者하야 問訊釋迦牟尼佛할새 各齎寶華하고 滿掬而告之言하사대 善男子야 汝往詣耆闍崛山釋迦牟尼佛所하야 如我辭曰少病少惱하사 氣力安樂하시며 及菩薩聲聞衆도 悉安隱不잇가하며 以此寶華로 散佛供養하고 而作是言하대 彼某甲佛이 與欲開此寶塔이라하라 諸佛遣使도 亦復如是러라 爾時釋迦牟尼佛이 見所分身佛의 悉已來集하야 各各坐於師子之座하며 皆聞諸佛이 與欲同開寶塔하고 卽從座起하야 住虛空中커늘 一切四衆이 起立合掌하야 一心觀佛하더니

이때 여러 부처님들께서 각각 보배나무 아래에 있는 사자좌에 앉아서 각각 시자를 보내서 석가모니 부처님께 문안(問安)을 여쭈려고 각각 보배 꽃을 한아름씩 가지고 가게 하시며 말씀하셨습니다.
"선남자여, 그대가 기사굴산(耆闍崛山) 석가모니 부처님이 계신 곳으로 가서 내 말대로 문안하라. '병환이 없으시고 괴로움도 없으시며 기력은 좋으시고 안락하시며, 보살과 성문 대중들도 다 편안하십니까?' 하고, 이 보배 꽃을 부처님께 흩어 공양하고 이렇게 말하여라.
'아무 부처님께서 함께 이 보배 탑을 열고자 합니다.'라고 말씀드려라."
다른 부처님들도 시자들을 보내어 이와 같이 하셨습니다.
이때 석가모니 부처님께서는 분신 부처님들이 다 모여 와서 각각 사자

좌에 앉아 있는 것을 보고, 또 여러 부처님들이 다 함께 보배 탑을 열고자 하는 것을 듣고는 곧 자리에서 일어나 공중에 올라가 머무시었습니다. 모든 사부대중이 일어서서 합장하고 일심으로 부처님을 바라보고 있었습니다.

❀ 이제 모든 분신 부처님들이 한 자리에 다 모여서 석가모니 부처님께 문안을 여쭈려고 합니다. 시자에게 시켜서 보배 꽃으로 공양하면서 이러이러한 말씀을 올려 문안을 여쭈라고 합니다. 예나 지금이나 꽃은 좋은 의미를 가지고 있습니다. 꽃 자체도 좋지만 꽃이 가진 의미도 좋습니다. 지금 공부하는 묘법연화경에도 연꽃의 의미가 들어있고, 화엄경도 꽃으로 장엄한 경전입니다. 그리고 아무리 거친 환경이라도 꽃이 있으면 주변 분위기가 확 달라집니다. 어떤 사람의 방에 있는 난초 화분을 보고 방 주인을 평가할 수 있다는 말도 있습니다. 다른 것은 볼 필요 없다는 말이지요.

　석가모니 부처님께서는 이제 허공으로 올라가 머물며 보배 탑을 열어서 다보 부처님을 친견할 수 있도록 하려고 하십니다. 이 대목부터 설법의 장소가 영축산에서 허공 중의 다보탑으로 바뀌게 됩니다.

【 경문 】
於是釋迦牟尼佛이 以右指開七寶塔戶하니 出大音聲하대 如却關鑰하고 開大城門이러니 卽時一切衆會가 皆見多寶如來호니 於寶塔中에 坐師子座하대 全身不散이 如入禪定하며 又聞其言호니 善哉善哉라 釋迦牟尼佛이 快說是法華經일새 我爲聽是經故로 而來至此호라 爾時四衆等이

見過去無量千萬億劫滅度佛이 說如是言하고 歎未曾有하야 以天寶華聚로 散多寶佛과 及釋迦牟尼佛上이라

이때 석가모니 부처님께서 오른쪽 손가락으로 칠보탑(七寶塔)의 문을 열었습니다. 그러자 큰 소리가 나는 것이 마치 잠겨 있는 자물쇠를 제치고 큰 성문을 여는 것과 같았습니다.
이때에 회상(會上)에 있는 대중들이 다보여래(多寶如來)를 보니 보탑 안에서 사자좌에 앉으셨는데, 전신(全身)이 흩어지지 아니한 것이 선정(禪定)에 드신 듯하였습니다. 또 '훌륭하고 훌륭하십니다. 석가모니 부처님이시여, 이 묘법연화경을 시원하게 설하시므로 내가 이 경전을 듣기 위하여 여기에 왔습니다.'라고 하신 것을 들었습니다.
이때에 사부대중들은 과거의 한량없는 천만 억 겁 전에 열반하신 부처님께서 이렇게 말씀하시는 것을 듣고 처음 보는 일이라고 찬탄하였습니다. 그리고 천상의 보배 꽃무더기로 다보 부처님과 석가모니 부처님 위에 흩었습니다.

❀   석가모니 부처님께서 오른쪽 손가락으로 칠보로 장식된 보배탑의 문을 열었습니다. 구지 화상의 일지두선이 생각나는 대목입니다. 법거량을 하자는 비구니스님에게 말 한마디 못하고는 암자를 불태우고 떠나려 했지요. 그날 밤 꿈에 산신이 나타나서 며칠만 지나면 육신보살이 오니 조금만 기다리라고 만류하는 꿈을 꾸었습니다. 현몽이 있고나서 며칠 후 천룡 화상이 왔지요. 천룡 화상에게 그 이야기를 했더니 '그 비구니처럼 그대가 나에게 물어보라'고 했습니다. 똑같이

질문을 하자 천룡 화상은 손가락 하나를 떡 세웠습니다. 이 모양을 본 구지 화상은 문득 마음이 환하게 밝아졌습니다. 사실 화엄경이다, 법화경이다 하면서 장황하게 이 말 저 말을 붙여가며 설명하는 것은 참 딱한 일입니다. 알고 보면, 손가락 하나만 떡 세우면 됩니다. 손가락 하나 세우는 것과 화엄경, 법화경이 그리 차이 나는 것도 아니고 다른 것도 아닙니다. 그래서 부처님은 연꽃 한 송이를 들어보이기도 하셨고, 가섭 존자를 기다렸다가 관 밖으로 발을 쑥 내밀어 보이기도 하셨습니다. 어느 것이든 상관 없는 일입니다.

여기에서 석가모니 부처님께서 오른쪽 손가락으로 칠보탑의 문을 열었습니다. 이것이 무슨 뜻입니까? 한번 잘 생각해 볼 필요가 있습니다. 이 칠보탑이 보통 탑입니까? 법화경의 진실을 증명해 주시는 다보 여래가 계신 다보탑입니다. 인간이 도달할 수 있는 최고의 경지를 다보탑과 다보 부처님으로 상징적으로 표현하고 있습니다. 그런데 한 손가락으로 그 문을 열었습니다. 천룡 화상의 일지두선과 그것을 배운 구지 선사가 평생 일지두선을 편 것이 세존이 한 손가락으로 다보탑의 문을 연 것과 똑같습니다.

(5) 석가모니불이 다보불탑에 들다

【 경문 】

爾時多寶佛이 於寶塔中에 分半座하사 與釋迦牟尼佛하시고 而作是言하사대 釋迦牟尼佛은 可就此座하소서 卽時釋迦牟尼佛이 入其塔中하사 坐其半座하사 結跏趺坐러시다

그때 다보 부처님께서 보탑 안에서 앉은 자리의 반을 나누어서 석가모니 부처님께 권해드리시며 이렇게 말씀하셨습니다.
"석가모니불이시여, 이 자리에 앉으십시오."라고 하시니, 곧 석가모니 부처님께서 탑 안으로 들어가서 다보 부처님이 그 반을 비켜 놓은 자리에 결가부좌하고 앉으셨습니다.

❀   삼처전심 가운데 다자탑전분반좌(多子塔前分半座)가 생각나는 대목입니다. 석가모니 부처님께서 법회에 늦은 가섭 존자에게 당신의 자리를 함께 나누어 앉은 것입니다. 거기서는 다자탑이지만 여기서는 다보탑입니다. 이제 눈치 챌 만하지요? 선문(禪門)은 달마 스님 이후부터는 기록들이 정확하지만, 그 전까지의 것들은 정확하지 않습니다. 아마도 뛰어난 선지식들이 편찬한 것이 아닐까 하는 생각이 듭니다. 여기에 그런 근거가 충분히 보입니다. 이제 석가모니 부처님이 탑 안으로 들어가셔서 다보 부처님과 나란히 앉으셨습니다.

【 경문 】

爾時大衆이 見二如來가 在七寶塔中師子座上하사 結跏趺坐하고 各作是念하대 佛座高遠이시니 唯願如來는 以神通力하사 令我等輩로 俱處虛空케하소서 卽時釋迦牟尼佛이 以神通力으로 接諸大衆하사 皆在虛空케하니라

이때 대중들은 두 분의 여래께서 칠보탑 안 사자좌에 결가부좌하고 앉으신 것을 보고 이렇게 생각하였습니다.

'부처님의 자리가 너무 높고 멉니다. 원컨대 여래께서는 신통한 힘으로써 우리들도 함께 허공에 있게 하여 주십시오.'
즉시에 석가모니 부처님께서 신통한 힘으로 대중들을 이끌어 허공에 있게 하였습니다.

🪷　허공 가운데 떠있는 보배탑 안에 석가모니 부처님과 다보 부처님이 함께 계시는 모습을 대중들이 땅에서 바라보았더니, 부처님과의 거리가 너무 멀고 높아만 보였습니다. 그래서 자신들도 함께 허공 가운데 있게 해주십사 하고 간청하였던 것입니다. 즉시 모든 대중이 허공에 머물게 되었고, 이제부터 명실상부한 이처이회(二處二會)의 법회가 시작됩니다. 처음에는 왕사성 옆 영축산 기슭이었고, 지금부터는 허공 가운데 보배탑 안입니다. 나중에 다시 영축산 기슭으로 내려와서 설법을 하게 되지요.

3. 법화경 설할 때를 알리다

【 경문 】
以大音聲으로 普告四衆하사대 誰能於此娑婆國土에 廣說妙法華經이리오 今正是時라 如來不久에 當入涅槃일새 佛欲以此妙法華經으로 付囑有在니라

부처님께서 다시 큰 음성으로 사부대중(四部大衆)에게 말씀하셨습니다.

"누가 능히 이 사바세계에서 묘법연화경을 널리 설하겠는가. 지금이 바로 그때이니라. 여래는 오래지 않아서 열반에 들 것이니라. 부처님은 이 묘법연화경을 부촉하여 두고자 하느니라."

✽   여래는 곧 열반에 들 것이니 법화경의 가르침을 널리 시방에 펼치도록 제자들에게 부촉하려는 의도를 분명하게 드러내고 있습니다. 시방에 널리 펼쳐져야 할 가르침이 법화경뿐이겠습니까? 다른 가르침들도 많지만 이 법화경만은 반드시 전해져야 한다는 부처님의 뜻을 다시 한 번 강조하고 있는 것입니다. 법화경은 부처님의 최후의 설법이고, 마지막 유훈이며 결론이라고 할 수 있습니다. 그렇기 때문에 무엇보다 소중한 법화경을 보호하고 지키고 널리 전하기를 바라는 당부의 말씀입니다.

4. 게송으로 다시 설하다

[1] **다보불탑의 출현**

【 경문 】
爾時世尊이 欲重宣此義하사 而說偈言하니라
聖主世尊이 雖久滅度나
在寶塔中하야 尙爲法來어늘
諸人云何로 不勤爲法가

此佛滅度는 無央數劫이나
處處聽法은 以難遇故니라
彼佛本願이 我滅度後에
在在所住하야 常爲聽法하니라

이때 세존께서 이 뜻을 거듭 펴시려고 게송으로 말씀하셨습니다.
거룩하신 세존(世尊)께서 비록 열반에 드신 지 오래 되었으나
보탑 안에 계시는데도 오히려 법을 위해 오셨는데
여러 사람들은 어찌하여 부지런히 법을 위하지 않는가.
여기 이 부처님이 열반한 지는 수없는 겁이지만
가는 곳마다 법을 듣는 것은 법을 만나기 어렵기 때문이니라.
저 부처님의 본래의 소원(所願)은 내가 열반한 뒤에라도
어디든지 가서 항상 법화경을 듣고자 함이니라.

❀ 다보 부처님은 아주 오래 전에 열반에 드셨지만 아직도 제법실상의 불생불멸을 보여주고 밝히고자 이 자리에 오셨습니다. '법을 위해' 오셨다는 것은 법을 아끼고 보호하여 널리 많은 사람들에게 전하기 위해 오셨다는 뜻이 포함되어 있는 것입니다. 그런데 다른 경전에서는 다보 부처님에 대한 이야기가 없습니다. 오직 법화경을 설하는 곳에서만 다보 부처님이 출현합니다. 법화경의 가르침을 듣기 위해 출현하신 것입니다. 참으로 만나기 어려운 경이기 때문에 법화경을 설하는 곳이면 만사 제쳐 놓고 오셔서 증명도 하고 법문도 듣기 위해서 오신 것입니다.

부처님은 깨달은 존재입니다. 그런데도 배워야 할 것이 더 있어서 이렇게 쫓아다니면서 법화경을 듣는 것인가 궁금한 생각도 들 수 있습니다. 우리는 불교 공부를 조금 하고도 '불교는 이제 다 알았다.'고 생각하기 일쑤입니다. 겉으로 다 알았다는 말은 안 해도 속으로는 '뭐, 그 소리가 그 소리지. 별 특별한 게 있겠나.' 하고 생각하기 일쑤입니다. 100명이면 아마 99명은 그럴 겁니다. 이것은 범부의 자세입니다. 중요한 것은 다 알더라도 끊임없이 계속하는 자세가 중요합니다. 다보 부처님이 법화경의 뜻을 몰라서 오셨겠습니까? 다시 한 번 듣고 법열을 느끼고, 우리 중생들에게 교훈으로 보여주기 위해서 오셨습니다. 계속해서 반복하는 데 큰 의미가 있습니다. 성인의 참다운 가르침은 듣고 또 들어도 싫증나지 않습니다. 새로운 감동을 얻습니다.

아나율 존자와 석가모니 부처님의 일화를 하나 말씀드리겠습니다. 아나율은 좀 게으른 사람이었습니다. 출가를 하였지만 열심히 수행하지 않아서 부처님께 호된 꾸중을 듣게 되었습니다. 부끄러운 마음에 '도를 이루기 전에는 다시는 잠을 자지 않겠다'고 맹세하고 정말로 잠을 자지 않고 맹렬하게 수행했습니다. 졸려서 눈이 감기면 눈꺼풀이 내려오지 못하게 버티어 놓기까지 했습니다. 그러다 보니 눈이 짓물러 실명하고 말았습니다. 그러나 마침내 마음이 환하게 밝아지고 심안이 열려서 인생과 삼라만상의 모든 실상을 훤히 꿰뚫어 볼 수 있게 되었습니다. 천안통을 얻어서 '천안제일 아나율'이라는 이름까지 얻었습니다.

그러나 앞을 보지 못하는 아나율에게 일상생활이 쉽지는 않았습니다. 옷이 헤어져 꿰매려고 바늘귀에 실을 꿰는데 쉽지 않았습니다.

아무리 여러 번 시도해도 안 되자 혼잣말로 중얼거렸습니다. "누가 나를 위해 바늘귀에 실을 꿰어주는 복을 짓지 않겠는가?" 그러자 어떤 사람이 와서 "아나율이여, 내가 복을 짓겠노라."며 바늘귀에 실을 꿰어주는데 알고 보니 부처님이었습니다. 깜짝 놀란 아나율이 "어찌하여 부처님께서 이런 작은 복을 지으려 하십니까?"고 여쭈었지요.

그러자 부처님은 "이 세상에 나보다 복 짓기 좋아하는 사람이 있겠느냐."며 헤어진 옷까지 꿰매 주셨습니다. 석가모니 부처님은 지혜와 복덕을 다 갖춘 분입니다. 그런데도 끊임없이 복을 지으며 사셨습니다. 그것은 당신 혼자 누리기 위함이 아니라 모든 중생에게 회향하기 위해 끊임없이 복을 짓고 지혜를 닦으셨습니다.

(2) 분신불(分身佛)이 모이다

【 경문 】

又我分身한 無量諸佛의
如恒沙等이 來欲聽法하며
及見滅度이신 多寶如來하야
各捨妙土와 及弟子衆
天人龍神의 諸供養事하고
令法久住하야 故來至此니라
爲坐諸佛하야 以神通力으로
移無量衆하고 令國淸淨하니
諸佛各各 詣寶樹下하대

如淸淨池에 蓮華莊嚴하며
其寶樹下 諸師子座에
佛坐其上하시니 光明嚴飾하대
如夜暗中에 然大炬火하며
身出妙香하야 徧十方國하니
衆生蒙薰하고 喜不自勝하대
譬如大風이 吹小樹枝라
以是方便으로 令法久住러라

또 나의 분신(分身)인 한량없는 부처님들
항하강의 모래와 같은 이들이 모두 와서 법을 듣고
오래 전에 열반하신 다보여래를 친견(親見)하려고
아름다운 그 국토와 그리고 제자들과
천신·인간·용과 귀신들의 모든 공양을 다 버리고
불법(佛法)이 오래 머물도록 여기까지 오셨느니라.
여러 부처님들 앉으시라고 신통한 힘으로써
무량한 중생들을 옮겨놓고 국토를 청정하게 하였느니라.
여러 부처님들이 각각 보배 나무 아래에 앉으시니
청정한 연못 속에 연꽃으로 장엄한 듯하니라.
여러 보배 나무 아래에 사자좌가 놓였는데
부처님들이 앉으시어 광명으로 장엄하시니
캄캄한 그믐 밤에 큰 햇불을 밝힌 듯하니라.
몸에서 나는 묘한 향기가 시방세계에 가득하여

중생들이 그 향기를 맡고 기쁜 마음을 이기지 못하느니라.
마치 큰바람이 세게 불어 작은 가지들을 눕히듯이
이와 같은 방편으로 불법(佛法)이 오래 머물게 하느니라.

❀   진리의 가르침을 듣는 모든 사람들이 법희선열에 젖어서 법락을 누리는 광경을 멋지게 표현했습니다. 보리가 한참 자라서 잎을 나풀거릴 때 한 줄기 바람이 불어오면 온 들이 몸을 눕힙니다. 바람이 지나가면 일어나고 바람이 불면 다시 눕습니다. 신심 나는 경전을 읽거나 설법을 들을 때면 바람이 보리밭을 쓸듯 감동의 물결이 우리 마음을 쓸고 가는 경험을 많이 했으리라 생각합니다. 법화경을 공부하는 우리의 마음에도 저 수많은 분신불이 느끼는 기쁨의 물결이 쓸고 갑니다. 저 분신불은 바로 우리 자신입니다. 법화경의 가르침에 마음을 기울이고 한 순간이라도 환희심이 나고 한 구절이라도 받아지니는 사람은 누구나 그대로 분신불입니다.

(3) **석가모니불이 부촉(咐囑)하다**
① 세 부처님을 들어 경전의 유통(流通)을 권하다

【 경문 】
告諸大衆하노니 我滅度後에
誰能護持하야 讀說斯經이어뇨
今於佛前에 自說誓言하라
其多寶佛이 雖久滅度나

以大誓願으로 而師子吼하시니

多寶如來와 及與我身과

所集化佛은 當知此意니라

대중들에게 말하노라. 내가 열반한 뒤에는
이 경전을 누가 능히 수호하고 독송하고 설하겠는가.
오늘 여기 부처님 앞에 스스로 서원(誓願)하고 말하라.
다보여래 부처님은 열반한 지 오래지만
크나크신 서원으로 사자후를 하시니
다보여래 부처님과 그리고 나와
모아놓은 분신 부처님들이 이 뜻을 알리라.

✿   다보여래와 석가모니 부처님 그리고 석가모니 부처님의 분신 부처님, 이렇게 세 부처님이 법화경의 유통을 증명하리라는 말입니다. 훌륭한 진리의 가르침은 지역과 시대를 불문하고 널리 유통되어야 합니다. 또한 그렇게 유통되었기 때문에 오늘날 우리의 손에 경전이 들려 있고 법회에 참석해서 설법을 들을 수 있는 것입니다. 이 세 분 부처님 앞에서 법화경의 가르침을 널리 펼칠 것을 서원하는 자리가 이제부터 시작됩니다.

【 경문 】

諸佛子等아 誰能護法고

當發大願하야 令得久住니라

其有能護 此經法者는
則爲供養 我及多寶니
此多寶佛이 處於寶塔하사
常遊十方은 爲是經故며
亦復供養 諸來化佛의
莊嚴光飾 諸世界者라
若說此經이면 則爲見我와
多寶如來와 及諸化佛이니라

여러 많은 불자들이여, 누가 능히 이 법을 수호할 것인가.
마땅히 큰 서원을 발하여서 오래도록 머무르게 하라.
누구든지 능히 이 경전을 수호하는 사람은
나와 다보여래에게 공양함과 같으리라.
다보여래 부처님이 보탑(寶塔) 안에 계시면서
시방세계에 다니시는 것은 이 법화경을 위함이니라.
또한 모여 오신 분신 부처님께 공양하는 것이며
시방의 모든 세계를 광명으로 장엄하는 것이니라.
만약 이 경을 설하면 곧 나와 다보 부처님과
모든 분신(分身) 부처님을 친견하는 것이니라.

❀   불법을 보호하고 지키고 수호하는 것은 불자의 가장 큰 의무이자 권리입니다. 불법이 담겨있는 경전을 수호하는 사람은 바로 석가모니 부처님께 공양하는 것이고 다보여래에게 공양하는 것입니다. 불

공이 따로 있지 않습니다. 부처님의 마음이 담겨있는 훌륭한 경전이 곧 부처님입니다. 어떤 희귀하고 값진 공양물을 올리는 것보다 경전을 잘 지켜서 많은 사람들에게 전하는 것이 가장 뛰어난 공양입니다. 경전을 잘 지키는 것이 곧 널리 많은 사람들에게 펼치는 것이며, 널리 펼치는 것이 곧 잘 지키는 것입니다.

널리 펴는 것을 전법(傳法)이라 하고 잘 지키는 것을 호법(護法)이라고 합니다. 요즘은 전법을 더 많이 사용합니다만 호법에는 전법의 의미가 포함되어 있습니다. 사실 호법이 참으로 중요한 것인데 불자들은 잘 모르고 있습니다. 부처님의 가르침을 보호하고 널리 펴기 위해서는 내가 가진 지식과 신체적인 힘과 경제적인 능력, 그동안 쌓아온 모든 경험을 다 기울여야 합니다. 이 호법이라는 말은 여러 해 전에 열반하신 불광법회 법주 광덕(光德) 스님께서 자주 사용하셨습니다. 광덕 스님께서 쓰신 호법발원문을 함께 살펴봅시다.

호법발원문

위없는 진리로서 영원하시고 법성광명으로 자재하옵신 부처님
정법호지를 발원하는 불자는 부처님의 지극하신
가호력을 힘입어 일심으로 발원하나이다.

바라옵건대 자비광명 비추시어 살펴주옵소서.
저희들을 대자재비 무애위신력으로 가호하시사
마하반야바라밀의 큰 법을 배우게 하시며
저희 가족 모두를 대성취의 길로 이끌어 주심을 감사드리옵니다.

이제 저희들은 가족과 함께 정법호지와 불토성취의 기초가 되고자
정법호지를 발원하오니 대자비로 섭수하여 주옵시고
크신 위신력으로 가호하여 주소서.

저희들의 서원력은 문수 · 보현보살님과 같게 하시고
정진력은 지장보살님과 같게 하사
만나는 사람마다 무상법을 전하옵고
겨레와 인류 역사 위에 정법광명이 빛나게 하여 주옵소서.

그리하여 겨레와 인류가 지닌 뜻 조화있게 피어내어
일체 중생이 빠짐없이 보리심을 내어지이다.
아울러 바라옴은 저희들과 가족과 일체 중생의 가슴속에
부처님의 청정위덕이 햇살처럼 솟아나 지혜와 복덕을 두루 갖추며
나날이 상서 일어나고 모든 재난 소멸하여
진실불자의 대원을 원만히 이루게 하여 주옵소서.

저희들 이제 이 땅에 감로법을 널리 펴
부처님 정법이 영원히 머물며 겨레와 국토를
법성광명으로 빛낼 것을 굳게 서원하오며
거듭 자비하신 삼보전에 계수하옵니다.

나무 석가모니불 나무 석가모니불 나무 석가모니불
나무 마하반야바라밀.

광덕 스님은 현대 도심포교의 선구자이십니다. 30여 년 전에 서울 대

각사 뒷방에 계시면서 불광법회를 창립하셨고 그때부터 도심 포교를 열심히 해서 활성화시키는 데 크게 기여하셨습니다. 광덕 스님의 호법에 대한 정신과 불법에 대한 신심과 포교를 위한 큰 원력이 있었기에 오늘날 많은 스님들이 도심에 절을 짓고 빌딩 한 칸에 세를 들어서라도 불법을 널리 펴고자 피나는 노력을 많고 있습니다. 광덕 스님은 일찍이 호법발원문을 써서 호법법회 때는 모두 같이 합창으로 읽고 마음에 서원을 깊이 다지게 하셨습니다.

② 어려움을 들어 경전의 유통을 권하다

【경문】
諸善男子야 各諦思惟
此爲難事하고 宜發大願이니
諸餘經典이 數如恒沙를
雖說此等이나 未足爲難이요
若接須彌하야 擲置他方
無數佛土라도 亦未爲難이며
若以足指로 動大千界하야
遠擲他國이 亦未爲難이며
若立有頂하야 爲衆演說
無量餘經이 亦未爲難이라도
若佛滅後 於惡世中에
能說此經이 是則爲難이니라

여러 선남자들이여, 깊이 생각하라.
이 일은 어려운 일이니 마땅히 큰 서원을 발(發)하라.
다른 여러 경전들의 그 수효가 항하강의 모래같이 많은데
비록 이것을 다 설한다 해도 어렵다고 할 수 없고
수미산을 들어다가 저 멀리 세계 밖에
수없는 세계 밖에 던진다 하더라도 어렵다고 할 수 없느니라.
만약 발가락으로 대천세계를 들어다가
다른 세계에 멀리 던지는 일도 어렵다고 할 수 없느니라.
만약 유정천(有頂天) 위에 서서 한량없이 많은 경전을
대중들에게 널리 설하는 것도 어려운 일이 아니지만
부처님이 열반한 뒤 나쁜 세상 가운데서
이 법화경을 설하는 일은 이것이 가장 어려우니라.

❀ "여러 선남자들이여, 깊이 생각하라. 이 일은 어려운 일이니 마땅히 큰 서원을 발(發)하라."고 하였습니다. 서원은 누구에게나 중요한 것입니다. 사람이 사는 것은 꿈이 있기 때문입니다. 의식주의 어려움이 거의 해결된 요즘 시대에는 특히 더 그렇습니다. 옛날에는 먹고 사는 것이 어려운 때라서 의식주 문제 해결을 인생의 목표로 삼았습니다. 먹고 사는 기본적인 생존의 문제가 해결된 현대인에게는 의미 있는 삶에 대한 욕구가 커졌습니다. 크든 작든 간에 꿈을 가지고 사는 사람은 자신의 삶에서 의미를 찾을 수 있습니다. 꿈을 이루는 것에서 인생의 보람을 얻습니다. 꿈은 곧 희망입니다. 이것을 불교에서는 원(願)이라고 하고, 꿈을 이루겠다는 의지를 서원(誓願)을 통해서 확인합

니다. 서원과 발원, 축원은 모두 꿈을 이루어서 보람있는 삶을 살고자 하는 마음을 담고 있는 말입니다.

그래서 부처님께 불공을 올릴 때 시간이 없어서 바쁘면 천수경을 안 쳐도 좋고, 반야심경을 안 읽어도 좋습니다. 그러나 축원을 하지 않으면 불공을 안 한 것과 같습니다. 사실 깊은 내용을 알고 보면, 천수경이나 반야심경 한 편을 정성스럽게 외워서 불공을 대신하는 것이 더 낫지만, 우리 보통 사람들의 마음에는 나와 가족의 이름과 내가 바라는 소원을 부처님께 고하는 것이 더 중요하게 다가옵니다.

그리고 여기부터 육난구이(六難九易)의 비유가 시작됩니다. 법화경의 가르침을 받아 지니고 널리 펼치는 일이 얼마나 귀하고 어려운 일인지를 여섯 가지 어려움과 아홉 가지 쉬운 일로 서로 대비하면서 설명합니다. 이 대목에서는 4가지 쉬움과 1가지 어려움을 들고 있습니다.

【 경문 】

假使有人이 手把虛空하고
而以遊行이 亦未爲難이어니와
於我滅後에 若自書持커나
若使人書는 是則爲難이며
若以大地로 置足甲上하고
昇於梵天이 亦未爲難이어니와
佛滅度後 於惡世中에
暫讀此經이 是則爲難이며

가령 어떤 사람이 맨손으로 허공을 휘어잡고
자유롭게 다니는 일은 어려운 것이 아니지만
내가 열반한 뒤에 법화경을 손수 쓰거나
남을 시켜 쓰는 일은 이것이 가장 어려우니라.
만일 누가 땅덩어리를 발톱 위에 올려놓고
범천(梵天)까지 올라가는 것도 어려운 일이 아니지만
부처님이 열반한 뒤 나쁜 세상 가운데서
이 경전을 잠깐 읽는 일은 이것이 가장 어려우니라.

※ 2가지 쉬움과 2가지 어려움을 이야기하고 있는데, 참으로 상상을 넘어서는 비유이고 비교입니다. 맨손으로 허공을 휘어잡고 자유롭게 다닌다는 것은 발을 땅에 대지 않고 마치 영화에 나오는 슈퍼맨처럼 날아다닌다는 말입니다. 지구를 발톱 위에 올려놓고 범천까지 오른다니 그런 사람은 엄청나게 힘이 센 사람일 것입니다. 그러나 이런 능력은 모두 유위(有爲)의 능력입니다. 유위의 능력이 아무리 뛰어날지라도 존재의 실상을 꿰뚫는 진리를 파악하는 무위(無爲)의 능력과는 비교할 수 없습니다.

여기에 범천(梵天)이라는 말이 나오고 앞 구절에는 유정천(有頂天)이라는 말이 나옵니다. 경전을 읽다 보면 여러 가지 하늘 이야기가 참 많이 나오는데, 잠시 살펴보도록 하겠습니다. 무슨 무슨 천(天)이라고 여러 단계별로 말하는 천(天)들이 실제로 존재하는 곳인지 아니면 우리의 의식세계를 일컫는 말인지 대개가 분명하지 않습니다. 우리가 예불할 때 '삼계도사(三界導師) 사생자부(四生慈父)'라고 합니다. 일반적으로 세계는 크게 삼계(三界)로 나누는데, 욕계와 색계, 무색계로 다시 나눕니다. 삼계의 거의 대부분은 여러 가지 천(天)으로 이루어져 있습니다. 먼저 욕계는 지옥, 아귀, 축생, 수라의 4악취와 사람이 사는 4개의 섬부주 그리고 사왕천부터 타화자재천까지 6개의 천이 있습니다. 색계는 4선천(禪天)과 대범천, 정거천, 무상천을 포함해서 모두 7개의 천이 있습니다. 무색계는 4가지 공처천으로 된 4개의 천이 있습니다. 이렇게 해서 삼계는 25개의 유(有)로 나뉘는데, 4악취와 4개의 섬부주를 제외한 17곳이 모두 천(天)입니다.

그런데 이 많은 천은 도대체 무엇일까요? 경전의 내용을 모두 유심히 살펴보지 않으면 누구도 명확하게 해석하지 못합니다. 그러나 이런 천 즉 하늘을 말할 때 일반적으로 의성천(意成天)이라고 합니다. 의식으로 성립된 하늘이라는 뜻입니다. 사선천(四禪天)이니 오나함천(五那含天)이니 무상천(無想天) 혹은 비상비비상처천(非想非非想處天)이니 하는 하늘들은 모두 의성천(意成天)입니다. 그리고 의생신(意生身)이라는 말도 있는데, 의성신(意成身)이라고도 하지요. 의식으로 성립된 몸이라는 뜻입니다.

이렇듯 삼계를 이루고 있는 여러 천(天)이라는 것은 모두 의식세계의 표현임을 알 수 있습니다. 우리의 의식이 점점 깨우쳐 나아가는 방향을 여러 단계로 나누어 표현한 것입니다. 지구 위에 대한민국이 있고 인도나 중국이 있는 것처럼 실제로 존재하는 것은 아닙니다. 물론 엄밀히 말해서 인도가 실제로 존재하더라도 우리의 의식이 인도라는 나라를 인식하지 못하면 '인도는 나의 의식세계에는 존재하지 않는다.'라고 해석할 수도 있습니다. 그러나 이 의성천들은 개인의 의식이 발달해가는 경험 속에서 존재하는 차원입니다. 이렇게 해석해야 헤매지 않게 됩니다. 그렇지 않으면 경전에 나오는 수많은 천들이 도대체 저 우주의 어디쯤 있는지 찾으려 헤매게 됩니다.

【 경문 】

假使劫燒에 擔負乾草하고
入中不燒는 亦未爲難이어니와
我滅度後에 若持此經하야
爲一人說이 是則爲難이며
若持八萬四千法藏과
十二部經하야 爲人演說하고
令諸聽者로 得六神通하니
雖能如是나 亦未爲難이어니와
於我滅後에 聽受此經하야
問其義趣가 是則爲難이며

가령 겁화(劫火)가 활활 탈 때 마른 풀을 등에 지고
불 속에 들어가도 타지 아니하기는 어려운 일이 아니지만
내가 열반한 뒤에 이 법화경을 지니고
한 사람에게라도 말하기는 이것이 가장 어려우니라.
어떤 사람이 팔만 사천 많은 법장(法藏)과
십이부경(十二部經) 모두 지녀 사람들에게 널리 설하여
이 경을 듣는 사람들에게 여섯 가지 신통을 얻게 해도

이와 같이 하는 일은 어려울 것이 없지마는
내가 열반한 뒤에 이 경전을 듣고 받아들여서
그 이치를 묻는 것이 이것이 가장 어려우니라.

    ❁   불교에서 세계는 영원히 존재하는 것이 아닙니다. 생겨났다가 무너져 사라지는 과정을 반복합니다. 이 과정을 성주괴공(成住壞空)의 사겁(四劫)이라고 합니다. 성은 우주의 성립을 말하고, 주는 존재하는 기간, 괴는 점차로 파괴되는 기간이고, 공은 다 무너져서 공으로 돌아가 존재하지 않는 단계를 말합니다.

    우주가 이렇게 생성과 소멸을 거듭하는 것은 현대에 들어서 과학적으로도 증명되었습니다. 130억 년 전에 우주가 생겨났고 우리가 사는 태양계는 45억 년 전에 생겼습니다. 처음 생겨나기 시작할 때 여러 가지 물질들이 충돌하고 폭발하기를 반복하면서 밀어내고 당기더니 별이 만들어 졌습니다. 그 후로도 계속 별이 생겼다가 사라지기를 반복하고 있습니다. 이 우주조차도 종국에는 블랙홀에 빨려들어서 사라지게 된다고 과학자들이 말하고 있습니다. 불교는 3천 년 전에 이미 모든 존재의 생성과 소멸의 원리를 말하고 있습니다.

    이 구절에 나오는 겁화(劫火)는 우주가 점차 파괴되는 괴겁(壞劫)의 시기에 일어나는 큰 화재입니다. 세상에 존재하는 모든 것을 다 태워 버리는 아주 큰 불입니다. 현대과학에서도 별이 사라지기 전에 초신성이라고 해서 최후로 큰 빛을 발하고 사라집니다. 그것을 겁화라고 보아도 무방할 듯합니다. 불 중에서 제일 큰 불을 겁화라고 합니다. 육조단경에 '겁화소해저(劫火燒海底)'라는 말이 있습니다. 괴겁의 불길이 큰 바다의 밑바닥까지 다 태운다는 말입니다. 바다도 남지 못하고 다 타버리는 것이지요. 이렇게 큰 불에 마른 풀을 등에 지고 들어가도 타지 않는 것이 오히려 쉽다고 했습니다. 법화경을 받아 지녀서 널리 펴는 일의 귀함과 어려움을 비유를 통해 표현하고 있습니다.

【 경문 】

若人說法하야 令千萬億
無量無數 恒沙衆生으로
得阿羅漢하야 具六神通하니
雖有是益이나 亦未爲難이어니와
於我滅後에 若能奉持
如斯經典이 是則爲難이니라

만약 어떤 사람이 설법을 하여 백천만 억
한량없고 수가 없는 항하사의 중생들에게
아라한의 도(道)를 얻게 하고 여섯 가지 신통을 구족케 하는
이익을 얻게 해도 어려운 것이 아니지만
내가 열반한 뒤에 이 묘법연화경을
능히 받들어 지닌다면 이 일이 가장 어려우니라.

　　❋　육난구이(六難九易)의 마지막 비유입니다. 여섯 가지 쉬운 일은 갈수록 난해하고 어려워지고 있습니다. 가장 쉬워 보이는 것도 우리 상식으로는 조금도 가능한 일이 아닙니다. 이런 모든 불가능이 가능해지

더라도 법화경과는 비교가 되지 않는다고 강하게 역설하고 있습니다.

【 경문 】
我爲佛道하야 於無量土에
從始至今히 廣說諸經이나
而於其中에 此經第一이니
若有能持면 則持佛身이니라

내가 불도(佛道)를 위해 한량없는 국토에서
처음부터 지금까지 여러 경전을 설했지만
그 많은 경전 중에서 이 법화경이 제일이니
만약 능히 지닌다면 부처님의 몸을 지니는 것이니라.

✤   법화경을 받아 지니는 것은 부처님의 몸을 받들어 모시는 것과 마찬가지라고 강조하고 있습니다. 앞의 제10 법사품에도 나왔던 이야기입니다만, 부처님의 진정한 몸은 육신을 말하는 것이 아닙니다. 부처님의 전신(全身) 즉 부처님의 온전한 몸은 바로 부처님의 가르침, 법신(法身)을 가리키는 말입니다. 법화경에는 부처님의 가르침 가운데서 가장 핵심적인 내용이 담겨있습니다. 불법의 핵심이 담겨있는 법화경이 부처님의 법신이며, 부처님의 몸이 되는 것입니다. 그래서 법화경은 경전 중의 경전이며, 경전의 왕입니다.
　　땅에서 솟아올라 허공 가운데 머물고 있는 보배탑 안에 계신 다보여래는 부처님의 전신 즉 온전한 몸이라고 했습니다. 이것은 다보여래는 부처님의 법신이라는 말과 같습니다. 경전의 왕인 법화경이 바로 다보여래인 것입니다. 그래서 석가모니 부처님과 마찬가지로 탑에 모시고 공경, 공양하는 것입니다. 부처님 가르침의 핵심인 법화경이 바로 법신의 대표가 될 수 있습니다. 그만큼 법화경의 가르침이 소중하고 고귀하다는 말입니다. 그 가르침이 바로 일불승 또는 회삼귀일입니다. 갖가지 다양한 삶의 양상도 결국은 부처님의 삶으로 귀결되는 것입니다. 그러므로 이와 같이 알고 부처님의 삶을 따라서 살아야 한다는 것입니다. 이 가르침을 받아들이고 그대로 실천하는 일은 쉽지 않습니다. 그래서 온 세계를 발가락 위에 올려놓고 우주로 던지는 것보다 더 어렵습니다.

③ 유통을 권하는 의미(意味)

【 경문 】
諸善男子야 於我滅後에
誰能受持 讀誦此經고
今於佛前에 自說誓言하라
此經難持니 若暫持者면
我則歡喜하고 諸佛亦然이니
如是之人은 諸佛所歎이라
是則勇猛이며 是則精進이며
是名持戒며 行頭陀者니
則爲疾得 無上佛道니라

여러 선남자들이여, 내가 열반한 뒤에
이 경전을 누가 능히 수지(受持) 독송할 것인가.
지금 부처님 앞에서 원(願)을 세우고 말하여라.
이 경전은 지니기 어려우니 잠시라도 지닌다면
내가 매우 환희하고 모든 부처님들도 또한 그러하니라.
이렇게 하는 사람은 부처님들이 찬탄(讚歎)하사
이것이 용맹(勇猛)이고 이것이 정진(精進)이며
이것이 계행(戒行)을 갖는 것이요, 두타행(頭陀行)을 하는 것이니
가장 높은 부처님의 도를 하루 빨리 얻으리라.

❀   법화경을 받아 지니는 것, 법화경을 공부하는 것만으로도 용맹 정진하는 것이며, 계행을 갖추는 것이고, 두타행을 하는 것이라고 했습니다. 두타행은 번뇌 망상의 티끌을 떨어버리고 의식주에 탐착하지 않고 불도를 수행하는 것을 말합니다. 온갖 번뇌와 마음에 덕지덕지 눌러붙은 탐진치 삼독을 잘 떨어버리는 사람을 두타행자라고 합니다. 두타행자는 소유를 좋아하지 않으며 명예나 부귀, 일신의 편안함을 구하지도 않고 본능이나 욕구에서도 벗어난 것을 말하는데, 가섭 존자가 두타행을 가장 잘 실천했다고 합니다.

가섭 존자와 관련된 재미있는 일화가 있습니다. 가섭 존자는 과거생에 악사였습니다. 그래서 풍악소리가 들리면 자신도 모르게 어깨춤을 추면서 풍악에 빠지곤 했다는 이야기가 있습니다. 두타행을 잘 하는 가섭 존자조차도 과거생에 오랫동안 익혔던 음악이 들리면 그 업을 피하지 못했다는 말입니다.

제가 예전에 인천 용화사에서 전강 스님을 모시고 선방에서 지낼 때의 일입니다. 아주 오래 전인지라 가까운 곳에 대중목욕탕이 없어서 버스를 타고 인천 시내까지 나가서 대중들이 함께 목욕을 하곤 했습니다. 겨울에 대중들이 참선을 할 때는 목욕날을 정해서 다같이 목욕을 하는 것이 상례였습니다. 목욕을 마치고 용화사로 가는 버스를 타려고 한참 가다가 보니 한 스님이 보이지 않았습니다.

놀라서 찾아보았더니 그 스님이 넋을 잃고 멍하니 서서 한쪽을 바라보고 있는 것이었습니다. 우리가 가서 툭 치면서 '뭘 하느냐?'고 하자 그제서야 정신을 차리더군요. 그 스님이 보고 있는 것은 몇 명의 해병대 헌병들이 열을 맞춰서 지나가는 모습이었습니다. 나중에 알고 보니, 그 스님은 해병대 헌병으로 군복무를 했습니다. 손이 벨 것처럼 날이 선 군복을 입고 열을 맞춰 일사불란하게 행진하는 모습을 보고는 화두고 뭐고 다 잊어버렸던 것입니다. 순간적으로 과거의 업이 되살아나서 그 모습이 너무 근사하게 보여서 넋을 잃고 쳐다보았다고 했습니다. 업력난사의(業力難思議)라는 말이 있습니다만, 업이란 참 무서운 것입니다. 이런 업을 다스리는 것이 부처님의 가르침임을 기억하고 법화경 공부를 열심히 합시다.

【 경문 】

能於來世에 讀持此經하면
是眞佛子로 住淳善地며
佛滅度後에 能解其義면
是諸天人 世間之眼이며

於恐畏世에 能須臾說이라도
一切天人이 皆應供養하니라

어떤 이가 오는 세상에 이 경전을 읽는다면
이 사람이 참다운 불자(佛子)이며 좋은 나라에 머무는 것이니라.
부처님이 열반한 뒤에 이 이치를 해설하면
이와 같은 사람들은 천상과 세상의 눈이 되리라.
두려운 것이 많은 이 세상에 잠깐 동안 설하여도
일체 천신과 사람들이 모두 와서 공양하리라."

❁   부처님의 법신사리 가운데 가장 뛰어난 법화경을 잘 받아 지니고 널리 유통할 것을 권하고 있습니다. 예부터 많은 분들이 법화경을 연구하고 독송도 많이 했습니다. 제가 옛날에 걸망 지고 이 절 저 절 다닐 때, 시골 절에 수백 권의 법화경 서품이 쌓여있는 것을 자주 보았습니다. 예전에는 49재 때 금강경을 읽지 않고 법화경 서품을 읽었습니다. 재(齋)를 지낼 때는 으레 법화경 서품을 읽었는지라 절마다 손때 묻은 법화경 서품이 많이 있었던 것입니다. 그러던 것이 언제부터인가 금강경으로 바뀌었고 간혹 아미타경을 읽는 곳도 있습니다. 법화경을 귀하게 여겼던 옛 사람의 뜻을 다시 떠올리고 되살리도록 노력했으면 합니다.

12
제바달다품

(提婆達多品)

석가모니 부처님의 일생에서 가슴 아픈 일이 두 가지 있습니다. 하나는 제바달다의 반역이고 다른 하나는 부처님의 고향 카필라국의 멸망입니다. 제바달다는 아난다나 난다와 같이 석가모니 부처님의 사촌동생이었는데, 부처님께서 출가하기 전에는 늘 학문이나 무예를 서로 겨루면서 성장했습니다. 그는 어려서부터 욕심이 많아서 싯달타 태자와 여러 방면에서 경쟁하고 대항했다고 합니다. 부처님께서 출가 성도하신 후 교단을 이루고 나서 제바달다는 부처님께 출가했습니다. 수행도 열심히 했지만 부처님을 시기하는 마음은 버리지 못했습니다.

부처님의 가르침에 감화를 받은 제자들이 많이 모이면서 교단이 커지게 되고, 권세 있는 왕과 재력 있는 부호 장자들이 앞 다투어 귀의하는 것을 보고 제바달다는 시기심에 교단을 빼앗으려고 여러 가지 나쁜 일을 행했습니다. 500명의 제자들을 꾀어내기도 하고 부처님에게 위해를 가하려고도 했습니다. 사촌동생이자 제자인 제바달다의 반역은 부처님에게 큰 아픔이었을 것입니다.

그리고 부처님의 고향 카필라국의 이웃에는 강대한 코살라국이 있었습니다. 코살라는 영토도 넓고 무력도 아주 강했지만 카필라는 조그마한 도시 국가였습니다. 코살라의 유리왕은 카필라를 침략해서 합병해버렸습니다. 카필라의 백성들이 죽임을 당하고, 부처님의 친족들이 죽임을 당한 일도 부처님에게 큰 고통을 주었을 것입니다. 석가모니 부처님은 제바달다와 코살라의 유리왕을 어떻게 이해하고 받아들였을까요? 부처님의 삶을 본받아 살겠다는 우리 불자들은 이런 일들을 어떻게 수용해야 할까요? 참으로 쉬운 문제가 아닙니다.

우리가 열심히 독송하는 금강경 상권의 마지막 분이 제14 이상적멸분(離相寂滅分), 상을 떠나서 적멸한 존재의 모습을 설하고 있는 분(分)입니다. 모든 존재가 상을 떠나서 적멸하다고 하면 그와 같은 존재의 원리에 입각해서 우리들도 역시 상을 떠나서 적멸해야 된다는 뜻입니다. 금강경은 무상위종(無相爲宗) 즉 상을 없애는 것으로 그 종지(宗旨)를 삼습니다. 여기에서 부처님과 코살라의 유리왕의 문제를 풀어내고 있습니다.

법화경이나 금강경이 부처님 당시에 설해진 것이 아니고, 후대에 편찬하면서 부처님께서는 이러저러한 사정을 이와 같은 마음으로 수용했다고 써넣은 것일 수도 있습니다. 하나의 멋진 본보기를 제시한 것일 수도 있지요. 새롭게 근본으로 되돌아가자는 대승불교가 한창 꽃필 무렵에 꼭 짚고 넘어가야만 하는 문제였을 것입니다.

제14 이상적멸분(離相寂滅分)에 "수보리야, 내가 옛적 가리왕에게 신체를 낱낱이 베일 때에"라고 시작하는 구절이 있습니다. 실제로는 코살라의 유리왕이었지만 금강경에서는 변형시켜서 가리왕에게 온 몸을 낱낱이 베였다고 했습니다. 석가족을 멸망시키고 카필라성을 피로 물들이는 것을 보고 아마도 부처님은 칼로 살점을 도려내는 듯한 아픔을 느꼈을 것이라는 표현입니다.

유리왕이 카필라국에 처음 쳐들어갈 때 부처님은 길가의 바싹 마른 나무 아래 앉아서 왕을 설득해서 군대를 돌려보냈습니다. 두 번째도 설득에 성공해서 되돌려보냈지요. 그러나 또 세 번째로 쳐들어온다는 소식을 듣고는 더 이상 말리지 못했습니다. 카필라국이 멸망할 당시 왕이었던 마하남 왕은 유리왕에게 마지막 소원을 말했습니다. 내가 호수 속에 들어가서 나올 때까지만이라도 우리 백성들을 죽이지 말고 도망갈 시간을 달라고 했습니다. 유리왕은 사람이 물 속에서 숨을 참으면 얼마나 오래 참겠는가 싶어서 허락했습니다. 마하남 왕은 호수 속으로 들어가서는 자신의 몸을 끈으로 바위에 묶어서 떠오르지 않게 했습니다. 아무리 기다려도 마하남 왕이 올라오지 않자 부하를 시켜서 찾아보게 하였습니다. 마하남 왕은 이미 죽었고 그 시체가 끈으로 바위에 묶여있는 것을 알게 되었다고 합니다. 한 명의 백성이라도 더 살리려고 했던 애절하고 간절한 마음이 담겨있는 사건이었습니다. 그 자리에 직접 있지 않았다고 해도 백성과 친족이 죽임을 당한 부처님의 마음도 갈갈이 찢어졌을 것입니다.

그래서 금강경에서 "가리왕에게 신체를 낱낱이 베였다."라고 표현한 것입니다. 그러나 그때 부처님은 아상이 없었고 인상이 없었으며 중생상도 없었고 수자상도 없었다고 했습니다. 부처님의 사지를 마디마디 베일 때에 만약 아상·인상·중생상·수자상이 있었으면 응당 성내고 원망함을 내었을 것이라고 하셨습니다. 만약 그런 상이 있었다면 분노에 가득 차서 제자들과 신자들을 다 동원해서 복수하려고 했을 것입니다. 그런데 그렇게 하지 않으셨습니다. 그것은 어떠한 상도 전혀 없었기에 성내고 원망하는 마음이 나지 않았기 때문입니다. 아상(我相)은 내가 있다는 생각이고, 인상(人相)은 '남'이 있다는 생각입니다. 나와 너의 구분이 없으면 은혜니 원수니 하는 차별상도 다 없어집니다. 누가 왕이 되었든 간에 인간의 존중함을 깨닫고 모두가 다같이 평화롭게 행복하게 살기를 바랄 뿐입니다.

금강경에 나온 이야기는 이렇습니다. 가리왕이 궁녀들과 시종들을 데리고 사냥을 나왔다가 낮잠을 잤는데 그 사이에 궁녀들과 시종들이 모두 인욕 선인에게 법문을 들으러 가 버렸습니다. 잠에서 깨어난 왕이 사람들을 찾아보니 다들 어떤 선인에게서 법문을 듣고 있었습니다. 왕이 '너는 누구냐'고 물으니 선인은 '나는 인욕을 닦는 사람이다'라고 대답했지요. 화가 나 있던 왕은 '정말 인욕을 잘 하느냐? 그렇다면 내가 시험해 보겠다.'며 인욕 선인의 온몸을 칼로 잘랐습니다. 이때의 가리왕이 지금의 유리왕이고, 인욕 선인은 지금의 석가모니 부처님이셨습니다. 유리왕과 부처님의 원한 관계를 금강경에서는 이렇게 풀어내고 있습니다. 범망경에는 부모를 죽인 원수까지도 용서

해야 한다는 구절이 있습니다. 참으로 어려운 당부입니다. 그러나 이것이 부처님의 마음입니다.

부처님을 배반하고 여러 차례 죽이려고 했던 제바달다와의 문제는 여기 제12 제바달다품에서 풀고 있습니다. 부처님께서 제바달다를 대하듯이 부처님을 따르는 불자들은 자신을 죽이려는 원수라 할지라도 이와 같이 대해야 함을 설파하고 있습니다. 원한을 원한으로 갚으면 원한이 그치지 않는 법입니다. 이해하고 용서하고 수용하는 마음이어야 원한이 풀리고 행복과 평화가 온다는 것을, 그 외에는 답이 없다는 것을 말하고 있습니다. 마침내 "나는 제바달다 때문에 부처님이 되었다. 그리고 제바달다도 부처님이다."라며 제바달다에게 수기를 주기까지 합니다. 이 제바달다품이야말로 부처님 마음의 극치를 표현한 품이라고 생각합니다. 이 품을 읽고 부처님 마음의 경지를 이해하게 되고 언젠가 우리도 그러한 마음을 가질 수 있을 때, 그때야말로 참으로 불교를 실천하는 사람, 불교를 제대로 아는 사람, 부처님의 마음을 아는 사람이라고 할 수 있을 것입니다.

1. 제바달다는 석가모니불(釋迦牟尼佛)의 스승

[1] 제바달다와 석가모니불의 과거

【 경문 】
爾時佛告諸菩薩과 及天人四衆하사대 吾於過去無量劫中에 求法華經하

대 無有懈倦하며 於多劫中에 常作國王하야 發願求於無上菩提하대 心不退轉호라 爲欲滿足六波羅蜜하야 勤行布施하대 心無悋惜하며 象馬七珍과 國城妻子와 奴婢僕從과 頭目髓腦와 身肉手足에 不惜軀命하며 時世人民이 壽命無量커늘 爲於法故로 捐捨國位하야 委政太子하고 擊鼓宣令하며 四方求法하대 誰能爲我하야 說大乘者어뇨 吾當終身토록 供給走使호리라

이때에 부처님께서 모든 보살과 천신과 인간 사부대중에게 말씀하셨습니다.

"내가 지난 옛적 한량없는 겁 동안에 묘법연화경(妙法蓮華經)을 구하기에 게으르지 아니 하였으며, 여러 겁 동안에 항상 국왕(國王)이 되어 가장 높은 깨달음을 발원하고 구하는 데 마음이 물러서지 아니 하였느니라. 여섯 가지 바라밀다를 만족하기 위하여 부지런히 보시를 행하되, 코끼리·말·칠보·나라·도성·처자·노비·심부름꾼·머리·눈·골수·몸·살·손·발을 아끼지 아니 하였고 생명도 아끼지 아니 하였느니라. 그때 세상 사람들의 수명이 한량이 없었지마는, 법을 위하여서 국왕의 자리를 버려 태자에게 위임하고, 북을 쳐서 명령을 내리고 사방으로 법을 구하되, '누구든지 나에게 대승법을 말하여 주는 이가 있으면 내가 마땅히 종신토록 받들어 드리고 시중 들리라.'고 하였느니라.

❀ "비록 사람이 백 년을 살더라도 최상의 법의 뜻을 알지 못한다면, 하루를 살더라도 불법(佛法)을 들어서 그 뜻을 깨닫는 것만 못하리라(若人壽百歲 不知大道義 不如生一日 學推佛法要)."는 구절이 법구경에 있습

니다. 석가모니 부처님께서는 한량없는 옛적에 가진 것을 모두 내놓으며 육바라밀을 실천했으면서도 거기에 만족하지 않고 최상의 법을 구했습니다. 최상의 가르침, 법화경의 가르침을 얻기 위해서 자기 자신을 바치겠다고 선언한 것입니다. 실제로 부처님께서는 태자의 자리와 부귀영화를 버리고 출가하였지만 아깝다는 마음을 갖지 않았습니다. 또한 코살라의 유리왕이 쳐들어와 친족과 고향마저 빼앗겼지만 빼앗겼다는 마음을 갖지 않았습니다. 제바달다가 부처님의 승단과 목숨을 빼앗으려 했던 것조차도 원망하는 마음이 없으셨다는 것을 표현하고 있습니다.

【 경문 】

時有仙人이 來白王言하대 我有大乘하니 名妙法華經이라 若不違我면 當爲宣說호리다 王聞仙言하고 歡喜踊躍하야 卽隨仙人하야 供給所須하대 採菓汲水하고 拾薪設食하며 乃至以身으로 而爲床座하대 身心無倦하야 于時奉事를 經於千歲하대 爲於法故로 精勤給侍하야 令無所乏하니라

그때에 한 선인이 와서 왕에게 말하기를, '나에게 대승경이 있으니 이름은 묘법연화경이라, 만일 내 뜻을 어기지 않으면 마땅히 말하여 주리라'고 하였느니라.

왕은 선인의 말을 듣고 뛸 듯이 기뻐하며 곧 선인을 따라가서 모든 것을 시중 드는데, 과실을 따고 물을 긷고 땔나무를 하고 음식을 장만하며, 내지 몸으로 상(牀)도 되고 앉는 자리(座)가 되었지마는 몸과 마음이 게으르지 아니하였느니라. 그렇게 받들어 섬기기를 일천 년이 지나도

록 하였으니, 법을 위하여 지성으로 시중하여 조금도 부족함이 없게 하였느니라."

❀ 장엄염불에 "가사정대 경진겁(假使頂戴 經塵劫) 신위상좌 변삼천(身爲床座 遍三千) 약불전법 도중생(若不傳法 度衆生) 필경무능 보은자(畢竟無能 報恩者)"라는 구절이 있습니다. 어떤 사람이 한량 없는 미진겁 동안 부처님을 머리에 이고 섬긴다 하더라도, 자신의 몸으로 부처님의 앉는 자리를 삼아 받든다 하더라도, 만약 부처님의 가르침을 전하여 사람들을 제도하지 못한다면 끝내 부처님의 은혜를 갚을 길이 없으리라는 뜻입니다. 귀하고 소중한 부처님의 최상의 가르침을 얻기 위해서 이러한 희생을 치루어도 아깝지 않다는 말입니다. 최상의 가르침은 얻는 것만으로 끝나서는 안 됩니다. 법을 구했으면 그 법을 널리 펼쳐서 다른 사람들도 구제해야 합니다.

[2] 게송으로 다시 밝히다

【 경문 】
爾時世尊이 欲重宣此義하사 而說偈言하사대
我念過去劫에 爲求大法故로
雖作世國王이나 不貪五欲樂하고
椎鐘告四方하대 誰有大法者오
若爲我解說하면 身當爲奴僕호리라

이때 세존께서 이 뜻을 거듭 펴시려고 게송으로 말씀하셨습니다.
"내가 생각하니 지나간 겁에 대승법(大乘法)을 구하기 위하여
비록 나라의 왕이 되었어도 다섯 가지 욕망을 탐하지 않고
종을 쳐서 사방에 고하기를, '누가 대승법을 가졌는가?
만약 나에게 말하여 주면 이 몸은 마땅히 종이 되어 섬기리라.'

【 경문 】
時有阿私仙이 來白於大王하대
我有微妙法은 世間所希有라
若能修行者면 吾當爲汝說호리라
時王聞仙言하고 心生大喜悅하사
卽便隨仙人하야 供給於所須하대
採薪及菓蓏하야 隨時恭敬與나
情存妙法故로 身心無懈倦하며
普爲諸衆生하야 勤求於大法이라
亦不爲己身과 及以五欲樂일새
故爲大國王하야 勤求獲此法하고
遂致得成佛을 今故爲汝說이니라

그때 아사타 선인(仙人)이 대왕에게 와서 말하기를,
'나에게 미묘한 법이 있어 세간에서는 희유하니라.
만일 닦아 행할 사람이 있으면 내가 마땅히 말하여 주리라.'
그때 대왕이 선인의 말을 듣고 대단히 기쁜 마음을 내어

즉시에 선인을 따라가 모든 일을 시중 들되,
나무도 하고 나물도 캐 오고 과실도 따서
때를 따라 공경하여 받들며
묘한 법에 생각을 두고 있었기에
몸과 마음은 괴로운 줄 몰랐느니라.
널리 모든 중생들을 위하여 부지런히 대승법을 구하였느니라.
자기의 몸을 위하거나 다섯 가지 욕락은 위하지 않고
큰 나라의 왕으로서 대승법을 부지런히 구하였으므로
마침내 성불(成佛)한 것을 이제 너희들에게 말하느니라."

❀ 한량 없는 겁 전에 석가모니 부처님에게 법화경을 전한 선인이 바로 제바달다입니다. 이렇게 과거의 스승으로 모시면서 맺힌 원결을 풀어내고 있습니다. "원망으로써는 결코 원망이 쉬지 않으니, 오직 참음으로써 원망이 쉬나니 이것이 여래의 법이다(不可怨以怨 終以得休息 行忍得息怨 此名如來法)."라는 법구경의 구절이 생각납니다. 성내고 미워하는 마음으로는 원결이 풀어지지 않습니다. 원한이 반복될 뿐입니다. 어느 쪽이든 성내고 미워하는 마음을 멈추어야 원한에 원한이 이어지는 악한 고리를 끊을 수 있습니다. 결코 실천하기 쉬운 일은 아니지만, 부처님께서 이렇게 원결을 풀어내는 것을 우리 불자들은 열심히 배워서 본받도록 합시다. '저 사람이 나에게 손해를 입혔다, 나를 해쳤다'는 원망과 미움의 실체를 들여다 보면 아무 것도 없습니다. 내가 존재한다는 아상(我相)이 원망하는 마음 뒤에 있을 뿐입니다. 그 아상도 실체가 없는 공한 것입니다. 미워하는 마음을 내기보다 내가

무엇이 부족했는지 살펴보는 계기로 삼고, 그 사람도 나와 마찬가지로 본래 부처임을 받아들이면 차츰차츰 성내고 원망하는 마음이 사라지게 됩니다.

[3] 석가모니불의 성불(成佛)은 제바달다의 공덕

【 경문 】

佛告諸比丘하사대 爾時王者는 則我身是요 時仙人者는 今提婆達多是니라 由提婆達多善知識故로 令我具足六波羅蜜과 慈悲喜捨와 三十二相과 八十種好의 紫磨金色과 十力四無所畏와 四攝法과 十八不共神通道力하야 成等正覺하야 廣度衆生케하니 皆因提婆達多善知識故니라

부처님께서 비구들에게 말씀하셨습니다.
"그때의 왕은 바로 내 몸이요, 그때의 선인은 지금의 제바달다니라. 이 제바달다 선지식을 말미암은 탓에 나로 하여금 여섯 가지 바라밀다와 자비희사(慈悲喜捨)와 삼십이 거룩한 몸매와 팔십 가지 잘생긴 모양과 붉은 금빛과 열 가지 힘과, 네 가지 두려움 없음과 네 가지 포섭하는 법과 열여덟 가지 함께 하지 않는 법과 신통과 도력을 구족하고 등정각(等正覺)을 이루어 중생들을 널리 제도하게 하였으니, 이것이 모두 제바달다 선지식(善知識)을 말미암은 연고(然故)니라.

※ 육바라밀과 자비희사, 삼십이상, 팔십종호, 열 가지 힘, 네 가지 두려움 없음과 같은 것은 부처님이 갖춘 능력들입니다. 불교에서 말

하는 모든 어려운 수행을 다 통해야 이를 수 있는 최상의 경지입니다. 그런데 이 모든 것을 성취한 것이 모두 제바달다의 덕이었다고 말씀하고 있습니다. 제바달다가 누구입니까? 부처님을 따르는 승단을 차지하려고 스님들을 꾀어내고, 수없이 음모를 꾸며서 부처님을 해치려 했습니다. 미친 코끼리를 풀기도 하고 높은 언덕에서 부처님을 향해 큰 돌을 굴리기도 했습니다. 그때 튕긴 돌덩이가 부처님의 발등을 찧어서 피가 나게 했습니다. 이로 인해서 누구도 저질러서는 안 되는 오역죄 가운데 하나인 "부처님의 몸에 상처를 입혀서 피를 내지 말라."는 조목이 생겼습니다.

불교에 처음엔 계율이 없었습니다. 삼귀의뿐이었습니다. 불법승(佛法僧)의 삼보에 귀의하면 그것으로 다 되었습니다. 살생하지 말라는 계목도 없었습니다. 이런 계목은 전부 비난받을 행위가 있었기 때문에 생겨난 것입니다. 부처님께 귀의한 출가제자들이었지만, 세속에서 하던 습관대로 행하거나 혹은 수행자답지 않은 행동을 할 때마다, 부처님께서 판단해 보고 '이것은 좋은 행이 아니다, 수행자의 모습이 아니다'라는 생각이 드시면 하나씩 금지하셨습니다. 그러다 보니 결국은 비구스님에게는 250계, 비구니스님에게는 348계의 금지하는 계목이 생기게 된 것입니다. 코살라의 유리왕이 카필라를 점령한 일과 제바달다가 부처님을 해치려고 했던 일은 인도에서 실제로 있었던 역사적인 사건입니다. 이런 것을 부처님께서 어떻게 이해하고 수용했는지를 살펴볼 수 있는 대목입니다. 바로 제바달다 때문에 오늘날 내가 부처님이 되었다는 말씀을 통해서 원결을 풀어내고 있습니다.

2. 제바달다는 천왕(天王)여래가 되리라

【 경문 】

告諸四衆하대 提婆達多는 却後過無量劫하야 當得成佛하리니 號曰天王如來應供正徧知明行足善逝世間解無上士調御丈夫天人師佛世尊이요 世界名天道라 時天王佛住世는 二十中劫이라 廣爲衆生하야 說於妙法하니 恒河沙衆生은 得阿羅漢果하고 無量衆生은 發緣覺心하며 恒河沙衆生은 發無上道心하야 得無生忍하고 至不退轉이니라 時天王佛이 般涅槃後에 正法住世는 二十中劫이라 全身舍利로 起七寶塔하니 高六十由旬이요 縱廣四十由旬이며 諸天人民이 悉以雜華와 抹香燒香塗香과 衣服瓔珞과 幢幡寶蓋와 伎樂歌頌으로 禮拜供養七寶妙塔하며 無量衆生은 得阿羅漢果하고 無量衆生은 悟辟支佛하며 不可思議衆生은 發菩提心하야 至不退轉이니라

여러 사부대중들에게 이르노니, 제바달다는 그 뒤에 한량없는 겁을 지내고서 부처를 이루리니, 이름이 천왕(天王)여래·응공·정변지·명행족·선서·세간해·무상사·조어장부·천인사·불·세존이요, 그 세계의 이름은 천도(天道)라 하리라.

이때 천왕불(天王佛)이 세상에 머물기는 이십 중겁(中劫)이니 널리 중생들을 위하여 묘법(妙法)을 설하리라. 항하사같이 많은 중생들은 아라한과(果)를 얻고, 한량없는 중생들은 연각(緣覺)의 마음을 내고, 항하사같이 많은 중생들이 최상의 도의 마음을 내어 무생법인(無生法忍)을 얻고 물러가지 않는 자리에 이르리라.

그때 천왕불이 열반에 드신 뒤에 정법(正法)은 이십 중겁 동안 세상에 머물러 있을 것이니라. 전신(全身) 사리로 칠보탑을 세우니 높이는 육십 유순이며, 가로와 세로는 사십 유순이리라. 여러 천신들과 사람들이 여러 가지 꽃과 가루향·사루는 향·바르는 향과 의복과 영락과 당기·번기와 보배 일산과 풍류와 노래로 칠보탑에 예배하고 공양하리라. 한량없는 중생들이 아라한과를 얻고, 한량없는 중생들이 벽지불(辟支佛)을 깨닫고, 불가사의한 중생들이 보리심(菩提心)을 내어 물러나지 않는 자리에 이르리라."

※ 오역죄는 무간지옥에 떨어지는 큰 죄입니다. 그런 큰 죄를 제바달다는 세 가지나 범했습니다. 하나는 '부처님의 몸에 상처를 입혀서 피를 낸 것'이고 또 하나는 '승가의 화합을 깨뜨린 것'입니다. 그리고 제바달다의 악행을 말리는 법시(法施) 비구니를 손으로 쳐서 죽였는데 법시 비구니는 아라한이었습니다. 그래서 '아라한을 죽인 것'입니다. 뿐만 아니라 끝까지 뉘우치지 않고 자신의 열 손가락에 독을 바르고 부처님을 해치려고 찾아오다가 마침내 지옥에 떨어졌습니다.

이 모든 내용이 증일아함경에 자세하게 설해져 있습니다. 이와 같이 극악한 죄를 지었음에도 불구하고 부처님으로부터 장차 부처가 될 것이라는 수기를 받습니다. 아니, 바로 그대로 부처님이라는 사실을 보증하고 있습니다. 부처님의 수제자인 사리불이나 목건련에게 수기하듯이 부처의 이름과 국토의 이름, 정법의 기간 등 구체적으로 수기를 받습니다.

3. 제바달다품(提婆達多品)을 권하다

【 경문 】

佛告諸比丘하사대 未來世中에 若有善男子善女人이 聞妙法華經提婆達多品하고 淨心信敬하야 不生疑惑者는 不墮地獄餓鬼畜生하고 生十方佛前하며 所生之處에 常聞此經하고 若生人天中이면 受勝妙樂하고 若在佛前이면 蓮華化生하니라

부처님께서 모든 비구들에게 말씀하셨습니다.
"오는 세상에 선남자·선여인이 이 묘법연화경의 제바달다품을 듣고 청정한 마음으로 믿고, 공경하여 의심을 내지 않는 이는 지옥이나 아귀나 축생에 떨어지지 아니하고 시방 부처님의 앞에 왕생(往生)할 것이니라. 나는 곳마다 항상 이 경전을 들을 것이며, 만일 인간이나 천상에 나면 가장 훌륭하고 묘한 낙을 받고, 부처님 앞에 나면 연꽃 위에 화생(化生)하리라."

※　아라한을 죽이고, 승가의 화합을 파했으며 부처님의 몸에 피가 흐르게 한 제바달다이지만 과거 무량 겁 전에는 부처님의 스승이었고, 앞으로는 천왕여래가 될 것이라고 수기를 했습니다. 참으로 믿기 어려운 말씀이지만 이 말씀을 믿고 공경하며 의심하지 않는 사람에게는 지옥이나 아귀, 축생이 도대체 있을 수 없다는 말입니다. 세상의 수많은 일 가운데 가장 힘들고 어려운 것이 인간관계입니다. 그런 인간관계를 부처님께서 제바달다에게 했듯이 우리가 수용하고 이해하

고 상대를 배려하며 받아들인다면 모두 해결될 것입니다. 나를 죽이려 한 사람까지도 스승으로 생각하고 부처님으로 생각하라는 것입니다.

4. 지적(智積)보살과 문수(文殊)보살의 만남

[1] 문수보살의 교화(教化)

【 경문 】

於時下方多寶世尊의 所從菩薩은 名曰智積이라 白多寶佛하고 當還本土러니 釋迦牟尼佛이 告智積曰善男子야 且待須臾하라 此有菩薩하니 名文殊師利라 可與相見하야 論說妙法하고 可還本土니라

이때에 하방(下方)에서 다보(多寶) 세존을 따라 온 보살들이 있었으니, 이름은 지적(智積)이었습니다. 다보 부처님께 '본국(本國)으로 돌아가사이다.' 하고 말씀드렸습니다.
석가모니 부처님께서 지적보살에게 말씀하셨습니다.
"선남자여, 잠깐만 기다리라. 여기 한 보살이 있으니 그 이름은 문수사리(文殊師利)라 하느니라. 서로 만나서 묘한 법을 의논하고 본국으로 돌아가라."

❁ 제11 견보탑품에는 다보 부처님을 따라 온 보살 대중에 대한 언급이 없었지만 여기서부터 등장합니다. 그 보살 대중 가운데 대표격

이 지적보살이었습니다. 지옥을 가도 열 번을 더 가도 부족할 제바달다까지도 부처가 된다고 하였으니 이제 모든 증명이 다 마쳐졌다고 생각했던 것입니다. 그래서 되돌아가자고 다보 부처님께 청을 넣습니다. 그러자 석가모니 부처님께서 문수보살을 만나보라고 권하십니다. 간단히 말해서, 다보 부처님의 회중을 대표하는 이는 지적보살이고, 석가모니 부처님의 회중은 문수보살이 대표한다고 볼 수 있습니다.

【 경문 】

爾時文殊師利가 坐千葉蓮華하니 大如車輪이며 俱來菩薩도 亦坐寶蓮華하고 從於大海娑竭羅龍宮하야 自然涌出하사 住虛空中하야 詣靈鷲山할새 從蓮華下하야 至於佛所하야 頭面敬禮二世尊足하고 修敬已畢에 往智積所하야 共相慰問하고 却坐一面이러니 智積菩薩이 問文殊師利하사대 仁往龍宮하야 所化衆生은 其數幾何닛고 文殊師利言하사대 其數無量하야 不可稱計라 非口所宣이며 非心所測이니 且待須臾하면 自當證知리다

이때 문수사리보살이 수레바퀴와 같이 큰 천 개의 잎이 있는 연꽃 위에 앉았고, 함께 오는 보살들도 다 보배 연꽃에 앉아서, 큰 바닷속 사가라용궁(龍宮)으로부터 저절로 솟아올라 오더니 공중에 머물러서 영축산(靈鷲山)에 이르렀습니다. 다시 연꽃에서 내려와 부처님 앞에 나아가 머리를 숙여 두 분 세존의 발에 예경하였습니다. 예경을 마치고 지적보살의 처소에 가서 서로 인사하고 한쪽에 물러가 앉았습니다.
지적보살이 문수사리보살에게 물었습니다.
"보살님이 용궁에 가서 교화(敎化)한 중생이 얼마나 됩니까?"

문수보살이 말하였습니다.

"그 수효가 한량이 없고 계산할 수 없고 입으로 설명할 수 없고 마음으로 헤아릴 수 없습니다. 잠깐만 기다리면 저절로 증명하여 알게 될 것입니다."

❀ 석가모니 부처님께서 말씀을 마치자 마자 문수보살이 용궁에서 연꽃을 타고 보살 대중을 이끌고 올라왔습니다. 경전이나 조사어록에 용궁이 참 많이 나옵니다. 부처님의 가르침, 깨달음의 법은 깊이를 측정할 수 없을 정도로 넓고 깊기 때문에 큰 바다에 비유해서 불법대해(佛法大海)라는 말을 곧잘 사용합니다. 불법대해의 넓고 깊은 진리의 세계에서 문수보살이 가만히 선정에 들어있지 않고, 작용으로 나타났다고 보면 됩니다.

【 경문 】

所言未竟에 無數菩薩이 坐寶蓮華하고 從海涌出하사 詣靈鷲山하야 住在虛空하니 此諸菩薩은 皆是文殊師利之所化度라 具菩薩行하야 皆共論說六波羅蜜하며 本聲聞人은 在虛空中하야 說聲聞行하다가 今皆修行大乘空義러라 文殊師利가 謂智積曰於海敎化는 其事如是니다

말을 다 마치기도 전에 무수(無數)한 보살들이 보배 연꽃에 앉아 바다로부터 솟아 올라와 영축산에 나아가 허공에 머물렀습니다. 이 보살들은 모두 문수사리가 교화한 사람들입니다. 보살행(菩薩行)을 갖추어서 함께 육바라밀을 논합니다. 본래의 성문들은 허공 중에서 성문행(聲聞行)을 설

하다가 지금은 모두 대승(大乘)의 공(空)한 이치를 수행하는 이들입니다.
문수사리보살이 지적보살에게 말하였습니다.
"바다에서 교화한 일이 이러합니다."

🪷 　지금 법회가 벌어지고 있는 곳은 아직 영축산 위의 허공 가운데 입니다. 다보 부처님과 석가모니 부처님은 공중에 있는 칠보탑 속에 함께 계시고, 수많은 분신 부처님과 보살 대중은 모두 허공 가운데 자리를 잡고 있습니다. 바다에서 무수한 보살들이 다시 올라왔는데 이들은 모두 문수보살이 교화한 사람들입니다. 그 보살들도 모두 허공에 머물고 있습니다.

　허공에 머문다는 사실은 여기서 중요한 의미를 가집니다. 단지 법회의 장소가 허공인 것이 아니라, 공(空)의 이치를 바탕으로 한다는 것을 비유하고 있습니다. 다시 말해서, 대승불교는 모든 현상이 공하다는 이치를 체득한 후에야 비로소 다른 가르침을 제대로 이해할 수 있습니다. "지금은 모두 대승(大乘)의 공(空)한 이치를 수행하는 이"라는 표현도 역시 공의 이치가 대승불교의 저변에 깔려 있음을 상징하고 있습니다.

(2) **지적보살의 찬탄**

【 경문 】
爾時智積菩薩이 以偈讚曰
大智德勇健하사 化度無量衆을

今此諸大會와 及我皆已見이니다
演暢實相義하야 開闡一乘法하며
廣導諸衆生하야 令速成菩提니다

그때 지적보살이 게송으로 찬탄하였습니다.
"큰 지혜와 덕과 용맹으로 한량없는 중생들을 교화하신 일을
이제 이 여러 회중(會衆)과 내가 다 보았습니다.
실상(實相)의 뜻을 널리 설하고 일승법(一乘法)을 열어 보이어
많은 중생들을 널리 제도하여 깨달음을 빨리 이루게 하였습니다."

5. 팔세 용녀(八世龍女)의 성불(成佛)

[1] **지적보살의 질문**

【 경문 】
文殊師利言하사대 我於海中에 唯常宣說妙法華經호라
智積이 問文殊師利言하사대 此經甚深微妙하야 諸經中寶라 世所希有니
頗有衆生이 勤加精進하야 修行此經이면 速得佛不잇가

문수사리가 말하였습니다.
"나는 바다 가운데서 오직 항상 묘법연화경만을 설하였습니다."
지적이 문수사리에게 물었습니다.

"이 경은 매우 깊고 미묘하여 여러 경전(經典) 중의 보배입니다. 세상에서 희유한 것입니다. 중생들이 부지런히 정진하여 이 경을 닦아 행하면 빨리 부처님이 될 수 있습니까?"

🌸   불교에는 공부할 것이 너무너무 많습니다. 경전도 수를 세기 어려울 정도로 많고 조사어록도 많습니다. 화엄경은 바닷속 용궁에서 가져 왔다는 말이 있습니다. 그만큼 불교에 가르침이 많기 때문에 그런 표현을 합니다. 그런데 문수보살은 용궁에서 오직 묘법연화경만 설한다고 했습니다. 그 끝을 알 수 없을 정도 넓고 깊은 불법의 바다에서 최상의 진리, 마지막 진리이기 때문에 용궁에서 설법했다고 했습니다. 그리고 법화경을 설했기 때문에 이렇게 많은 보살을 제도할 수 있었음을 강조하고 있습니다.

[2] **문수보살의 설명**

【 경문 】

文殊師利言하사대 有娑竭羅龍王女하니 年始八歲라 智慧利根하야 善知衆生의 諸根行業하사 得陀羅尼하며 諸佛所說甚深秘藏을 悉能受持하며 深入禪定하야 了達諸法하며 於刹那頃에 發菩提心하야 得不退轉하며 辯才無礙하고 慈念衆生하대 猶如赤子하며 功德具足하야 心念口演이 微妙廣大하며 慈悲仁讓하고 志意和雅하야 能至菩提하니라

문수사리가 말하였습니다.

"사가라용왕의 딸이 있어 나이가 여덟 살인데, 지혜가 있고 총명하며 중생들의 근성(根性)과 행하는 업(業)을 잘 알고 있습니다. 다라니를 얻어서 여러 부처님께서 말씀하신 깊고 비밀한 법장(法藏)을 다 받아 지니었습니다. 선정(禪定)에 깊이 들어가 모든 법을 분명히 알고, 찰나 동안에 보리심을 내어 물러가지 않는 자리를 얻었습니다. 변재가 걸림이 없고, 중생들을 어여삐 생각하기를 갓난아기같이 여깁니다. 공덕이 구족하여 마음으로 생각하고 입으로 연설함이 미묘하고 광대합니다. 자비스럽고 어질고 겸양(謙讓)하며, 뜻이 화평(和平)하여 능히 깨달음에 이르렀습니다."

※ 팔세 용녀의 성불에 대해서 사람들의 의견이 분분합니다. 진짜 여덟 살 먹은 용녀가 성불한 것이냐? 아니면 축생 성불을 비유적으로 표현한 것이냐? 등등 별별 이야기를 합니다. 용을 신앙하는 종교단체에 속한 젊은 여성이라는 설, 용씨 성을 가진 젊은 여성이라는 설도 있고 진짜 축생으로 용이나 큰 뱀의 딸이라는 설도 있습니다.

우리나라 사람들은 용을 상상의 동물로 생각하지만 인도에서는 코브라를 용이라고 했습니다. 부처님께서 나무 아래에서 선정에 드실 때 비가 오려고 하자 큰 코브라가 또아리를 틀어서 몸을 감고, 머리 부분을 부풀려 넓게 만들어서 비에 맞지 않도록 했다는 이야기도 있습니다. 그래서 인도에 가면 그와 같은 모양을 한 불상을 흔하게 볼 수 있습니다. 이 코브라를 인도사람들은 용이라고 한 것입니다.

법화경의 이 대목은 상징적인 가르침으로 보는 것이 옳을 것입니다. 그래서 제바달다와 같이 극악무도한 사람도 부처님이 될 수 있으니, 용녀와 같은 축생도 부처님이 될 수 있다고 보면 됩니다. 점점 화엄경의 내용과 가까워지고 있습니다. 화엄경에서는 천지만물 모든 것이 부처님이라고 하기 때문입니다.

[3] **지적보살의 의심**

【 경문 】
智積菩薩言하대 我見釋迦如來가 於無量劫에 難行苦行하고 積功累德하야 求菩提道하대 未曾止息하며 觀三千大千世界하대 乃至無有如芥子許나 非是菩薩의 捨身命處라 爲衆生故로 然後乃得成菩提道어늘 不信此女가 於須臾頃에 便成正覺이니다

지적보살이 말하였습니다.
"내가 보니 석가여래(釋迦如來)께서 한량없는 겁 동안에 어려운 고행(苦行)을 행하시며 공을 쌓고 덕을 쌓아 깨달음의 도를 구하실 적에 잠깐도 쉬지 아니 하셨습니다. 삼천대천세계에서 겨자씨만한 곳에라도 보살의 몸과 목숨을 버리지 않는 곳이 없었습니다. 다 중생들을 위하기 때문입니다. 그런 뒤에야 깨달음(菩提)의 도를 이루셨는데, 이 용녀(龍女)가 잠깐 동안에 정각(正覺)을 이루었다는 말은 믿을 수 없습니다."

지적보살에게 문득 의심하는 마음이 생겼습니다. 문수보살이 거짓을 말하지는 않았겠지만 참으로 믿기 어려운 일이라고 생각했습니다. 석가모니 부처님만 보더라도 한량 없는 세월 동안 육바라밀을

닦고 수행을 하고 복덕을 쌓아서 부처님이 되셨습니다. 그런데 법화경 설법을 듣고 잠깐 사이에 깨달음을 얻어서 부처가 된다는 것은 참으로 믿기 어려운 일이겠지요. 법화경이 처음 세상에 나왔을 때 이 지적보살처럼 의심하고 믿지 않는 사람들이 많았습니다. 그래서 법화경을 수지 독송하는 사람들에 대한 박해도 심했습니다.

그러나 우리들은 본래 부처인 것이지, 조각하듯이 오랜 세월 동안 다듬어야 부처가 되는 것이 아닙니다. 석가모니 부처님의 행적이 부처가 되는 데 크게 보탬이 된 것은 아닙니다. 단지 본래 부처라는 사실을 깨달았기 때문에 부처님인 것이지 한량 없는 세월 동안 쌓은 고행 때문에 부처가 된 것은 결코 아니라는 것을 거듭 말씀드립니다.

〔4〕 **용녀의 출현(出現)**

【 경문 】
言論未訖에 時龍王女가 忽現於前하야 頭面禮敬하고 却住一面하야 以偈讚曰
深達罪福相하사 徧照於十方하며
微妙淨法身에 具相三十二와
以八十種好로 用莊嚴法身하며
天人所戴仰이라 龍神咸恭敬하며
一切衆生類가 無不宗奉者로소이다
又聞成菩提는 唯佛當證知라
我闡大乘敎하야 度脫苦衆生이니다

말을 마치기도 전에 용녀(龍女)가 문득 앞에 나타나서 머리를 숙여 예경하고 한 쪽에 물러가 앉아서 게송으로 찬탄하였습니다.

"죄와 복의 실상을 깊이 통달하시고 시방세계를 두루 비추시며
미묘하고 청정한 법신(法身)에 삼십이상을 갖추었습니다.
팔십 가지 잘생긴 모양으로 법신을 장엄하게 꾸미시니
천상과 인간이 함께 우러르며 용과 신들이 모두 공경합니다.
모든 중생의 무리들이 받들어 모시지 않은 이가 없습니다.
또 법을 듣고 보리를 성취함은 오직 부처님만이 아시고 증명하십니다.
나는 대승의 교법(敎法)을 설하여 고통 받는 중생들을 제도합니다."

❀   삼십이상과 팔십종호는 부처님의 몸에 갖추어진 미묘한 표시를 말합니다. 다시 말해 부처님만이 삼십이상과 팔십종호를 갖추고 있는데, 용녀는 자신이 그러한 표시를 갖추고 있다고 스스로 말하고 있습니다. 이것은 자신이 깨달은 부처라는 사실을 당당하게 표현하는 것입니다.

(5) **사리불의 의심**

【 경문 】

時舍利弗이 語龍女言하대 汝謂不久에 得無上道는 是事難信이라 所以者何오 女身垢穢하야 非是法器라 云何能得無上菩提리요 佛道懸曠이라 經無量劫하야 勤苦積行하고 具修諸度然後乃成이며 又女人身은 猶有五障하니 一者不得作梵天王이요 二者帝釋이요 三者魔王이요 四者轉輪聖

王이요 五者佛身이라 云何女身으로 速得成佛이리오

이때 사리불이 용녀에게 말하였습니다.
"그대가 짧은 시간에 가장 높은 도(道)를 얻었다 하지만 그 일은 믿기 어렵다. 그 까닭을 말하자면, 여자의 몸은 때가 묻고 더러워서 법(法)의 그릇이 아니다. 어떻게 가장 높은 보리를 얻겠는가. 부처님이 되는 길은 아득히 멀어서 한량없는 겁을 지내면서 애써 수행을 쌓으며 여러 가지 바라밀을 구족하게 닦은 뒤에야 이루는 것이 아닌가.
또 여자의 몸에는 다섯 가지 장애가 있다. 첫째는 범천왕(梵天王)이 되지 못하고, 둘째는 제석천왕(帝釋天王)이 되지 못하고, 셋째는 마왕(魔王)이 되지 못하고, 넷째는 전륜성왕(轉輪聖王)이 되지 못하고, 다섯째는 부처님 몸이 되지 못하는 것이다. 어떻게 여자의 몸으로 빨리 성불할 수 있겠는가?"

❀   사리불은 제3 비유품에서 화광여래가 될 것이라는 수기를 이미 받았습니다. 여기서 사리불은 그 당시 사회적 관습과 관념의 입장을 대표하고 있습니다. 능엄경에서 아난 존자가 이런 저런 역할을 하는 것과 마찬가지로 사리불은 경전에서 여러 역할을 하고 있는데, 여기에서 사리불은 소견이 좁고 의식이 딱딱하게 굳어 있는 사람으로 사회적 관습이 가장 올바른 법인 줄 아는 그런 사람을 대표하고 있는 것입니다. 사회적 관습이라는 것은 시대가 달라지고 상황이 달라지면 효력을 잃어버립니다. 요즘에는 장소만 바뀌어도 관습이 달라집니다. 한국의 관습에 따라서 미국에서 살거나 혹은 미국의 관습에 따라서

한국에서 생활한다면 비난을 면하기 어려울 것입니다. 상황이 다르기 때문에 다른 관습이 통용되는 것입니다.

그런데도 자신의 부족한 소견이 옳다고 주장하는 사람이 많습니다. 특히나 여성에 대한 관념과 관습은 현대 사회에도 미개한 곳이 많습니다. 여자의 몸은 때가 묻고 더러워서 법의 그릇이 아니라고 하거나, 여자의 몸으로는 범천왕이나 제석천왕, 마왕, 전륜성왕, 부처님이 되지 못하는 다섯 가지 장애가 있다는 편견을 내세우는 것입니다. 그러나 법화경은 2,000년 전에 이미 여성에 대한 편견에서 탈피했습니다.

[6] 용녀가 구슬을 바치고 성불하다

【 경문 】

爾時龍女가 有一寶珠하니 價値三千大千世界라 持以上佛한데 佛卽受之어늘 龍女가 謂智積菩薩과 尊者舍利弗言하사대 我獻寶珠에 世尊納受하시니 是事疾不잇가 答言甚疾이니다 女言以汝神力으로 觀我成佛이 復速於此니다 當時衆會가 皆見龍女호니 忽然之間에 變成男子하야 具菩薩行하며 卽往南方無垢世界하야 坐寶蓮華하사 成等正覺하니 三十二相이요 八十種好라 普爲十方一切衆生하야 演說妙法이러라

그때 용녀(龍女)에게 한 보배 구슬이 있었으니, 값이 삼천대천세계와 같았습니다. 그것을 부처님께 드리니 부처님께서 곧 받으셨습니다. 용녀가 지적보살과 사리불에게 말하였습니다.

"내가 이 보배 구슬을 드리는 것을 세존께서 받으시니 그 일이 빠릅니

까?"

"매우 빠르다."

용녀가 말하였습니다.

"두 분의 신통한 힘으로 나의 성불(成佛)하는 것을 보십시오. 그보다 더 빠를 것입니다."

그때 여러 모인 이들이 보니 용녀가 잠깐 동안에 남자(男子)로 변하여 보살의 행을 갖추고 곧 남방(南方)의 무구세계(無垢世界)에 가서 보배로운 연꽃에 앉아 등정각(等正覺)을 이루었습니다. 삼십이상(三十二相)과 팔십 가지 잘생긴 모양을 갖추고 시방의 모든 중생을 위하여 미묘한 법을 설하였습니다.

✿ 여덟 살 먹은 용녀가 이 대목에서 성불한 것이 아닙니다. 이미 성불했지만, 여인의 몸을 지니고 있다고 다른 대중들이 의심하는 마음을 내자, 그것을 불식시키기 위해서 몸을 바꾼 것입니다. 불성이 있으면 누구라도 부처가 될 수 있다는 것을 믿지 않는 대중들에게 눈으로 직접 확인시켜 주기 위해서 겉으로 보이는 형상을 바꾼 것입니다.

그런데 부처님께 보배구슬을 바치는 것보다 훨씬 빠른 시간에 부처가 되었습니다. 사실 악인이든 축생이든 여인이든 간에 성불하는 데는 시간이 걸리지 않습니다. 왜냐하면 성불은 내 자신 속에 있는 불성을 깨닫는 것이기 때문입니다. 완전한 자기 자신이 되는 것이 성불입니다. 이런 것에 무슨 절차나 과정이 필요하겠습니까? 외출했다가 집에 돌아갈 때는 열쇠로 현관문을 열고 들어가는 과정이 필요합니다. 그러나 문득 돌이켜서 내가 나 자신이 되는 데는 어떠한 과정이나 절차가 필요하지 않습니다.

그래서 단박에 일어납니다. 수행도 내 마음이 하는 것이고, 수행해서 도달하는 곳도 내 마음자리입니다. 단 한 걸음도 옮기지 않은 그 자리이기 때문에 순식간에 일어나는 것입니다. 얼마 동안 시간을 들여서 어떤 과정을 거쳐야 부처가 된다는 말은 모두 방편법입니다. 내가 내 마음자리를 깨닫는 데는 어떤 과정도 시간도 필요하지 않습니다. 단박에 깨달을 수 있는 것이 불성이고 내 마음자리입니다.

[7] 대중들이 보고 이익을 얻다

【 경문 】

爾時娑婆世界에 菩薩聲聞과 天龍八部와 人與非人이 皆遙見彼龍女成佛하야 普爲時會가 人天說法하고 心大歡喜하야 悉遙敬禮하며 無量衆生은 聞法解悟하고 得不退轉하며 無量衆生은 得受道記하고 無垢世界는 六反震動하며 娑婆世界에 三千衆生은 住不退地하고 三千衆生은 發菩提心하야 而得受記하니라 智積菩薩과 及舍利弗과 一切衆會는 默然信受러라

이때에 사바세계의 보살·성문과 천·룡 팔부와 사람과 사람 아닌 이들이 용녀가 성불(成佛)하여 널리 시회대중(時會大衆)과 천신과 인간들을 위하여 법을 설하는 것을 멀리서 보고 마음이 환희하여 멀리 예경하였습니다.
한량없는 중생들이 법을 듣고 깨달아서 물러나지 않는 자리를 얻었습니다. 또 한량없는 중생들이 도(道)의 수기를 받았습니다. 무구세계는

여섯 가지로 진동하고, 사바세계의 삼천(三千) 중생들은 물러나지 않는 지위에 머물었으며, 삼천 중생들은 보리심(菩提心)을 내고 수기를 받았습니다. 지적보살과 사리불과 모든 대중들은 묵묵히 믿고 받아들였습니다.

❀ 제바달다의 수기는 이야기는 간단하지만 원리는 그렇지 않습니다. 이것은 세상 사는 원리를 말합니다. 이 원리만 터득하면 세상의 어떤 장애에도 끄달리지 않고 마음 편안하게 살 수 있습니다. 극악무도한 제바달다도, 여덟 살 먹은 용녀와 같은 축생도 부처가 된다는 것은 모든 존재는 생긴 그대로가 부처라는 말입니다. 석가모니 부처님처럼 6년 고행을 했다든가 하는 조건을 갖추어서 부처가 되는 것이 아니라는 말입니다. 만약 자격조건이 필요한 부처라면, 쌓았다가 무너지는 탑과 같은 것입니다. 삼십이상이니 팔십종호니 하는 것은 결코 부처의 조건이 아닙니다. 팔만사천의 번뇌가 있으면 번뇌가 있는 그 모습 그대로 부처라는 것을 우리는 알아야 하고 깨달아야 합니다. 현재 우리의 못난 모습에서 부처를 보아야 합니다. 그래서 모든 사람을 부처님으로 이해하고 존중하고 받들어 섬겼을 때 우리 자신도 행복하고 상대도 행복하고 결국 세상이 다 같이 행복해진다는 것이 법화경의 가르침입니다.

13
권지품

(勸持品)

제13 권지품은 적문의 유통분 가운데 한 품입니다. 법화경은 크게 적문과 본문으로 나뉘는데, 적문(迹門)은 석가모니 부처님의 자취와 흔적이 보이는 것이라고 생각하면 됩니다. 석가족의 왕자로 태어나서 출가한 후 6년간 고행, 수도하여 마침내 깨달음을 얻고 45년 동안 설법하시다가 80세에 반열반에 드신 것이 부처님의 흔적이요, 자취라고 할 수 있습니다. 중생에게 있어서도 중생의 겉으로 드러나보이는 부분, 즉 일상생활을 어떤 모습으로 살았는가 하는 내용이 됩니다. 본문은 태어나지도 죽지도 않는 영원한 모습, 부처님의 본래 마음자리를 밝히는 부분입니다. 흔적과 자취를 남기는 것은 그 내면에 본래 면목, 한 마음자리 곧 상주불멸한 법신이 있기 때문입니다. 제13 권지품은 적문에서도 법화경의 유통에 대한 이야기를 하는 유통분의 하나입니다. 유통분은 어떻게 해야 이 가르침을 널리 전할 수 있는가에 관한 내용입니다. 그래서 널리 전하는 방법과 널리 전하게 하라는 부처님의 당부의 말씀, 대중들이 널리 전하겠다는 원력을 세우고 맹세하는 이야기가 유통분에 해당합니다.

제13 권지품의 이름을 풀면 글자 그대로 권할 권(勸), 가질 지(持)를 써서 수지하기를 권장하는 품이라는 뜻입니다. 다시 말해서 사람들이 받아지니도록 권장하는 품이라는 말입니다. 그런데, 남에게 어떤 것을 수지하기를 권장하려면 우선 자신이 그 일에 열중해야 합니다. 자신이 먼저 그 일에 도취하고, 신념을 바치는 원력이 있어야 합니다. 그래야 그 사람이 하는 말이 영향력을 발휘합니다. 본인이 감동이 없고, 열정이 없으면서 '법화경은 좋은 경전이니까 한 번 읽어봐라'고 아무리 수백 번을 말해도, 그런 사람의 말은 설득력이 없습니다. 그래서 권지품에서는 전법을 해야 하는 나부터 법화경을 수지, 홍포하겠다고 부처님께 서원하고 있습니다. 이것이 바로 다른 사람들에게 법화경을 권장하는 밑거름이 되기 때문입니다.

이러한 법칙은 어떤 분야든 마찬가지입니다. 물건을 팔러 다니는 외판원도 자신이 팔려는 물건을 먼저 사용해 본 경험이 있고, 그 물건이 좋다는 확신이 있을 때 남에게 설득력을 가질 수 있습니다. 자신이 먼저 감동과 원력, 신심이 없다면 전법은 상당히 어려운 일이 됩니다. 그래서 품의 제목은 수지하기를 권한다는 권지품이지만, 그 내용은 수지, 홍포할 것을 스스로 서원을 세우는 것으로 되어있습니다.

권지품에서 약왕보살과 대요설보살을 필두로 해서 500명의 아라한과 8,000명의 성문비구들 그리고 마하파사파제 비구니와 야수다라 비구니에 대한 수기, 팔십만 억 나유타의 보살들이 법화경을 수지하고, 널리 펼치겠다는 서원을 세우고 있습니다.

1. 약왕(藥王)보살의 서원(誓願)

【 경문 】

爾時藥王菩薩摩訶薩과 及大樂說菩薩摩訶薩이 與二萬菩薩眷屬俱하사 皆於佛前에 作是誓言하사대 唯願世尊은 不以爲慮하소서 我等이 於佛滅後에 當奉持讀誦하야 說此經典호리다 後惡世衆生이 善根轉少하고 多增上慢하며 貪利供養하야 增不善根하며 遠離解脫하야 雖難可敎化나 我等當起大忍力하야 讀誦此經하며 持說書寫하고 種種供養하대 不惜身命호리다

그때 약왕(藥王)보살마하살과 대요설(大樂說)보살마하살이 이만(二萬) 보살 권속과 함께 부처님 앞에서 서원(誓願)을 하였습니다.
"바라옵건대 세존이시여, 염려하지 마십시오. 저희들은 부처님께서 열반하신 뒤에 이 경전을 받들어 지니고 읽고 외우고 설하겠습니다.
후세의 나쁜 세상 중생들이 선근(善根)은 적어지고 뛰어난 체하는 이가 많아 공양에 탐을 내며, 착하지 못한 뿌리를 증장(增長)시키고 해탈을

멀리 여의어 교화하기 어려우나 저희들이 마땅히 크게 참는 힘으로 이 경전을 읽고 외우고 받아 지니고 설하고 쓰며 갖가지로 공양하되, 몸과 목숨을 아끼지 않겠습니다.”

❀ "약왕보살과 대요설보살이 이만의 보살 권속들과 함께 부처님께 서원했다."고 했습니다. 약왕보살과 대요설보살은 큰 보살로 지도자급입니다. 그래서 이 보살들을 따르는 제자들이 이만 명이나 되는 것입니다. 불가에서 제사를 지낼 때 보면, "큰스님의 직계 상좌들 일어서세요." 하면 직계 상좌들이 모두 일어서지만 잔을 올리고 향을 꽂는 것은 대표 한 사람만 합니다. 절을 다 같이 하되 그 자리에서 합니다. 다음으로 "손자 상좌들 일어서세요."라고 하면 손상좌 대표 한 사람만 잔을 올리고 향을 꽂고, 모든 손상좌들이 다같이 일어나서 절을 올립니다. 이와 같은 형식으로 제사를 진행합니다. 경전에도 이와 유사한 예들이 많이 나타납니다. 법화경에서 특히 많습니다. 여기에서 약왕보살과 대요설보살이 나가는데 이만의 권속들이 함께 서원했다는 것이 그런 예입니다.

"저희들이 마땅히 크게 참는 힘으로 이 경전을 읽고 외우고 받아 지니고 설하고 쓰며 갖가지로 공양하되, 몸과 목숨을 아끼지 않겠습니다."라고 했습니다. 참으로 큰 서원입니다. 앞의 제10 법사품에서 오종법사(五種法師)에 대해 말씀드렸습니다. 오종, 다섯 가지는 수지(受持)・독경(讀經)・송경(誦經)・해설(解說)・서사(書寫)를 말합니다. 읽는 것은 독경이고, 외우는 것은 송경, 받아지니는 것은 경전을 가지고 다닌다는 수지를 뜻하고, 설하는 것은 남을 위해서 그 뜻을 해설하는 것이고, 쓰는 것은 서사를 말합니다. 서사는 개인적으로 수행을 위해서 사경을 하는 것도 포함되지만 인터넷에 법문을 올리는 것도, 책으로 출판하거나 혹은 책으로 출판되도록 돕는 것도 사경에 듭니다.

무엇보다 "몸과 목숨을 아끼지 않겠습니다."는 구절이 참으로 가슴에 와 닿습니다. 무엇인가 좋은 일을 할 때 희생 없이 이루어질 수 없습니다. 자기가 챙길 것은 다 챙기고 난 다음에 남을 위해 좋은 일을 한다는 것은 어불성설입니다. 남을 위한 희생은 사실 자신을 위한 길이며 동시에 많은 사람들에게 도움이 되고 보탬이 되는 일입니다. 부처님의 높고 뛰어난 가르침을 전해서 사람들의 마음을 깨우쳐 주는 것, 인생을 어떻게 사는 것이 바람직한 지를 일깨워 주는 것이 가장 값진 일이고, 어떤 일보다 급한 일이기 때문에 이만 명이나 되는 보살들이 다같이 서원한 것입니다.

실로 서원이 없는 삶은 살아도 별 의미가 없는 삶입니다. 서원은 다른 말로 하면 곧 꿈이요, 희망입니다. 내가 무엇을 하겠다, 무엇을 이루겠다는 서원으로 나뿐만 아니라 다른 여러 사람들에게 골고루 이익이 돌아간다면 더할 나위 없이 좋은 일입니다. 자기 한 사람을 위한 것도 나름대로 의미가 있습니다만, 부처님이 가장 바라는 것은 보살행입니다. 보살행이란 진정으로 사람들에게 이익과 행복이 되는 것, 가장 값진 것을 베푸는 것입니다. 베풀려고 하면 베풀 것은 참 많습니다. 그 가운데 가장 값진 것을 베풀면 얻는 것도 훨씬 크겠지요.

2. 오백 아라한과 팔천 성문의 서원

【 경문 】

爾時衆中五百阿羅漢으로 得受記者가 白佛言하사대 世尊하 我等도 亦自誓願하대 於異國土에 廣說此經호리다 復有學無學八千人으로 得受記者가 從座而起하야 合掌向佛하고 作是誓言하대 世尊하 我等亦當於他國土에 廣說此經호리니 所以者何오 是娑婆國中은 人多弊惡하야 懷增上慢하며 功德淺薄하야 瞋濁諂曲으로 心不實故니다

이때 대중 가운데 있던 오백 아라한으로서 수기를 받은 이들이 스스로 부처님께 말씀드렸습니다.
"세존이시여, 저희들도 서원코 다른 국토에서 이 경(經)을 널리 설하겠습니다."
또 학(學)과 무학(無學) 팔천 사람으로 수기를 받은 이들이 스스로 자리에서 일어나 합장하고 부처님을 향하여 이렇게 서원하였습니다.
"세존이시여, 저희들도 다른 국토에서 이 경전을 널리 설하겠습니다. 왜냐하면, 이 사바세계 사람들은 못된 이들이 많고 뛰어난 체하는 생각을 품었으며, 공덕이 얕고, 성을 잘 내고, 마음이 흐리고, 아첨하고, 진실하지 않기 때문입니다."

❀   이 대목에서 '수기를 받은 이들'이라는 단서가 있는데 참 중요한 단서입니다. 법화경의 종지가 무엇입니까? 사람이 곧 부처님이라는 것입니다. 이러한 근본 취지는 모르는 채 덮어놓고 불법을 널리 펴

겠다는 원력만 세우는 것은 바람직하지 않습니다. 아니 문제가 있는 행동입니다. 포교를 하겠다는 것은 칭찬할 만하지만 널리 알리는 그것이 올바른 사상이어야 한다는 뜻이 이 속에 포함되어 있습니다. 수기를 받은 사람이라는 말은 올바른 사상을 지녔다, 법화경을 바로 알고 있다는 뜻입니다. 수기를 내리는 것은 사람이 본래 부처님이라는 보증을 주는 것이기 때문입니다. 그와 같은 이치를 아는 사람들이 법화경을 널리 전하겠다고 서원하는 내용입니다.

"이 사바세계 사람들은 못된 이들이 많고, 뛰어난 체하는 생각을 품었으며, 공덕이 얕고, 성을 잘 내고, 마음이 흐리고, 아첨하고, 진실하지 않기 때문"에 이 세계에서는 전법하지 못하고 착한 사람들이 많이 사는 다른 곳에서 전법하겠다고 했습니다. 팔천 명의 성문제자들은 앞의 보살들과는 달리 어렵고 힘든 사바세계에서 힘들게 전법하고 싶지 않다는 소극적인 태도를 보이고 있습니다. 불자들이 주변의 사람들에게 불법을 알리려고 하면서도 '저 사람은 안 될 거야, 저 사람은 힘들거야'라며 포기하는 것도 이와 마찬가지입니다. 안 될 만한 사람이라 하더라도 정말 진지하게 성의를 다해서 전법하면 통하게 됩니다. 이것이 보살의 정신입니다. 똑같이 불법을 펴더라도 소극적인 소승들은 쉽고 편한 대상을 찾는다는 것입니다. 불법을 아주 펴지 않는 것보다는 낫습니다만, 적극적인 보살행보다는 부족한 것입니다.

뛰어난 체하는 생각을 품었다는 말은 불교공부를 조금 하고는 '나는 다 안다, 더 이상 알 것이 없다'고 생각하는 것을 말합니다. 공덕이 얕고, 성을 잘 내고, 마음이 흐리고, 아첨하고, 진실하지 않은 것은 대승불교를 제대로 이해하지 못하기 때문에 생긴 것입니다. 부처님의 진실한 뜻을 이해하면 그렇지 않습니다. 그 뜻을 바로 알지 못하기 때문에 자신들이 그동안 공부한 것만 옳다고 아집을 부리는 것입니다. 이런 폐단에 빠지지 않으려면 아무리 공부를 많이 했다 하더라도 자기 자신을 비우고 듣고, 또 비우고 듣기를 반복하면서 거르고 또 걸러내야 합니다. 그렇게 해야 비로소 올바른 자기 소신, 자기 판단이 서게 됩니다.

3. 교담미는 일체중생희견(一切衆生喜見)여래가 되리라

【 경문 】

爾時佛姨母摩訶波闍波提比丘尼가 與學無學比丘尼六千人으로 俱하야 從座而起하야 一心合掌하고 瞻仰尊顔하와 目不暫捨러니 於時世尊이 告憍曇彌하사대 何故憂色으로 而視如來오 汝心에 將無謂我不說汝名하야 授阿耨多羅三藐三菩提記耶아 憍曇彌야 我先總說一切聲聞이 皆已授記어니와 今汝欲知記者인댄 將來之世에 當於六萬八千億諸佛法中하야 爲大法師하며 及六千學無學比丘尼에 俱爲法師하고 汝如是漸漸具菩薩道하야 當得作佛하면 號一切衆生喜見如來應供正徧知明行足善逝世間解無上士調御丈夫天人師佛世尊이리라 憍曇彌야 是一切衆生喜見佛과 及六千菩薩이 轉次授記하야 得阿耨多羅三藐三菩提니라

이때 부처님의 이모이신 마하파사파제 비구니가 배우는 이들과 다 배운 이들 육천 비구니와 함께 자리에서 일어나 일심(一心)으로 합장하고

부처님을 우러러보며 잠깐도 한눈 팔지 아니 하였습니다.

이때 세존께서 교담미(憍曇彌)에게 말씀하셨습니다.

"어찌하여 근심어린 얼굴로 여래를 보는가. 그대 마음에 생각하기를, 내가 그대의 이름을 불러서 최상의 깨달음에 대한 수기를 주지 않는다고 여기는가. 교담미여, 내가 앞서 모든 성문(聲聞)들을 한꺼번에 들어서 다 수기를 주었느니라. 이제 그대가 그대의 수기를 알려거든, 오는 세상에 육만팔천 억 부처님의 법 가운데서 큰 법사(法師)가 되고, 여기 배우는 이들과 다 배운 육천 비구니들도 모두 법사가 될 것이니라. 그대는 이리하여 점점 보살의 도를 구족하여 마땅히 부처를 이루리니, 이름이 일체중생희견(一切衆生喜見)여래·응공·정변지·명행족·선서·세간해·무상사·조어장부·천인사·불·세존이라 하리라.

교담미여, 이 일체중생희견불과 육천 보살들도 차례차례 수기를 주어 최상의 깨달음을 얻게 되리라."

❀　　교담미 마하파사파제 비구니는 부처님을 키워준 분입니다. 부처님께서는 태어난 지 칠 일 만에 어머니를 잃고 이모인 교담미 마하파사파제의 손에서 자랐습니다. 이모이자 양모인 마하파사파제는 최초로 비구니가 되었습니다. 부처님의 승단에 출가하려고 할 때, 부처님은 쉽게 허락하지 않았습니다. 여성이 출가 수행하는 것은 어려운 일이라면서 만류했지요. 그러나 마하파사파제를 비롯해서 많은 여인들이 출가 수행하기를 간절히 바랐습니다. 나중에는 부처님을 시봉하는 아난 존자에게 부처님을 설득해 달라고 부탁했습니다. 아난 존자의 중재로 마침내 여인의 출가가 허락되었습니다. 그러나 비구니스님

들은 비구스님들보다 훨씬 더 많은 348개의 계목을 지켜야 하고 또 따로 팔경계(八敬戒)도 지켜야 했습니다.

앞에서 부처님의 10대 제자를 비롯해서 극악무도한 제바달다까지 다 장차 부처가 되리라는 수기를 받았지만, 정작 비구니스님들은 아무도 수기를 받지 못 했습니다. 물론 수기라는 형식이 반드시 있어야만 하는 것은 아니지만 부처님께 수기 받기를 간절한 마음으로 원하고 있었던 것입니다.

그 마음을 알고 계시는 부처님께서 마침내 수기를 주십니다. 일체중생희견(一切衆生喜見)여래 즉 '모든 중생을 기쁘게 바라보는 여래'라는 참으로 아름다운 이름을 받습니다. 바로 앞의 제11 견보탑품에서 소견이 좁은 사람들이 여성의 몸은 깨끗하지 않아서 법의 그릇이 아니며 또 다섯 가지 장애가 있다고 했던 악한 견해를 이 대목에서 완전하게 타파하는 것입니다. 극악무도한 제바달다와 심지어 팔세 용녀와 같은 축생도 수기를 받는데 여성이 부처가 되지 못할 이유가 없는 것입니다.

4. 야수다라는 구족천만광상(具足千萬光相)여래가 되리라

【 경문 】

爾時羅睺羅母耶輸陀羅比丘尼가 作是念하대 世尊於授記中에 獨不說我名가하더니 佛告耶輸陀羅하대 汝於來世百千萬億諸佛法中에 修菩薩行하야 爲大法師하며 漸具佛道하야 於善國中에 當得作佛하리니 號具足

千萬光相如來應供正徧知明行足善逝世間解無上士調御丈夫天人師佛世尊이라 佛壽無量阿僧祇劫이니라

이때 라후라(羅睺羅)의 어머니인 야수다라(耶輸陀羅) 비구니가 이렇게 생각하였습니다.
'세존께서 수기를 주시는 가운데 유독 내 이름만을 말하지 않으시는구나.'
부처님께서 야수다라에게 말씀하셨습니다.
"그대는 오는 세상에 백천만 억 부처님의 법 가운데서 보살의 행을 닦으며 큰 법사가 되었다가 점점 부처님의 도를 갖추고 좋은 국토에서 마땅히 부처를 이루리라. 이름이 구족천만광상(具足千萬光相)여래·응공·정변지·명행족·선서·세간해·무상사·조어장부·천인사·불·세존이라 하리라. 그 부처님의 수명은 무량 아승지 겁이니라."

❀   야수다라 비구니는 라후라의 어머니이기도 하지만, 부처님이 출가하기 전의 아내이기도 합니다. 그 야수다라 비구니가 '유독 내 이름은 말하지 않으시는구나' 하고 섭섭해 하는 것을 부처님께서 아시고 이름을 불러 수기를 줍니다.

  앞에서 모든 보살과 성문을 통틀어서 한꺼번에 수기를 주면서 동참 축원을 했지만, 그래도 한 명씩 이름을 불러서 개별적으로 수기를 주기를 바라는 중생의 마음을 아시고 자비행을 펴시는 것입니다. 우리 불자들은 부처님께 불공을 올릴 때 집전하는 스님이 일일이 축원문을 읽으면서 내 이름을 불러주기를 바랍니다. 혹시라도 자기 이름

이 빠지면 불공이 끝난 다음에라도 따로 불러달라고 합니다. 축원문을 읽지 않아도 부처님께서 내 마음 속을 훤히 알고 계실 텐데도 굳이 형식을 갖추기를 바라는 것이 중생의 마음입니다. 그러한 중생의 마음을 아시는 부처님께서 자비로써 응하신 것입니다. 그래서 비구니스님들의 대표격으로 교담미 마하파사파제 비구니와 야수다라 비구니에게 수기를 주고 있습니다.

5. 비구니들의 기쁨과 서원

【 경문 】

爾時摩訶波闍波提比丘尼와 及耶輸陀羅比丘尼와 幷其眷屬이 皆大歡喜하야 得未曾有하야 卽於佛前에 而說偈言하니라
世尊導士가 安隱天人하시니
我等聞記하고 心安具足이니다
諸比丘尼가 說是偈已하고 白佛言하사대 世尊하 我等亦能於他方國土에 廣宣此經호리다

이때 마하파사파제 비구니와 야수다라 비구니가 그들의 권속들과 함께 환희하여 미증유를 얻고 부처님 앞에서 게송으로 말하였습니다.
"세존이신 대도사께서 천신과 인간들을 편안케 하시니
저희들이 수기(授記)를 듣고 마음이 편안하고 만족합니다."
비구니들이 이 게송을 말하고 나서 부처님께 말씀드렸습니다.

"세존이시여, 저희들도 다른 국토에서 이 경전을 널리 설하겠습니다."

❀ 방금 수기를 받은 마하파사파제 비구니와 야수다라 비구니 그리고 권속 육천 명이 환희심에 가득 차서 법화경을 널리 펴겠다고 부처님께 서원하고 있습니다. 비구니스님들 가운데도 법화경을 널리 설하고, 책을 내거나 법화경을 백 일간 독송하는 기도를 하는 등 법화경 홍포에 애쓰시는 분들이 상당히 많습니다. 천수경이나 관세음보살, 지장보살을 계속 염하는 기도가 아니라, 현대적인 의식을 가지고 불자들과 함께 경전을 독송하는 기도를 하는 사찰들이 많습니다. 아마도 이렇게 과거에 세운 원력 덕분에 현생에 이토록 열심히 전법을 하는 것이 아닐까 하고 생각합니다.

6. 팔십만 억 보살들의 서원

【 경문 】

爾時世尊이 視八十萬億那由他諸菩薩摩訶薩하시니 是諸菩薩은 皆是 阿鞞跋致라 轉不退法輪하사 得諸陀羅尼러니 卽從座起하야 至於佛前하야 一心合掌하고 而作是念하대 若世尊이 告勅我等하사 持說此經者면 當如佛敎하야 廣宣斯法호리다

이때에 세존께서 팔십만 억 나유타 보살마하살들을 보시었습니다.
이 보살들은 모두 아비발치(阿鞞跋致)로서 물러나지 않는 법륜(法輪)을 굴

리며 모든 다라니를 얻은 이들이었습니다. 곧 자리에서 일어나 부처님 앞에 나아가 일심으로 합장하고 이렇게 생각하였습니다.
'만일 세존께서 우리들에게 명하여 이 경전을 지니고 널리 설하라고 하시면 마땅히 부처님의 가르침대로 이 경을 널리 설하여 펼치리라.'

🪷 아비발치라고 하는 것은 불퇴전, 더 이상 물러나지 않는 위치에 이르렀다는 것입니다. 그러니까 법문도 물러나지 않는 법문을 한다는 뜻입니다. 부처님이 명령만 내린다면 곳곳에 흩어져서 법화경을 가르칠 각오가 되어 있다는 것이죠. 어떤 장애나 고난이 있더라도 결코 신심이 약해질 사람이 아니라는 말입니다.

이렇게 되었을 때라야 불법이 자기 재산이 되고 자기 인생이 됩니다. 마음에 조금 안 차는 모습을 본다든지 좋지 않은 소문을 듣는다든지 할 때마다 신심이 떨어져서 그만 '절에 안 가야 되겠다, 불교 안 믿어야 되겠다'는 사람들이 꽤 많다고 합니다. 신심이 견고하지 않으면 그럴 수도 있습니다. 승가의 실망스러운 모습들을 보고는 '불법이 진짜 있는 건가 없는 건가' 하고 흔들립니다. 그러나 아비발치 보살들은 그런 것에 절대 동요하지 않는 사람들입니다. '잘 되려고 그러는 것이겠지. 사람이니까 그럴 수도 있지.' 하며 어떻게든 그것을 소화하고 절대 불교에 대한 확신은 흔들리지 않습니다. 그것이 아비발치 즉 물러남이 없는 자리에 있는 것입니다.

【 경문 】

復作是念하대 佛今默然하사 不見告勅하니 我當云何어뇨 時諸菩薩이 敬

順佛意하며 幷欲自滿本願하사 便於佛前에 作師子吼하며 而發誓言하사대 世尊하 我等於如來滅後에 周旋往返十方世界하야 能令衆生으로 書寫此經하며 受持讀誦하고 解說其義하며 如法修行하야 正憶念케하리니 皆是佛之威力이니다 唯願世尊은 在於他方하사 遙見守護하소서

또 생각하기를, '부처님께서 지금 묵묵히 계시고 분부가 없으시니 우리는 어떻게 해야 하나.' 하였습니다.
이때 여러 보살들이 부처님의 뜻을 따르고 자기들의 본래의 서원도 만족하려고 곧 부처님 앞에서 사자후로 서원(誓願)을 말하였습니다.
"세존이시여, 저희들도 여래가 열반하신 뒤에 시방세계로 다니면서, 중생들로 하여금 이 경전을 쓰고 받아 지니고, 읽고 외우고, 그 이치를 해설하며, 법과 같이 수행하고 바른 생각을 가지게 하겠습니다. 이것이 모두 부처님의 위신력(威神力)이오니 바라건대 세존께서는 다른 지방에서도 멀리 보시고 보살펴 주십시오."

※ "법과 같이 수행하고 바른 생각을 가지게 하겠습니다."라고 했습니다. 참 중요한 대목입니다. 지나치게 종교적으로 치우치게 되면 구부러진 생각, 바르지 못한 생각을 하는 경우가 많습니다. 종교를 가진 사람일수록 언제나 자기 생각을 털어내고 비우고, 다시 새롭게 받아들이고 걸러내는 작업을 자꾸 반복해야 합니다. 사실 불교 공부를 한 사람은 공부한 것이 없어야 합니다. 아무리 공부해도 공부한 것이 남아있지 않아야 합니다. 그래야 바른 생각을 지닌 것입니다. 마음 비우는 공부를 하는 것이 바로 불교의 가르침이라고 할 수 있습니다.

7. 인욕(忍辱)의 옷을 입고 경을 설하리라

【 경문 】
卽時諸菩薩이 俱同發聲하야 而說偈言하니라
唯願不爲慮하소서 於佛滅度後
恐怖惡世中에 我等當廣說호리다
有諸無智人의 惡口罵詈等과
及加刀杖者라도 我等皆當忍호리다
惡世中比丘는 邪智心諂曲하야
未得謂爲得하고 我慢心充滿하며

그때 여러 보살들이 함께 소리를 내어 게송으로 말하였습니다.
"원컨대 염려하지 마십시오. 부처님께서 열반하신 뒤
공포스러운 나쁜 세상에서 저희들이 널리 설하겠습니다.
여러 무지한 사람들이 욕하고 매도하거나
칼과 몽둥이로 때리더라도 저희들은 마땅히 모두 참겠습니다.
악한 세상의 비구들은 삿된 지혜로 마음은 왜곡되어
얻지 못한 것을 얻었다 하며 교만한 마음이 가득할 것입니다.

❀ "부처님께서 열반하신 뒤 공포스러운 나쁜 세상"이라고 했습니다. 지금의 사바세계가 그런 세상입니다. 자기 자신뿐만 아니라 남도 존중하지 않고 무시하는 세상, 생명을 경시하는 세상이기에 사바세계는 감인(堪忍) 세계라고 합니다. 참고 견뎌야만 살 수 있는 세상이라는

말입니다. 그래서, 감인(堪忍)에 기다릴 대(待)를 더해서 견디고 참고 기다리면 사바세계의 어지간한 일은 다 해결됩니다. 어떤 방향이든 앞뒤에 깔린 연기의 이치, 인연의 도리를 제대로 이해만 한다면 다 해결되는 것과 같은 것입니다.

　　법화경에서 특히 이 대목을 주목해야 합니다. 법화경의 가르침을 따르는 보살을 괴롭히는 '악한 세상의 비구들'이라는 구절입니다. 이는 교단 중심의 불교, 출가 중심의 불교를 지양하며 대승불교의 새로운 바람이 부는 것에 거스르고 반대하는 사람들을 말합니다. 불교에는 비구, 비구니, 우바새, 우바이의 사부대중이 있는데, 굳이 비구를 거론한 것은 왜일까요? 당시 교단의 중심은 비구였기 때문입니다. 지금도 남방불교권에서는 비구니를 인정하지 않습니다. 부처님의 가르침을 배우고 수행하고 싶어서 출가할 수는 있어도 비구와 동등한 출가수행자인 비구니의 자격은 얻지 못합니다. 단지 비구들을 시봉하는 여성일 뿐 완전한 불제자가 되지 못합니다.

【 경문 】

或有阿練若에 納衣在空閑하야
自謂行眞道하고 輕賤人間者가
貪著利養故로 與白衣說法하며
爲世所恭敬을 如六通羅漢하니
是人懷惡心하야 常念世俗事하며
假名阿練若하야 好出我等過하고
而作如是言하대 此諸比丘等은

爲貪利養故로 說外道論議하며
自作此經典하야 誑惑世間人하며
爲求名聞故로 分別於是經이라
常在大衆中하야 欲毁我等故로
向國王大臣과 婆羅門居士와
及餘比丘衆하야 誹謗說我惡하대
謂是邪見人이 說外道論議라하면

혹은 아련야에서 누더기를 입고 한가히 앉아
참된 도를 닦는다면서 사람을 업신여기는 이가
공양과 이익을 탐내어 신도들에게 법문 설하여
세상 사람들의 공경 받기를 육신통을 얻은 아라한처럼 할 것입니다.
이런 사람들은 나쁜 마음으로 세속의 일만 생각하면서
아련야의 이름을 빌어 우리들의 허물만 들추어낼 것입니다.
또한 이렇게 말하기를 '저 모든 비구들은
공양과 이익을 탐내어 외도의 학설을 말하고
스스로 경전을 조작하여 세상 사람을 속이고
명예를 구하기 위하여 이런 경을 분별하여 해설한다.'
할 것입니다.
언제나 대중 가운데서 우리들을 훼방하면서
국왕·대신·바라문·거사와
다른 여러 비구들을 향하여 우리들이 나쁘다고 비방하기를,
'이 삿된 소견 가진 나쁜 사람이 외도들의 학설을 말한다.' 할 것입니다.

❧ "이런 사람들은 나쁜 마음으로 세속의 일만 생각하면서 아련야의 이름을 빌어 우리들의 허물만 들추어낼 것입니다."라고 했습니다. 아련야에 가만히 앉아있는 것이 수행의 전부인 줄로 아는, 소견머리 꽉 막혀 있고 아만심 가득한 사람들이 대승의 보살들을 헐뜯고 비난하는 것을 말합니다. 여기서 보살은 출가와 재가를 모두 합해서 대승불교운동을 하는 사람, 부처님의 본래 사상으로 되돌아가려는 사람들입니다.

옛날에 인도에 어떤 바라문 수행자가 있었는데 그 바라문의 집 길 건너편에는 기생집이 있었습니다. 바라문 수행자는 창문으로 기생집에 드나드는 사람들을 바라보면서 늘 못마땅하게 생각했습니다. 한편 기생은 바라문 수행자에게 정말 죄송했습니다. 그래서 항상 참회하는 마음을 가지고 있었습니다. 그 기생은 단 한 번도 수행하지 않았지만 늘 참회하고 또 참회했습니다. 그러나 바라문 수행자는 기생집을 보면서 비난하고 싫어하는 마음을 냈습니다.

그래서 그는 기생집에 손님이 올 때마다 돌을 하나씩 모아서 커다란 돌무더기를 만들었습니다. 마침내 임종 때가 가까워진 바라문은 기생을 불렀습니다. 지금까지 모아온 돌무더기를 보여주면서 "이 돌의 개수만큼 수많은 남자들이 나쁜 마음을 가지고 너를 찾아왔다."며 비난했습니다. 그 말을 들은 기생은 화를 내기는커녕 더욱더 깊이 참회하게 되었습니다.

그런데 바라문 수행자는 죽어서 지옥에 떨어지고, 기생은 죽은 뒤에 천상에 났습니다. 지옥에 떨어진 바라문은 너무나 화가 나서 염라대왕에게 따져 물었습니다.

"평생 독신으로 지내면서 열심히 수행한 나는 지옥에 떨어지고, 평생 동안 웃음을 팔며 살아온 기생이 천상에 오르는 것은 옳지 않습니다. 정말 공평하지 못한 일입니다."

그러자 염라대왕이 이렇게 말했다고 합니다.

"너는 비록 바라문이었지만 마음이 늘 기생에게 가 있었고, 저 여인은 기생이었지만 마음으로 늘 수행자를 생각하며 깊이 참회하며 살았다. 그래서 저 여인은 죄가 하나도 없지만, 너는 네가 모은 돌무더기만큼 죄가 많다."

겉으로 보이는 모양이 중요한 것이 아니라 어떤 태도로 살아왔는지가 더 중요하다는 것을 잘 보여주는 이야기입니다.

"또한 이렇게 말하기를 '저 모든 비구들은 공양과 이익을 탐내어 외도의 학설을 말하고 스스로 경전을 조작하여 세상 사람을 속이고 명예를 구하기 위하여 이런 경을 분별하여 해설한다.' 할 것입니다." 라고 했습니다. 어떤 보살 비구가 법화경을 설하거나 여러 사람들에게 알리는 보살을 소승이 이렇게 비방할 것이라는 말입니다. 지금도 소승불교를 익힌 사람들은 법화경을 '부처님의 학설이 아니다'라고 말합니다. 남방불교권 태생의 사람들은 대승불교를 아예 모르기 때문에 그런 말을 하지 않습니다. 그런데 그곳에서 남방불교를 공부하고 온 한국 사람들이 비방하는 경우가 참 많습니다.

법화경의 가르침을 따르는 사람들은 초기에는 참으로 숱한 고초를 겪으면서 법화경을 호지해 왔습니다. 결국 법화경이 뛰어난 가르침이며, 부처님의 근본사상이 잘 표현되었다는 것을 인정받아서 마침내 대승불교가 인도에서 승리한 것입니다. 그 후에 대승불교의 가르침이 중국과 우리나라를 비롯한 북방으로 펼쳐진 것입니다.

"스스로 경전을 조작하여 세상 사람을 속이고 명예를 구하기 위하여 이런 경을 분별하여 해설한다고 비방할 것"이라고 했습니다. 이양과 명예를 얻기 위해서 스스로 경전을 조작해서 '이것이 진짜 불교다'라고 주장한다는 말입니다. 대승불교의 경전은 부처님 당시에 편찬된 것이 아니기 때문에 대승은 불설이 아니라는 대승비불설(大乘非佛說)을 주장하는 사람들의 말과 같습니다. 누가 편찬했든 언제 만들어졌든 간에 그 사상이 부처님 가르침의 본질에 부합하며, 존재의 실상을 제대로 꿰뚫은 것이라면 그것이 바로 불설(佛說)이며, 우리가 따라야 할 가르침인 것입니다.

"언제나 대중 가운데서 우리들을 훼방하면서 국왕·대신·바라문·거사와 다른 여러 비구들을 향하여 우리들이 나쁘다고 비방하기를, '이 삿된 소견 가진 나쁜 사람이 외도들의 학설을 말한다.' 할 것입니다."라고 했습니다. 이런 비방을 얼마나 많이 들었으면 경전에 기록까지 했겠나 싶습니다. 경전에 등장할 정도로 그만큼 법화경의 사상, 대승불교의 사상이 초기에는 엄청난 곤욕을 치루면서도 살아남아서 오늘날 우리의 손에 이르렀다는 것을 알 수 있습니다.

팔십만 억 나유타 보살들의 서원이 계속되고 있습니다. 그 보살들 중에는 비구와 비구니, 우바새와 우바이들이 다 포함되어 있습니다. 법화경을 호지하고 전법하겠다는 서원을 실천하는 데는 무엇보다도 인욕이 필요합니다. 온갖 비방과 고난을 참고 견디면서 때를 기다리지 못했다면 도저히 이겨낼 수 없었을 것입니다.

지금의 우리들은 이 모든 과정이 다 지나간 후이기 때문에 대승불교도 잘 알고 밀교도 알고, 선불교까지도 아주 잘 알고 있습니다. 그런 마당에 법화경의 가르침이 그리 대단해 보이지 않을 수도 있습니다. 마음이 부처다, 사람이 부처다 하는 소리를 귀에 못이 박일 정도로 들어왔기 때문에 익숙해져서 귀한 줄을 모릅니다. 그러나 법화경이 처음 나왔을 당시에는 혁명적인 내용이었습니다. 그래서 이 가르침을 전하는 데 너무나도 어려움이 많았습니다.

8. 인욕의 옷을 입는 이유

【 경문 】

我等敬佛故로 悉忍是諸惡하며
爲斯所輕言하대 汝等皆是佛이라도
如此輕慢言을 皆當忍受之하며
濁劫惡世中에 多有諸恐怖하며
惡鬼入其身하야 罵詈毀辱我라도
我等敬信佛하야 當著忍辱鎧하고
爲說是經故로 忍此諸難事하며
我不愛身命하고 但惜無上道하야
我等於來世에 護持佛所囑호리다
世尊自當知시라 濁世惡比丘는
不知佛方便의 隨宜所說法하고
惡口而嚬蹙하며 數數見擯出하대

遠離於塔寺케하거든 如是等衆惡을
念佛告勅故로 皆當忍是事호리다

우리는 부처님을 공경하므로 여러 가지 욕설을 다 참을 것입니다.
그들이 가볍게 말하되, '그대들이 다 부처.'라고 하더라도
이렇게 업신여기는 말을 우리는 모두 참아내겠습니다.
다섯 가지 흐린 세상에서 여러 가지 무서운 일 많아
나쁜 귀신이 그의 몸에 씌어 우리에게 욕하고 훼방하여도
우리는 부처님을 믿으므로 참음의 갑옷을 입을 것입니다.
이 경전을 설하기 위해 모든 어려운 일을 참아야 하나니
우리는 목숨도 아끼지 않고 최상의 도를 애호합니다.
우리들이 오는 세상에서 부처님의 부촉을 호지(護持)하겠습니다.
세존께서 살펴 주소서.
오탁악세(五濁惡世)의 나쁜 비구들은
부처님의 방편으로 알맞게 말씀하신 법을 모르고
욕설도 하고 얼굴 찡그리며 비난도 하고
때로는 종종 몰아 내쫓아 절에서 멀리 떠나게 할지라도
이와 같은 여러 가지 나쁜 일들을
부처님의 부촉을 생각하여 모두 다 참겠습니다.

❀ "그들이 가볍게 말하되, '그대들이 다 부처.'라고 하더라도 이렇게 업신여기는 말을 우리는 모두 참아내겠습니다."라고 했습니다. 법화경에 대한 이야기를 하다 보면 "오냐. 그래. 네가 부처다." 하

는 소리가 나오게 되어있지요. 진심으로 상대가 부처님이라고 인정하는 말이면 괜찮지만, 사실 이 말은 비꼬는 소리입니다. 이렇게 비꼬아서 하는 말까지도 모두 참아내겠다고 하였습니다.

"경전을 설하기 위해 모든 어려운 일을 참아야 하나니 우리는 목숨도 아끼지 않고 최상의 도를 애호합니다."라고 했습니다. 부처님의 제자 가운데 설법제일로 불리는 부루나 존자는 순교를 했습니다. 인륜도덕도 없고 아주 무도한 사람들이 사는 '수로나'라는 서쪽나라에 불법을 전하러 갔다가 결국은 순교하고 말았지만 그 덕분에 그곳에 불교가 전해지게 되었습니다. 부루나가 수로나 국에 가서 포교를 하겠다고 하자 부처님께서 물었습니다.

"부루나여, 서방의 수로나 국에 사는 사람들은 성질이 사납고 거칠다. 만약 그들이 너를 업신여기면서 욕을 하면 어떻게 하겠느냐?"

부루나는 대답했습니다.

"욕하는 정도는 달게 참을 수 있습니다. 그들이 나를 때리지 않는 것을 고맙게 여기겠습니다."

"그들이 욕을 하면서 몽둥이나 돌로 치고 때린다면 어떻게 하겠느냐?"

"몽둥이나 돌로 치고 때리더라도 달게 참겠습니다. 나를 죽이지 않는 것을 고맙게 여기겠습니다."

"몽둥이나 돌로 때리면서 혹 너를 죽이려고 하면 어떻게 하겠느냐?"

"이 몸은 어차피 죽을 몸인데 부처님의 바른 법을 전하다가 죽는 것을 영광으로 알겠습니다."

부루나의 진실한 마음을 확인하신 부처님께서 말씀하셨습니다.

"너는 인욕을 성취하였구나. 그 정도의 각오와 서원이라면 수로나 국의 난폭한 사람들 속에서 머물며 불법을 전하도록 하여라."

부루나는 수로나 국에 가서 전법하여 500명의 비구를 얻고 500개의 승가람을 세웠습니다. 그러나 존자는 되돌아오지 못하고 끝내 수로나 국에서 열반에 들었습니다. 우리가 부루나 존자를 설법제일이라고 일컫는 것은 존자가 설법도 잘하고 깨달음도 뛰어나지만 법을 전하기 위해서 목숨까지 바친 것을 칭송하는 것입니다. 인욕행이 아니면 이렇게 혁명적인 사상을 전하기는 참으로 어려웠을 것입니다. 그리고 인욕은 육바라밀에도 포함됩니다. 우리는 사바세계에 살기 때문에 정도의 차이는 있을지언정 누구나 참고 견디고 기다리면서 살지 않으면 안 됩니다. 사바세계는 감인세계(堪忍世界)이기 때문입니다. 각자 처한 상황과 조건이 다르다고 할지라도 참고 견디고 기다려야 하는 것은 똑같습니다. 아무리 비닐 옷을 입었더라도 물에 빠진 사람이 물에 젖는 것은 마찬가지이기 때문입니다. 우리가 흔히 잘 쓰는 말로 "참을 인(忍) 자 셋이면 살인도 면한다."는 말이 있습니다.

옛날 어느 시골 암자에 고승이 살고 있었습니다. 아랫마을에 어떤 농부가 있었는데, 평생 농사를 열심히 지어서 재산을 어지간히 모았습니다. '가까운 곳에 절에 있고 또 덕 높은 큰스님이 계시니 내가 평생 써먹을 수 있는 공부를 배워야겠다'고 생각했습니다.

쌀 한 되를 정갈한 자루에 담아서 절에 찾아가서 스님께 드리고 청을 했습니다. "스님, 제가 농사 짓고 재물을 모으느라 공부를 못했습니다. 평생 써먹을 공부를 가르쳐 주십시오." 스님은 물끄러미 바라보다가 "다음에 오게." 하고 대답했습니다.

그래서 이 농부는 쌀 한 되가 너무 적은가 싶어서 며칠 뒤에 쌀 한 말을 지고 다시 올라갔습니다. "스님, 공부 좀 가르쳐 주십시오. 평생 써먹을 공부 좀 가르쳐 주십시오." 그러자 스님은 또 다음에 오라고 하는 것입니다.

농부는 쌀 한 말로도 부족한가 싶어서 이번에는 쌀 한 가마니를 지고 며칠 후에 다시 올라갔습니다. 쌀 한 가마니에는 틀림없이 공부를 가르쳐 줄 것이라고 생각한 농부는 스님에게 다시 간청했습니다. "스님, 이제는 가르쳐 주십시오." 그러자 스님이 조그마한 종이 한 장을 접어서 주면서 "이것을 집에 가져가서 펴 봐라. 평생 써먹고도 남을 것이다."라고 말했습니다. 자그마치 쌀 한 가마니에다 한 말, 한 되를 주고 얻은 귀한 종이라서 꼭 쥐고 얼른 집에 내려와서 살그머니 펴 보았더니, 참을 인(忍) 자 한 글자가 써 있었다고 합니다.

그렇습니다. 사바세계에서 평생 동안 써도 남을 공부이고 세세생생 우리가 해야 할 공부가 참고 견뎌내는 인욕(忍辱)이라고 생각합니다.

9. 우리는 세존(世尊)의 사자(使者)

【 경문 】

諸聚落城邑에 其有求法者면
我皆到其所하야 說佛所囑法호리니
我是世尊使라 處衆無所畏하며

我當善說法호리니 願佛安隱住하소서

我於世尊前과 諸來十方佛에

發如是誓言호니 佛自知我心하시리다

여러 마을과 도시에서 불법을 구하는 사람이 있으면

우리들은 그의 처소에 가서 부처님께서 부촉하신 법을 설하겠습니다.

우리들은 세존의 심부름꾼(使者)이라

대중 속에 있어도 두려움이 없습니다.

우리들은 마땅히 법을 잘 설하리니 부처님께서는 편안히 계십시오.

우리들은 세존과 시방에서 오신 모든 부처님 전에

이러한 서원을 말씀드리니

부처님께서는 저희들의 마음을 아실 것입니다."

제13 권지품은 대승불교의 가르침이 뿌리내리기까지 헤쳐온 수많은 고난과 역경을 엿볼 수 있었습니다. 사람들에게 비난받고 매도 당하고 비웃음을 사는 것도 모자라서 심지어 절에서 쫓겨나는 일도 자주 있었습니다. 기존에 자리잡고 있던 세력 때문에 대승사상이 퍼지기 어려웠습니다.

비행기를 타고 잠깐이면 먼 나라로 갈 수 있는 교통수단이 발달하고 휴대전화나 인터넷과 같은 통신수단이 발달한 요즘 세상에서도 미얀마나 태국, 스리랑카와 같은 남방불교권에는 아직도 대승불교의 가르침이 전파되지 않았습니다. 법화경이나 화엄경, 금강경은 아예 찾아볼 수도 없습니다. 대승의 가르침은 도대체 받아들이지 않습니다.

불교에서 최고로 발달한 선불교가 미국이나 유럽을 완전히 휩쓸고 있고, 선문답 한두 마디 할 줄 모르면 지성인 취급도 못 받을 정도이지만 태국이나 미얀마에는 안 들어갑니다. 이런 것만 보더라도 경전에 나온 내용이 상당히 납득이 갑니다.

14
안락행품

(安樂行品)

앞의 제13 권지품에서는 어떤 어려움도 감수하고 법화경의 가르침을 널리 펼 것을 서원하는 내용이었습니다. 안락행품은 힘들고 어려운 상황에서 전법하더라도 편안하고 즐거운 마음과 여법한 행으로 법을 펴도록 하라는 내용입니다. 힘든 일을 할 때라도 힘들다는 마음으로 하면 실제보다 더 힘들지만 편안하고 즐거운 마음으로 하면 힘든 일도 쉽게 할 수 있습니다. 어떤 사람이 30~40kg 정도 하는 무거운 짐을 지고 땀을 뻘뻘 흘리면서 높은 산을 올라가고 있습니다. 누군가 강제로 시켜서 하는 것이라면 죽고 싶을 정도로 힘들겠지만, 자신이 원해서 하는 일이면 아무리 높은 산일지라도 기꺼운 마음으로 올라갈 것입니다. 안락한 마음자세와 위의 있는 여법한 행을 지키면 아무리 힘든 일이라도 힘들지 않게 할 수 있습니다. 여기서 말하는 몸과 입, 마음 그리고 서원의 네 가지 안락행은 부처님의 가르침을 펴는 훌륭한 일을 할 때 지켜야 하는 행동지침과 같습니다. 마음자세는 어떻게 하고, 행동은 어떻게 하며 말은 어떻게 하는 것이 좋은 지를 자세히 설명하고 있습니다. 이 네 가지 안락행은 오늘날의 불자들에게도 마찬가지로 적용됩니다.

안락행품에는 법화칠유 가운데 여섯 번째 비유인 계명주(髻明珠)의 비유가 등장합니다. 한 전륜성왕이 여러 나라를 정복할 때 전쟁에 공을 세운 병사에게는 밭이나 가옥, 보배 구슬과 코끼리, 말 등을 상으로 주었습니다. 하지만 왕의 상투 속에 넣어둔 보배 구슬은 주지 않았습니다. 그러나 가장 큰 공을 세운 부하에게는 그 구슬을 준다는 내용입니다. 지금까지 나온 다섯 가지 비유는 모두 부처님의 대자비심으로 법화경의 가르침을 널리 설한다는 전법을 주 내용으로 하고 있습니다. 그러나 여섯 번째 계명주는 법화경이 여러 경전 가운데 최상의 경전이며 여래가 비밀히 간직해 온 가르침이고 또한 그 공덕이 매우 크다는 것을 강조하고 있습니다.

1. 법화경은 어떻게 설하는가

【 경문 】

爾時文殊師利法王子菩薩摩訶薩이 白佛言하사대 世尊하 是諸菩薩이 甚爲難有라 敬順佛故로 發大誓願하대 於後惡世에 護持讀說是法華經하려하나이다

世尊하 菩薩摩訶薩이 於後惡世에 云何能說是經이닛고

佛告文殊師利하사대 若菩薩摩訶薩이 於後惡世에 欲說是經인댄 當安住四法이니라

그때 문수사리 법왕자(法王子) 보살마하살이 부처님께 말씀드렸습니다. "세존이시여, 이 보살들이 매우 희유(稀有)하여 부처님을 순종하는 까닭에 큰 서원(誓願)을 내고 미래의 나쁜 세상에서 이 묘법연화경을 보호(保護)하고 지니며 읽고 해설하려 합니다. 세존이시여, 보살마하살이 미래의 나쁜 세상에서 어떻게 하면 이 경을 설할 수 있겠습니까?"

부처님께서 문수사리에게 말씀하셨습니다.

"만일 보살마하살이 미래의 나쁜 세상에서 이 경을 설하려면 네 가지 법에 편안히 머물러야 하느니라.

❁   출가수행자든 재가불자든 부처님의 가르침을 따르는 불제자라는 자부심이 있는 사람이라면 응당 언제 어디서나 여법(如法)하며 위의 있는 행을 지켜야 합니다. 마음과 몸과 입으로 행하는 모든 행위가 부처님의 가르침에서 어긋나지 않도록 해야 합니다. 그렇지 않으면 삼

보에 누를 끼치게 되기 때문입니다. 일반 가정에서도 자녀가 잘못하면 부모를 비롯해서 가족 전체에게 허물이 돌아가는 것과 마찬가지입니다. 참다운 법화행자라면 보살다운 행과 품위가 있어야 한다는 뜻입니다. 이런 원칙을 염두에 두고 네 가지 안락행을 찬찬히 살펴보면 '아, 이것이 당시 사람들의 관념에 근거해서 품위를 지키는 법이구나.' 하고 느끼고 이해하게 됩니다. 그러면서 그 깊은 뜻을 음미해 보면 오늘날에도 여전히 같은 원칙이 적용되어야 한다는 것을 알게 될 것입니다.

2. 수행방법(修行方法)을 해석하다

[1] 몸의 안락행(安樂行)

① 보살의 행(行)할 곳

【 경문 】

一者는 安住菩薩行處와 及親近處라사 能爲衆生하야 演說是經이니라 文殊師利야 云何名菩薩摩訶薩行處오 若菩薩摩訶薩이 住忍辱地하야 柔和善順하대 而不卒暴하고 心亦不驚하며 又復於法에 無所行하야 而觀諸法如實相하며 亦不行不分別이 是名菩薩摩訶薩行處니라

첫째는 보살의 행(行)할 곳과 친근(親近)할 곳에 편안히 머물러야 중생들에게 이 경을 널리 설할 수 있느니라.

문수사리여, 무엇을 보살마하살의 행할 곳이라 하는가.

만일 보살마하살이 욕됨을 참는 자리에 머물러 있다면 부드럽고 화평하고 착하고 순종하면서 포악(暴惡)하지 않아야 하며, 마음에 놀라지도 않아야 하느니라. 또 법(法)에 대하여 행(行)한다는 것이 없이 행하며, 모든 법의 실상(實相)과 같이 관찰하며, 또한 행함도 없고 분별하지도 않아야 하느니라. 이것을 보살마하살의 행할 곳(行處)이라 하느니라.

❀ 네 가지 안락행 가운데 몸의 안락행에는 행처와 친근처의 두 가지가 있습니다. 먼저 행처 즉 행동지침, 행동범위에 대해서 말씀하고 있습니다. 부처님 법을 공부하는 불자로서 가져야 할 마음가짐의 첫째는 욕됨을 참는 것 즉 인욕입니다. 인욕하는 사람의 특징은 부드럽고 화평하며 착하고 순종하면서 포악하지 않고 놀라지 않는 것입니다. 인욕하는 사람은 그 사람의 말보다도 인욕하는 그 사람 자체가 좋아서 사람들이 따라가게 됩니다. 어떤 말을 하느냐보다도 어떤 행동을 하느냐가 더 큰 영향을 미칩니다. 인욕하는 사람은 누구나 좋아하고 신뢰합니다. 뛰어난 언변으로 남을 가르치는 것보다 인욕하는 자세가 더욱 중요합니다.

또한 법에 대해서는 '행한다는 것이 없이 행해야' 합니다. 이것은 불교에만 있는 표현법입니다. 행하면 행하고 행하지 않으면 행하지 않는 것이라고 보통 사람들은 생각합니다. 이 대목처럼, 행한다는 것이 없이 행한다는 것 그리고 행하되 행함이 없고 행하지 않되 또한 행한다는 역설은 세속의 논리로는 이해하기 어렵습니다. 이 말은 불교만의 독특한 경지를 드러내는 것이므로 세속적인 논리에 맞지 않더라도 그 이치를 이해하려면 이런 표현에 익숙해져야 합니다. 그리고 '모든 법의 실상과 같이 관찰하라'고 했습니다. 모든 법의 실상, 모든 존재의 실상을 아는 것은 참 어려운 일입니다. 풀 한 포기, 나무 한 그루를 두고도 그 참모습이 과연 무엇인지 판단하기 어렵습니다. 이러한 보살의 행처, 보살의 요건을 갖추는 것도 참으로 쉽지 않습니다.

② 보살의 첫째 친근(親近)할 곳

【 경문 】

云何名菩薩摩訶薩親近處오 菩薩摩訶薩이 不親近國王王子와 大臣官長하며 不親近諸外道梵志와 尼犍子等과 及造世俗文筆과 讚詠外書와 及路伽耶陀와 逆路伽耶陀者하며 亦不親近諸有兇戲와 相扠相撲과 及那羅等의 種種變現之戲하며

무엇을 보살마하살의 친근할 곳이라 하는가.
보살마하살은 국왕이나 왕자나 대신이나 관원들을 친근하지 말라. 또 모든 외도(外道)인 범지(梵志)나 니건자(尼犍子)들과 세속의 문필을 일삼은 이와 외도의 서적을 찬탄하는 이와 로가야타(路伽耶陀)와 로가야타를 거슬리는 이를 친근하지 말라. 또 흉악한 장난과 서로 때리고 씨름하는 일과 나라연(那羅延) 등의 가지가지 장난꾼들을 친근하지 말라.

※ '친근'이라는 것은 가까이 교제하는 것을 말하는데, 법답지 않은 요소들과 타협하거나 그것에 빠지는 것을 경계하는 뜻입니다. 부

처님 가르침을 펴더라도 마음으로는 조심하면서 전법해야 합니다. 전법하려고 하다가 본래 뜻을 잃어버리고 법답지 않은 것으로 빠지지 않도록 조심하라는 말입니다. "보살마하살은 국왕이나 왕자나 대신이나 관원들을 친근하지 말라."고 했습니다. 이 말은 권세 있는 사람들의 뒷심을 통해 이양을 구한다든지 하는 목적을 가지고 의도적으로 가까이 하며 타협하지 말라는 뜻입니다.

또한 불교가 아닌 다른 종교를 믿는 사람들과 세속적인 문학이나 철학을 좋아하는 사람들과도 가까이 하지 말 것을 당부합니다. 아무리 고상한 것이라도 세속적인 유희에 빠지는 것은 불교가 아니기 때문입니다. 머리 깎고 출가했으면서 문학을 한다고 하고 그림이나 음악을 한다고 하는 세속적인 취미를 주로 삼는 것은 출가자의 길이 아닙니다. 그런데도 세속적인 취미를 자랑으로 삼는 경우까지 있습니다. 출가자의 길이 아니지만, 교화의 방편으로 생각하고 하는 경우도 있습니다. 이런 경우는 그나마 그런 대로 괜찮지만 주종이 뒤바뀐 이들도 많습니다.

내가 종종 읽는 일본의 고전 수필집 『도연초(徒然草)』에 이런 이야기가 있습니다. 어떤 사람이 나중에 법사가 되고 싶어서 무슨 공부를 해야 하는지 알아보았습니다. 법사는 말을 타고 법회에 가기도 하고 재가신자의 집에 초청받기도 하니 먼저 말을 탈 줄 알아야겠다는 생각이 들었습니다. 그래서 말을 한 마리 사서 말 타는 법을 배웠습니다. 또 살펴보니 좋은 자리에 가서는 노래도 한 곡 하는 것을 보고는 노래하는 법을 배웠습니다. 이러다 보니 한량들이 하는 것을 먼저 배우게 되었습니다. 시간이 흘렀지만 정작 법사가 갖추어야 할 불법에 대한 공부는 하나도 하지 못했다는 재미있는 이야기가 있습니다. 세속의 취미나 세속의 문필은 가까이 하지도 말아야 하는데, 이것을 일로 삼는 것은 참으로 앞뒤가 맞지 않습니다.

그리고 '로가야타'는 순세외도(順世外道)라고도 하는데 유물론자를 말합니다. 로가야타를 거슬리는 이는 쾌락주의자를 말하고, 나라연은 마술이나 서커스를 하면서 재주를 부리는 사람을 말합니다. 이런 이들과 함께 흉한 장난이나 무술이나 씨름을 좋아하는 이들도 가까이 하지 말라고 했습니다. 이런 사람들도 자기들이 하는 일에 너무 빠져있기 때문에 가까이 하다가 오히려 나쁜 물이 들 수 있습니다. 그래서 가까이 하지 않는 것이 좋고 가까이 하더라도 조심해야 합니다.

【 경문 】

又不親近旃陀羅와 及畜猪羊雞狗와 畋獵漁捕의 諸惡律儀니 如是人等이 或時來者어든 則爲說法하대 無所希望하며 又不親近求聲聞比丘比丘尼와 優婆塞優婆夷하고 亦不問訊하며 若於房中이나 若經行處나 若在講堂中하야 不共住止하고 或時來者면 隨宜說法하대 無所希求니라

또 전타라(旃陀羅)와 돼지 · 양 · 닭 · 개를 키우는 이와 사냥하고 고기 잡는 나쁜 짓을 하는 이들을 친근하지 말아야 하느니라. 이런 사람들이 만일 오거든 그들에게 법(法)을 말하여 줄 뿐이고 바라는 바가 없어야 하느니라.

또 성문승(聲聞乘)을 구하는 비구 · 비구니 · 우바새 · 우바이들을 친근하지도 말고 문안하지도 말아야 하느니라. 방안에서나 거닐 때에나 강

당에서도 함께 있지도 말라. 혹시 찾아오더라도 적당하게 법을 말하여 줄 뿐 바라는 일이 없어야 하느니라.

❁ 전타라는 소나 돼지를 도살하는 백정을 말합니다. 백정이나 가축 키우는 것을 업으로 하는 이들, 사냥꾼이나 어부들처럼 생명을 앗아가는 것을 업으로 하는 이들도 가까이하지 말아야 합니다. 백정을 업으로 하는 사람을 가까이하면서 "부처님께서는 그런 일을 하지 말라고 하셨다."고 말하기는 어렵습니다. 그 사람에게 다른 직업을 구해 줄 수 있는 처지도 아니라면, 생계를 포기하라고 하기는 참 어렵습니다. 그러다 보면 "먹고 살기 위해서는 그런 일을 해도 됩니다." 하고 타협하게 됩니다. 일부러 찾아가서 가까이 지내지 않더라도, 그들이 나를 찾아와서 법문을 요청한다면 설법을 하되 그 이상을 바래서는 안 됩니다. 청정하지 않은 수단으로 쌓은 재물이나 이익을 바래서는 안 된다는 말입니다.

그리고 출가수행자라고 하더라도 대승법을 구하는 이가 아니라면 가까이 해서는 안 됩니다. 가까이 하다가는 나도 그들과 함께 물들어 버릴 수가 있기 때문입니다. 그래서 같이 머물지도 말고, 혹시 나를 찾아오더라도 기대하는 마음을 갖지 않는 것이 좋습니다. 남방으로 다니면서 남방의 소승불교에 젖어버린 사람은 어떻게 구제할 방법이 없습니다. 짧은 생각으로는 만나서 토론도 하고 의견 교환도 하면 좋지 않겠는가 하고 생각할 수도 있지만 친근하게 지내다보면 나 자신이 흔들릴 수도 있습니다.

【 경문 】

文殊師利야 又菩薩摩訶薩이 不應於女人身에 取能生欲想相하야 而爲說法하고 亦不樂見하며 若入他家어든 不與少女處女寡女等共語하며 亦復不近五種不男之人하야 以爲親厚하며 不獨入他家하고 若有因緣하여 須獨入時어든 但一心念佛하며 若爲女人說法이어든 不露齒笑하고 不現胸臆하며 乃至爲法하야도 猶不親厚어든 況復餘事리요 不樂畜年少弟子와 沙彌小兒하고 亦不樂與同師니라

문수사리여, 또 보살마하살이 여인(女人)의 몸에 대하여 욕망을 낼 만한 모습으로 법을 말하지 말고 보기를 좋아하지도 말라. 만일 남의 집에 들어가더라도 소녀·처녀·과부들과 더불어 함께 말하지 말아야 하느니라. 또 다섯 가지 사내 아닌 사람(不男)을 가까이 하거나 친구를 삼지 말아야 하느니라. 혼자서 다른 이의 집에 들어가지 말고, 만일 볼일이 있어서 혼자 들어가게 될 적에는 오직 일심(一心)으로 염불(念佛)을 하여야 하느니라.

만약 여인에게 법을 말하게 되거든 이를 드러내어 웃지도 말고, 가슴을 드러내지도 말라. 법을 위해서라도 친하지 말아야 하거든, 하물며 다른 일이겠는가. 나이 어린 제자나 사미나 어린애 기르기를 좋아하지 말며, 그들과 한 스승을 섬기기를 좋아하지도 말아야 하느니라.

🪷   법을 설하려고 할 때는 상대를 이성(異性)으로 보아서도 안 되고, 상대에게 이성으로 보이지 않도록 조심해야 합니다. 음욕을 자극하지 않도록 조심하는 것이 보살의 법다운 행동입니다. 그리고 사내가 아

닌 다섯 종류의 사람을 가까이 해서는 안 됩니다. 이런 이들을 오종불남(五種不男)이라고 하는데, 성적인 불구자를 말합니다. 첫째는 태어날 때부터 선천적으로 불구인 사람, 두 번째는 칼로 남근을 잘라낸 사람, 세 번째는 혼자서는 남자 행세를 못하고 다른 사람의 성행위를 보아야 비로소 남자 행세를 할 수 있는 사람, 네 번째는 여자에게는 남자 노릇하고 남자에게는 여자 노릇하는 사람, 다섯 번째는 보름은 여자 노릇하다가 보름은 남자 노릇하면서 바뀌는 사람 등 다섯 가지 종류의 사람이 있습니다. 어떻게 보면 모든 사람을 다 포용하는 자비심이 없는 것이 아니냐고 볼 수도 있겠지만 법사로서의 여법한 품위를 잘 지키라는 이야기를 하고 있는 것입니다.

　설법하는 이가 남자라면 여자에게 마음가짐과 몸가짐을 바르게 해서 품위를 지켜야 합니다. 남자를 상대할 때도 나이가 어린 사미나 동자를 지나치게 가까이 하는 것도 모양새가 좋지 않습니다. 매정해 보일 수도 있는 이야기지만, 법화행자가 얼마나 철저하게 행동을 조심하며 법다운 위의를 지켜야 했는지를 이해할 수 있습니다.

【 경문 】

常好坐禪하대 在於閑處하야 修攝其心이니 文殊師利야 是名初親近處니라

항상 좌선하기를 좋아하여 한적한 곳에서 마음을 거두어들여서 닦아야 하느니라. 문수사리여, 이것을 첫째 친근할 곳이라 하느니라.

❀　부처님 법을 전하는 것이 좋은 일이라 생각하여 아무에게나 덥

석덥석 가까이하는 것은 법력이 약한 사람에게는 위험한 일이 될 수 있습니다. 그리고 설사 의도가 좋았다고 하더라도 다른 이들이 보기에 의심할 만한 행동을 하는 것도 삼가야 합니다. 설법을 하는 것보다 먼저 바른 행동으로 법다운 위의를 갖추는 것이 바람직합니다. 그런 이유로 이렇게 여러 가지로 조심할 것을 당부하는 것입니다. 그래서 안락하고 즐거이 가까이 할 첫 번째가 한적한 곳에서 마음을 깨끗이 수양하는 것이라고 말하고 있습니다.

③ 보살의 둘째 친근할 곳

【경문】
復次菩薩摩訶薩이 觀一切法空如實相하야 不顚倒하며 不動不退不轉하대 如虛空하야 無所有性이라 一切語言道斷하야 不生不出不起하며 無名無相하야 實無所有라 無量無邊하고 無礙無障이언만 但以因緣有하고 從顚倒生故說이니 常樂觀如是法相이면 是名菩薩摩訶薩의 第二親近處니라

또 보살마하살이 모든 법이 공(空)하여 실상(實相)과 같음을 관찰하여 뒤바뀌지도 말고 흔들리지도 말고 물러가지도 말고 굴려지지도 말아야 하느니라. 마치 허공의 성품이 아무 것도 없는 것과 같이 온갖 말이 끊어져서 생기지도 않고 나오지도 않고 일어나지도 않아야 하느니라. 이름도 없고 모양도 없고 실로 있는 것이 아니어서 한량없고 그지없고 걸림도 없고 막힘도 없어야 하느니라. 다만 인연(因緣)으로 있는 것이며, 뒤바뀌어 생기는 것이므로 설하느니라.

항상 이러한 법의 모양을 관찰하기 좋아해야 하나니, 이것을 보살마하살의 둘째 친근할 곳이라 하느니라."

❀ "또 보살마하살이 모든 법이 공(空)하여 실상(實相)과 같음을 관찰하여 뒤바뀌지도 말고 흔들리지도 말고 물러가지도 말고 굴려지지도 말아야 하느니라."고 했습니다. 모든 법은 공(空)하다는 말은 고정된 것이 없이 늘 변화무쌍하다는 말입니다. 높으면 낮아지고 낮으면 높아지고, 많으면 적어지고 적으면 많아지듯이 그렇게 변화무쌍합니다. 1년에 사계절이 변하는 것으로도 분명히 알 수 있습니다. 잎새가 조금씩 파릇파릇 올라오는 듯했는데 어느덧 녹음이 무성하고, 그러다가 울긋불긋 물이 드는가 싶더니 앙상한 가지만 찬바람에 흔들립니다. 그것도 잠시이고 다시 한 잎 두 잎 푸르름이 찾아오는 사계절의 변화 속에서 모든 법은 늘 고정된 것이 없이 변화한다는 것을 느낄 수 있습니다. 이렇게 법이 공한 모습을 잘 알면 뒤바뀌지도 않고 흔들리거나 물러가거나 굴러가지 않게 됩니다. 다시 말해 어느 한 쪽으로 치우치지 말라는 말입니다. 있다고 해서 있는 것에 치우치지 말고, 없다고 해도 없는 것에 치우치지 말아야 공관을 뛰어넘게 됩니다.

제법을 바라보는 데는 3단계가 있습니다. 가(假)·공(空)·중(中) 즉 제법가상(諸法假相), 제법공상(諸法空相), 제법실상(諸法實相)의 3단계가 있습니다. 모든 것을 가상(假相) 즉 겉으로 나타나 있는 덧없고 헛된 것으로 보는 것을 가관(假觀)이라고 하고, 모든 것을 공으로 보는 것은 공관(空觀), 공(空)도 아니고 유(有)도 아닌 것으로 보면 실상(實相)이 되는데 이것을 중관(中觀)이라고 합니다. 실상은 그냥 그대로 눈에 보이는 대로 있는 것도 아니고, 그렇다고 텅 빈 공도 아닌 것입니다. 우리가 잘 알고 있는 '산은 산이요, 물은 물이다'라는 말은 제법가상이고, '산은 산이 아니요, 물은 물이 아니다' 라는 것은 제법을 공상으로 보는 것입니다. '산은 다만 산일 뿐이고 물은 다만 물일 뿐이다'는 제법을 실상으로 보는 것입니다. 이렇게 견해를 크게 3종으로 나누어서 정리를 하면 이해하기 쉽습니다.

'다만 인연으로 있는 것'이라는 말은 공(空) 가운데 유(有)이고 유 가운데 공입니다. 이런 입장이 제법을 실상으로 보는 것이고 중도로 보는 것입니다. 모든 만물의 존재원리가 중도이니 이러한 입장에서 불법을 설해야 한다는 말입니다. 모든 법은 인연의 힘이 있는 동안에만 존재합니다. 그것이 사라지면 인연의 힘이 다 했는 줄 알면 됩니다. 부귀나 명예, 권세와 같은 나에게 딸려 있는 모든 것은 나뭇가지에 달린 나뭇잎과 같이 인연의 힘을 따르는 줄 아는 것이 현명한 자세입니다.

'항상 이러한 법의 모양을 관찰하기' 즐겨하면서 자연의 변화하는 모습을 보고 인간사에도 같은 원칙이 적용되는 줄 알아야 합니다. 중도의 원리는 물질에만 적용되는 것이 아니라 마음에도 똑같이 적용됩니다. 물질이 있다고 해도 안 되고 없다고 해도 안 됩니다. 또한 마음도 있다고 해도 안 되고 없다고 해도 안 됩니다. 있는 것도 아니고 없는 것도 아닙니다. 세속적인 논리로는 말이 안 되는 것처럼 보이지만 제법실상의 이치가 그렇습니다. 이러한 말로밖에 표현이 안 되는 것입니다.

(2) 게송을 거듭 밝히다

① 행처(行處)와 친근처(親近處)를 밝히다

【 경문 】

爾時世尊이 欲重宣此義하사 而說偈言하니라

若有菩薩이 於後惡世에

無怖畏心으로 欲說是經인댄

應入行處와 及親近處니

常離國王과 及國王子와

大臣官長과 兇險戲者와

及旃陀羅와 外道梵志하며

이때 세존께서 이 뜻을 거듭 펴시려고 게송으로 말씀하셨습니다.

만일 보살들이 미래의 나쁜 세상에서

두려운 마음 없이 이 경을 설하려면

마땅히 행할 곳과 친근할 곳에 들어가되

국왕이나 국왕의 아들이나

대신과 관료들을 떠나야 하느니라.

흉악한 장난꾼이나 전타라들이나

외도와 범지들을 항상 멀리해야 하느니라.

🪷 　국왕이나 대신, 관료 그리고 외도와 범지, 흉한 장난꾼이나 전타라들도 모두 제도해야 하는 대상입니다. 그런데도 이들을 멀리하라

고 하는 것은 이런 사람들을 배척하거나 도외시하라는 뜻이 아닙니다. 부처님은 어떤 사람이든 다 불성이 있다고 하셨고, 또 법화경에서는 모든 중생이 다 부처님이라고 평등하게 보셨습니다. 단지 이들을 대하는 자세는 어떠해야 하고, 무엇을 경계하고 조심해야 하는지를 말하는 것입니다.

【 경문 】
亦不親近 增上慢人과
貪著小乘하는 三藏學者하며
破戒比丘과 名字羅漢과
及比丘尼의 好戲笑者와
深著五欲과 求現滅度하난
諸優婆夷를 皆勿親近이니라

또한 뛰어난 체하는 사람이나
소승(小乘)의 삼장(三藏)을 좋아하는 이들도
친근하지 말아야 하느니라.
파계(破戒)한 비구들이나 이름뿐인 아라한이나
희롱하고 웃기는 비구니들을 멀리하고
오욕락(五慾樂)에 깊이 탐하여
밖에 나타난 열반을 얻으려는
그런 모든 우바이들을 친근하지 말아야 하느니라.

❀ '소승의 삼장을 좋아하는 이들'이란 방편에만 집착하는 사람들을 말합니다. 부처님의 가르침은 팔만사천 가지라고 할 정도로 많은데, 이 가운데서 시시한 방편만 좋아하고 빠져있는 사람들입니다. 예를 들어서, 방생은 꼭 미꾸라지를 사서 방생해야만 한다고 믿고 그대로 따르며 다른 가르침은 듣지도 않는 사람들도 있습니다. 덕 높은 큰스님이 아무리 좋은 법문을 해도 자기 생각에 빠져서 귀에 들리지 않습니다.

이런 사람들은 탐착하는 마음이 강해서 누구의 말도 귀담아 듣지 않습니다. 그리고 또 남방불교의 가르침에 빠져있는 사람도 마찬가지입니다. 그런 사람들은 부처님은 오직 석가모니 부처님 한 분뿐이고, 중생은 아무리 열심히 수행해도 아라한밖에 못 된다고 생각합니다. 생각이 굳어져 있는 사람들과는 대화가 되지 않고 싸움이 일어납니다. 자기 주장에 극단적으로 빠져있는 사람이나 자신이 하는 일에 확신이 매우 강한 사람들과는 원만한 대화를 할 수 없습니다. 대화를 하려고 했다가 그 사람들과 타협하게 되거나 혹은 서로 분란만 생겨서 더 안 좋은 결과가 생길 수 있습니다. 나 스스로 이런 이들을 상대할 법력이 되지 않는다고 느껴질 때는 가까이 하지 않는 것이 좋습니다.

【 경문 】

若是人等이 以好心來하야
到菩薩所하야 爲聞佛道어든
菩薩則以 無所畏心으로
不懷希望하고 而爲說法하며

寡女處女와 及諸不男을

皆勿親近하야 以爲親厚하며

亦莫親近 屠兒魁膾와

畋獵漁捕하여 爲利殺害하며

販肉自活과 衒賣女色하난

如是之人을 皆勿親近하며

兇險相撲과 種種嬉戲와

諸婬女等을 盡勿親近하며

만일 이런 사람들이 좋은 마음으로

보살이 있는 곳에 와서 불법(佛法)을 들으려 하면

그때에 보살은 두려울 것 없는 마음으로

바라는 마음을 품지 말고 그에게 법을 설할지니라.

과부나 처녀나 여러 가지 남자 아닌 이(不男)를

가까이 하거나 친근하지 말고

백정이나 망나니와 사냥하고 고기 잡고

이익을 위해 살생하는 사람들을 가까이 하지 말라.

어육(魚肉)을 팔아 생활하며 몸을 파는 여자들

그러한 사람들도 친근하지 말지니라.

【 경문 】

莫獨屛處하야 爲女說法하고

若說法時어든 無得戲笑하며

入里乞食에는 將一比丘요
若無比丘어든 一心念佛하며
是則名爲 行處近處니
以此二處로 能安樂說이니라

흉악하게 씨름하는 이와 여러 가지 장난꾼과
음란한 여자들을 가까이 하지 말라.
으슥하고 외딴 곳에서 여인에게 설법하지 말며
만약 법을 설하려면 희롱하며 웃지 말라.
마을에 가서 걸식(乞食)할 때는 다른 비구와 함께 가며
만약 다른 비구가 없을 때는 일심으로 염불(念佛)하라.
이것을 이름하여 행할 곳과 친근할 곳이라 하나니
이와 같은 두 곳에서 편안하게 법을 설할지니라.

❋ 불법을 펴는 이들이 지켜야 할 네 가지 행동지침 가운데 몸으로 지켜야 하는 안락행은 크게 행처와 친근처로 나닙니다. 행처는 인욕이 가장 중요합니다. 그래서 마음에 들지 않는다고 불쑥 성을 내거나 포악해지지 말 것을 강조합니다. 다음으로 가까이 교제하면, 그들에게 전법하기는커녕 오히려 내가 말려들거나 혹은 그들과 타협할 수 있는 사람들과는 가까이하지 말라는 것이 친근처에 대한 가르침입니다.

② 진리는 멀고 가까움이 아니다

【 경문 】

又復不行 上中下法과

有爲無爲와 實不實法하며

亦不分別 是男是女하며

不得諸法하고 不知不見일새

是則名爲 菩薩行處니라

一切諸法이 空無所有라

無有常住하고 亦無起滅이니

是名智者의 所親近處라

또 상품·중품·하품의 법과

유위(有爲) 무위(無爲)와 진실과 진실 아닌 법을

그런 법을 행하지 말라.

또한 남자와 여자를 분별하지 말라.

모든 법을 얻지 못하여 알지도 못하고 보지도 못하므로

이를 일러 보살의 행할 곳이라 하느니라.

일체의 모든 법은 공(空)하여 아무 것도 없고

항상 머무는 것이 없으며 일어나지도 멸하지도 않나니

이런 것을 지혜 있는 이의 친근할 곳이라 하느니라.

❀   사실 알고 보면 유위도 없고 무위도 없습니다. 그러면서도 유위

일 때는 유위일 수 있고 무위일 때는 무위일 수 있습니다. 어느 것은 진실이고 어느 것은 거짓이라는 것도 다 편견입니다. 금강경에 일체법개시불법(一切法皆是佛法)이라는 말이 있습니다. 모든 것이 부처님 법입니다. 부처님 법이 아닌 것이 없으니, 어느 쪽으로 치우질 것도 없습니다. 이것으로 사람들의 마음이 편안해지고 어디에도 치우치지 않으며, 나쁘거나 좋은 것도 없고, 옳거나 그른 것도 없이 모든 시비선악이 다 잦아들게 됩니다. 사람들이 괴로워하고 고통스러워하는 것은 모두 상대적인 것에서 벗어나지 못하기 때문입니다. 내가 옳다, 네가 그르다, 내 것이다, 좋다, 나쁘다 하는 상대적인 것에 끄달려서 하루 종일 시달리며 사는 것이 편견입니다. 이런 편견은 진리가 아니라는 말씀입니다.

"그런 법을 행하지 말라. 또한 남자와 여자를 분별하지 말라."고 했습니다. 앞에서는 이것도 가까이하지 말고 저것도 가까이하지 말라며 치우친 소견을 이야기하는 것 같았습니다. 그러나 여기서는 진리의 됨됨이를 말하고 있습니다. 남녀도 분별하지 말고, 양반이든 백정이든 직업의 귀천도 분별하지 말며, 왕이든 백성이든 신분의 고하도 분별하지 말라는 것입니다. 앞에서 말한 친근처에 대한 법문을 잘 살펴서 받아들여야 할 것입니다.

'모든 법을 얻지 못하여'라고 했습니다. 일체의 모든 법의 핵심을 반야심경에서 한 번 찾아봅시다. 불교를 전혀 모르는 유생에게 '반야심경의 핵심을 집어내시오' 하면 글의 모양이나 짜임새를 보고 '이무소득고(以無所得故)'를 집어냅니다. 불교공부를 한 사람은 대개 '색즉시공 공즉시색'을 집어냅니다. 사실 반야심경의 핵심은 '무소득(無所

得)'입니다. 얻을 바가 없다는 것입니다. 참으로 모든 법은 얻을 바가 없습니다. 이것이 불교의 본래 취지이고 본분사항입니다. 수많은 사람들이 깨달음을 얻었다고 하지만 사실 깨달은 바가 어디에 있습니까? 부처님도 한 평생 설법하시고 나서 "나는 한 글자도 설한 바가 없다."고 하셨습니다. 무소득의 이치가 이 모든 것의 근본입니다. 그래서 '얻을 바가 없으므로 보살은 반야바라밀을 의지한다'고 했습니다.

【 경문 】

顚倒分別은 諸法有無와
是實非實과 是生非生이니
在於閑處하야 修攝其心하대
安住不動을 如須彌山하며
觀一切法이 皆無所有라
猶如虛空하야 無有堅固하며
不生不出하고 不動不退하야
常住一相이 是名近處니라

전도(顚倒)되게 분별하는 것은 모든 법이 유(有)다, 무(無)다
진실이다, 진실이 아니다. 생(生)이다, 불생(不生)이다
라고 하는 것이니라.
한적한 곳에 가만히 있어 마음을 거둬들여 닦으면서
안주(安住)하여 움직이지 말기를 수미산과 같이하라.
온갖 법이 모두 공(空)해서 아무 것도 없는 것이

마치 허공과 같아서 견고한 것도 없고
생기지도 않고 나오지도 않으며,
흔들리거나 물러가지 아니함을 관찰하여
항상 한 모양에 머무는 것이 이것이 친근할 곳이니라.

🏵 　모든 법이 있는 것도 아니고 없는 것도 아니며, 진실도 아니고 거짓도 아니며, 생겨나는 것도 아니고 생겨나지 않는 것도 아닙니다. 모든 법을 이렇게 관하지 못하면 분별이 전도된 것이고, 이와 같이 관하면 중도의 자리입니다. 이 중도의 자리가 모든 법의 존재원리입니다. '온갖 법이 모두 공(空)해서'라며 다시 공을 이야기하고 있습니다. 모든 존재를 바라보는 세 가지 관점이 있습니다.

　　모든 존재를 가상으로 보는 것을 가관(假觀)이라 하고, 공으로 보는 것은 공관(空觀), 실상으로 보는 것은 중도(中道)라고 합니다. 중도를 바로 이해하려면 먼저 공을 거쳐야 합니다. '산은 산이 아니요, 물은 물이 아니다.'는 공관의 대부정을 거쳐야 '산은 산일 뿐이요, 물은 물일 뿐이다.'는 대긍정의 중도에 이를 수 있습니다. 이것을 등산에 비유하면, 처음에 산에 올라가는 것은 가관이고, 정상에 도달하는 것이 공관이며, 다시 산 아래로 내려온 자리가 중도입니다.

　　중도는 산의 정상에 올랐다가 내려온 자리이지, 올라가지도 않은 상태의 평지는 아닙니다. 법화경에서 중도를 이야기하려고 하면서 공에 대해 많이 말하는 데는 이유가 있습니다. 산의 정상에 해당하는 공에서 산 아래에 있는 중도로 가려면 먼저 큰 부정을 거쳐야 산 아래의 중도를 체득할 수 있기 때문입니다. 법화경에서 공을 설하는 목적은 중도 즉 제법실상을 바로 알리기 위함입니다.

③ 제일(第一) 행법(行法)의 성취

【경문】
若有比丘가 於我滅後에
入是行處와 及親近處하면
說斯經時에 無有怯弱이니라
菩薩有時에 入於靜室하야
以正憶念으로 隨義觀法하고
從禪定起하야 爲諸國王과
王子臣民과 婆羅門等하야
開化演暢하야 說斯經典하면
其心安隱하야 無有怯弱이니
文殊師利야 是名菩薩이
安住初法하야 能於後世에
說法華經이니라

만일 어떤 비구가 내가 열반한 뒤에
이러한 행할 곳과 친근할 곳에 들어가면
이 경전 설할 적에 겁약(怯弱)하지 않으리라.
보살이 어떤 때에 고요한 방에 들어가서
바르게 기억하는 것으로써 이치에 따라 법을 관하고

선정(禪定)에서 일어나면 여러 나라 임금들과
왕자와 신하와 백성들과 바라문들을 위하여
이 경전을 열어 보이고 연설하여 교화하면
그 마음은 편안하여 겁약할 것이 없느니라.
문수사리 보살이여, 이것을 일러 보살들이
첫 법에 안주하는 것이며 능히 오는 세상에
법화경(法華經)을 설할 수 있으리라."

    법화경의 가르침을 널리 펼치고자 하는 법화행자는 인욕행을 하며 가까이하지 말아야 할 이들은 멀리할 것을 말했습니다. 그러면서 법화행자가 설해야 하는 핵심적인 가르침은 중도(中道)임을 강조하고 있습니다. 모든 존재의 원리인 중도를 일상생활에서 어떻게 적용해야 하는지를 살펴봅시다. 부처님의 제자로서 생활과 수행에서 어떻게 중도를 실천할지를 모른다면 그것은 완성된 중도가 아니라고 생각합니다.

    중국 송나라 때 영명 연수(永明延壽) 선사의 『만선동귀집(萬善同歸集)』의 마지막 게송이 중도를 매우 잘 표현하고 있습니다. 우리의 일상생활에서 겉으로 보이는 외형에 대해 '감무신이구상(鑒無身而具相)하라'고 했습니다. 우리 몸이 없다는 것을 관하면서 모양새를 갖추라는 말입니다. 불교 공부를 좀 했다는 사람들은 '그까짓 겉모양은 중요하지 않아.'라는 생각을 많이 합니다. 그러나 절대 이렇게 생각해서는 안 됩니다. 우리의 몸이 본질적으로는 공하다는 것을 관하면서도 상황에 따라 모양을 내고 갖출 것은 제대로 갖추어야 합니다. 관세음보살을 보십시오. 반야심경을 설하는 관세음보살이 공의 이치를 몰라서 화려한 보석으로 모양을 내는 것이 아닙니다. 여러 보살 가운데 가장 멋들어지게 모양을 내고 이모저모 많이 갖추고 있는 관세음보살이 공의 이치는 누구보다도 잘 알고 있습니다. 겉모양에 대한 중도적 소견이 그렇습니다. 상황에 맞추어서 갖출 것은 다 갖추면서도 사실은 몸이 공해서 없는 줄을 알아야 합니다.

사찰을 건립할 때도 마찬가지입니다. 영명 연수 선사는 '건립수월도량(建立水月道場)하라'고 했습니다. 물에 비친 달과 같이 공한 줄 알면서 도량을 건립하라는 말입니다. 물에 비친 달은 진짜 달이 아닙니다. 달 그림자입니다. 그러니 얼마나 허망합니까? 이렇게 허망한 줄 알면서 사찰을 세우라고 했습니다. 그렇다고 아무렇게나 세우라는 것이 아닙니다. 정성을 다하여 세우되 그것이 달 그림자처럼 허망한 줄을 알라는 것입니다. 그런데 대개의 사람들은 영원히 있을 것이라 생각하고, 내가 세운 것이고, 내 공이 크고, 신도들의 정성이 많이 들어 있다며 집착하는 마음을 버리지 못하고 도량을 세웁니다. 우리가 축원할 때 '청정도량' 혹은 '수월도량'이라고 말합니다. 이 말의 뜻이 무엇입니까? 텅 비어서 아무 것도 없는 공한 도량이라는 뜻입니다. 공한 줄 알면서 도량을 세우는 것이 제대로 세우는 것입니다. 그런 줄 모르고 집착하는 마음으로 도량을 세우면 잘못 세우는 것입니다.

그리고 '나열환화공구(羅列幻化供具)하라'고 했습니다. 불단에 갖은 공양을 올린다고 한들 실제로 부처님이 가져가시는 것이 있습니까? 부처님이 돈을 가져가시지도 않고, 밥이나 과일을 드시지도 않고 꽃을 보고 빙그레 웃지도 않으십니다. 그럼에도 불구하고 정성을 다

해서 열심히 공양을 올립니다. 허망한 줄 알면서 공양을 올리는 것입니다. 공양을 받는 불상도 허망하고, 공양 올리는 사람도 허망하며, 공양 그 자체도 허망한 것입니다.

'관삼륜청정(觀三輪淸淨)하라'는 말이 있습니다. 삼륜 즉 보시하는 이와 보시물과 보시 받는 이가 모두 청정한 줄을 관하라는 말입니다. 청정(淸淨)하다는 것은 그 행동이 올곧다, 훌륭하다, 모범적이라는 뜻이 아닙니다. 텅 비어서 없다는 뜻입니다. '나열환화공구(羅列幻化供具)하라' 즉 텅 비어서 없는 줄 알면서 공양을 올리라는 말입니다. 허망한 환상과 같은 공양구인 줄 알면서 정성을 다해 불전에 올리라고 했습니다. 이것이야말로 만선만행이 모두 중도로 돌아가는 것입니다. 이렇게 우리가 신앙 생활에서 접할 수 있는 모든 것이 중도로 되어 있고, 중도로 알아야 하며, 중도로 설명해야 합니다.

[3] 입의 안락행

① 입의 안락행의 행법

【 경문 】

又文殊師利야 如來滅後於末法中에 欲說是經인댄 應住安樂行이니라 若口宣說하며 若讀經時엔 不樂說人及經典過하고 亦不輕慢諸餘法師하며 不說他人好惡長短하며 於聲聞人에 亦不稱名하야 說其過惡하고 亦不稱名하야 讚歎其美하며 又亦不生怨嫌之心이니라

"또 문수사리여, 여래가 열반한 뒤에 말법(末法) 세상에서 이 경전을 설

하려거든 안락(安樂)한 행에 머물러야 하느니라.

만일 입으로 설하거나 경을 읽으려거든 사람들과 경전의 허물을 말하지 말라. 또한 다른 법사들을 가볍게 여기거나 업신여기지 말고, 다른 이의 좋은 일·나쁜 일과 잘 잘못을 말하지 말아야 하느니라.

성문들을 대해서도 이름을 불러가며 허물을 말하지도 말고, 또한 이름을 불러가며 잘한다고 칭찬하지도 말라. 또 원망하고 싫어하는 마음도 내지 말지니라.

※ 사람의 허물도 말하지 말고 경전의 허물은 더욱 더 말하지 말아야 된다는 뜻입니다. 스님들에 대해서도 칭찬도 하지 말고 싫어하는 마음도 내지 말라고 했습니다. 우리가 아무리 강조해도 지나침이 없는 것이 바로 남의 허물을 말하지 않는 일입니다.

부처님 당시에 다른 종교를 신봉하는 신자들이나 지도자들이 부처님을 비난하고 욕하는 일들이 많았습니다. 왜냐하면 부처님은 새롭고 혁명적인 가르침을 펼쳤기 때문입니다. 사성계급의 차별도 인정하지 않았고 다른 종교를 믿던 많은 사람들이 부처님께 귀의했습니다. 그래서 제자들을 빼앗겼다고 생각한 사람들이 불만이 많을 수밖에 없었고 부처님을 비방하고 모함하기도 했습니다.

한 번은 어떤 외도가 와서 입에 담지 못할 욕설을 부처님께 잔뜩 퍼부었는데 부처님께서는 묵묵히 듣고 계시다가 마지막으로 이런 말씀을 하셨습니다. "손님이 방문했을 때 주인이 대접하기 위해 음식을 차려내 왔다. 그런데 그 손님이 차려진 음식을 먹지 않는다면 그 음식은 누구의 것이겠는가?" 외도가 대답하기를 "손님이 먹지 않았다면 당연히 그 음식을 차린 주인의 것이다."라고 했습니다. 부처님께서 다시 말씀하셨습니다. "그와 같다. 그대가 나를 비방하고 욕을 한 것은 마치 주인이 손님을 위해 음식을 차린 것과 같다. 그러나 당신의 비난에 내 마음은 조금도 움직이지 않았으니, 손님이 음식을 먹지 않은 것과 같다. 그러니 당신이 퍼부은 비난과 욕설은 모두 당신에게 이미 되돌아갔을 것이다."

참으로 부처님다운 현명하고 점잖은 말씀입니다. 외도들이 부처님의 이러한 뛰어난 인품에 감복해서 마음을 돌리고 부처님께 귀의하는 경우가 경전에 자주 나옵니다.

아함경에 이르기를, 남을 험담하고 비방하는 일은 마치 바람을 향해서 흙을 뿌리는 것과 같다고 했습니다. 불어오는 바람을 향해서 흙이나 모래를 뿌리면 어떻게 됩니까? 내가 뿌린 흙이 바람을 타고 날아와 내가 다 뒤집어쓰게 됩니다. 다른 사람을 비난하거나 허물을 말하는 것도 마찬가지라는 것입니다. 또한 다른 사람을 헐뜯고 비방하고 험담하는 일은 피를 입에 가득 물고 상대를 향해서 뿜으려는 것과 같습니다. 피를 뿜어내도 그 피가 상대방에게 묻을 수도 있고 묻지 않을 수도 있습니다. 그러나 어느 쪽이 되었든 간에 이미 나의 입이 피로 더러워진 것은 피할 수 없습니다. 이렇게 다른 사람의 허물을 찾아 비방하는 것은 비방하는 사람의 과오이지 비방 당하는 사람의 문제는 아님을 알아야 합니다.

② 입의 안락행의 행법의 성취

【경문】
善修如是安樂心故로 諸有聽者에 不逆其意하며 有所難問이면 不以小乘法答하고 但以大乘으로 而爲解說하야 令得一切種智니라

이와 같은 안락한 마음을 잘 닦기 위하여 모든 듣는 이들의 뜻을 어기지도 말며, 묻는 일이 있으면 소승법(小乘法)으로 대답하지 말고 다만 대승법(大乘法)으로 해설하여 그들로 하여금 일체 지혜를 얻게 해야 할 것이니라."

❀ 질문을 받으면 소승법으로 대답하지 말고 대승법으로 해설하여서 일체 지혜를 얻게 하라고 했습니다. 일체 지혜가 무엇입니까? 부처님이 깨달은 지혜, 일체 만법의 근본 자성자리를 꿰뚫어 보는 안목이 일체 지혜입니다. 잘 깨우쳐서 부처님의 수준에 이르도록 도와주는 것이 바람직한 일이지, 상대의 근기에 맞춰 주다 보면 쓸데없는 군더더기에 파묻혀 본래 갈 곳을 잊어버리게 됩니다.

[4] 게송으로 거듭 설하다
① 입의 안락행의 행법

【경문】
爾時世尊이 欲重宣此義하사 而說偈言하니라

菩薩常樂安隱說法하대

於淸淨地에 而施牀座하며

以油塗身하야 澡浴塵穢하며

著新淨衣하야 內外俱淨하고

이때에 세존께서 이 뜻을 거듭 펴시려고 게송을 말씀하셨습니다.
보살이 항상 편안하게 설법(說法)하기를 즐겨하면
맑고도 깨끗한 곳에 법상(法床)을 차려놓고
몸에는 향유(香油)를 바르고 더러운 때를 씻어버리고
깨끗한 새 옷을 입어 안과 밖이 모두 깨끗하게 하라.

【 경문 】

安處法座하야 隨問爲說하며

若有比丘及比丘尼와

諸優婆塞及優婆夷와

國王王子와 群臣士民이어든

以微妙義로 和顏爲說하며

若有難問이면 隨義而答하대

因緣譬喩로 敷演分別하야

以是方便으로 皆使發心하고

漸漸增益하야 入於佛道하며

除懶惰意와 及懈怠想하고

離諸憂惱하야 慈心說法하며

법상에 편안히 앉아 묻는 대로 대답하며
비구나 비구니나 우바새나 우바이나
국왕이거나 왕자거나 신하들과 백성들에게
미묘한 이치를 화평한 얼굴로 말하라.
만일 질문하는 사람이 있으면 이치에 맞게 대답하되
인연과 비유로써 분별하여 설하라.
이와 같은 방편으로 모두 다 발심(發心)케 하며
점점 나아가서 부처님의 도(道)에 들게 하라.
게으른 마음들은 모두 제거하여 없애버리고
온갖 근심과 걱정들을 다 여의고 자비롭게 법을 설하라

❀ "미묘한 이치를 화평한 얼굴로 말하라."고 했습니다. 큰스님들 가운데 참 화평한 얼굴로 많은 사람들에게 감동을 주는 스님이 있습니다. 바로 앞에서 이름을 불러가면서 잘한다고 칭찬하지 말라고 했습니다만, 대만 불광산사의 성운 대사가 그런 스님입니다. 가끔 불교 TV에서 대만 불광산사의 법회를 방송하는 것을 보았습니다. 대만이 불심이 깊은 나라여서 그런지 몰라도, 법회를 할 때 참 신심 나게 주변을 꾸미고 연출하는 것이 대단합니다. 마치 부처님이 하강한 듯 화려하고 장엄한 분위기입니다. 밝고 부드러운 조명 아래서 연단의 중앙에 법사스님이 앉고 그 좌우로 스님들이 죽 앉아서 장엄합니다. 그리고 경전을 읽는 사람이 따로 있고, 합창단이 게송에 운율을 붙여서 노래하는 모양새를 보면 참 부러운 생각이 들었습니다. 법문 내용이야 우리나라와 크게 다를 바가 없었습니다. 생활 불교에 대해 이야기

하는 것을 자주 들을 수 있었습니다. 그렇지만 설법하는 분위기는 부처님이 하강한 듯 장엄하고 화려했습니다. 이렇게 장엄한 분위기 속에서 부드럽고 화평한 얼굴로 설법하는 성운 대사의 잔잔한 법문이 청중의 마음을 파고드는 것을 느낄 수 있었습니다.

【 경문 】
晝夜常說 無上道敎하대
以諸因緣과 無量譬喩로
開示衆生하야 咸令歡喜하며
衣服臥具와 飮食醫藥으로
而於其中에 無所希望하고
但一心念 說法因緣하야
願成佛道하대 令衆亦爾하면
是則大利라 安樂供養이니라

밤과 낮으로 어느 때나 가장 높은 도(道)를 말하고 가르치되,
여러 가지 인연과 한량없는 비유로써 중생들에게 열어주고 보여줘서
모두 다 환희하게 하되 옷과 이부자리와 음식과 탕약(湯藥)들에 대해서
그 가운데 한 가지도 바라는 생각이 없고
한결같은 마음으로 법(法)의 인연(因緣)을 말해서
성불(成佛)하려고 원력을 세우고 중생들도 그렇게 하면
이것이 곧 큰 이익(利益)이요, 안락(安樂)한 공양이니라.

🪷 "밤과 낮으로 어느 때나 가장 높은 도를 말하고 가르치라."고 했습니다. 참 짧고 바쁘며, 어찌 될 지 알 수 없는 것이 내일의 일이고 인생사인데 자질구레하고 시시한 저잣거리 이야기나 하고 있을 겨를이 어디 있겠습니까? 그래서 가장 높은 도를 말하고 가르치라고 했습니다. "옷과 이부자리와 음식과 탕약(湯藥)들에 대해서 그 가운데 한 가지도 바라는 생각"이 있어서는 안 된다고 했습니다. 법을 설하면서 무엇이든 대가를 바라는 마음이 있어서는 법을 바르게 설한다고 할 수 없습니다. 오직 모든 중생을 구제하겠다는 자비의 마음으로 법화경을 널리 펼쳐야 합니다.

② 제이(第二) 행법의 성취

我滅度後에 若有比丘가
能演說斯 妙法華經하대
心無嫉恚와 諸惱障礙하고
亦無憂愁와 及罵詈者하며
又無怖畏와 加刀杖等하고
亦無擯出은 安住忍故니라
智者如是 善修其心하야
能住安樂하대 如我上說이면
其人功德은 千萬億劫에
算數譬喻로 說不能盡이니라

내가 열반한 뒤에 만일 어떤 비구가
이와 같은 묘법연화경을 능히 설하되
성내고 질투하고 고뇌하고 장애되는 일이 없고
근심 걱정하는 일과 꾸중하는 사람도 없고
칼이나 몽둥이로 맞을 두려움도 없고
쫓겨나는 일도 없나니
참는 데 안주(安住)한 까닭이니라.
지혜로운 사람은 이와 같이 마음을 잘 닦아
안락행(安樂行)에 머무는 것이 나의 말과 같으리라.
그 사람의 이런 공덕은 천만억 겁을 지내면서
산수와 비유로도 다 말할 수 없느니라."

※ 법화경이 처음 세상에 소개되고 널리 설해질 때에는 이 법화경에 반대하는 사상들이 만연해 있던 시기입니다. 그래서 그런 사람들에게 법화경을 교화시키고 이해시키는 데는 상상하기 어려운 어려움이 많았을 것입니다. 안락행품의 곳곳에 당시의 어려움을 짐작하게 하는 구절들이 많습니다. 그런 어려움을 극복하는 첫 번째 행이 '참는 데 안주(安住)한 까닭'이라고 다시 강조하고 있습니다. "참을 인(忍) 자가 셋이면 살인도 면한다."는 속담도 있습니다만, 참고 견디는 인욕행이 법을 전하는 데 필요한 첫째 요건입니다. 인욕하면서 법화경의 미묘한 이치를 화평한 얼굴과 남을 헐뜯지 않는 부드러운 말로 법화경의 가르침을 설할 것을 당부하고 있습니다.

[5] 마음의 안락행

① 마음 안락행의 행법

【 경문 】

又文殊師利야 菩薩摩訶薩이 於後末世法欲滅時에 受持讀誦斯經典者는 無懷嫉妬諂誑之心하고 亦勿輕罵 學佛道者하야 求其長短하며 若比丘比丘尼와 優婆塞優婆夷의 求聲聞者와 求辟支佛者와 求菩薩道者에 無得惱之하야 令其疑悔니 語其人言하대 汝等去道甚遠이라 終不能得一切種智리니 所以者何오 汝是放逸之人이라 於道懈怠故라하며 又亦不應戲論諸法하야 有所諍競이니라

"또 문수사리여, 보살마하살이 오는 말법시대에 법이 없어지려 할 적에 이 경전을 받아 지니고 읽고 외우려 하는 사람은 질투하고 속이려는 마음을 품지 말라. 또 불도를 배우는 이를 업신여기고 꾸짖어서 그의 잘 잘못을 찾아내려 하지 말아야 하느니라.

만일 비구·비구니·우바새·우바이로서 성문(聲聞)을 구하는 사람, 벽지불(辟支佛)을 구하는 사람, 보살(菩薩)의 도를 구하는 사람들을 괴롭게 하지 말아야 하느니라. 그들로 하여금 의심하고 뉘우치게 하려고 그들에게 말하기를 '그대들은 도(道)에 나아가기가 매우 멀어서 마침내 갖가지 지혜를 얻지 못하리라. 왜냐하면, 그대들은 방일(放逸)한 사람으로서 도에 대하여 게으른 때문이라.'고 하지 말아야 하느니라. 또 마땅히 모든 법을 희롱거리로 말하여 쟁론하고 다투는 일이 없어야 하느니라.

❀　보살마하살이 말법시대에 법화경을 어떤 자세로 펼쳐야 하는지 설명하고 있습니다. 우리가 살고 있는 지금이 말법시대입니다. 정법이나 상법시대에는 사람들이 성인을 따르고 가르침을 좋아하는 시대입니다. 그러나 지금은 말법시대로, 사람들이 영악해져서 자신의 이익만 생각하고 남을 배려하지 않으며, 조그마한 일에도 화를 내서 큰 일을 저지르고, 선한 일을 생각하는 시간이 적으며 이익과 손해를 계산하는 시간이 많아져서 업이 점점 나쁘게 향하고 있습니다.

과학기술과 문명이 발달해서 성인의 가르침을 더 많이 알게 되었는데도 불구하고, 생각은 더욱 얕아지고 어지러우며 영악하고 정직하지 못합니다. 물질적인 재화를 더 축적하려 하지 말고 지금까지 모은 것을 아끼고 정직하게 사용하면 누구도 부족하지 않게 살 수 있을 것입니다. 물질을 더 많이 쌓으려고 하기 때문에 더욱 부족하고 살기 어려워지는 것입니다. 그러나 물질이 마음의 평화와 삶의 안녕을 가져오는 것은 아닙니다. 지금까지 쌓은 물질만으로도 충분히 모든 사람들을 먹이고 입힐 수 있습니다. 내가 더 많이 가지겠다는 생각을 버리고 다같이 나누며 정직하게 산다면 진정으로 잘 살 수 있는 세상이 될 것입니다.

우리가 행복하지 못한 것은 탐욕 때문입니다. 그 탐욕을 버리는 길이 평화로운 세상으로 가는 길입니다. 탐욕을 버리는 것은 물질에 국한된 것이 아닙니다. 내가 잘났다, 내가 최고라는 정신적 탐욕을 버리는 것도 중요합니다. 그래서 "성문을 구하는 사람, 벽지불을 구하는 사람, 보살의 도를 구하는 사람들을 괴롭게 하지 말아야" 한다고 말합니다. 내가 그 사람들보다 먼저 일불승의 가르침, 법화경의 가르침을 들었다고 해서 그렇지 못한 사람들을 비웃고 무시할 권리는 없는 것입니다. 내가 남보다 조금 더 앞서 있다고, 공부 좀 잘 한다고 다른 사람들의 삶의 희망을 꺾어 놓는 것은 선행이 아닙니다.

이것은 부처님 가르침에만 적용되는 것이 아닙니다. 세상사에서도 마찬가지입니다. 어른들이 종종 한창 배우며 자라는 어린아이들에게 '너는 그것도 모르냐' 혹은 '그 정도 가지고 어떻게 잘 되겠느냐'며 장래의 희망을 꺾어버리는 경우가 많습니다. 육신을 해치는 것만 살생이 아니라, 희망을 꺾는 것도 살생입니다. 희망을 잃으면 마음이 생명을 잃고, 마음에 생명이 없으면 육신도 따라서 생명이 사라집니다. 꿈과 희망을 가지고 기쁜 마음으로 열심히 사는 것에 인생의 의미가 있는 것입니다. 사회에서 성공했다고 한들 그런 성공이 도대체 무엇이란 말입니까? 속을 파헤쳐보면 아무 것도 아닌 허명에 불과합니다. 겉으로 드러난 결과가 중요한 것이 아닙니다. 지나온 과정이 중요합니다. 인간의 삶이라는 것은 과정의 연속이지 결과의 집합체가 아닙니다. 사람의 삶은 꿈과 희망을 가지고 기쁘게 열심히 앞으로 앞으로 나아가는 것이 중요합니다. 사는 것은 그것뿐입니다.

깨달음이 무엇입니까? 깨달음을 향해 살아가는 삶이 있을 뿐입니다. 설사 깨달았다고 하더라도 삶은 계속됩니다. 깨달았다고 삶이 끝나는 것은 절대 아닙니다. 신행생활을 하면서 기도다 참선이다 간경이다 하며 무엇이 더 중요하다는 말을 많이 합니다. 신행생활 자체도 값진 것입니다만, 과정이 중요하지 결과가 중요한 것이 아닙니다. 참선을 하더라도 참선하는 자체가 중요한 것이지 참선으로 어디에 도달했다는 것이 중요하지 않습니다. 몇 년 동안 참선해서 어떤 경지에 도

달했다는 것은 사실 아무 의미가 없습니다. 그리고 참선을 해서 어떻게 된 사람도 없습니다. 그저 참선을 할 뿐입니다. 그뿐입니다. 그저 기도할 뿐입니다. 기도해서 어떻게 된 사람도 없습니다. 어떻게 되겠다는 생각을 가져서도 안 됩니다. 선가에서도 대오지심(待悟之心) 즉 참선해서 깨달음을 얻겠다는 생각이 제일 나쁜 생각이고 버려야 할 생각이라고 했습니다. 깨달음을 얻겠다고 기다리는 마음이 앞서면 올바른 참선이 되지 않기 때문입니다. 기도든 참선이든 간경이든 모든 것은 그저 과정이 있을 뿐입니다.

【 경문 】
當於一切衆生에 起大悲想하고 於諸如來에 起慈父想하며 於諸菩薩에 起大師想하고 於十方諸大菩薩에 常應深心으로 恭敬禮拜하며 於一切衆生에 平等說法하대 以順法故로 不多不少하며 乃至深愛法者에 亦不爲多說이니라

마땅히 모든 중생들에게 어여삐 여기는 생각을 내고, 여래에게는 인자한 아버지라는 생각을 내고, 모든 보살들에게는 큰 스승이라는 생각을 내야 하느니라. 시방의 모든 대보살들에게는 항상 간절한 마음으로 공경하고 예배하라. 모든 중생에게는 평등하게 법을 말하되 법에 순응하여 많이 말하지도 말고 적게 말하지도 말라. 비록 법을 매우 사랑하는 사람에게라도 너무 많이 말하지 말아야 하느니라.

※ "모든 보살들에게는 큰 스승이라는 생각을 내야 하느니라."고

했습니다. 불교에서는 스승을 선지식(善知識)이라고 합니다. 선지식이라고 하면 화엄경에서 선재 동자가 53명의 선지식을 찾아서 수많은 세월 동안 멀고 먼 길을 가는 이야기가 유명합니다. 선지식을 만난 선재 동자는 마침내 인간이 이를 수 있는 데까지 성숙해졌다는 것이 화엄경의 이야기입니다. 동자가 만난 선지식 가운데는 별의별 사람이 다 있었습니다. 불자도 있었지만 외도도 있었고 술 파는 작부도 있었고 사냥꾼도 있었습니다. 한번은 불을 섬기는 외도를 만났는데, 그는 동자에게 불 속에 뛰어들라고 했습니다. 그러자 동자는 의심하는 마음을 일으킵니다.

"선지식이라고 해서 내가 찾아왔는데, 정말로 선지식인지 알 수가 없구나. 어떻게 나에게 불 속에 뛰어들라고 한단 말인가?"

우리가 살아가는 동안 모든 사람을 선지식이라 생각하고 무엇이라도 배우겠다는 마음 자세로 상대를 대한다면 참 많은 도움이 될 것입니다. 사람이든 사건이든 혹은 자연현상을 보면서도 배우려는 자세는 참 중요합니다. 그래서 소나무에게서는 겨울에도 변함없는 푸르름을 배우고, 대나무를 보고 곧음을 배우고, 바위를 보고 견고함을 배우라는 말씀은 이미 옛날에 많은 선지식들이 하신 이야기입니다.

자연물 외에도 내가 만나는 모든 사람들이 다 선지식입니다. 사람만 선지식이 아니라 신문이나 뉴스에서 보고 듣는 사건들도 잘 소화하면 전부 선지식이 됩니다. 선재 동자의 53 선지식 친견의 의미가 바로 여기에 있습니다.

선지식을 만나 법을 듣는 것으로는 설산 동자의 이야기가 가장 유명합니다. 설산 동자가 법을 구해서 다니다가 깊은 산속에서 들려오는 어떤 소리를 들었습니다.

"제행은 무상하나니 이것이 생멸의 법이다(諸行無常 是生滅法)."

게송을 들은 설산 동자는 무한한 기쁨을 느꼈습니다. 마치 오랫동안 사막을 헤매다가 물을 만난 것처럼 기쁘고 환희로웠습니다. 그런데 게송이 완전하지 않은 것을 알고 주위를 둘러보다가 나찰 귀신을 발견했습니다. 이렇게 훌륭한 법문을 설마 나찰 귀신이 했으랴 의심이 들어서 확인했더니 과연 나찰 귀신이 읊은 것이었습니다. 그래서 뒷게송도 마저 말해주기를 간청했지만, 나찰 귀신은 너무 배가 고파서 말할 기운이 없다는 것이었습니다. 설산 동자는 뒷게송도 마저 말해 주면 자신의 몸을 주겠다고 약속했습니다.

"생멸이 멸해 버린 적멸이 즐거움이다(生滅滅已 寂滅爲樂)."

사구게를 다 들은 설산 동자는 매우 기뻐하면서 다른 사람들을 위해 바위에 자신의 피로 그 사구게를 써놓고 높은 나무 꼭대기에 올라가 몸을 던졌습니다. 그러자 나찰 귀신으로 변장했던 제석천이 본래 모습을 드러내면서 두 팔로 동자의 몸을 받아서 사뿐히 평지에 내려놓았다는 이야기가 있습니다. 한 구절의 법을 듣기 위해 자신의 목숨까지도 아까워하지 않고 내놓는 설산 동자와 같은 자세로 선지식을 대해야 할 것입니다.

② 마음 안락행의 행법의 성취

【 경문 】

文殊師利야 是菩薩摩訶薩이 於後末世法欲滅時에 有成就是第三安樂

行者는 說是法時에 無能惱亂하며 得好同學하야 共讀誦是經하고 亦得 大衆이 而來聽受하며 聽已能持하고 持已能誦하며 誦已能說하고 說已能 書하며 若使人書하야 供養經卷하고 恭敬尊重讚歎이니라

문수사리여, 이 보살마하살이 미래의 말세(末世)에 법이 없어지려 할 때에 이 셋째 안락행(安樂行)을 성취한 사람은 이 법을 설할 적에 괴롭히고 시끄럽게 하는 이가 없을 것이니라. 좋은 동학(同學)을 만나서 함께 이 경전을 읽고 외우게 되고, 또 많은 대중들이 와서 들을 것이니라. 듣고는 지니고, 지니고는 외우고, 외우고는 널리 설하고, 널리 설하고는 쓰며, 혹 다른 이로 하여금 쓰게 하여 경전을 공양 공경하고 존중 찬탄할 것이니라."

※ 인욕을 행하면서 처신에 조심하는 것이 행의 안락행이고, 남을 헐뜯거나 비방하지 않으며 온화한 표정으로 부드러운 말을 하는 것이 입의 안락행이고, 모든 이를 자비로 대하고 방일하지 않으며 교만하지 않는 것이 마음의 안락행입니다.

[6] 게송으로 거듭 설하다
① 마음 안락행의 행법

【 경문 】
爾時世尊이 欲重宣此義하사 而說偈言하사대
若欲說是經인댄 當捨嫉恚慢과

諂誑邪僞心하고 常修質直行하며
不輕蔑於人하고 亦不戲論法하며
不令他疑悔하대 云汝不得佛하며

이때 세존께서 이 뜻을 거듭 펴시려고 게송으로 말씀하셨습니다.
"이 경전을 설하려는 사람은 질투하고 성내고 교만하고
아첨하고 속이는 삿되고 거짓된 마음을 버리고
항상 질박하고 곧은 행을 닦으며
사람들을 가벼이 여기거나 멸시하지 말고
또한 법을 희롱거리로 논하지 말며
다른 이를 의심하고 한스럽게 하여 너는 성불할 수 없다고 하지 말라.

❀ "다른 이를 의심하고 한스럽게 하여 너는 성불할 수 없다고 하지 말라."고 했습니다. 앞에서도 이야기했지만 어떤 사람의 꿈이나 희망을 꺾어버리지 말라는 말입니다. 설사 그 희망을 이룰 가능성이나 소질이 별로 없더라도 열심히 노력하는 사람들이 많습니다. 그런 사람들의 옆에서 힘이 나는 말을 해 주며 기운을 북돋아주는 것이 불자의 행할 바입니다.

　　제가 옛날에 해인사 강원에서 공부할 때였습니다. 그때 나와 같은 반에 있는 도반 한 명이 아주 열심히 시를 썼습니다. 시를 쓴다면서 매일 머리를 짜내려고 무진 애를 쓰는 것이었습니다. 시에 대해 아는 것이 없었지만, 그 도반이 쓴 시는 감흥도 별로 없었고 한글맞춤법도 제대로 맞지 않았습니다. 맞춤법을 잘 알아야 시인이 될 수 있는 것은 아니었지만 그래도 많이 부족해 보였습니다. 그렇지만 같이 공부하던 도반들 가운데 어느 누구도 "자네는 시에 소질이 없다."는 말을 한 적이 없습니다. 물론 저도 그랬습니다. 다들 그 스님에게 열심히 하라고 격려했습니다. 좋은 시를 쓰려면 먼저 다른 사람의 글을 많이 읽고, 많이 생각하고 많이 써봐야 한다고 조언했습니다.

그렇지만 그 도반은 무턱대고 시만 쓰려고 아등바등 애를 쓰더군요. 그래도 도반의 희망을 꺾는 이야기는 한 마디도 할 수 없었습니다. 훌륭한 시를 쓰는 것은 중요하지 않습니다. 좋은 시를 쓰려고 희망과 용기를 가지고 노력하는 삶이 중요합니다. 사람의 삶은 결국 살아가는 과정이 전부입니다.

【 경문 】
是佛子說法하대 常柔和能忍하고
慈悲於一切하야 不生懈怠心하며
十方大菩薩이 愍衆故行道어든
應生恭敬心하대 是則我大師라하며
於諸佛世尊에 生無上父想하며
破於憍慢心하고 說法無障礙니

이 불자(佛子)가 법을 설하되 항상 부드럽고 온화하고 참으며
모든 이를 자비로 대하여 게으른 마음을 내지 말라.
시방의 대보살들은 중생들을 불쌍히 여겨서 도를 행하나니
마땅히 공경하는 마음을 내어 나의 큰 스승이라고 여겨야 하느니라.

모든 부처님 세존께는 가장 높은 아버지라는 생각을 내어
교만한 마음을 깨뜨리면 법을 설하기에 장애가 없으리라.

❦ "시방의 대보살들은 중생들을 불쌍히 여겨서 도를 행하나니"라고 했습니다. 불쌍히 여긴다는 것은 측은지심(惻隱之心)을 말합니다. 측은지심은 연민심과 같은 마음입니다. 나보다 못나고 어리석고 부족하더라도 우습게 여기거나 멸시하지 말고, 연민심을 내라는 말입니다. '참 안 됐다. 어떻게 하면 저 사람의 마음을 돌이켜 줄 수 있을까?' 하는 마음을 내어야 합니다. 아이들이 학교에서 자신보다 못나고 부족한 동급생을 따돌리는 일이 많다고 하는데 그것은 모두 연민심을 일으킬 줄 몰라서 그런 것입니다. 사실 어른들도 연민심이 부족한 경우에는 다른 사람을 가벼이 여기고 무시하며 따돌리는 사례가 많습니다.

그러나 사람은 모두 본래부터 불성을 지닌 부처님입니다. 나보다 잘난 사람이건 못난 사람이건 다 같은 부처님이며, 내가 배울 점이 있는 선지식입니다. 부처님의 제자들은 이러한 자세로 사람들을 대해야 합니다. 그런 까닭에 "마땅히 공경하는 마음을 내어 나의 스승이라고 여겨야 하느니라."고 했습니다. 내가 만나는 모든 사람을 나의 스승으로, 선지식으로 여기고 배울 점을 찾아보라는 말입니다. 그렇게 배울 점을 찾으면 어느 누구에게서도 반드시 내가 배울 점이 있습니다. 완전무결한 사람은 아무도 없습니다. 또 장점이 하나도 없는 사람도 없습니다. 모든 사람은 각자 개성이 다르고, 장점이 있으면 단점도 동시에 있습니다. 또한 각자가 처한 상황에 따라 다른 안목을 가지고 있습니다. 저쪽에 있는 사람은 저쪽 부분을 잘 보고, 이쪽에 있는 사람은

이쪽 부분을 잘 볼 수 있습니다. 동시에 모든 측면을 다 볼 수 있는 사람은 없습니다. 세상을 보고 인생을 이해하는 것도 그와 마찬가지입니다. 그런 이유에서도 다른 사람의 견해를 존중하고 배울 점을 찾아보는 것이 현명한 자세입니다.

② 제삼(第三) 행법의 성취

【 경문 】

第三法如是라 智者應守護하야
一心安樂行이며 無量衆所敬이니라

셋째 법이 이와 같나니 지혜 있는 사람은 잘 수호하여
일심으로 안락하게 행하면 한량없는 중생들이 공경하리라."

❁ 마음의 안락행으로 여러 가지 마음자세에 대해서 말했습니다. 그른 말은 하나도 없고 모두 옳은 말이지만 간단하게 한마디로 줄이면 이렇습니다. 모든 사람을 자비로 대하며 부처님처럼 존중하라는 말입니다. 늘 성을 내는 사람에게는 다른 사람들도 성을 내며 싫어합니다. 그러나 다른 사람들을 존중하며 배려하는 사람은 다른 사람들도 아끼고 존경하며 가까이하려고 합니다. 내가 행하는 대로 남도 나에게 행할 것입니다. 만나는 사람들을 자비로 배려하고 부처님처럼 존중하면 첫째로는 내가 행복해지고 둘째로 다른 사람들도 행복해지며 셋째로 인연법을 따라서 나와 남이 다같이 행복해집니다.

[7] **서원(誓願)의 안락행**

① 서원 안락행의 행법

【 경문 】

又文殊師利야 菩薩摩訶薩이 於後末世法欲滅時에 有持是法華經者는 於在家出家人中에 生大慈心하고 於非菩薩人中에 生大悲心이니라 應作是念하대 如是之人은 則爲大失이라 如來方便으로 隨宜說法을 不聞不知하며 不覺不問하며 不信不解로다 其人이 雖不問不信하며 不解是經이나 我得阿耨多羅三藐三菩提時에 隨在何地하야 以神通力智慧力引之하야 令得住是法中호리라하라

"또 문수사리여, 보살마하살이 미래의 말세에 법이 없어지려 할 때에 이 묘법연화경을 지니려는 사람은 집에 있는 사람이나 출가(出家)한 사람에게 크게 인자한 마음을 낼지니라. 보살이 아닌 이에게도 크게 어여삐 여기는 마음을 내고 마땅히 생각하기를, '이 사람들은 큰 손실이 있는 사람들이다. 여래께서 방편으로 마땅하게 말씀하신 법을 듣지도 못하고 알지도 못하고 깨닫지도 못하며, 묻지도 않고 믿지도 않고 이해하지도 못하는구나. 이 사람들이 비록 이 경을 묻지도 않고 믿지도 않고 이해하지 못하더라도 내가 최상의 깨달음을 얻게 되면, 어디 있더라도 신통의 힘과 지혜의 힘으로 이끌어서 이 법 가운데 머물게 하리라.' 해야 할 것이니라.

❀ "'이 사람들이 비록 이 경을 묻지도 않고 믿지도 않고 이해하지

못하더라도 내가 최상의 깨달음을 얻게 되면, 어디 있더라도 신통의 힘과 지혜의 힘으로 이끌어서 이 법 가운데 머물게 하리라.' 해야 할 것이니라."고 했습니다. 이것이 법화행자가 반드시 세워야 할 서원입니다. 법화경의 가르침을 모르는 사람을 만나면 연민의 마음을 먼저 일으켜서 어떻게 하더라도 알려야겠다는 결심을, 원력을 세우라는 말입니다.

큰 사찰 근처에는 으레 사하촌이 있습니다. 사하촌 사람들은 사찰이 가까이 있는 덕에 여러 가지 상업 활동을 통해 생계를 유지하는 사람들이 많습니다. 그러면서도 불교가 무엇인지, 사찰에서 무엇을 하는지 모르면서 알려는 마음도 안 내는 경우를 볼 때는 참 측은합니다. 이런 사람들은 의외로 가까이에 많습니다. 내 이웃이나 친지들 가운데도 참 많습니다. 수행한다, 법문 듣는다, 기도한다, 불교 공부한다며 불원천리하고 멀리서 찾아오는 사람들도 많은데, 큰 절 바로 옆에 살면서도 부처님에 대해 생각조차 못 하는 사람들을 볼 때면 마음이 아픕니다. 이런 차원을 넘어서 진리의 말씀을 알지도 못하고 듣지도 못하고, 듣더라도 이해하지 못하는 모든 사람들에게 연민의 정을 가지고 어떻게든 이 법을 전하겠다는 원력을 세우는 사람이라야 법화경을 전할 자세가 갖추어졌다고 볼 수 있습니다.

'원력' 하면 지장보살을 떠올리게 됩니다. 힘차고 활기 넘치는 삶의 상징으로 대원본존(大願本尊) 지장보살(地藏菩薩)이 있습니다. 불보살님 치고 원력 없는 분이 없지만, 특히 지장보살의 원력은 누구도 비교할 수 없을 정도로 아주 강합니다. 일반적으로 관세음보살에게는 멸업장진언(滅業障眞言)이 있지만, 지장보살에겐 멸정업진언(滅定業眞言)

이 있습니다. 진언의 제목 자체가 지장보살의 원력을 상징합니다. 지장보살에게는 정업(定業) 즉 이미 결정된 업조차도 소멸할 수 있는 힘이 있다는 말입니다. 이미 결정된 업은 부처님도 피하지 못한다고 했습니다. 그런데 아무리 지은 죄가 많고 무거워도 지장보살은 큰 원력의 힘으로 이미 결정된 업까지도 능히 극복할 수 있게 합니다. 예를 들어서, 조그만 주먹돌이라도 물에 던지면 쑥 가라앉습니다. 그러나 10톤, 20톤 나가는 엄청나게 큰 바위라도 큰 배에 실으면 거뜬히 바다를 건널 수 있습니다. 바위처럼 무거운 죄업도 원력의 큰 배에 실으면 거친 풍파를 헤치고 인생의 고단한 바다를 무사히 건널 수 있다는 말입니다. 원력은 이와 같이 우리 중생이 살아가는 데 큰 힘이 됩니다.

 길을 걸어가는데도 무엇인가 힘이 있고 희망이 넘치며 씩씩해 보이는 사람들이 있습니다. 늙거나 젊거나 나이를 막론하고 활기가 넘치는 사람들이 있습니다. 그런 사람들은 소중하고 의미 있는 일을 기쁘게 하고 있다는 표현을 온 몸으로 하는 것입니다. 직장의 동료나 가족 가운데 한 사람이라도 활기와 생기가 넘치면 옆에 있는 사람도 덩달아 힘이 나고 신이 납니다. 꿈과 희망이 꽉 차있는 사람은 주변에도 같은 파장을 일으킵니다.

 이렇듯, 우리 불자들은 업장이 두텁다는 것을 염려할 것이 아니라 원력을 세우지 않았음을 염려해야 합니다. 내가 지금 여러 가지 인연에 얽혀서 불리한 조건에서 어렵고 힘들게 살아간다 하더라도 희망과 꿈을 지니고 긍정적으로 생각하면 극복할 수 있습니다. 그것이 원력입니다. 원력이 강해질 때 내가 처한 어려움과 힘든 여건을 극복해 내는 사례들이 주변에 참 많습니다. 그런 사례들도 허투루 보지 말고 선지식을 삼아 배워야겠습니다.

② 제사(第四) 행법의 성취
【경문】
文殊師利야 是菩薩摩訶薩이 於如來滅後에 有成就此第四法者는 說是法時에 無有過失이니라 常爲比丘比丘尼와 優婆塞優婆夷와 國王王子와 大臣人民과 婆羅門居士等의 供養恭敬하고 尊重讚歎하며 虛空諸天은 爲聽法故로 亦常隨侍하나니라 若在聚落城邑과 空閑林中하야 有人來欲難問者면 諸天晝夜에 常爲法故로 而衛護之하야 能令聽者로 皆得歡喜니 所以者何오 此經是一切過去未來現在諸佛의 神力所護故니라

문수사리여, 이 보살마하살이 여래가 열반한 뒤에 이 넷째 법을 성취한 사람은 이 법을 설할 때에 허물이 없을 것이니라. 항상 비구·비구니·우바새·우바이·국왕·왕자·대신·인민·바라문·거사 등이 공양 공경하고 존중 찬탄할 것이니라. 허공의 천신들이 법을 듣기 위하여 항상 따라다니며 모실 것이니라.
만일 마을이나 성읍(城邑)이나 한가한 산림(山林) 속에 있을 적에 어떤 사람이 와서 어려운 질문을 하려 하면, 모든 천신들이 밤낮으로 법을 위하여 호위하고 듣는 이들로 하여금 기쁘게 할 것이니라. 왜냐하면 이 경전은 모든 과거·미래·현재의 부처님들이 신력으로 수호(守護)하시기 때문이니라.

❀ 불교는 인연을 이야기하면서도 그 인연의 굴레 속에서도 보다

큰 인연을 지으려고 하는 원력의 삶을 추구하는 것이 장점입니다. 불운한 사람들, 불구자들, 여러 가지 사정이 어려웠던 사람들이 그 고난을 딛고 상상도 못한 큰 일을 해내는 경우가 많습니다. 이것은 원력, 서원에 의해서 성취된 것입니다. 업으로만 생각하면 불가능합니다. 큰 각오, 큰 원력을 마음속에 다지고 부단한 노력을 경주했기 때문에 가능한 것입니다. 그래서 원력이 중요합니다. 아무리 부족한 것이 없는 사람이라도 꿈과 원력이 없는 사람이라면 미래가 없습니다. 교육을 잘 못 받고 장애가 있더라도 원력이 큰 사람은 나중에 성공하게 됩니다. 그런 예가 한둘이 아닙니다.

또한 원력이 강한 사람, 서원이 강한 사람이 무슨 일을 할 때는 주변에서 서로 그 일을 도와주려고 합니다. 그 사람의 강한 원력에 사람들이 휩쓸리게 됩니다. 휩쓸린다는 것은 모두 동참해서 힘을 보태게 된다는 뜻입니다. 마치 호법신장이 돕는 것처럼 그렇게 일이 풀려나갑니다. 법화경의 가르침을 널리 펴겠다는 서원을 강하게 세우면 호법신장뿐만 아니라 과거·미래·현재의 모든 부처님들이 신력으로 수호해 주실 것입니다.

3. 법화경의 존귀(尊貴)함을 말하다

[1] **법을 말하다**

【경문】
文殊師利야 是法華經은 於無量國中에 乃至名字라도 不可得聞이어던 何況得見하고 受持讀誦이리요

문수사리여, 이 법화경은 한량없는 국토에서는 이름도 듣지 못하거든, 하물며 얻어 보고 받아 지니고 읽고 외울 수 있겠는가.

❁   한량없는 세계에서 법화경의 이름도 듣지 못한 사람들이 있을 수 있습니다. 지금 지구 위에 65억 정도의 사람들이 살고 있다고 합니다. 이 중에 법화경의 이름을 들은 사람은 몇 명이나 될까요? 그리고 법화경을 읽어본 사람은 또 몇 명일까요? 그 가운데서 법화경의 가르침을 공부해 본 사람은 몇이나 될까요? 이렇게 생각해 보면 법화경이 일불승의 가르침을 담고 있는 줄 아는 사람이 불과 얼마 안 된다는 것을 알 수 있습니다.

[2] **계명주(髻明珠)의 비유**

【경문】
文殊師利야 譬如强力轉輪聖王이 欲以威勢로 降伏諸國에 而諸小王이

不順其命이면 時轉輪王이 起種種兵하야 而往討伐하대 王見兵衆에 戰有功者하고 卽大歡喜하야 隨功賞賜하대 或與田宅聚落城邑하며 或與衣服嚴身之具하며 或與種種珍寶인 金銀瑠璃硨磲瑪瑙珊瑚琥珀象馬車乘奴婢人民하대 唯髻中明珠는 不以與之니 所以者何오 獨王頂上에 有此一珠하니 若以與之면 王諸眷屬이 必大驚怪니라

문수사리여, 비유하자면 마치 어떤 힘이 센 전륜성왕(轉輪聖王)이 위력으로 여러 나라의 항복을 받으려 할 적에 작은 왕들이 그 명령을 순종하지 않으면 전륜성왕이 여러 가지 군대를 보내서 그들을 토벌하느니라. 전륜성왕이 군인들 중에 싸워서 공(功)이 있는 이를 보고는 크게 환희하여 공을 따라 상급(賞給)을 주는데, 혹 집과 전답과 마을과 고을을 주기도 하고, 의복과 몸을 장엄할 것을 주기도 하느니라. 혹은 가지가지의 보물인 금·은·유리·자거·마노·산호·호박·코끼리·말·수레·노비·인민을 주기도 하느니라. 그러나 상투에 꽂아 놓은 밝은 구슬[髻明珠]은 주지 않느니라. 왜냐하면, 오직 전륜성왕의 정수리에만 이 밝은 구슬이 있는데, 만일 이것을 주면 반드시 왕의 권속들이 놀라고 괴이하게 여기기 때문이니라.

❊ 인도에서만 전쟁이 있었던 것이 아니라 사람이 사는 곳에는 언제 어디에서나 전쟁이 늘 있었습니다. 문명화되었다는 현대에도 전쟁은 끊이지 않습니다. 조금이라도 더 가지려는 인간의 탐욕이 전쟁을 벌입니다. 강한 나라가 약한 나라를 하나씩 정복해서 영토를 확장하는 형태를 지금도 볼 수 있습니다. 일본에서 독도를 가지고 벌이는 행

태들도 같은 일입니다. 어쨌든 전쟁이 끝나면 각자 세운 공과에 따라 논공행상을 합니다. 이런 저런 상을 다 주면서도 전륜성왕의 상투에 꽂아 둔 밝은 보배 구슬만은 주지 않습니다. 그 보배 구슬이 바로 전륜성왕의 자리를 상징하는 것이기 때문에, 구슬을 주면 모든 것을 다 주는 것입니다. 아무리 큰 공을 세웠더라도 왕의 자리까지 내어주지는 않는다는 말입니다.

[3] 비유에서 법을 밝히다

【 경문 】

文殊師利야 如來亦復如是하야 以禪定智慧力으로 得法國土하야 王於三界어든 而諸魔王이 不肯順伏이면 如來賢聖諸將이 與之共戰하대 其有功者는 心亦歡喜하야 於四衆中에 爲說諸經하야 令其心悅하고 賜以禪定解脫無漏根力諸法之財하며 又復賜與涅槃之城하고 言得滅度라하야 引導其心하야 令皆歡喜하대 以不爲說是法華經이니라

문수사리여, 여래도 그와 같아서 선정과 지혜의 힘으로 불법의 국토를 얻어 삼계(三界)의 왕이 되었는데, 마왕(魔王)들이 순종하여 항복하지 않으면 여래의 현성장군(賢聖將軍)들이 함께 싸우느니라. 그래서 공이 있으면 마음이 또한 환희하여 사부대중 중에서 여러 가지 경전을 설하여 마음을 기쁘게 하고, 선정·해탈과 무루(無漏)와 오근(五根)과 오력(五力)과 모든 불법(佛法)의 재물을 주기도 하느니라. 또 열반의 성을 주어 멸도(滅度)를 얻었다고 하며, 그 마음을 인도(引導)하여 모두를 기쁘게 하면

서도 법화경(法華經)은 설하여 주지 않느니라.

❀   전쟁이 끝나면 각자 세운 공과에 따라 논공행상을 하되, 전륜성왕의 상투에 꽂힌 밝은 보배 구슬은 주지 않는다고 했습니다. 그와 마찬가지로 부처님께서도 사부대중에게 가르침을 설해서 기쁘게 하시고, 오근이나 오력 그리고 열반까지도 상으로 주시지만 법화경만은 설하지 않으셨습니다. 법화경은 모든 사람이 곧 부처라는 일불승의 가르침을 담고 있습니다. 그렇기 때문에 법화경을 설해주면 바로 부처님 자리까지 중생에게 내어주는 것과 같기 때문입니다.

[4] **계명주를 받는 사람**

【 경문 】
文殊師利야 如轉輪王이 見諸兵衆의 有大功者하고 心甚歡喜하야 以此難信之珠를 久在髻中하고 不妄與人이라가 而今與之니라

문수사리여, 전륜성왕이 군인들 가운데서 큰 공을 세운 사람을 보고는 매우 기뻐서 그 믿기 어려운 명주(明珠)를 오랫동안 상투 속에 꽂아두고 다른 이에게 함부로 주지 않던 것을 지금 비로소 상으로 주느니라.

❀   그러나 전륜성왕이 마침내 밝은 보배 구슬을 주는 경우도 있습니다. 최후로 왕의 자리까지 내어주는 것입니다. 전륜성왕을 상징하는 보배 구슬, 상투에 꽂아서 소중하게 간직하던 보배 구슬이 바로 법

화경의 가르침입니다. 법화경은 바로 부처님을 상징하는 경전입니다. 법화경을 설한다는 것은 모든 사람이 부처라는 사실을 인정하고 보증하는 것입니다.

(5) **여래의 비밀하고 요긴한 가르침**

【 경문 】

如來亦復如是하야 於三界中에 爲大法王하야 以法敎化一切衆生할새 見賢聖軍이 與五陰魔와 煩惱魔와 死魔共戰하야 有大功勳하대 滅三毒出三界하며 破魔網하니 爾時如來가 亦大歡喜하대 此法華經이 能令衆生으로 至一切智언만 一切世間이 多怨難信일새 先所未說을 而今說之니라 文殊師利야 此法華經은 是諸如來의 第一之說이라 於諸說中에 最爲甚深일새 末後賜與하나니 如彼强力之王이 久護明珠라가 今乃與之니라 文殊師利야 此法華經은 諸佛如來의 秘密之藏이라 於諸經中에 最在其上이니 長夜守護하야 不妄宣說타가 始於今日에사 乃與汝等으로 而敷演之니라

여래도 또한 그와 같아서 삼계의 대법왕(大法王)으로서 바른 법으로 모든 중생들을 교화하다가 현인·성인의 군사가 오음마(五陰魔)·번뇌마(煩惱魔)·사마(死魔)와 싸워서 큰 공을 세워 삼독을 멸하고 삼계에서 뛰어나 마(魔)의 그물을 깨뜨리면, 그때에 여래도 크게 환희하느니라. 그래서 중생들로 하여금 온갖 지혜에 이르게 하는 이 법화경을 모든 세간에서 원망이 많고 믿지 아니 하여 설하지 아니 하던 것을 지금에야 비로소 설하는 것이니라.

문수사리여, 이 법화경은 모든 여래의 제일 훌륭한 말씀이니라. 여러 가지 말씀 가운데서 가장 깊은 것이어서 끝에 가서야 일러주는 것이니라. 마치 저 힘이 센 왕이 오래 보호하던 명주(明珠)를 지금에야 주는 것과 같으니라.

문수사리여, 이 법화경은 모든 부처님 여래의 비밀한 법장(法藏)으로 모든 경전 가운데 가장 으뜸가는 것이니라. 긴긴 밤 동안 수호하고 망령되이 설하지 않던 것을 오늘에야 비로소 그대들에게 널리 펴서 설하여 주는 것이니라."

❁ "모든 세간에서 원망이 많고 믿지 아니 하여 설하지 아니 하던 것을 지금에야 비로소 설하는 것이니라."고 했습니다. 법화경을 그동안 설하지 않았던 이유를 말하고 있습니다. 사람들이 법화경을 원망하고 믿지 않기 때문에 설법을 듣는 사람들을 비난하는 죄를 짓게 됩니다. 법화경을 설해서 죄만 더 짓게 하느니보다 오히려 설하지 않는 것이 더 낫다고 생각했기 때문에 설하지 않았습니다. 법화경은 일불승의 높고 뛰어난 가르침을 설하고 있기 때문에 비난했을 때 받는 죄가 큽니다. 그래서 차츰 근기가 성숙할 때까지 기다린 것입니다.

"이 법화경은 모든 여래의 제일 훌륭한 말씀이니라. 여러 가지 말씀 가운데서 가장 깊은 것이어서 끝에 가서야 일러주는 것이니라."고 했습니다. 가장 깊은 뜻을 지닌 것이기에 제일 마지막에 설법하는 것입니다. 부처님께서 보리수 아래에서 깨닫고 나서 처음에 화엄경을 설하자 너무도 높은 가르침이어서 사람들이 놀라고 기절해서 알아듣지 못했습니다. 그래서 할 수 없이 중생의 근기에 맞추어서 아함부 경전부터 설법하셨습니다. 12년 동안 아함부 경전을 설하시면서 사람들의 근기가 성숙해지는 것을 보시고, 8년 동안 방등부 경전을 설하고 그 다음으로 반야부 경전을 21년간 설하고 마지막으로 열반에 드시기 전에 8년간 법화경을 설하셨습니다. 그래서 법화경은 부처님께서 열반을 앞두고 하신 유언과 같습니다. 그 정도로 귀한 가르침입니다.

4. 게송으로 거듭 밝히다

[1] **법을 말하다**

【 경문 】

爾時世尊이 欲重宣此義하사 而說偈言하니라
常行忍辱하야 哀愍一切일새
乃能演說 佛所讚經하며
後末世時에 持此經者는
於家出家와 及非菩薩에
應生慈悲니라 斯等不聞
不信是經이면 則爲大失이라
我得佛道하야 以諸方便으로
爲說此法하야 令住其中호리

이때 세존께서 이 뜻을 거듭 펴시려고 게송으로 말씀하셨습니다.

"항상 인욕을 행하고 모든 중생들을 불쌍히 여겨야
부처님이 찬탄하시는 이 경전을 설할 수 있느니라.
미래의 말세에서 이 경전을 지니는 이는
집에 있거나 출가했거나 보살이 아닌 이에게까지
자비한 마음 내야 하나니 이런 이들이 이 경전을 듣지 못하고
믿지도 않아 큰 손실을 입느니라.
내가 불도(佛道)를 얻어서 여러 가지 방편으로
이 법을 설하여 그 가운데 머물게 하느니라.

　모든 행의 근본이 되는 것이 인욕행입니다. 사찰에서 신행 생활 하다가 자원봉사를 할 때 온갖 종류의 사람들을 상대하게 됩니다. 감사한 마음으로 친절하게 응대해 주는 사람도 있지만 이것저것 요구하면서 까다롭게 구는 사람들도 많습니다. 나를 거스르는 사람들을 대하는 첫 번째 자세가 인욕입니다. 그러므로 부처님 말씀을 전하려 할 때는 인욕정진이 더욱 필요합니다.

　인욕의 자세는 중생을 불쌍히 여기는 마음에서 더욱 굳건해 집니다. 아무리 나쁜 사람이라도 미워해서는 안 됩니다. 나쁜 행동을 하는 사람을 불쌍하게 여기고 측은하게 생각해야 합니다. 악행에서 벗어나지 못하는 것이 얼마나 불쌍하고 가엾습니까? 그런 이유로 법화경을 지니는 이는 자비심을 내야 한다고 한 것입니다.

　자비심에는 사랑하고 아끼는 마음과 불쌍하게 여기는 마음이 다 포함됩니다. 자(慈)는 사랑하는 마음이고 비(悲)는 불쌍하게 여기는 마음입니다. 왜 자비심을 내야 하겠습니까? 법화경의 가르침을 듣지도

못했고, 설사 들었다 하더라도 믿지 못하는 손해가 크기 때문입니다. 다른 사람들과 같은 인생을 살면서도 법화경의 가르침을 믿지 못하는 손실이 참으로 크기 때문에 측은하게 여겨야 합니다. 아무리 부유하고 지위가 높다고 하더라도 법화경의 사상을 이해하지 못하는 삶은 보람이 없는 삶이라고 할 수 있습니다. 명예나 재물, 권세는 물거품처럼 사라질 허망한 것입니다. 그러나 부처님의 깨달음은 우리를 삶의 고통에서 벗어나게 합니다. 모든 사람이 다 같이 행복할 수 있는 법화경의 가르침을 널리 펼치고자 한다면 아끼고 사랑하며 불쌍히 여기는 자비심을 발해야 합니다.

(2) 비유를 들다

【 경문 】

譬如强力한 轉輪之王이
兵戰有功하면 賞賜諸物의
象馬車乘과 嚴身之具와
及諸田宅과 聚落城邑하며
或與衣服과 種種珍寶하며
奴婢財物을 歡喜賜與하대
如有勇健하야 能爲難事면
王解髻中에 明珠賜之인닷하야

비유하여 말하면 어떤 힘이 센 전륜성왕이

전쟁을 하고 공이 있는 사람에게 여러 가지로 상을 주는데

코끼리·말·수레와 몸을 장엄하는 도구와

좋은 저택과 전답이며 마을과 도성을 주기도 하느니라.

혹은 입을 옷도 주고 갖가지 보배들과

노비와 재물들을 환희하여 상으로 주느니라.

용맹하고 날랜 군사가 훌륭한 공을 세웠으면

상투 속에 꽂아두었던 명주(明珠)를 뽑아서 상으로 주느니라.

(3) 비유에서 법을 밝히다

【 경문 】

如來亦爾하야 爲諸法王하야

忍辱大力이며 智慧寶藏이라

以大慈悲로 如法化世하대

見一切人의 受諸苦惱일새

欲求解脫하고 與諸魔戰하면

爲是衆生하야 說種種法하고

以大方便으로 說此諸經하며

旣知衆生의 得其力已하야는

末後乃爲說是法華하대

如王解髻明珠與之니라

此經爲尊하야 衆經中上이라

我常守護하고 不妄開示러니

今正是時일새 爲汝等說하노라

여래도 그와 같아서 법의 왕이 되어서
인욕의 큰 힘과 지혜의 보물 창고와
대자비(大慈悲)로써 여법(如法)하게 세상을 교화하느니라.
모든 사람들이 번뇌에 시달리면서
해탈(解脫)을 구하려고 마군들과 싸우는 것을 보고
이런 중생들을 위하여 갖가지 법을 설할 적에
크나큰 방편으로 여러 가지 경전을 말하다가
이때에 그 중생들이 힘을 얻은 줄을 알고는
나중에야 그를 위해 법화경을 설하느니라.
전륜성왕이 상투에 꽂았던 명주를 주는 것과 같으니라.
이 법화경은 존귀하여 모든 경전 중의 으뜸이라.
내가 항상 수호하고 함부로 말해 주지 않았다가
지금이 바로 그때이기에 그대들에게 설하노라.

5. 네 가지 안락행(安樂行)의 성취(成就)

[1] 안락행의 과보(果報)

【 경문 】
我滅度後에 求佛道者가

欲得安隱하야 演說斯經인댄
應當親近 如是四法이니라
讀是經者는 常無憂惱하며
又無病痛하고 顔色鮮白하며
不生貧窮 卑賤醜陋하고

내가 열반한 뒤에 불도(佛道)를 구하는 사람이
편안하게 이 경전을 널리 설하려 하면
이러한 네 가지 법을 마땅히 친근(親近)하라.
이 경전을 읽는 이는 근심 걱정이 항상 없고
다른 병도 없어지고 얼굴은 깨끗하며
빈궁하고 하천(下賤)한 데 태어나지 않느니라.

※ 참으로 높고 귀한 법화경의 가르침을 널리 펼치는 사람에게는 그 공덕 때문에 여러 가지 영험한 일이 많이 생겨납니다. 법화경보다 법화경 영험록이 훨씬 더 많습니다. 어떤 사람이 돌아가신 부모님을 천도하기 위해서 여러 가지로 방법을 구했습니다. 돌아가신 부모님의 이름으로 공양을 올리거나 보시를 베푸는 것도 좋지만 법공양을 올리는 것이 가장 효과가 있는데 그 중에서도 법화경을 사경해서 돌리는 일이 제일 좋다는 얘기를 들었습니다. 그런데 자신은 글자를 쓸 줄 몰라서 글을 잘 쓰는 사람에게 의뢰해야겠다고 생각하고 돈을 모았습니다. 그리고 시장에 가서 아주 정갈하고 품질이 좋은 종이를 사왔습니다. 내일 이 종이를 경전을 사경할 분에게 전해야겠다고 생각했습니

다. 그런데 그날 밤 꿈에 부모님이 모두 천도되는 현몽을 했다고 합니다. 법화경의 글자 한 자도 쓰지 않았고, 단지 사경할 준비만 했을 뿐인데도 그 공덕으로 이미 부모님이 천도되었다는 기록입니다. 법화경은 이 정도로 공덕도 많고 영험도 크다는 말입니다. 이 대목부터 법화경의 여러 가지 영험에 대해서 이야기하고 있습니다.

【 경문 】

衆生樂見하대 如慕賢聖하며
天諸童子로 以爲給使하며
刀杖不加하고 毒不能害하며
若人惡罵라도 口則閉塞하며
遊行無畏를 如師子王하며
智慧光明이 如日之照니라

중생들이 좋아하기를 성현(聖賢)을 사모하듯이 하며
천신들과 동자들이 따라서 시중을 들리라.
몽둥이나 칼로도 범하지 못하고 독약도 해치지 못하리라.
어떤 이가 욕설을 하면 그 입이 막혀지고
두루 돌아다니어도 사자처럼 두렵지 않아
지혜의 밝은 광명이 해와 같이 비치리라.

(2) 모든 번뇌가 소멸하다

【 경문 】

若於夢中에 但見妙事하대
見諸如來가 坐師子座어든
諸比丘衆이 圍繞說法하며
又見龍神과 阿修羅等이
數如恒沙가 恭敬合掌하면
自見其身이 而爲說法하며

꿈을 꾸는 속에서도 좋은 일만 보게 되니
부처님 여래께서 사자좌에 앉았거든
비구 대중들이 둘러싸고 법을 설하며
또 용왕과 신장들과 아수라 무리들의
항하강의 모래처럼 많은 이들이 공경하고 합장하면
자기 자신이 그 속에서 설법함을 보게 되리라.

【 경문 】

又見諸佛은 身相金色이라
放無量光하야 照於一切하고
以梵音聲으로 演說諸法하며
佛爲四衆하사 說無上法하면
見身處中하야 合掌讚佛하고

聞法歡喜하야 而爲供養하며
得陀羅尼하고 證不退智하며
佛知其心의 深入佛道하고
卽爲授記하야 成最正覺이라하대
汝善男子는 當於來世에
得無量智의 佛之大道하며
國土嚴淨하야 廣大無比하고
亦有四衆이 合掌聽法하리라

또 보면 많은 부처님들의 몸이 금빛인데
한량없는 광명을 놓아 온갖 것에 비치며
청정한 음성으로 온갖 법을 널리 설하고
부처님이 사부대중들에게 가장 높은 법을 설하는데
자기 몸이 그 속에서 합장하고 찬탄하며
법을 듣고는 환희하여 부처님께 공양하고
다라니를 얻어 물러가지 않는 지혜를 증득(證得)하느니라.
부처님이 그 마음이 불도에 깊이 든 것을 알고는
정각(正覺)을 이루리라고 수기(授記)를 주시니라.
'그대 선남자들이여, 장차 오는 세상에서
한량없는 지혜를 얻어 부처님의 큰 도를 이루리니
그 국토는 엄정하여 크고 넓기 짝이 없고
사부대중들이 모여 앉아 합장하고 법을 들으리라.'

【 경문 】

又見自身이 在山林中하야
修習善法하고 證諸實相하며
深入禪定하야 見十方佛하니
諸佛身金色이요 百福相莊嚴이라
聞法爲人說하리니 常有是好夢이니라

또 보니 자기 자신이 산림 속에 앉아 있어서
좋은 법을 닦아 익혀 실상(實相)을 증득하고
선정(禪定)에 깊이 들어 시방의 부처님을 친견하리라.
부처님의 몸이 금빛이요, 온갖 복된 모양으로 장엄하였는데
법을 듣고는 다른 이에게 설법하리니
이런 좋은 꿈을 언제나 꾸게 되리라.

【 경문 】

又夢作國王하야 捨宮殿眷屬과
及上妙五欲하고 行詣於道場하야
在菩提樹下하사 而處師子座하야
求道過七日하사 得諸佛之智하고
成無上道已에 起而轉法輪하며
爲四衆說法을 經千萬億劫토록
說無漏妙法하야 度無量衆生하고
後當入涅槃하대 如煙盡燈滅이니라

若後惡世中에 說是第一法하면
是人得大利는 如上諸功德이니라

어떤 때는 꿈에 국왕이 되어 궁전과 권속들을 다 버리고
다섯 가지 욕망도 마다하고 보리도량으로 나아가서
보리수 나무 아래 사자좌에 앉아 있으며
도를 구하기 칠 일이 넘으면 부처님의 지혜를 얻어
가장 높은 도를 성취한 뒤에 일어나 법륜(法輪)을 굴리리라.
사부대중에게 법문(法門)을 설하기를 천만억 겁을 지내나니
무루(無漏)의 묘한 법을 설하여 한량없는 중생들을 제도하고
그런 뒤에 열반에 드는 것이 연기가 사라지고 등불이 꺼지듯 하리라.
만약 미래의 나쁜 세상에서 이 제일의 법을 설하면
이 사람이 큰 이익을 얻는 것이 위에서 말한 온갖 공덕(功德)과 같으리라.

 ❀ 부처님의 생애를 그대로 간략하게 이야기하고 있는데, 내가 석가모니 부처님과 같은 삶을 사는 꿈을 꾸게 된다는 말입니다. '조신(調信)의 꿈'과는 정반대이지요. 꿈 속에서 사부대중에게 천만억 겁 동안 법문을 설한다고 했습니다. 꿈과 생시가 둘인지 하나인지 참으로 알 수 없는 도리가 꿈인가 봅니다. 대략 19세기 말엽에 월창 김대현 거사가 『술몽쇄언(述夢瑣言)』을 지었는데, 꿈과 현실의 관계를 잘 표현하고 있습니다. 한 번 읽어볼 만한 책입니다.

 "무루(無漏)의 묘한 법을 설하여 한량없는 중생들을 제도하고 그런 뒤에 열반에 드는 것이 연기가 사라지고 등불이 꺼지듯 하리라."고 했

습니다. 현실로 이렇게 살았어도 꿈이요, 꿈속에서 이렇게 해도 역시 꿈입니다. 부처로서 일생을 사는 꿈을 꾸었지만, 현실에서 부처님처럼 살았다고 해도 그 또한 한바탕 꿈이 아니고 무엇이겠습니까? 모두 다 꿈입니다.

　　지금까지 말한 여러 가지 공덕은 법화경 영험록과 비교하면 아주 적은 양입니다. 실제 법화경 영험록에는 어마어마한 분량의 영험 이야기가 있습니다. 이 대목에서는 아주 조금밖에 표현하지 못했습니다.

15
종지용출품

(從地涌出品)

역사적으로 법화경 해석의 첫째가는 권위자가 천태 지의(天台智顗) 스님입니다. 스님의 법화경 해석을 하나의 사상으로 받들어서 천태사상 또는 천태학파라고 부릅니다. 그래서 천태종까지 생겼습니다. 천태 지의 스님의 해석에 따르면 제1 서품에서 제14 안락행품까지가 적문이고, 제15 종지용출품부터 마지막 제28 보현보살권발품까지가 본문이라 하여 크게 둘로 나눕니다.

　적문(迹門)이라는 것은 석가모니 부처님께서 세상에 남기고 가신 자취를 보여주는 것이라서 자취 적(迹)에, 문 문(門)을 사용합니다. 한 존재의 생애, 삶의 모습을 이야기하고 있는 것입니다. 본문(本門)은 석가모니 부처님의 본래 마음자리를 밝히는 부분입니다. 본래 자리는 불생불멸이며 인간의 사량분별이 쉽게 미치지 않는 자리입니다. 예를 들어 한 그루의 소나무를 살펴봅시다. 이 소나무의 나이가 500년 정도 되었고 높이는 40미터, 둘레는 5미터 정도 되는 적송이라고 파악하는 것이 적문의 입장입니다. 반면에 눈에 보이지 않고 자로 잴 수 없는 소나무의 본성과 본질을 파악하는 것이 본문의 입장입니다. 우리는 적문이나 본문 어느 한쪽에 치우치지 말고 두 가지 시각을 다 이해해야 합니다. 부처님의 행적, 외적으로 드러나는 삶의 모습을 보고 부처님의 본래 자리, 실상도 알아야 합니다.

앞에서 법화경의 깊은 뜻은 방편품에 가장 잘 드러나 있다고 말씀드렸습니다. 그리고 제12 제바달다품이 참으로 감동적이었습니다. 본문에서는 제16 여래수량품을 핵심으로 보는 견해가 많습니다. 그러나 저는 개인적으로 제15 종지용출품을 상당히 높이 평가하고 있습니다. 종지용출품은 역동적이며 솟구치는 힘이 느껴집니다. 또한 모든 대중들이 기성제도에 마음을 두지 않고 활발하게 불교를 신행하고 자아를 실현하는 모습을 살펴볼 수 있는 점에서 뛰어나다고 생각합니다. 제20 상불경보살품은 인간을 향한 끝없는 신뢰를 보여주고 있고, 제25 관세음보살보문품은 독립된 경으로 존중할 만큼 특색이 있고 불자들이 가장 많이 읽는 품입니다.

1. 타방(他方) 보살들이 경전 설할 것을 청하다

【 경문 】

爾時他方國土諸來菩薩摩訶薩은 過八恒河沙數라 於大衆中起하사 合掌作禮하고 而白佛言하사대 世尊하 若聽我等이 於佛滅後에 在此娑婆世界하야 勤加精進하야 護持讀誦書寫供養是經典者면 當於此土에 而廣說之호리다

이때에 다른 세계에서 온 보살마하살들이 여덟 항하사의 수효보다 많았습니다. 이들이 대중 가운데서 일어나 합장 예배하고 부처님께 말씀드렸습니다.

"세존이시여, 만일 저희들이 부처님께서 열반(涅槃)하신 뒤에 이 사바세계에서 부지런히 정진하며 이 경전을 수호(守護)하여 읽고 외우고 써서 공양할 것을 허락하신다면 마땅히 이 국토에서 널리 설하겠습니다."

※ "다른 세계에서 온 보살마하살들"이라고 했습니다. 다른 세계라는 말은 글자 그대로 이 사바세계가 아닌 저 멀리 있는 우주에서 왔다는 것이 아닙니다. 부처님의 근본 정신에서 조금 이탈하고 벗어나 있다는 의미입니다. 그래서 은근히 격식화된 단체, 제도화된 기성 교단, 교단을 위한 교단에 속한 불교인들을 '다른 세계에서 온 보살'이라고 표현한 것으로 해석할 수 있습니다.

사실 우리 승단도 그렇습니다. 승단의 본래 의미, 사찰의 본래 의미가 무엇입니까? 수행과 포교입니다. 그것뿐입니다. 수행과 포교만

을 위해서 존재하는 것이 종교단체이고 종단이며 사찰입니다. 그 외 다른 목적이 있어서는 안 되는 것입니다. 그렇지만 사찰이 있으면 운영해야 하고, 사찰을 운영하다 보면 부수적으로 여러 가지 문제가 생기게 되어서 자칫 잘못하면 엉뚱한 방향으로 흘러가 버립니다. 사찰 본래의 존립 목적과는 다른 곳으로 흘러가 버립니다. 단체나 조직도 운영하다 보면 본래 취지나 목적과는 전혀 다른 엉뚱한 방향으로 가는 예를 많이 볼 수 있습니다. 이런 경우를 '다른 세계'라고 표현한 것입니다.

2. 부처님께서 허락하지 않다

【 경문 】

爾時佛告諸菩薩摩訶薩衆하사대 止善男子야 不須汝等의 護持此經이니 所以者何오 我娑婆世界에 自有六萬恒河沙等菩薩摩訶薩하고 一一菩薩이 各有六萬恒河沙眷屬이어든 是諸人等이 能於我滅後에 護持讀誦하고 廣說此經이니라

그때 부처님께서 보살마하살들에게 말씀하셨습니다.
"그만두어라. 선남자들이여, 그대들이 이 경전을 수호할 것이 없느니라. 왜냐하면, 이 사바세계에는 육만 항하사의 보살마하살들이 있고, 그 하나하나의 보살마다 각각 육만 항하사의 권속들이 있느니라. 이 모든 사람들이 내가 열반한 뒤에 능히 이 경전을 수호하여 지니고 읽고

외우고 널리 설할 것이니라."

🌸   이 사바세계에 수많은 보살마하살들이 있다고 했습니다. 그 보살마하살들이 법화경을 호지, 전법할 것이므로 다른 세계에서 온 보살들은 필요하지 않다고 했습니다. 부처님의 참 뜻을 전할 사람은 따로 있으니, 기성의 제도화된 교단에 속한 사람들은 하지 말라는 것입니다. 법화경이 등장할 시대는 대승불교운동이 들판의 불길처럼 일어나고 있던 때였습니다. 그와 같은 시대적 상황을 생각하면서 읽으면, 이 대목의 표현이 아주 용기있고 충격적이라는 생각이 듭니다.

3. 세계가 진동하며 한량없는 보살들이 솟아오르다

[1] 보살들의 모습과 주처(住處)와 권속(眷屬)

【 경문 】
佛說是時에 娑婆世界三千大千國土는 地皆震裂터니 而於其中에 有無量千萬億菩薩摩訶薩이 同時涌出이러라 是諸菩薩이 身皆金色에 三十二相이며 無量光明이라 先盡在此娑婆世界之下하사 此界虛空中住러니

부처님께서 이렇게 말씀하실 적에 사바세계인 삼천대천세계의 땅이 모두 진동하고 갈라지면서 그 가운데에 있던 한량없는 천만 억 보살마하살이 한꺼번에 솟아올라 왔습니다. 이 보살들의 몸은 다 금빛이요, 삼

십이상(三十二相)을 갖추고 한량없는 광명으로 빛났습니다. 그들은 모두 그 전부터 이 사바세계의 아래 세계의 허공 중에 있었습니다. 이 모든 보살들이 석가모니 부처님께서 말씀하시는 음성을 듣고 밑으로부터 올라온 것입니다.

※ "이 보살들의 몸은 다 금빛이요, 삼십이상(三十二相)을 갖추고 한량없는 광명으로 빛났습니다."라고 했습니다. 몸이 금빛으로 빛나고 삼십이상을 갖추었다는 것은 부처님의 상호를 갖추었다는 말입니다. 곧 완전무결한 존재라는 뜻입니다. 이 보살마하살들이 '땅'에서 솟아 올라왔다고 했습니다. 이 말은 우리들의 의식 세계, 격식화된 사고, 외적인 형식을 깨뜨리고 나타났다는 말입니다. '인인이 본구하고(人人本具), 개개가 원성이다(個個圓成).' 즉 사람들은 본래 갖추었고 개개인이 모두 완전무결한 존재입니다. 사람이 그대로 부처님이라는 말입니다. 따로 수행하고 계행을 지키고 바라밀을 지니는 등 온갖 것으로 무장하고 갖추어야 한다는 말이 아닙니다. 본래 있는 그대로 완전무결한 존재라는 말입니다. 또 어쩌면 이 대목에서 민중들이 봉기하는 장면도 떠오릅니다. 대승불교운동은 민중불교운동이라 할 수 있습니다. 그래서 민중 봉기와 닮은 곳이 상당히 많습니다.

땅에서 솟아오른 보살마하살들이 "모두 그 전부터 이 사바세계의 아래 세계의 허공 중에" 있었다고 합니다. 여기서 '허공'은 지구 밑에 있는 텅빈 공간에 있다가 표면을 뚫고 나타났다고 볼 것이 아니라, 공(空)을 상징한다고 보아야 합니다. 경전을 볼 때는 글자 그대로의 의미가 아니라, 그 표현이 무엇을 상징하는지 그 속뜻이 무엇인지를 잘 살펴야 합니다. 글자 그대로 경전을 읽으면 한 구절도 제대로 이해하지 못합니다. 그래서 경전을 제대로 읽고 이해하는 것이 어려운 일입니다. '허공'을 '공(空)'의 경지로 이해하는 해석은 여태 아무도 없었습니다. 과거에도 수백 명의 사람들이 법화경을 해석했지만 이러한 해석은 없었습니다. 이것이 시대의 차이고, 견해의 차이라 할 수 있습니다. 오늘 제가 이렇게 해석했지만 내일이 되면 새로운 사람이 다르게 해석할 것입니다. 새로운 해석과 이해가 끊임없이 등장할 것이고 또 그래야 한다고 생각합니다.

【 경문 】

是諸菩薩이 聞釋迦牟尼佛의 所說音聲하고 從下發來하대 ——菩薩이 皆是大衆唱導之首라 各將六萬恒河沙眷屬이온 況將五萬四萬과 三萬二萬과 一萬恒河沙等眷屬者며 況復乃至一恒河沙와 半恒河沙와 四分之一과 乃至千萬億那由他分之一이며 況復千萬億那由他眷屬이며 況復億萬眷屬이며 況復千萬百萬으로 乃至一萬이며 況復一千一百으로 乃至一十이며 況復將五四三二一의 弟子者며 況復單己로 樂遠離行하니 如是等比는 無量無邊하야 算數譬喩로 所不能知러라

그 하나하나의 보살들은 모두 대중들을 인도하는 지도자로서 각각 육만 항하사의 권속들을 거느리고 있었습니다. 뿐만 아니라, 오만 항하사 권속 · 사만 항하사 권속 · 삼만 항하사 권속 · 이만 항하사 권속 · 일만 항하사 권속들을 거느리기도 했습니다.
또 한 항하사의 권속 · 반 항하사의 권속 · 사분의 일 항하사의 권속과

내지 천만 억 나유타 분의 일 항하사의 권속을 거느린 보살도 있었습니다. 또 천만 억 나유타 권속·억만 권속·천만 권속·백만 권속을 거느린 보살도 있었습니다. 또 일만 권속·일천 권속·일백 권속·열 명의 권속과 내지 다섯 제자·네 제자·세 제자·두 제자·한 제자만을 거느린 보살도 있었습니다. 또 단신(單身)으로 멀리 여의는 행(行)을 좋아하는 이들이 한량없고 그지없어 산수나 비유로는 다 알 수 없었습니다.

❁ 선(禪)의 일곱 가지 특징 가운데 불균제(不均齊)가 있습니다. 불균제는 변화가 심하고 고르지 않음, 일정하지 않음을 말합니다. 공장에서 탁탁 찍어낸 듯 격식화된 것은 불교의 정신이 아니고, 선의 정신은 더욱 아닙니다. 간단히 말해서 불균제는 변화를 뜻합니다. 땅에서 문득 솟아오른 천만 억 보살마하살이 거느린 권속의 수를 살펴봅시다. 처음에는 육만 항하사의 권속을 거느렸다고 했지만, 곧 오만 항하사, 사만 항하사로 줄어들다가 일만 권속, 일천 권속 혹은 한 명의 제자만 거느리기도 하고 심지어는 제자를 거느리지 않고 홀로 있는 보살마하살도 있습니다. 격식에 구애받지 않고 자유로운 이와 같은 모습에서 불균제의 정신을 살펴볼 수 있습니다.

철두철미하게 원칙을 지키는 것도 아름답지만, 틀에 구속되고 매여버린다면 그것 또한 문제가 많은 것입니다. 그래서 변화를 지향하면서 크게 진동하는 땅을 가르고 수많은 보살과 그 권속들이 솟아올랐습니다. 이들은 법화경을 수지·독송·서사·해설하는 보통의 불자들이라고 보아도 좋습니다.

[2] 두 세존께 예경(禮敬) 찬탄(讚歎)하다

【 경문 】

是諸菩薩이 從地出已에 各詣虛空七寶妙塔의 多寶如來와 釋迦牟尼佛所到已하고 向二世尊하사 頭面禮足하며 及至諸寶樹下의 師子座上佛所하야 亦皆作禮하고 右繞三帀하며 合掌恭敬하사 以諸菩薩의 種種讚法으로 而以讚歎하고 住在一面하야 欣樂瞻仰於二世尊하며 是諸菩薩摩訶薩이 從地涌出하사 以諸菩薩의 種種讚法으로 而讚於佛하대 如是時間이 經五十小劫커늘 是時釋迦牟尼佛이 默然而坐하고 及諸四衆도 亦皆?然하사 五十小劫을 佛神力故로 令諸大衆으로 謂如半日케함이라 爾時四衆이 亦以佛神力故로 見諸菩薩이 徧滿無量百千萬億國土虛空이러라

이 모든 보살들이 땅에서 솟아 나와서는 각각 허공으로 나아가 칠보탑 안에 계신 다보여래(多寶如來)와 석가모니불의 처소에 이르러 두 세존(世尊)께 머리를 숙여 예배하였습니다. 또 모든 보배나무 아래 사자좌에 앉으신 부처님 처소에 이르러서도 그와 같이 예배하고 오른쪽으로 세 번씩 돌고 합장 공경하여 모든 보살의 찬탄하는 법대로 찬탄하고는 한쪽에 머물러서 기쁜 마음으로 두 세존을 우러러 뵈었습니다.

이 여러 보살마하살들이 땅에서 솟아 올라와서 모든 보살의 찬탄하는 법으로 부처님을 찬탄할 때까지 그 시간은 오십 소겁이 걸렸습니다. 이때 석가모니 부처님께서 묵묵히 앉으셨습니다. 모든 사부대중들도 역시 묵묵히 있었는데, 그 오십 소겁이 부처님의 신통한 힘으로써 모든 대중은 한 나절같이 생각되었습니다.

이때에 사부대중들이 역시 부처님의 신통한 힘을 입어 모든 보살들이 한량없는 백천만 억 국토의 허공에 가득함을 보게 되었습니다.

✿ "모든 보살의 찬탄하는 법대로 찬탄"했다는 것은 땅에서 솟아오른 이 보살들이 다른 특별한 방법으로 부처님께 예경을 올리는 것이 아니라, 기존의 예법대로 예경을 올렸다는 말입니다. 그런데 워낙 많은 수의 보살들이 왔기 때문에 차례대로 부처님께 예경하고 찬탄하는데 50소겁이라는 시간이 걸렸다고 합니다. 부처님의 생애를 이야기할 때 49년 동안 설법하셨다는 말이 있습니다. 이 49를 반올림하면 50이 됩니다. 그래서 간혹 50년간 설법하셨다는 표현을 드물게 사용하는데, 50소겁이 이것과 연관이 있을 수 있습니다. 보살들이 부처님께 예경하고 찬탄하는 것은 사실 불교적 삶을 사는 것을 비유적으로 표현했다고 볼 수 있습니다. 그래서 50이라는 수를 썼다는 생각이 듭니다.

(3) 네 도사(導師)들의 문안(問安)

【 경문 】

是菩薩衆中에 有四導師하니 一名上行이요 二名無邊行이요 三名淨行이요 四名安立行이라 是四菩薩이 於其衆中에 最爲上首唱導之師러라

이 보살대중들 가운데 네 명의 도사(導師)가 있었습니다. 하나는 상행(上行)이요, 둘은 무변행(無邊行)이요, 셋은 정행(淨行)이요, 넷은 안립행(安立行)이었습니다. 이 네 보살들이 그 대중들 가운데서 가장 으뜸으로 대중

을 인도하는 도사(導師)가 되었습니다.

※   도사(導師)는 인솔자 혹은 안내자라는 뜻입니다. 이 수많은 보살들 가운데 인솔하는 보살이 네 명이라는 말입니다. 첫째는 상행(上行) 즉 뛰어난 행이고, 둘째는 무변행(無邊行) 즉 끝없는 행이고, 셋째는 정행(淨行) 즉 청정하고 훌륭한 행이며, 마지막 안립행(安立行)은 믿음이 가는 행, 확고한 행이라는 말입니다. 이 네 보살이 전체를 인도하는 도사입니다. 네 보살의 이름에 공통적으로 들어가는 행(行)은 실천한다는 뜻입니다.

불교를 공부하는 사람이 반드시 실천해야 하는 네 가지 원을 사홍서원(四弘誓願)이라고 하는데, 이 네 보살을 사홍서원에 배대할 수 있습니다. 불도가 아무리 높아도 맹세코 이루겠다는 불도무상서원성(佛道無上誓願成)에 상행 보살이 해당하고, 법문이 아무리 많아도 맹세코 모두 배우겠다는 법문무량서원학(法門無量誓願學)은 무변행에 해당합니다. 중생의 모든 번뇌를 맹세코 다 끊겠다는 번뇌무진서원단(煩惱無盡誓願斷)은 정행에 해당하고, 일체 모든 중생을 맹세코 다 구제하고 말겠다는 중생무변서원도(衆生無邊誓願度)가 안립행에 해당합니다.

이 네 가지 서원 중에서 불교의 최종목적은 중생무변서원도입니다. 이 마지막 서원을 위해서 다른 서원을 세우는 것입니다. 인솔하는 네 보살의 이름에서 드러나듯이 솟아오른 이 보살마하살들은 모두 법화경을 널리 펼쳐서 모든 중생을 구제하겠다는 서원을 세운 보살임을 분명히 알 수 있습니다.

【 경문 】

在大衆前하야 各共合掌하고 觀釋迦牟尼佛하사 而問訊言하사대 世尊하 少病少惱하시며 安樂行不잇가 所應度者는 受敎易不잇가 不令世尊으로 生疲勞耶잇가 爾時四大菩薩이 而說偈言하니라
世尊安樂하사 少病少惱하시며
敎化衆生에 得無疲倦하시며
又諸衆生은 受化易不잇가
不令世尊으로 生疲勞耶잇가

대중들 앞에서 각각 다 함께 합장하고 석가모니불을 뵈옵고 문안드리며 말씀드렸습니다.
"세존이시여, 병이 없으시고 괴로움도 없으시며, 안락히 지내십니까? 제도(濟度)를 받을 사람들은 교화를 잘 받습니까? 세존을 피로하게 하지나 않습니까?"
이때 네 보살들이 게송으로 말하였습니다.
"세존께서 안락하시며 병도 없고 괴로움도 없습니까?
중생들을 교화하시기에 피곤하지 않으십니까?
또 모든 중생들은 교화(敎化)를 쉽게 받습니까?
세존으로 하여금 피로하게 하지는 않습니까?"

❋ 부처님께 문안 인사를 드리고 있습니다. 일반 사회에서 하는 문안 인사와 별반 다르지 않습니다. 건강하게 잘 지내시고 평안하신지 여쭙고 나서 하시는 일이 잘 되시는지 여쭙는 것이 보통 사람들의 인

사와 비슷합니다. 부처님께서 하시는 일은 중생교화입니다. 온갖 종류의 사람들을 다독이고 가르쳐서 구제하는 것입니다. 그러다 보면 참으로 많은 사람들이 부처님을 이리저리 귀찮게 할 터이니 그런 연유로 피로하시지 않은지 여쭙는 것입니다.

[4] **부처님의 답(答)**

【 경문 】

爾時世尊이 於菩薩大衆中에 而作是言하사대 如是如是니라 諸善男子야 如來安樂하야 少病少惱니라 諸衆生等은 易可化度요 無有疲勞니 所以者何오 是諸衆生이 世世已來로 常受我化하며 亦於過去諸佛에 恭敬尊重하고 種諸善根이라 此諸衆生이 始見我身하며 聞我所說하고 卽皆信受하야 入如來慧니 除先修習學小乘者라 如是之人을 我今亦令得聞是經하고 入於佛慧호라

이때 세존께서는 보살 대중 가운데서 이렇게 말씀하셨습니다.
"그러하니라. 그러하니라. 여러 선남자들이여, 여래는 안락(安樂)하고 병이 없고 괴로운 일도 없느니라. 중생들도 제도하기 쉬워 피로하지 아니하니라.
왜냐하면, 이 모든 중생들은 세세생생에 항상 나의 교화를 받았고, 과거의 여러 부처님께도 공양하고 존중하며 모든 선근(善根)을 심었느니라. 이 중생들이 처음에 내 몸을 보고 내 말을 듣고는 곧 모두 믿었으며, 여래의 지혜에 들어갔느니라. 다만 예전부터 소승(小乘)을 배워 익

힌 사람들만 제외하나니 이런 사람들도 내가 이제 그들로 하여금 이 경을 듣고 부처님의 지혜에 들어가게 하느니라."

❋ "처음에 내 몸을 보고 내 말을 듣고는 곧 모두 믿었으며"라고 했습니다. 아침저녁으로 부처님께 올리는 예불 때 나라와 백성이 모두 평안하고 깨달음을 얻고 중생을 교화할 것을 다짐하며 원을 세우는 행선축원(行禪祝願)이 있습니다. 그 내용 중에 "문아명자면삼도(聞我名者免三途) 견아형자득해탈(見我形者得解脫)"이라는 구절이 있습니다. 내 이름만 들어도 삼도의 고통을 면하고, 내 모습만 보고도 해탈할 수 있도록 그렇게 내 인격이 완성되어지기를 바라는 말입니다. 행선축원 할 때 이 구절에서 많은 감동을 받습니다. "말로 잔치를 하면 온 동네 사람들이 다 모이고도 남는다."는 옛말이 있습니다. 그렇듯 언어적인 표현이라는 것은 참 신기합니다. 언어는 우리들의 마음 깊이 있는 것을 다 끌어내서 표현하기도 하고, 이루 말할 수 없는 감동을 주기도 합니다.

"다만 예전부터 소승을 배워 익힌 사람들만 제외"한다고 했습니다. 법화경에서는 소승에 대한 이야기를 많이 합니다. 여기서 소승이라는 말은 과거에 쌓은 업을 볼 때 소견이 좁고 굳어서 변하지 않는 사람을 말합니다. 사람의 소견이 바뀌는 것은 쉬운 듯 보이지만 사실 참으로 어렵고 어려운 일입니다. 그러나 아예 불가능한 일은 아닙니다. 그래서 과거에는 제도하지 못했지만 이들도 결국은 법화경의 가르침을 믿고 들어가게 됩니다.

[5] 보살들의 수희(隨喜)

【 경문 】

爾時諸大菩薩이 而說偈言하니라
善哉善哉라 大雄世尊이시여
諸衆生等을 易可化度시며
能問諸佛의 甚深智慧하고
聞已信行일새 我等隨喜하노이다
於時世尊이 讚歎上首諸大菩薩하사대 善哉善哉라 善男子야 汝等能於 如來에 發隨喜心이로다

이때 모든 보살들이 게송으로 말하였습니다.
"훌륭하고 훌륭하십니다. 대웅(大雄) 세존이시여,
여러 중생들을 쉽게 교화하여 제도하시며
모든 부처님의 깊은 지혜를 능히 묻고
듣고 나서는 믿고 행한다 하오니 저희들도 따라서 기뻐합니다."
이때 세존께서 여러 상수(上首) 보살들을 칭찬하셨습니다.
"훌륭하고 훌륭하여라. 선남자들이여, 그대들이 능히 여래에게 따라서 기뻐하는 마음을 내는구나."

※ 땅에서 솟아오른 보살들이 수희찬탄(隨喜讚歎)하고 있습니다. 수희(隨喜)는 다른 이의 좋은 일을 보고 마치 자신에게 좋은 일이 생긴 것처럼 함께 기뻐하고 좋아하는 것입니다. 따라서 함께 기뻐하는 수희

는 열 가지 공덕 가운데 하나입니다. 보살행을 열 가지로 축약했을 때 보현보살의 10대 행원을 드는데, 그 가운데 다섯째가 다른 이가 짓는 공덕을 기뻐하는 것입니다. 다른 이의 훌륭한 점, 잘하는 것, 기쁜 일을 찬탄해 주고 따라서 기뻐하며 격려하고 축복하는 것을 말합니다. 겉으로 말로만 기뻐해 주는 것이 아니라 마음으로 함께 기뻐하고 칭찬하는 것을 말합니다.

4. 미륵보살의 의문(疑問)

[1] 의문을 풀고자 하다

【 경문 】

爾時彌勒菩薩과 及八千恒河沙諸菩薩衆이 皆作是念하대 我等이 從昔已來로 不見不聞如是大菩薩摩訶薩衆이 從地涌出하사 住世尊前하야 合掌供養하고 問訊如來라하더니 時彌勒菩薩摩訶薩이 知八千恒河沙諸菩薩等의 心之所念하며 幷欲自決所疑하니라

그때 미륵보살과 팔천(八千) 항하사 보살들이 모두 이렇게 생각하였습니다.
'우리들이 옛적부터 지금까지 이러한 대보살 마하살들이 땅에서 솟아 올라와서 세존 앞에 있으면서 합장하고 공양하며 여래께 문안 여쭙는 것을 보지도 못하고 듣지도 못하였다.'

이때 미륵보살마하살이 팔천 항하사 보살들의 생각을 알았으며, 자신의 의심도 풀고자 하였습니다.

🌸　미륵보살이 의문을 품었습니다. '석가모니 부처님께서 깨달음을 이룬 후 설법하고 제자를 키운 기간이 40년인데 어떻게 저 많은 보살마하살이 갑자기 등장할 수 있을까?' 하고 의문을 품었습니다. 이것은 평범한 의문이 아닙니다. 눈에 보이는 유한한 현실과 눈으로 볼 수 없는 영원한 생명에 대한 질문입니다. 이 질문에 대한 답변이 법화경의 안목이라고 불리는 제16 여래수량품으로 이어집니다.

(2) 미륵보살이 게송으로 묻다

【 경문 】

合掌向佛하사 以偈問曰

無量千萬億 大衆諸菩薩은

昔所未曾見이라 願兩足尊說하소서

是從何所來며 以何因緣集이닛고

巨身大神通이며 智慧叵思議라

其志念堅固하고 有大忍辱力하며

衆生所樂見이라 爲從何所來닛고

미륵보살이 합장하고 부처님께 게송으로 여쭈었습니다.

"한량이 없는 천만 억 여러 보살대중들은

일찍이 보지 못했으니 양족존께서 말씀하여 주십시오.
이들은 어디에서 왔으며 무슨 인연으로 모였습니까?
엄청나게 큰 몸과 큰 신통과 지혜도 불가사의합니다.
뜻과 생각이 견고하고 크게 인욕(忍辱)하는 힘이 있어서
중생들이 친견하기 좋아하오니 어디에서 왔습니까?

❀ 흠소십마(欠少什麼)오? 즉 도대체 부족한 것이 무엇이냐는 말씀을 임제 스님이 자주 했습니다. 지금 네가 이렇게 말하고 듣고 보고 느끼고 움직이는 능력에서 무엇이 부족한가? 이것이 바로 무량복덕이며 한량없는 신성이다. 이밖에 다른 큰 복이나 큰 신통이 있겠는가? 또 있다고 한들 얼마나 값어치가 있겠는가? 하는 뜻입니다. 사람은 지금 그대로 부처님이라는 말입니다. 부족함 없는 완전무결한 부처님으로서 우리가 본래 갖추고 있는 것을 표현하면 이 대목의 내용이 됩니다. '큰 몸과 큰 신통과 불가사의한 지혜, 견고한 뜻과 생각, 인욕' 등이 모두 우리가 본래부터 갖추고 있는 부처의 성품을 표현한 것으로 볼 수 있습니다.

　　이러한 한량없는 천만억 보살 대중이 어디에서 왔는지를 묻는 미륵보살의 의문은 우리가 알고 있는 현실과 그 너머의 실체에 대한 의문입니다. 단 한 순간도 그냥 있지 않고 찰나찰나 변화하는 현상계를 우리는 현실이라고 지각하고 있습니다. 이 현상계 너머에 모든 존재 즉 풀 한 포기, 나무 한 그루까지도 전부 영원불멸의 실체가 존재하는가? 미륵보살의 의문은 이런 큰 의문을 내포하고 있습니다.

[3] 솟아 나온 보살들의 수량(數量)

【 경문 】

一一諸菩薩의 所將諸眷屬이

其數無有量하대 如恒河沙等하며

或有大菩薩은 將六萬恒沙하대

如是諸大衆이 一心求佛道하며

是諸大師等 六萬恒河沙가

俱來供養佛하고 及護持是經하며

將五萬恒沙하대 其數過於是하며

四萬及三萬과 二萬至一萬이며

一千一百等으로 乃至一恒沙하며

半及三四分과 億萬分之一이며

千萬那由他인 萬億諸弟子와

乃至於半億이 其數復過上하며

百萬至一萬과 一千及一百과

五十與一十으로 乃至三二一하며

單己無眷屬으로 樂於獨處者가

俱來至佛所하대 其數轉過上하며

如是諸大衆을 若人行籌數하대

過於恒沙劫토록 猶不能盡知하며

하나하나의 보살들이 데리고 온 권속들이

그 수효가 한량이 없어 항하강의 모래수와 같습니다.
어떤 대보살의 권속은 육만 항하사인데
이렇게 많은 대중들이 일심으로 불도(佛道)를 구하며
이 여러 큰 스승님들 육만 항하사나 되는 분들이
함께 와서 부처님께 공양하고 이 경전을 수호(守護)합니다.
오만 항하사의 권속을 거느린 보살은 그 수효가 이보다 더 많으며
사만 항하사나 삼만 항하사, 이만, 일만 항하사
일천 항하사, 일백 항하사 내지 일 항하사도 있습니다.
반 항하사, 삼분의 일 항하사, 사분 일 항하사
내지 억만분의 일 항하사이며
천만 나유타의 권속과 만억의 제자들을 거느렸습니다.
또 반 억의 권속을 거느린 이는 그 수효가 이보다 더 많고
백만 권속, 내지 일만 권속, 일천 권속,
일백 권속이며 오십, 열, 내지 셋, 둘,
하나의 권속을 거느린 이도 있습니다.
권속은 없고 단신으로 혼자 있기를 좋아하는 보살들까지
모두 부처님께 함께 오니 그 수효는 더욱 더 많습니다.
이렇게 많은 대중들을 어떤 사람이 산수로 헤아려
항하사 겁을 지내도 다 알 수 없습니다.

❀ '항하사'라는 말을 법화경에서는 쉽게 사용하고 있습니다. 그러나 그 규모를 실제로 헤아려보면 정말 어마어마한 수가 됩니다. 항하사(恒河沙)는 항하의 모래알 개수라는 뜻입니다. 히말라야에서 발원

해서 인도 북동부의 평야를 골고루 적시며 여러 갈래로 나뉘어 흐르다가 벵골만으로 들어가는 인도 문명의 젖줄인 갠지스 강을 항하라고 합니다. 이 항하의 모래는 한강 백사장의 모래나 해운대 백사장의 모래와는 사뭇 다릅니다. 알이 굵은 모래가 아니라 마치 밀가루를 만지는 듯한 느낌이 드는 아주 고운 모래입니다. 길고 드넓은 항하 강변을 덮고 있는 고운 모래의 수를 '1 항하사'라고 합니다. 육만 항하사라고 하면 육만 개의 항하를 덮고 있는 모래의 개수를 말합니다. 1 항하사를 세더라도 사람의 머리로 감히 그 수를 셀 수 없을 정도인데, 육만 항하사라면 도저히 상상할 수 없는 숫자입니다. 이런 어마어마한 수를 생각해 내는 인도 사람들의 사고력도 참으로 놀라지 않을 수 없습니다.

　상상을 초월하는 엄청난 수이기 때문에 "이렇게 많은 대중들을 어떤 사람이 산수로 헤아려 항하사 겁을 지내도 다 알 수 없습니다."라고 했습니다. 결국 이렇게 수많은 보살과 그 권속이 의미하는 것은 모든 존재, 모든 생명이 전부 부처님이라는 말입니다. 선지식이라고 부르든, 보살이라고 부르든 사람이라 부르든 혹은 부처님이라고 부르든 간에 그 명칭은 아무 의미가 없습니다. 똑같은 하나를 다른 이름으로 부르는 것일 뿐입니다. 그래서 법화경의 어느 구절을 보더라도 그 속에 숨은 뜻은 사람이 부처님이고 또 나아가서 모든 생명이 그대로 부처님이라는 것입니다. 그렇지 않고서는 이렇게 많고 많은 수의 보살이 있을 수 있겠습니까? 앞에서 부처님의 상호를 갖춘 보살이 등장했는데, 그것도 결국은 모든 중생이 부처님이라는 뜻입니다.

(4) 그들의 스승을 묻다

【경문】

是諸大威德 精進菩薩衆을
誰爲其說法하야 敎化而成就하며
從誰初發心하고 稱揚何佛法이며
受持行誰經하고 修習何佛道닛고

이렇게 큰 위덕(威德)을 갖추고 정진하는 보살대중들은
누가 그에게 법을 설하여 교화하고 성취하였습니까.
누구에게서 처음 발심(發心)하고 어느 부처님의 법을 드날리며
무슨 경전을 받아 지니며 어느 부처님의 도를 닦습니까.

❀ 이렇게 큰 위덕과 신력을 갖춘 보살들이 언제 어디에서 누구에게 법을 배웠는지를 묻습니다. 이 보살들을 가르친 스승이 누구인지를 답하기 전에 한 가지 생각할 것이 있습니다. 요즘은 과학기술이 발달해서 유럽에 있든 미국에 있든 동남아시아 어느 나라에 있든지 간에 인터넷이 되는 곳이라면 어디서나 사람들이 영상과 문자를 원하는 대로 보고 들을 수 있습니다. 그런데 아무리 컴퓨터가 좋고 인터넷이 잘 통한다고 해도, 우리 눈이 보지 못하고 우리 귀가 듣지 못하면 컴퓨터나 인터넷은 무용지물이 됩니다. 보고 듣고 느끼고 아는 견문각지의 능력이 없다면 발달된 과학기술도 아무 힘을 쓰지 못합니다.

그런데 견문각지하는 우리의 능력은 누구에게서 배운 것일까요?

흘러가는 구름, 드넓은 하늘, 푸른 바다의 갯내음, 어둠이 내리는 모습, 우거진 숲에서 새들이 지저귀는 소리를 다 알고 느끼는 이런 재주는 누구에게서 배웠는지 생각해 봅시다. 어느 누구에게서도 배우지 않았습니다. 본래부터 갖추고 있는 능력입니다. 피아노를 치거나 붓글씨를 쓰는 것은 가르쳐 주는 사람이 있어야 합니다. 그러나 견문각지하는 능력은 본래부터 갖추고 있는 것입니다.

 이렇게 본래 갖추고 있는 이 능력이 최고의 능력이고, 바로 이것을 일러 부처님이라고 합니다. 그밖에 수행이나 노력을 해서 얻는 것은 서푼어치도 되지 않는 것들입니다. 참선을 많이 해서 얻거나 염불을 많이 해서 얻거나 혹은 기도를 열심히 해서 얻든 간에 그렇게 얻은 것은 모두 유위법이기 때문에 없어지게 마련입니다. 그리고 이런 유위법은 본래부터 갖추고 있는 것과는 아예 비교할 수도 없습니다. 노력해서 얻은 것은 본래 갖춘 것의 억만 분의 일도 되지 못합니다. 우리가 원래 갖추고 있는 능력에 대한 깊은 이해와 깨달음이 있으면 자연히 알게 되는 이치입니다. 이것 하나를 일깨워 주려고 부처님께서 이 세상에 오셨고, 법화경이 존재하는 것입니다. 수많은 선사들이 일깨우려 한 것도 '직지인심(直指人心) 견성성불(見性成佛)' 즉 우리의 마음자리를 제대로 보는 것입니다. 모든 것이 이것 하나로 귀착됩니다.

(5) 의문을 풀어주기를 청하다

如是諸菩薩의 神通大智力으로
四方地震裂하고 皆從中涌出하니

世尊我昔來로 未曾見是事라
願說其所從 國土之名號하소서
我常遊諸國하대 未曾見是衆하며
我於此衆中에 乃不識一人이라
忽然從地出하니 願說其因緣하소서
今此之大會에 無量百千億
是諸菩薩等이 皆欲知此事하노니
是諸菩薩衆의 本末之因緣을
無量德世尊이시여 唯願決衆疑하소서

이렇게 많은 보살들의 신통과 큰 지혜의 힘은
사방의 땅이 진동하고 갈라지면서 그 속에서 솟아 올라왔으니
세존이시여, 저희가 예전에 이런 일을 본 적이 없습니다.
그들이 떠나온 국토의 이름을 말씀하여 주십시오.
저희가 여러 국토를 다녔지만 이러한 대중들을 못 보았습니다.
이 여러 대중 가운데 한 사람도 알지 못하는데
갑자기 땅에서 솟아 나온 그 인연을 말씀하여 주십시오.
지금 이 회중(會衆)에 있는 한량없는 백천억
수많은 보살들도 이 일을 알고자 합니다.
이 여러 보살들의 처음과 나중의 인연을
무량한 위덕(威德)의 세존께서 설하시어
저희들의 의심을 풀어주십시오."

🌸 땅이 갈라지면서 그 속에서 솟아오른 보살은 일반 민중을 상징한다고 볼 수 있습니다. 대승불교운동은 민중불교운동이라 할 수 있는데, 부처님의 본래 뜻에서 멀어지고 복잡한 격식과 난해한 논리에 묻혀서 사고가 굳어지고 있는 기성의 제도권에 대한 비판입니다. 새로운 기치를 세우고 새롭게 가르침을 펼쳐야 한다는 운동이 혁명처럼 일어나서 번지는 것을 땅을 가르고 솟아올랐다고 표현한 것입니다. 스스로 신성하다고 여기는 사제계급의 바라문도 아니고 권세 있는 왕족이나 귀족, 거부 장자들도 아닙니다. 평범한 보통 사람들이 그들입니다.

5. 타방 보살들의 의문

【 경문 】

爾時釋迦牟尼佛의 分身諸佛이 從無量千萬億他方國土來者가 在於八方諸寶樹下의 師子座上하사 結跏趺坐하니 其佛侍者가 各各見是菩薩大衆이 於三千大千世界四方으로 從地湧出하사 住於虛空하고 各白其佛言하사대 世尊하 此諸無量無邊阿僧祇菩薩大衆이 從何所來닛고

이때 석가모니 부처님의 분신인 여러 부처님들로 한량없는 천만억이나 되는 다른 국토에서 오신 이들이 팔방(八方)의 보배 나무들 아래에 있는 사자좌에서 결가부좌하고 앉아 있었습니다. 그 부처님들의 시자(侍者)들도 각각 이 보살 대중이 삼천대천세계의 사방의 땅에서 솟아올라와

허공에 머물러 있는 것을 보고 각각 그 부처님께 말씀드렸습니다.
"세존이시여, 이 한량없고 그지없는 아승지 보살대중들이 어디에서 왔습니까?"

【 경문 】

爾時諸佛이 各告侍者하사대 諸善男子야 且待須臾하라 有菩薩摩訶薩하니 名曰彌勒이라 釋迦牟尼佛之所受記니 次後作佛하리라 已問斯事일새 佛今答之니 汝等도 自當因是得聞하리라

그때 여러 부처님들께서 각각 그 시자들에게 말씀하셨습니다.
"선남자들이여, 잠깐만 기다려라. 여기에 보살마하살이 있으니 이름은 미륵(彌勒)이니라. 석가모니 부처님의 수기(授記)를 받아 이 다음에 성불할 것이니라. 이미 이 일을 물어서 부처님께서 곧 대답하시리라. 그대들은 스스로 마땅히 듣게 되리라."

❀   종지용출품의 서두에서 법화경을 호지하고 전법하고 싶다고 청을 한 타방보살들도 미륵보살과 같은 의문을 품었습니다. 그래서 각자 모시는 부처님께 같은 질문을 하자, 석가모니 부처님께서 직접 답하실 것이니 기다리라는 답을 듣습니다. 타방보살은 단순하게 먼 곳에서 온 보살을 가리키는 것이 아닙니다. 타방보살은 기성의 제도권에 속하는 사람들을 말합니다. 그래서 법화경의 가르침을 제대로 이해하지 못하는 사람들, 부처님의 본래 뜻과는 멀어져 있는 사람들입니다. 그러한 마음의 거리를 물리적인 거리로 비유해서 다른 곳에서

온 보살, 타방보살이라는 표현을 사용한 것입니다.

6. 여래의 지혜와 힘을 표하다

(1) 장항(長行)

【 경문 】

爾時釋迦牟尼佛이 告彌勒菩薩하사대 善哉善哉라 阿逸多야 乃能問佛如是大事로다 汝等當共一心으로 被精進鎧하고 發堅固意니라 如來今欲顯發宣示諸佛智慧와 諸佛自在神通之力과 諸佛師子奮迅之力과 諸佛威猛大勢之力하노라

이때 석가모니 부처님께서 미륵보살에게 말씀하셨습니다.
"훌륭하고 훌륭하다. 아일다여, 그대가 능히 부처님의 이와 같은 큰 일을 묻는구나. 그대들은 다같이 일심으로 정진(精進)의 갑옷을 입고 견고한 마음을 내어라. 여래가 지금 여러 부처님의 지혜와, 여러 부처님의 자재한 신통의 힘과, 여러 부처님의 사자가 격분하는 듯한(奮迅) 힘과, 여러 부처님의 위엄(威嚴) 있고 용맹하고 크신 세력을 나타내어 보이려 하느니라."

❁ 석가모니 부처님께서 부처님의 모든 힘과 능력을 총 동원해서 답변을 하시려고 한다는 표현입니다. 경전에서 찾아보기 어려운 어마

어마한 표현입니다.

(2) 게송(偈頌)

【 경문 】
爾時世尊이 欲重宣此義하사 而說偈言하니라
當精進一心하라 我欲說此事하노니
勿得有疑悔니라 佛智叵思議라
汝今出信力하야 住於忍善中하니
昔所未聞法을 今皆當得聞하리라
我今安慰汝하노니 勿得懷疑懼니라
佛無不實語요 智慧不可量이라
所得第一法은 甚深叵分別일새
如是今當說하노니 汝等一心聽하라

그때 세존께서 이 뜻을 거듭 펴시려고 게송으로 말씀하셨습니다.
"마땅히 일심으로 정진하라. 내 이제 이 일을 말하리니
의심하거나 후회하지 말라. 부처님의 지혜는 불가사의하니라.
그대들은 믿는 힘을 내어 인내하고 선(善)한 일에 머물면
예전에 듣지 못하던 것을 이제 모두 듣게 되리라.
내 이제 그대들을 안위하노니 의심하거나 두려워하지 말라.
부처님은 거짓말도 없고 지혜도 헤아리기 어려워
얻은 바 제일 가는 법은 깊고 깊어 분별할 수 없지만

이와 같이 지금 말하리니 그대들은 일심(一心)으로 들어라."

✿　도대체 무슨 말씀을 하시려고 이렇게까지 무게를 실으시는지 아직은 알 수가 없습니다. 우리가 석가모니 부처님에 대해 알고 있는 것은 카필라 국의 태자로 태어나서 출가하고, 6년 고행 뒤에 깨달음을 얻으시고 45년 동안 중생을 제도하셨고, 제자로는 누구누구가 있다는 정도입니다. 그런데 부처님께서는 이와 같은 모습이 아니라 다른 말씀을 하려는 것입니다. 그래서 이렇게 당부의 말씀을 무게를 잡고 하시는 것입니다. 부처님은 거짓을 말하지 않는다, 부처님의 지혜는 감히 헤아리기 어렵다고 말입니다.

7. 현세의 일(近)에서 영원(遠)을 드러내다

[1] 장항

【경문】

爾時世尊이 說此偈已하시고 告彌勒菩薩하사 我今於此大衆에 宣告汝等하노라 阿逸多야 是諸大菩薩摩訶薩이 無量無數阿僧祇로 從地涌出하니 汝等昔所未見者라 我於是娑婆世界에 得阿耨多羅三藐三菩提已하고는 敎化示導是諸菩薩하야 調伏其心하며 令發道意호라 此諸菩薩이 皆於是娑婆世界之下의 此界虛空中住니라

그때 세존께서 이 게송을 말씀하시고 나서 미륵보살에게 말씀하셨습니다.

"내가 이제 이 대중들 가운데서 그대들에게 말하리라.
아일다여, 이 한량없고 무수한 아승지 대보살마하살들이 땅에서 솟아 올라온 이들을 그대가 예전에 보지 못했다고 하는구나. 그러나 그들은 내가 이 사바세계에서 최상의 깨달음을 얻은 뒤부터 이 보살들을 교화(敎化)하고 지도하여 그들의 마음을 조복(調伏)하고 도에 대한 마음을 내게 하였느니라. 이 보살들이 다 이 사바세계의 아래 세계의 허공에 머물러 있었느니라.

❃ 우리가 알고 있던 석가모니 부처님의 일대기와는 너무 다른 이야기라서 도저히 이해가 안 되는 말씀입니다. 그렇지만 이 이야기가 뜻하는 바가 우리가 반드시 알아야 할 것이며, 법화경의 진수이고 불교의 생명이라고 할 수 있습니다.

"내가 사바세계에서 최상의 깨달음을 얻은 뒤부터 이 보살들을 교화하고 지도하여 그들의 마음을 조복하고 도에 대한 마음을 내게 하였느니라."고 했습니다. 석가모니 부처님께서 가르쳤다고 하셨지만, 사실 무엇을 가르친 적이 없습니다. 사리불이나 목련, 가섭 그리고 아약교진여 등의 제자들이 가까이에서 지켜본 역사적인 부처님은 이러한 보살들을 가르친 적이 없습니다. 그런데도 불구하고 부처님께서 이렇게 말씀하시는 의미를 잘 새겨야 합니다.

부처님께서 교화하고 지도하며 조복하고 도에 대한 마음을 내게 했다는 표현을 썼지만 사실 그 보살들은 본래부터 완전무결한 존재였습니다. 그래서 교화를 받거나 지도를 받거나 혹은 누군가에게 조복할 필요도 없는 것입니다. 그렇다면 부처님의 깨달음은 인류사에서 가장 큰 사건이라는 말은 무슨 뜻일까요? 아니, 부처님은 무엇을 깨달으셨을까요? 부처님이 깨달은 것은 모든 사람이 본래 부처님이고, 또한 그렇다는 사실을 보증한 것이었습니다. 그래서 석가모니 부처님 한 분만 부처가 되었다면 작은 일이었겠지만, 부처님이 오시기 전이나 부처님 당시나 혹은 부처님 이후의 모든 사람들이 전부 부처님이라는 진실을 일깨워 주는 계기가 되었기 때문에 인류사에서 가장 큰 사건이 된 것입니다.

그 많은 사람들이 깨달음을 위해서 무슨 고행을 하고 무슨 조복을 받으며 수행을 했겠습니까? 단지 부처님께서 깨닫고 나서 보니 모든 사람이 다 같이 부처님이더라는 것을 아셨을 뿐입니다. 나만 홀로 부처의 만행만덕을 갖춘 것이 아니라 과거·현재·미래의 모든 사람들이 똑같이 여래의 만행만덕을 갖추고 있다는 것을 깨달으셨습니다. 그래서 우리들도 모두 덩달아서 부처가 되었고 또 자신이 부처인 줄 알게 되었습니다.

【 경문 】

於諸經典에 讀誦通利하야 思惟分別正憶念이니라 阿逸多야 是諸善男子等이 不樂在衆하야 多有所說하고 常樂靜處하야 勤行精進하대 未曾休息하며 亦不依止人天而住하고 常樂深智하야 無有障礙하며 亦常樂於諸佛之法하고 一心精進하야 求無上慧니라

여러 가지 경전을 읽고 외우고 통달하여 사유(思惟)하고 분별하며 바르게 기억하였느니라. 아일다여, 이 선남자들은 대중들 가운데 있으면서 많은 말을 하기를 좋아하지 않고, 항상 고요한 곳에서 부지런히 정진하기를 좋아하여 잠깐도 쉬지 아니 하였느니라. 또한 인간에나 천상에 머물지 아니하고, 깊은 지혜를 항상 좋아하여 걸림이 없으며, 부처님의 법을 항상 좋아하여 일심으로 정진하면서 가장 높은 지혜를 구하였느니라."

🪷 땅을 가르고 솟아오른 보살들은 일반 민중을 상징한다고 했습니다. 이 사람들은 똑똑하고 잘나고 남과 다른 특별한 사람들이 아니라는 말입니다. 다른 보통 사람들과 마찬가지로 잘난 체하지도 않고 아는 체하지도 않으며 부지런하고 겸손한 사람들이라는 말씀입니다.

(2) 게송

【 경문 】
爾時世尊이 欲重宣此義하사 而說偈言하니라
阿逸汝當知하라 是諸大菩薩이
從無數劫來로 修習佛智慧니
悉是我所化하야 令發大道心이니라
此等是我子라 依止是世界하야
常行頭陀事하며 志樂於靜處하야
捨大衆憒鬧하고 不樂多所說이라
如是諸子等이 學習我道法하며

晝夜常精進하야 爲求佛道故로
在娑婆世界의 下方空中住니라
志念力堅固하야 常勤求智慧하며
說種種妙法하대 其心無所畏니라

이때 세존께서 이 뜻을 거듭 펴시려고 게송으로 말씀하셨습니다.
"아일다여, 마땅히 알아라. 이 대보살들은
무수한 겁 전부터 부처님의 지혜를 닦아 익혔으니
모두 내가 교화하여 큰 도의 마음을 내게 했느니라.
이들은 다 나의 제자로서 이 세계를 의지해 있으면서
항상 두타(頭陀)의 행을 하고 고요한 데를 좋아했으며
시끄러운 대중 처소를 버리고 말이 많은 것을 좋아하지 않았나니
이러한 모든 제자들이 나의 법을 배워 익히며
밤낮으로 항상 정진하여 부처님의 도를 구하기 위해
이 사바세계의 하방(下方)인 허공 중에 머물러 있었느니라.
뜻과 생각의 힘이 견고하고 부지런히 지혜를 구하며
가지가지 묘한 법을 설하기에 그 마음에 두려움이 없느니라.

❀ 모순도 이만저만한 모순이 아닙니다. 석가모니 부처님이 중생을 교화한 기간이 45년밖에 안 되는데 어떻게 무수한 겁 전부터 부처님의 지혜를 닦았다고 하셨을까요? 우리가 알고 있는 부처님은 역사적인 존재로서 석가모니 부처님이 있습니다. 이 역사적인 석가모니 부처님의 실상은 무엇입니까? 영원불멸한 것입니다. 석가모니 부처님

의 마음의 실상도 영원한 것이고, 육신의 실상도 형태만 바꿀 뿐 영원한 것입니다.

종이 한 장을 예로 들어봅시다. 한 장의 종이도 그 존재를 없애버리지 못합니다. 그 실상은 영원하기 때문입니다. 종이를 불에 태워서 재로 만들고, 그 재를 비벼서 먼지로 허공 중에 날려버렸다 하여도 종이 한 장의 질량만큼 무엇인가 다른 형태로 변모해서 세상 어딘가에 존재하고 있습니다. 인연에 따라서 이쪽으로 모일 수도 있고 저쪽으로 모일 수도 있습니다. 종이 한 장만큼 항상 따로 굴러다니는 것이 아닙니다. 인연에 따라서 일부는 이쪽, 다른 일부는 저쪽과 결합해서 사방으로 흩어지면서 그렇게 인연취상하는 것입니다. 그렇게 새로운 모습으로 바뀌어서 우리 눈에 보이는 물건으로 나타날 수도 있고 전혀 보이지 않을 수도 있습니다. 보잘 것 없는 종이 한 장도 그렇게 불생불멸입니다.

종이 한 장부터 부처님까지 우리 개개인에게도 모두 실상의 세계가 있습니다. 그러나 눈앞에 이렇게 가시적으로 보이는 모습은 끊임없이 변합니다. 태어나서 성장하고 장년이 되고 늙고 마침내 사대가 뿔뿔이 흩어져 제 갈 데로 가버립니다. 이리저리 수많은 인연이 흩어지는 것이지요. 그러다가 또 다시 인연에 따라 모이는 것을 반복하고 있습니다. 그래서 불생불멸입니다. 눈에 보이는 가시적인 현상에서 영원성을 볼 줄 알아야 합니다. 영원히 존재한다고 하지만 사실 순간에서 영원을 보아야 합니다. 순간이 곧 영원입니다.

"밤낮으로 항상 정진하여 부처님의 도를 구하기 위해 이 사바세계의 하방(下方)인 허공 중에 머물러 있었느니라."고 하였습니다. 사바세계의 하방인 허공 중에 머물러 있었다고 합니다. 이 보살들은 공을 체득했기 때문에 허공 가운데 머물렀던 것입니다. 또한 동시에 겸손하고 하심(下心)해서 더 이상 하심할 수 없을 정도로 하심하면서 살아온 민중이라고 볼 수도 있습니다.

【 경문 】
我於伽耶城 菩提樹下坐하야
得成最正覺하고 轉無上法輪하고는
爾乃敎化之하야 令初發道心일새
今皆住不退하고 悉當得成佛이니라
我今說實語하노니 汝等一心信하라
我從久遠來로 敎化是等衆호라

내가 가야성(伽耶城) 보리수 아래에 앉아
가장 바른 깨달음을 이루고 최상의 법륜을 굴리면서
그때에 이들을 교화하여 처음으로 도의 마음을 내게 하였더니
지금 모두 물러가지 않는 자리에 있어 앞으로 모두 성불하리라.
내 지금 진실한 말을 하나니 그대들은 일심으로 믿어라.
내가 오랜 옛적(久遠)부터 이 사람들을 교화(敎化)했느니라."

❀ 부처님이 깨달음을 이루자마자 모든 생명이 다함께 부처가 되었습니다. 우리는 더 이상 깨달으려고 아등바등할 필요가 없습니다. 이미 석가모니 부처님께서 깨닫고 나서 선언하셨기 때문에 우리가 부

처님인 줄 알고 살면 됩니다. 이 단순한 진실을 얼른 믿지 못하는 것이 또한 우리들입니다. 그래서 '신불급(信不及)'이라는 표현을 합니다. 얼른 믿지 못하니까 이리 부딪혀보고 저리 부딪혀보고, 믿었다가 의심하고 의심하다가 믿기를 반복합니다. 믿음이 부족하기 때문에, 확신하지 못하기 때문에 갈등에서 벗어나지 못하고 있습니다. 그러나 긴 역사 속에서 즉심시불(卽心是佛) 즉 '마음이 부처다'라는 이 한 마디를 듣고 다시는 의심하지 않고 그대로 부처인 줄 알고 산 사람들도 많이 있습니다.

불교는 알고 보면 참 간단명료합니다. 힘들게 애쓸 일이 전혀 없습니다. 사실 부처님께서 부처님이 되신 것은 6년 동안 고행한 덕분이 아닙니다. 깨달음과 6년 고행은 아무 상관이 없습니다. 그 전에 이미 부처님이었습니다. 다만 그때가 되어서야 당신이 본래 부처님인 줄 알게 되셨습니다.

어떤 나그네가 어두운 밤에 낯선 도시에 도착했습니다. 여관에 들어가서 한숨 자고나서 이른 새벽 어둠이 채 가시기도 전에 밖으로 나갔습니다. 아직 동서남북 분별이 되지 않아서 막연하게 저쪽이 동쪽이려니 생각하고 바라보고 있었습니다. 그런데 잠시 후에 반대쪽에서 아침 해가 떠오르는 것입니다. 그제서야 '아, 내가 잘못 알고 있었구나. 이쪽은 서쪽이고 저쪽이 동쪽이구나.' 하고 아는 것과 똑같습니다. 동쪽인 줄 알던 곳이 서쪽임을 제대로 아는 순간은 아주 짧습니다. 노력도 필요하지 않습니다. 그냥 알아차리면 됩니다. 그뿐입니다. 아주 간단합니다. '아, 내가 부처님이구나.' 하고 알아차리면 됩니다. 그뿐입니다. 힘들게 노력해서 차근차근 단계를 밟아 올라가서 무엇이 된다는 것은 가짜입니다.

왜냐하면 만들어진 것은 무너지고 없어지기 때문입니다. 내가 부처인 줄 아는 것, 성불하는 것, 견성하는 것은 정말 간단하고 쉬운 것이라고 깨달은 분들이 말씀하십니다. 너무 쉽기 때문에 오히려 어렵게 느껴진다고 합니다. 사실이 그렇습니다. 그러나 알든 모르든 상관없이 모든 사람은 다 부처님입니다. 알아도 부처님이고 몰라도 부처님입니다. 그러나 너무 쉽기 때문에 오히려 믿기 어렵습니다. 그래서 부처님께서는 "내 지금 진실한 말을 하나니 그대들은 일심으로 믿어라." 하시며 계속 당부하고 계십니다.

8. 미륵보살이 다시 의심하여 청하다

【 경문 】

爾時彌勒菩薩摩訶薩과 及無數諸菩薩等이 心生疑惑하야 怪未曾有하야 而作是念하대 云何世尊이 於少時間에 敎化如是無量無邊阿僧祇諸大菩薩하야 令住阿耨多羅三藐三菩提리요

이때 미륵보살마하살과 무수한 보살들이 마음에 의혹을 품고는 처음 보는 일이라고 괴이하게 여겨 이렇게 생각하였습니다.
'세존께서 어떻게 이 짧은 시간에 이렇게 한량없고 그지없는 아승지의 대보살들을 교화(敎化)하여 최상의 깨달음에 머물게 하시었는가.'

🪷　미륵보살도 외형만 보고 의구심을 가진 것입니다. 마음의 역사는 보지 않고 육신만 본 것입니다. 겉으로 드러나는 육신을 보더라도 생김새만 보지 말고 그 육신의 실상을 보아야 합니다. 지금 내 눈 앞에 있는 종이 한 장이 오늘 종이공장에서 만들어졌다고 생각하면 오늘 하루만의 역사를 가진 종이로 보는 것입니다. 그러나 종이의 본질이 지닌 역사를 생각해 봅시다. 다른 여러 가지 조건이 필요하겠지만, 펄프에서 종이가 되었다고 합시다. 펄프는 어디에서 왔습니까? 나무에서 나왔습니다. 나무는 어디에서 나왔습니까? 햇빛과 수분을 먹고 자랐습니다. 그 수분과 햇빛은 어디에서 나왔습니까? 이렇게 추구해 들어가면, 우리 모두가 그 역사 속에 동참해 있습니다. 무량 아승지의 세월이 한 장의 종이에 들어있고, 종이 한 장의 역사가 무량 아승지 겁이라는 사실을 불자들은 쉽게 알 수 있습니다. 그와 같은 실상을 이해시키려고 하는 것입니다.

【 경문 】
卽白佛言하사대 世尊하 如來爲太子時에 出於釋宮하사 去伽耶城不遠에 坐於道場하야 得成阿耨多羅三藐三菩提하시고 從是已來로 始過四十餘年이어늘 世尊하 云何로 於此少時에 大作佛事하대 以佛勢力과 以佛功德으로 敎化如是無量大菩薩衆하사 當成阿耨多羅三藐三菩提이시닛고 世尊하 此大菩薩衆을 假使有人이 於千萬億劫에 數不能盡이라 不得其邊이리다 斯等久遠已來로 於無量無邊諸佛所에 植諸善根하야 成就菩薩道하고 常修梵行일지니 世尊하 如此之事는 世所難信이니다

그래서 곧 부처님께 말씀드렸습니다.

"세존이시여, 여래께서 태자(太子)로 계시다가 석가씨(釋迦氏)의 궁궐에서 나오시어 가야성(伽耶城)에서 얼마 멀지 않은 도량에 앉아 최상의 깨달음을 이루셨습니다. 그때부터 지금까지 사십여 년쯤 되었습니다. 세존께서 어떻게 이 짧은 시간에 큰 불사(佛事)를 지어 부처님의 세력과 부처님의 공덕으로써 이와 같이 한량없는 대보살들을 교화하여 최상의 깨달음을 이루게 하셨습니까?

세존이시여, 이 대보살들을 어떤 사람이 천만억 겁 동안을 두고 헤아려도 다 헤아릴 수 없어 그 끝을 알 수 없습니다. 이들이 오랜 세월부터 지금까지 한량없고 그지없는 부처님 계신 데서 온갖 선근(善根)을 심으면서 보살의 도를 성취하고 항상 범행(梵行)을 닦을 것입니다. 세존이시여, 이런 일은 세상 사람들이 믿기 어려울 것입니다.

❋   이제 미륵보살이 솔직하게 이야기합니다. 석가모니 부처님께서 교화를 한 기간이 40여 년 정도밖에 안 되는데 이렇게 짧은 시간에 어떻게 저와 같이 많은 보살들을 교화하셨는지 구체적으로 질문합니다. 미륵보살이 마음의 역사를 전혀 이해하지 못했기 때문입니다. 제가 '마음의 역사'라고 쉽게 표현했지만 사실은 제법실상의 역사, 모든 존재의 실상의 역사를 말합니다. 모든 존재의 실다운 모습은 우리 눈으로 판단하는 모습과는 많이 다릅니다. 현대 물리학의 과학법칙으로 많이 설명하기도 합니다만, 굳이 그런 예를 끌어오지 않아도 충분히 이해할 수 있습니다.

9. 부소자노(父少子老)의 비유

【 경문 】

譬如有人이 色美髮黑한 年二十五가 指百歲人하야 言是我子어든 其百歲人도 亦指年少하야 言是我父라 生育我等이라하면 是事難信이니다 佛亦如是하야 得道已來가 其實未久니라 而此大衆諸菩薩等은 已於無量千萬億劫에 爲佛道故로 勤行精進하야 善入出住無量百千萬億三昧하사 得大神通하며 久修梵行하고 善能次第로 習諸善法하며 巧於問答하야 人中之寶라 一切世間에 甚爲希有니라

마치 어떤 사람이, 얼굴이 예쁘고 머리카락이 검은 이십오 세 쯤 되는 젊은이가 백 살 된 노인을 가리켜 내 아들이라 하고, 백 살 된 노인도 그 젊은이를 가리켜 이는 나의 아버지로서 나를 낳아 길렀다고 한다면 이 일을 믿을 수 없는 것과 같습니다.

부처님도 그와 같아서 도(道)를 이루신 지 오래지 않았는데 이 보살 대중들은 이미 한량없는 천만억 겁부터 불도(佛道)를 위하여 부지런히 정진하였습니다. 한량없는 백천만 억 삼매에 잘 들고 나며, 머물러서 큰 신통을 얻고 오래도록 범행을 닦았습니다. 모든 선한 법을 차례차례 익히어 문답(問答)에도 능하여 사람들 가운데 보배입니다. 모든 세간에서도 매우 희유(稀有)합니다.

❀ 꼭 맞는 표현은 아니지만, 마음의 역사를 한 번 생각해 봅시다. 다시 말해서 겉으로 드러나는 이와 같은 모습의 역사와 이러한 모습

을 형성한 실재의 역사로 보면 맞습니다. 물에 비유하자면, 물결의 역사와 물의 역사라고 보면 됩니다. 바람의 힘에 의해서 잠깐 동안 찰랑하고 올라와서 모습을 보이는 물결의 역사가 석가모니 부처님의 일생이고 또 우리의 일생입니다. 그러나 석가모니 부처님의 진실과 우리들의 참 생명은 물의 역사와 같습니다. 물결이 아무리 출렁거리고 또 출렁거려도 물 자체는 변함없이 영원합니다. 물결을 출렁이는 바람이 업의 바람이든 원력의 바람이든 간에 바람의 힘으로 나타나는 모습은 그때마다 다릅니다. 조건과 환경에 따라서 잘나기도 하고 못나기도 합니다. 이런 모습은 잠깐 스쳐지나가는 짧은 역사이지만, 물이 영원하듯 우리의 실상도 영원합니다. 이것이 우리가 이해해야 하는 법화경의 요지입니다.

【 경문 】

今日世尊이 方云得佛道時에 初令發心하야 教化示導하사 令向阿耨多羅三藐三菩提라하시니 世尊하 得佛未久에 乃能作此大功德事닛고 我等은 雖復信佛隨宜所說하사 佛所出言은 未曾虛妄이며 佛所知者는 皆悉通達이나 然이나 諸新發意菩薩이 於佛滅後에 若聞是語하면 或不信受하야 而起破法罪業因緣하리니 唯然世尊하 願爲解說하사 除我等疑하시며 及未來世에 諸善男子가 聞此事已하고 亦不生疑케하소서

오늘 세존께서 말씀하시기를 '불도(佛道)를 이루었을 적에 처음으로 마음을 내게 하고 교화하며 지도하여 최상의 깨달음에 나아가게 하였다 하셨습니다.

세존께서 성불하신 지 오래지 않았는데 이렇게 큰 공덕을 능히 지으셨습니까? 저희들은 비록 부처님께서 편리에 따라 마땅하게 하시는 말씀을 믿고, 부처님의 말씀이 허망하지 않으며, 부처님이 아시는 것을 다 통달하였습니다만, 만일 새로 발심(發心)한 보살들이 부처님께서 열반하신 뒤에 이 말씀을 들으면 혹 믿고 받아들이지 아니하고 법을 파괴하는 죄업(罪業)의 인연을 일으킬 듯합니다. 그렇습니다. 세존이시여, 원컨대 자세히 해설하시어 저희들이 의심하지 않도록 하여 주십시오. 오는 세상의 모든 선남자들이 이 사실을 듣고도 의심을 내지 않게 하여 주십시오."

❀ 미륵보살이 다시 간청합니다. 부처님께서 중생의 근기에 따라 방편을 설하신 것도 믿고, 부처님의 말씀이 허망하지 않다는 것도 잘 알고 있지만, 즉 설령 부처님의 말씀이 납득하기 힘들어도 진실을 말씀하셨다는 것을 저희들은 믿어 의심치 않지만, 말세의 사람들은 믿음을 내기 어려울 것입니다. 그런 점이 염려가 되니 자세히 말씀해 주시기를 청하는 내용입니다. 미륵보살의 의문에 대한 답은 제16 여래수량품에서 설하고 계십니다. 참으로 납득하기 어려운 내용이기 때문에 "여러 선남자들이여, 그대들은 여래의 진실하고 참된 말을 마땅히 믿고 이해하라."는 주의를 세 번이나 주시면서 답을 하십니다.

10. 게송으로 다시 청하다

[1] 법으로 표현하다

【 경문 】

爾時彌勒菩薩이 欲重宣此義하사 而說偈言하니라
佛昔從釋種하사 出家近伽耶에
坐於菩提樹하시니 爾來尙未久요
此諸佛子等 其數不可量은
久已行佛道하야 住於神通力하며
善學菩薩道하야 不染世間法호대
如蓮華在水라 從地而涌出하사
皆起恭敬心하야 住於世尊前하니
是事難思議라 云何而可信이릿가
佛得道甚近하고 所成就甚多하시니
願爲除衆疑하사 如實分別說하소서

이때 미륵보살이 이 뜻을 거듭 펴려고 게송으로 말하였습니다.
"부처님께 예전 석가씨 궁전에서 집을 떠나
가야성 근처의 보리수 아래 앉으신 지 지금까지 오래 되지 않았는데
이 여러 불자들의 그 수효가 한량이 없고
오래 전부터 불도를 행하여 신통의 힘에 머물렀습니다.
보살의 도를 잘 배우고 세상의 법에 물들지 않은 것이

마치 연꽃이 물에 있는 듯 땅에서 솟아 올라와
모두 공경하는 마음을 내어 세존 앞에 있습니다.
이 일이 불가사의하여 어떻게 믿을 수 있습니까.
부처님의 도를 얻은 지 오래지 않고 이루신 일은 매우 많습니다.
대중들의 의심을 풀어주기 위해 사실대로 말씀하여 주십시오.

❀ "보살의 도를 잘 배우고 세상의 법에 물들지 않은 것이 마치 연꽃이 물에 있는 듯 땅에서 솟아 올라와 모두 공경하는 마음을 내어 세존 앞에 있습니다."라고 했습니다. 땅이 갈라지고 솟아오른 천만 억의 보살마하살을 연꽃에 비유하고 있습니다. 이들은 우리와 더불어 이 땅에 살고 있는 보통사람들을 뜻합니다. 연꽃은 물에 있는 듯하지만 땅에서 솟아 올라와 피는 꽃입니다. 깨끗한 화단이나 높은 언덕에서는 피지 않습니다. 진흙 속에서만 싹을 틔우고 꽃을 피우는 연꽃은 진흙에 뿌리내리지 않고는 존재할 수 없습니다.

연꽃은 온 몸으로 불교의 의미를 보여주기 때문에 불교를 상징하는 꽃으로 추앙받습니다. 진흙으로 상징되는 현실과 함께하는 것이 불교입니다. 인간의 온갖 희로애락과 팔만사천 가지 번뇌 속에서 뒤범벅되어 엎치락뒤치락하는 삶이 불교적인 삶이고, 바로 거기에서 눈을 떠야 합니다. 일반 민중들의 평범한 삶이 그대로 보살의 삶이고 부처의 삶이라는 것에 눈을 떠야 한다는 말입니다. 이러한 진실에 눈뜨지 않으면 달리 다른 곳에서 부처의 삶을 찾지 못합니다.

(2) 비유로써 표현하다

【 경문 】

譬如少壯人의 年始二十五가
示人百歲子의 髮白而面皺하대
是等我所生이라하니 子亦說是父라하면
父少而子老라 擧世所不信이니다
世尊亦如是하사 得道來甚近하고
是諸菩薩等은 志固無怯弱하야
從無量劫來로 而行菩薩道하며
巧於難問答하사 其心無所畏하며
忍辱心決定하야 端正有威德하며
十方佛所讚이라 善能分別說하며
不樂在人衆하고 常好在禪定하며
爲求佛道故로 於下空中住니다

비유하자면 젊은이로서 이십오 세쯤 된 이가
머리가 희고 얼굴이 쭈그러진 백 살 된 이를 가리키면서
이 사람을 내가 낳았다 하고 아들도 젊은이를 아버지라 하면
아버지는 젊고 아들이 늙었으니
온 세상 사람들이 믿지 않는 것과 같습니다.
세존도 그와 같아서 도를 얻은 지 오래지 않았는데
이 여러 보살들은 뜻이 굳고 겁약(怯弱)하지 않습니다.

한량없는 겁으로부터 보살의 도를 행하여
어려운 문제도 답을 잘하고 두려운 마음도 전혀 없습니다.
참는 마음이 확고하고 단정하고 위엄과 덕이 있어
시방의 부처님들께 칭찬을 받고 분별하여 말도 잘합니다.
여럿이 있는 데는 좋아하지 않고 항상 선정(禪定)에 있으면서
부처님의 도를 구하기 위해 이 세계 아래의 공중에 있습니다.

❀ '이 세계 아래의 공중'에 있는 것은 말하자면 텅 빈 마음자리를 가리킵니다. 우리들의 마음자리는 본래 텅 비어 있습니다. 그래서 이들은 잘한다, 못한다, 잘났다, 못났다는 분별을 초월했습니다. 그야말로 무안이비설신의(無眼耳鼻舌身意), 무색성향미촉법(無色聲香味觸法)이라는 제법공상의 단계를 뛰어넘어 제법실상의 경지에 오른 이들이라는 의미가 포함되어 있습니다.

【 경문 】

我等從佛聞하와 於此事無疑이노나
願佛爲未來하사 演說令開解하소서
若有於此經에 生疑不信者는
卽當墮惡道리니 願今爲解說하소서
是無量菩薩을 云何於少時에
教化令發心하야 而住不退地닛고

저희들은 부처님의 말씀을 듣고 이 일에 의심이 없지만

부처님께서 미래의 중생들을 위하여 말씀하여 해석해 주십시오. 만약 어떤 사람이 이 경을 듣고 의심하여 믿지 않으면 악도에 떨어지리니 바라건대 해설하여 주십시오. 이렇게 한량없는 보살들을 어찌하여 짧은 시간에 교화하고 발심하게 하여 물러가지 않는 지위에 머물게 하였습니까?"

❀ 물결의 역사는 몇 분, 몇 초밖에 안 되지만 물의 역사는 수 억만년입니다. 그 물과 물결이 사실은 둘이 아니지요. 물을 떠나서 물결이 따로 있지 않고, 물결을 떠나서 물이 따로 있지 않습니다. 이와 같이 불가분의 관계에 있는데도 우리는 물결로 물을 인식하고 물결을 가지고 왈가왈부합니다.

다시 말해서 석가모니 부처님의 출생과 출가, 수행과 성도, 교화와 반열반 등을 가지고 왈가왈부해 왔을 뿐이지, 부처님의 진실이나 영원한 생명에 대해서는 별로 아는 바가 없습니다. 잘 알지도 못하지만 사실 관심도 별로 없습니다. 마찬가지로 우리 자신에 대해서도 부모님에게서 태어나 지금까지 살아온 과정만 가지고 나의 삶이 이러니 저러니 왈가왈부하고 있습니다. 정작 이렇게 살아있게 한 참 생명에 대해서는 별로 아는 바도 없고, 관심을 가지지도 않습니다. 그 참 생명을 가르쳐 주기 위한 질문입니다.

16
여래수량품

(如來壽量品)

앞의 제15 종지용출품이 제16 여래수량품을 설하기 위한 서론의 역할을 했다면 여래수량품은 그 본론이 됩니다. 이 여래수량품은 본문 14개 품의 본론이기도 하면서 법화경 전체의 큰 안목(眼目)이라고 표현할 수 있는 품입니다. 법화경 28개 품 가운데 중요하지 않은 품이 하나도 없지만, 법화경 전체에서 가장 중요한 한 품을 꼽으라고 하면 대개 여래수량품을 선택합니다. 그 정도로 핵심적인 내용을 담고 있다고 할 수 있습니다.

여래수량품의 내용을 요약하면 크게 3가지 뜻이 있습니다. 개근

현원(開近現遠)과 개적현본(開迹顯本), 개권현실(開權顯實)이 그것입니다. 개근현원(開近顯遠)은 가까운 것을 열어서 멀리 있는 것을 나타낸다는 말입니다. 우리들에게 가까이 있는 사실을 출발점으로 하여 그 사실의 근원을 점차적으로 더듬어 찾아가서 가장 멀리 있는 것을 나타내는 일입니다. 가까이 있는 사실은 석가모니 부처님께서 이 세상에 나오시어 깨달음을 여시고 그 깨달음의 길을 많은 사람들에게 설법하셨다는 사실입니다. 부처님은 과거 인류의 역사와는 아무 관계없이 법(法) 즉 진리를 깨달은 것이 아닙니다. 법은 지구상에 인류가 생겨나기 전부터 또 이 우주가 생성되기 이전부터 이미 존재하고 있던 진리입니다. 이미 존재하고 있었기 때문에 부처님이 깨달았고, 우리들도 부처님의 가르침을 통해서 깨달을 수 있습니다. 또한 이후로 수만 년의 시간이 흐른 뒤라도 누구든지 깨달을 수 있습니다. 부처님이 세상에 나시고 깨달음을 얻으셨기 때문에 오래 전부터 확고하게 존재했지만 아무도 알지 못했던 법이 비로소 밝혀진 것입니다.

다음으로 개적현본(開迹顯本)은 자취를 열어서 근본을 나타낸다는 말입니다. 자취는 적불(迹佛)로서 자취를 남기신 부처님, 형태로 나타나신 부처님을 의미하고, 본(本)은 본불(本佛) 즉 본래 부처를 의미합니다. 인간의 형상으로 나타나신 석가모니 부처님이나 먼 미래에 나타나실 미륵 부처님 등이 모두 역사적으로 흔적으로 남기는 부처님(迹佛)입니다. 이러한 적불이 나타나는 깊고 깊은 곳을 더듬어 가면 반드시 그 근본이 되는 부처님이 계실 것입니다. 다시 말해서 진리는 오직 하나이기 때문에 현상적으로는 여러 가지 다른 형태를 취하고 있어도 반드시 그 근본이 존재한다는 뜻입니다. 마치 사람의 사대육신을 다 나누어보아도 여전히 눈에 보이지 않는 마음자리가 있는 것과 같습니다. 이렇게 적불(迹佛)로 이 세상에 출현하신 부처님의 그 깊고 깊은 곳을 잘 생각해 보면, 그것은 오직 하나 구원실성(久遠實成)의 본불이 계심을 확고하게 자각할 수 있습니다.

마지막으로 개권현실(開權顯實)은 방편을 열어서 실다운 것, 진실을 나타낸다는 말입니다. 부처님께서 임시로 어떤 형태를 취해서 출현하신 것을 권현(權現)이라고 합니다. 권(權)이란 방편을 뜻합니다. 방편의 가르침도 대단히 중요하지만 그것은 진실을 가르치기 위한 임시적 가르침일 뿐입니다. 방편의 가르침 덕분에 중생들의 희망이 제법 높아지기는 했으나 아직 최고의 경지까지 도달하지 못했습니다. 그런 까닭으로 이제는 방편을 버리고 진실한 최고의 가르침을 보여주시는 것이 바로 여래수량품의 내용입니다.

여래수량품의 이름을 풀이하면, 여래의 수명은 얼마나 되는가 하는 문제를 다루고 있습니다. 예를 들어서 석가모니 부처님께서는 2,500년 전에 태어나셨으니 2,500세로 보아야 하느냐? 아니면 80세에 열반하셨으니 80세로 보아야 하느냐 하는 문제입니다. 결론적으로 말해서 여래의 수명은 무한하다는 것을 말하고 있습니다. 무한한 과거와 무한한 미래에 걸쳐있기 때문에 도저히 헤아릴 수 없습니다. 진리라는 것은 언제부터 시작해서 언제까지 존재하는 것이 아닙니다. 시작도 끝도 없이 영원히 존재하는 진리에서 우리는 잠시 거쳐가고 있을 뿐입니다. 진리의 힘을 입어서 또 다른 형태로 태어났다가 떠나기를 반복하는 것입니다. 석가모니 부처님도 마찬가지이고 관세음보살도 마찬가지입니다. 그래서 천백억의 화신이라고 합니다. 바람에 따라 일렁이는 물결처럼 그렇게 무수한 몸을 받아서 태어나기를 반복해 왔습니다. 배라도 삼킬 듯 큰 물결, 잔잔한 작은 물결, 동에서 서로 가는 물결, 북에서 남으로 가는 물결 등 온갖 물결이 일어났다가 사라지기를 되풀이합니다. 그러나 어떤 물결이든 거대한 바다에 속한다는 사실은 변함이 없습니다. 영원히 존재하는 진리의 역사를 이렇게 이해해 볼 수 있습니다. 우리는 밖으로 나타난 모습만을 생각합니다. 본래의 모습을 생각하지 않습니다. 보이지 않는 본래의 모습을 어떻게 해서든 중생에게 이해시키고 싶은 것이 부처님의 마음입니다. 그래서 꼭 믿고 이해하라고 당부하고 또 당부하고 계십니다.

여래수량품에 법화칠유의 마지막 일곱 번째 비유인 의사(醫師)의 비유가 등장합니다. 구원실성의 본래 부처이면서도 과거세에 연등불로부터 부처가 될 것이라는 수기를 받았다거나 카필라 국에 태자로 태어나서 깨달음을 이루고 사라쌍수 아래서 반열반에 들었다는 것은 모두 방편으로 설했을 뿐이라는 것을 설명하는 비유입니다.

어떤 의사가 있었습니다. 그는 가끔 먼 나라로 여행을 하는데, 그가 집을 비운 사이에 그의 자식들이 잘못하여 독약을 마셔버렸습니다. 집에 돌아온 의사가 괴로워하는 자식들에게 해독약을 지어주었지만, 독약 때문에 본심을 잃어버린 자식들은 약을 먹지 않으려고 했습니다. 그러자 의사는 묘안을 짜내었습니다. 다른 사람을 시켜서 자신이 외국에서 죽었다고 전하게 하였습니다. 아버지의 죽음에 슬퍼하던 자식들이 본심을 되찾아서 해독약을 먹어서 병이 나았다는 이야기입니다. 이 경우에 의사인 아버지는 거짓말을 했다는 죄가 있겠습니까? 중생을 구제하기 위해서 방편으로 열반에 드신 부처님께서는 사실 열반에 드신 일도 없으며 또한 거짓을 말했다는 죄 따위도 없습니다. 이러한 사실을 분명하게 드러내는 비유가 의사의 비유입니다.

1. 현세의 일(近)에서 영원(遠)을 밝히다

[1] 세 번의 주의를 주다

【 경문 】

爾時佛告諸菩薩과 及一切大衆하사대 諸善男子야 汝等當信解如來誠諦之語니라 復告大衆하사대 汝等當信解如來誠諦之語니라 又復告諸大衆하사대 汝等當信解如來誠諦之語니라

그때 부처님께서 여러 보살들과 모든 대중들에게 말씀하셨습니다.
"여러 선남자들이여, 그대들은 여래의 진실(眞實)하고 참된 말을 마땅히 믿고 이해하라."
또 대중들에게 말씀하셨습니다.
"그대들은 여래의 진실하고 참된 말을 마땅히 믿고 이해하라."
또 다시 대중들에게 말씀하셨습니다.
"그대들은 여래의 진실하고 참된 말을 마땅히 믿고 이해하라."

※ 얼마나 납득하기 어렵고 믿기 어려우면 부처님께서 이렇게 세 번이나 반복해서 말씀하셨겠습니까? 이것만 보더라도 우리의 일반 상

식으로 명멸하는 현상계에서 영원한 생명이라는 존재의 실상을 통찰하기 어렵다는 것을 잘 알 수 있습니다. 깨달음의 눈이 있어야 이해할 수 있는 일일 것입니다.

(2) 세 번 청하다

【경문】
是時菩薩大衆에 彌勒爲首하사 合掌白佛言하사대 世尊하 唯願說之하소서 我等當信受佛語호리다 如是三白已하니라 復言唯願說之하소서 我等當信受佛語호리다 爾時世尊이 知諸菩薩의 三請不止하시고 而告之言하니라

이때에 보살 대중 가운데 미륵보살이 상수(上首)가 되어 합장하고 부처님께 말씀드렸습니다.
"세존이시여, 원컨대 말씀하여 주십시오. 마땅히 부처님의 말씀을 믿겠습니다."
이렇게 세 번을 말씀드리고 다시 말하였습니다.
"원컨대 말씀하여 주십시오. 저희들이 마땅히 부처님의 말씀을 믿겠습니다."
이때 세존께서 보살들이 세 번이나 청하여 그치지 아니하는 것을 아시고 말씀하셨습니다.

(3) 세상 사람들이 보는 성불(成佛)

【 경문 】

汝等諦聽如來秘密神通之力이니 一切世間에 天人及阿修羅는 皆謂今釋迦牟尼佛이 出釋氏宮하사 去伽耶城不遠에 坐於道場하야 得阿耨多羅三藐三菩提라하나니라

"그대들은 여래의 비밀(秘密)하고 신통한 힘을 자세히 들어라.
모든 세간에서 천신들과 사람들과 아수라들이 모두 말하기를 '지금 석가모니 부처님이 석가씨(釋迦氏)의 궁전에서 나와 가야성(伽耶城)에서 멀지 아니한 도량(道場)에 앉아서 최상의 깨달음을 얻었다'라고 하느니라.

성불(成佛)에는 세상 사람들이 생각하는 성불과 본래 성불의 두 가지가 있습니다. 세상 사람들이 생각하는 성불은 석가모니 부처님의 성불이고 역사적인 성불입니다. 부처님의 제자인 우리들은 이와 같은 역사적인 성불이 아니라 본래 성불을 이해해야 한다는 말씀입니다.

팔상도(八相圖)와 같이 부처님의 생애를 묘사한 경전이 보여주는 것과 이 대목의 말씀이 똑같습니다. 석가모니 부처님께서는 석가씨의 궁전을 나와서 가야성에서 가까운 도량에 앉아서 최상의 깨달음을 이뤘고 49년간 중생제도를 위해서 설법하시다가 열반에 드셨습니다.

본래 성불을 모르는 상태에서는 이와 같은 석가모니 부처님의 일대기는 사실 그리 의미가 크지 않습니다. 본래 성불이라는 주체가 있기 때문에 부처님께서 역사적인 사실들을 펼칠 수 있는 것입니다. 마

찬가지로 우리들이 보고 듣고 느끼는 것, 태어나서 성장하고 늙어가는 이러한 현상도 결국은 영원한 참 생명이 갖춰져 있기 때문에 가능한 것임을 알아야 합니다. 그러므로 변화 속에서 변하지 않는 것을 보라는 말씀입니다.

앞서 말씀드렸듯이 어떤 바람 또는 인연의 바람에 의해서 물결은 여러 가지로 일어날 수 있습니다. 그러나 물의 성질은 어떤 물결이든 관계없이 큰 물결 작은 물결, 동쪽에서 불어오는 바람, 서쪽에서 불어오는 바람, 어떤 바람에 의해서 일어나는 물결이든지 간에 관계없이 물은 영원한 것이고, 변함없는 것입니다. 그와 마찬가지로 우리의 참 생명은 우리의 업과 우리의 인연에 의해서 하루 또는 한 달, 또는 일 년, 또는 일생을 통해서 이런 저런 모습으로 펼쳐집니다. 그러나 그 본질은 물과 같이 변함이 없는 것이고 영원한 것이라는 데 눈을 뜨신 분의 가르침이고, 우리도 거기에 눈을 떠야 한다는 의미가 되겠습니다.

[4] 본래성불(本來成佛)을 밝히다

【 경문 】

然善男子야 我實成佛已來는 無量無邊百千萬億那由他劫이니라 譬如五百千萬億那由他阿僧祇三千大千世界를 假使有人이 抹爲微塵하야 過於東方五百千萬億那由他阿僧祇國하야 乃下一塵하대 如是東行하야 盡是微塵이면 諸善男子야 於意云何오 是諸世界를 可得思惟校計하야 知其數不아 彌勒菩薩等이 俱白佛言하사대 世尊하 是諸世界는 無量無邊이라 非算數所知며 亦非心力所及이라 一切聲聞辟支佛이 以無漏智로

不能思惟하야 知其限數며 我等이 住阿鞞跋致地라도 於是事中에 亦所不達이오니 世尊하 如是諸世界는 無量無邊이니다

그러나 선남자들이여, 나는 참으로 성불(成佛)한 지가 한량없고 그지없는 백천만 억 나유타 겁이니라.
비유하자면 마치 오백 천만억 나유타 아승지 삼천대천세계를 어떤 사람이 부수어 아주 작은 먼지를 만들어 가지고, 동방으로 오백 천만억 나유타 아승지 세계를 지나서 먼지 하나를 내려놓았다고 하자. 이렇게 동쪽으로 가면서 이 작은 먼지가 다하도록 하였다면, 선남자들이여, 어떻게 생각하는가. 이 모든 세계들을 능히 생각하고 계산하여 그 수효를 다 알 수 있겠는가?"
미륵보살 등이 함께 부처님께 말씀드렸습니다.
"세존이시여, 이 모든 세계들이 한량없고 그지없어 산수로 알 수 없으며, 마음으로도 미칠 수 없습니다. 모든 성문이나 벽지불들이 무루(無漏)의 지혜로 생각하여도 그 수효를 알 수 없습니다. 물러가지 않는 지위에 머문 저희들도 이런 일은 알 수 없습니다. 세존이시여, 이와 같은 모든 세계는 한량이 없고 그지없습니다."

❀ 제7 화성유품에도 이와 유사한 이야기가 나옵니다. 삼천대천세계의 국토를 갈아서 먹을 만든 다음에 일천 국토마다 한 점씩 먹물을 떨어뜨려서 그 먹이 다했을 때 지금까지 지나온 모든 국토를 먼지처럼 작게 부수어서 그 먼지 하나를 하나의 겁으로 센다는 표현이 나옵니다. 그것을 진점겁(塵點劫)이라고 하는데 이 대목에 나오는 이야기도

진점겁의 일종입니다. 옛 사람들의 상상력이 오늘날보다 훨씬 뛰어나다는 생각이 들게 하는 대목입니다. 이루 헤아릴 수 없는 오랜 시간을 이보다 더 분명하고 기발하게 표현할 수 없을 것입니다.

【 경문 】
爾時佛告大菩薩衆하사대 諸善男子야 今當分明히 宣語汝等호리라 是諸世界에 若著微塵과 及不著者를 盡以爲塵하야 一塵一劫이라도 我成佛已來는 復過於此百千萬億那由他阿僧祇劫이니라

이때에 부처님께서 대보살들에게 말씀하셨습니다.
"선남자들이여, 이제 분명히 그대들에게 말하노라. 이 모든 세계에서 작은 먼지가 떨어졌거나 떨어지지 아니한 것을 모두 다시 먼지를 만들어서 한 개의 먼지로 한 겁을 삼는다 하더라도 내가 성불한 지는 이보다도 더 지나간 것이 백천만 억 나유타 아승지 겁이니라.

※ 간단히 말해서, 결국은 시작도 없는 오랜 과거부터 이미 성불해 있었다는 말씀입니다. 석가모니 부처님만 그럴까요? 그렇지 않습니다. 한량없는 세월 이전부터 석가모니 부처님께서 이미 성불했듯이 모든 존재, 모든 인간도 똑같이 본래 부처로 존재해 왔고 또 앞으로도 그러할 것입니다.

(5) 근기를 따라 설하다

【 경문 】

自從是來로 我常在此娑婆世界하야 說法敎化하며 亦於餘處인 百千萬億那由他阿僧祇國에도 導利衆生호라 諸善男子야 於是中間에 我說燃燈佛等하며 又復言其入於涅槃호니 如是皆以方便分別이니라 諸善男子야 若有衆生이 來至我所어든 我以佛眼으로 觀其信等諸根利鈍하며 隨所應度하야 處處自說名字不同과 年紀大小하며 亦復現言當入涅槃이라하고 又以種種方便으로 說微妙法하야 能令衆生으로 發歡喜心케하나라

이때부터 나는 이 사바세계에 항상 있으면서 법을 설하여 교화하였느니라. 또 다른 세계의 백천만 억 나유타 아승지 국토에서도 중생을 지도하여 이익케 하였느니라.

선남자들이여, 이렇게 하는 중간에 나는 연등불(燃燈佛)에게서 법을 얻었다고도 말하였느니라. 또 거기서 열반에 들었다고도 말하였으니, 이런 것이 다 방편으로 분별한 것이니라.

여러 선남자들이여, 만일 어떤 중생이 나에게 오면 내가 부처님의 눈으로 그의 신심(信心) 등의 근성(根性)이 총명하고 둔함을 관찰하느니라. 그를 제도할 만한가에 따라 여러 곳에서 스스로 말하는 이름이 같지 않고, 나이도 많기도 하고 적기도 하느니라. 또 열반에 든다고 말하기도 하느니라. 또 여러 가지 방편(方便)으로 미묘한 법을 말하여 중생들로 하여금 환희심(歡喜心)을 내게 하느니라.

❀ 과거세에 연등불에게서 수기를 받았다는 이야기는 금강경에 나옵니다. 그 외에 일월등명불의 여덟 번째 아들이었다거나 혹은 무량광불, 무량수불이라는 여러 가지 명호를 지녔다는 이야기도 모두 방편으로 분별한 것입니다. 뿐만 아니라, 설법을 듣는 사람의 근기 즉 성향에 맞추어 이런 소리도 하고 저런 소리도 하는 등 별별 말을 다 했지만, 그것은 모두 그 사람에게 이익을 주고 깨우치기 위한 것이었습니다.

우는 아이에게 있지도 않은 호랑이가 있다고 하더라도 결코 거짓말이 되지 않습니다. 우는 아이의 울음을 그쳤으면 되었지 정말로 호랑이가 밖에 왔느냐 안 왔느냐는 중요한 문제가 아닌 것입니다. 왜 있지도 않은 호랑이를 있다고 했느냐며 부모에게 따지는 사람도 없습니다. 부처님께서 별별 방편을 다 펼쳐 놓은 것도 그와 마찬가지입니다. 그동안 불교가 방편이라는 미명하에 방편을 너무 오용하고 남용한 폐단도 적지 않습니다만, 방편은 방편일 뿐 결코 거짓은 아닌 것입니다.

[6] 방편으로 보인 일생(一生)

【경문】
諸善男子야 如來見諸衆生이 樂於小法하야 德薄垢重者하니라 爲是人說하대 我少出家하야 得阿耨多羅三藐三菩提라하니 然이나 我實成佛已來는 久遠若斯언만 但以方便으로 敎化衆生하야 令入佛道일새 作如是說이니라 諸善男子야 如來所演經典이 皆爲度脫衆生이니 或說己身하고 或說他身하며 或示己身하고 或示他身하며 或示己事하고 或示他事하대 諸

所言說이 皆實不虛니라

선남자들이여, 여래는 중생들이 작은 법을 좋아하여 박덕(薄德)하고 업이 무거운 이를 보고는 이 사람들을 위하여 말하기를 '내가 젊어서 출가(出家)하여 최상의 깨달음을 얻었느니라.'라고 하느니라. 그렇지만 내가 참으로 성불한 지는 그렇게 오래 되었느니라. 다만 방편으로 중생들을 교화하여 불도(佛道)에 들어오게 하기 위하여 이런 말을 하는 것이니라. 선남자들이여, 여래가 설한 경전들은 모두 중생들을 제도하기 위한 것이므로 혹 자기 자신에 대한 말을 하기도 하고, 혹은 다른 이에 대한 말을 하기도 하느니라. 또 혹 자기 몸을 보이기도 하고, 혹은 다른 이의 몸을 보이기도 하느니라. 혹 자기 일을 보이기도 하고, 혹은 다른 이의 일을 보이기도 하느니라. 여러 가지로 말한 것이 다 진실하여 허망하지 아니하니라.

❀ 예전에는 칠성당에 실타래를 올리면 아이들의 명이 길어진다고 해서 실타래를 많이 올렸습니다. 산신각이나 칠성당에 광목 한 필을 통째로 올리기도 했습니다. 그것도 역시 자손들의 명이 길어진다고 해서 자르지 않고 통째로 한 필을 올렸습니다. 실이 길어서 수명이 길어진다면 실 만드는 공장 사람들은 천 년 만 년 살 거라는 우스개 소리로 방편을 깨뜨리기도 합니다. 그러나 그런 방편을 써서라도 부처님과 인연을 맺게 되고 차츰차츰 진정한 불도로 나아가게 된다면 이런 방편도 고마운 일이 될 것입니다. 이런 입장에서 보면, 자녀들을 위한 대학입학기도도 마찬가지로 고마운 방편입니다. 우리들의 마음

의 힘도 대단한 것입니다. 지성이면 감천이라는 말이 있듯이 지극한 정성을 쏟아부으면 안 될 것이 없습니다. 하늘도 움직이는데 다른 것인들 못 움직이겠습니까? 다만, 하늘이 움직일 정도로 우리의 마음을 한 곳에 집중하느냐, 하지 못하느냐에 따라서 결정될 뿐입니다. 그러나 이런 기도들은 대개 방편에 그칩니다. 그 문제가 해결될 정도로 대단한 집중과 정성을 들이는 경우는 아주 드문 일입니다. 그렇기도 하지만, 기도라는 것이 단지 방편이라는 사실을 일찌감치 알고 깨어나는 것은 한 걸음 더 빠른 길이기도 합니다.

【 경문 】
所以者何오 如來如實知見三界之相하대 無有生死의 若退若出하며 亦無在世와 及滅度者라 非實非虛며 非如非異며 不如三界에 見於三界니 如斯之事를 如來明見하대 無有錯謬언만은 以諸衆生이 有種種性과 種種欲과 種種行과 種種憶想分別故로 欲令生諸善根하야 以若干因緣과 譬喻言辭로 種種說法하야 所作佛事를 未曾暫廢니라

무슨 까닭인가. 여래는 실제(實際)와 같이 삼계(三界)의 모습을 알고 보느니라. 나고 죽는 데서 물러가거나 뛰어나오거나 함이 없느니라. 또한 세상에 사는 이도 없고 열반하는 이도 없어서 실(實)하지도 않고 허(虛)하지도 않느니라. 같지도 않고 다르지도 않아서 삼계[衆生]에서 삼계를 보는 것과 같지 않느니라.
이러한 일을 여래가 밝게 보아 잘못이 없건마는, 여러 중생들에게 갖가지 성품(性品)과 갖가지 욕망(慾望)과 갖가지 행동과 갖가지 생각과 분별

이 있는 까닭에 그들로 하여금 선근을 내게 하기 위하여 여러 가지 인연과 비유와 말로써 갖가지 법을 설하여 불사(佛事)를 지어서 잠깐도 그만두지 않느니라.

※ 무실무허(無實無虛) 즉 여래 설법에는 실(實)도 없고 허(虛)도 없다는 표현이 금강경에 있습니다. 여기에서는 설법이 아니라 여래 자체를 두고 하는 소리입니다. "나고 죽지도 않으며 실하지도 않고 허하지도 않으며 같지도 않고 다르지도 않은" 주체는 '여래'입니다. "삼계(衆生)에서 삼계(三界)를 보는 것과 같지 않느니라."고 했습니다. 이 대목이 어려워서 앞의 삼계에는 중생이라는 표현을 더했습니다. 중생들이 삼계를 보는 것과 같지 않다는 말입니다. 다시 말해서, 우리 수준에서 세상을 보는 것과 여래가 세상을 보는 것은 전혀 다르다는 말입니다. 그런 까닭에 실하지도 않고 허하지도 않다는 것입니다. 또한 세상에 사는 이도 없고 열반하는 이도 없는 것입니다. 이와 같은 것이 부처님의 차원입니다. 말만 교묘하다고 생각할지 모르지만 존재의 실상에 대해 전문가적인 안목을 갖춘 사람의 표현입니다.

"여러 가지 인연과 비유와 말로써 갖가지 법을 설하여 불사(佛事)를 지어서 잠깐도 그만두지 않느니라."고 했습니다. "불사문중(佛事門中)에는 불사일법(不捨一法)"이라는 말이 있습니다. 불사를 하는 문중에서는 한 법도 버리지 않는다는 뜻입니다. 불사(佛事)는 중생을 제도한다는 말입니다. 절을 짓고 탑을 쌓는 것도 불사에 듭니다. 그 인연으로 중생을 제도하게 되기 때문에 불사인 것입니다. 이런 것은 이차적인 불사이고 일차적인 불사는 중생제도입니다. 모든 것은 중생제도라는 불사를 위한 방편이라고 이해해야 합니다. 사찰순례를 다니다가 기와 한 장으로 인연을 맺는 것도 불사입니다. 그 인연으로 더 큰 인연과 연결되고, 방편을 통해 진실을 만나게 되는 계기가 되기 때문입니다. 그런 이유로 사찰에서 "기와 한 장 시주하십시오."라고 했을 때 이것을 하찮게 볼 일이 아닙니다. '기와 한 장으로 좋은 인연을 맞아서 더 큰 지혜의 눈을 뜰 수 계기가 되는구나.' 하고 이해하는 것이 대승불교를 공부한 불자의 자세입니다. 지금이 어느 때인데 아직도 저러고 있느냐며 무작정 비판할 일은 아니라는 말입니다.

　왜냐하면 사람들의 근기가 각양각색이라서 상상도 못할 별별 차원의 성격과 습관, 업과 인연을 가진 사람들이 있기 때문입니다. 비슷비슷하게 생기고 비슷비슷하게 살아가는 사람들의 속내를 들여다 보면 너무도 다른 것이 참 신기한 일입니다. 이렇게 다르기 때문에 부처님께서도 여러 가지 방편을 개설해서 한 사람도 빠뜨리지 않고 건지려고 하셨습니다.

[7] **열반이 아니나 열반을 보이다**

【 경문 】
如是我成佛已來는 甚大久遠이라 壽命無量阿僧祗劫에 常住不滅이니라 諸善男子야 我本行菩薩道하야 所成壽命이 今猶未盡도 復倍上數어늘 然今非實滅度를 而便唱言當取滅度라하니 如來以是方便으로 敎化衆生호라

이와 같이 내가 성불(成佛)한 지가 매우 오래 되어 수명이 한량없는 아승지 겁 동안 항상 머물러 있고 멸(滅)하지 않느니라.

선남자들이여, 내가 본래 보살의 도를 행하여 이룩한 수명은 아직도 다하지 아니하여 위에서 말한 수명의 여러 배수가 되느니라. 그러나 지금 참으로 열반(涅槃)하는 것이 아니지마는, 문득 말하기를 마땅히 열반하리라 하는 것은 여래가 이러한 방편으로 중생들을 교화(敎化)하기 위함이니라.

✤ 법화경의 서두에서 부처님께서 법화경을 설하는 이유를 이렇게 설명합니다. 이제 곧 머지않아 부처님이 열반에 들 것이므로 그 전에 최후로 가장 중요한 가르침을 남기겠노라고 하셨습니다. 그러나 이와 같은 말씀은 역사적인 부처님의 이야기입니다. 적문(迹門) 즉 흔적과 자취의 입장에서 하신 말씀입니다. 그러나 제15품부터는 본래의 모습을 설하는 본문(本門)의 입장에서 다시 설하고 계십니다. 그 오랜 세월 동안 열반에 든 적이 없지만 방편으로 열반하게 된다고 말씀하셨습니다.

【경문】
所以者何오 若佛久住於世면 薄德之人이 不種善根하고 貧窮下賤하야 貪著五欲하고 入於憶想妄見網中하며 若見如來이 常在不滅이면 便起憍恣하야 而懷厭怠하고 不能生於難遭之想과 恭敬之心일새 是故如來가 以方便說이니라 比丘當知하라 諸佛出世는 難可値遇니 所以者何오 諸薄德人이 過無量百千萬億劫하야사 或有見佛하며 或不見者하나니 以此事故로 我作是言하대 諸比丘야 如來難可得見이니라 斯衆生等이 聞如

是語하면 必當生於難遭之想하야 心懷戀慕하고 渴仰於佛하야 便種善根일새 是故如來가 雖不實滅이나 而言滅度니라 又善男子야 諸佛如來도 法皆如是니 爲度衆生이라 皆實不虛니라

무슨 까닭인가 하면, 만일 부처님께서 세상에 오래 머문다고 하면 박덕(薄德)한 사람들이 선근(善根)을 심지 아니하여 빈궁하고 하천하면서도 오욕락(五慾樂)을 탐하여 기억하고 생각하는 허망한 소견(所見)의 그물에 들어가 얽히느니라. 여래께서 항상 머물고 열반하지 아니하는 것을 보고는 문득 교만하고 방자한 마음을 내고 싫증을 내고 게으른 생각을 품느니라. 만나기 어렵다는 생각과 공경하는 마음을 내지 아니하기 때문에 여래가 방편으로 말하는 것이니라.

비구들이여, 마땅히 알아라. 부처님이 세상에 출현하는 일은 만나기 어려우니라. 왜냐하면, 박덕한 사람들은 한량없는 백천만억 겁에 혹 부처님을 보기도 하고 보지 못하기도 하느니라. 그러므로 내가 말하기를 '여러 비구들이여, 여래는 만나기 어렵다' 하느니라.

이 중생들이 이런 말을 들으면 반드시 만나기 어렵다는 생각을 내고, 사모하는 마음을 품으며, 부처님을 갈망하여 선근을 심게 되느니라. 그러므로 여래는 참으로 열반하는 것이 아니지만 열반한다고 말하는 것이니라.

또 선남자들이여, 모든 부처님 여래의 법이 다 이와 같이 중생들을 제도(濟度)하기 위한 것이므로 모두 진실하여 허망하지 아니하니라.

❀ "모든 부처님 여래의 법이 다 이와 같이 중생들을 제도하기 위

한 것이므로 모두 진실하여 허망하지 아니하니라."고 했습니다. 부처님이 방편을 사용하신 것은 중생을 제도하기 위한 것입니다. 그래서 사실은 아니지만 진실입니다. 진실이기 때문에 허망한 말씀이 아닙니다. 거짓이 아니라는 말씀입니다. 이 뜻을 잘 새겨서 바르게 이해해야 합니다.

현상은 시시각각 명멸하는 허망한 모습이지만 실상은 영원한 것입니다. 그것은 부처님이나 우리나 똑같습니다. 우리가 살면서 일상에서 겪는 변화무쌍한 모습의 이면에는 영원불멸한 참 생명의 실상이 존재한다는 이야기입니다.

2. 양의(良醫)의 비유

【 경문 】

譬如良醫가 智慧聰達하야 明練方藥하고 善治衆病하며 其人多諸子息하대 若十二十으로 乃至百數러니 以有事緣하야 遠至餘國하니라 諸子於後에 飮他毒藥하고 藥發悶亂하야 宛轉于地러라

비유하자면 마치 훌륭한 의사(良醫)가 있는데 지혜가 있고 총명하여 약방문(藥方文)과 약을 잘 알고 제조하여 모든 병을 잘 치료하였느니라. 그 의사에게는 아들이 많아서 열·스물·백이나 있었는데 볼일이 있어 그는 멀리 다른 나라에 갔었느니라. 그 후 여러 아들들이 잘못하여 독약(毒藥)을 먹고 독기가 발작(發作)하여 정신이 없고 어지러워 땅에 뒹굴고

있었느니라.

🌸 어떤 병이든 잘 다스리는 뛰어난 의사에게는 아들이 많아서 열, 스물, 백이나 있었다고 합니다. 아들이 몇 명이라고 분명하게 표현하지 않은 것은 비유이기 때문입니다. 비유로 하는 이야기이니, 열 명이 있다고 해도 좋고 스무 명이 있다고 해도 좋다는 뜻입니다. 어떤 이치를 보다 명확하게 밝히기 위해서 사용하는 것이 비유입니다. 그래서 "지혜로운 사람은 비유로써 알아듣느니라."고 부처님께서 말씀하셨습니다.

【 경문 】

是時其父가 還來歸家하니 諸子飮毒하고 或失本心하며 或不失者가 遙見其父하고 皆大歡喜하야 拜跪問訊하대 善安隱歸닛가 我等愚癡하야 誤服毒藥호니 願見救療하사 更賜壽命하소서 父見子等이 苦惱如是하고 依諸經方하야 求好藥草의 色香美味가 皆悉具足하야 擣篩和合으로 與子令服하고 而作是言하대 此大良藥은 色香美味가 皆悉具足이라 汝等可服이니 速除苦惱하고 無復衆患하리라 其諸子中에 不失心者는 見此良藥의 色香俱好하고 卽便服之하야 病盡除愈하니라

이때 그 아버지가 집에 돌아와 보니 아들들이 독약을 먹고는 혹 본 마음을 잃어버리기도 하였고, 혹 본 마음을 잃어버리지 않은 이도 있었느니라. 멀리서 아버지가 오는 것을 보고 모두 반가워서 절하고 꿇어앉아 문안하고 말하였느니라.

'안녕히 다녀오셨습니까. 저희들이 미련하여 독약을 잘못 먹었습니다. 원컨대 구원하시어 저희들의 목숨을 살려주십시오.'

아버지는 아들들이 이렇게 고통스러워하는 것을 보고 약방문에 의지하여 색깔과 향기와 좋은 맛을 구비한 약재(藥材)를 구하여 찧고 조제하여 아들들에게 주고 먹으라고 하면서 말하였느니라.

'이 훌륭한 약은 색깔과 향기와 아름다운 맛을 모두 갖춘 것이니 너희들이 먹으면 속히 괴로움이 사라지고 다시는 모든 걱정이 없을 것이니라.'

그 아들들 중에 본심(本心)을 잃지 않은 이는 이 약의 색깔과 향기가 훌륭함을 보고 곧 먹어서 병이 나았느니라.

【 경문 】

餘失心者는 見其父來하고 雖亦歡喜問訊하야 求索治病이나 然이나 與其藥而不肯服하나니 所以者何오 毒氣深入하야 失本心故로 於此好色香藥에 而謂不美러라 父作是念하대 此子可愍이라 爲毒所中하야 心皆顚倒일새 雖見我喜하고 求索救療나 如是好藥을 而不肯服하니 我今當設方便하야 令服此藥호리라하고 即作是言하대 汝等當知하라 我今衰老하야 死時已至일새 是好良藥을 今留在此니 汝可取服하대 勿憂不差하라

본심을 잃어버린 이는 비록 아버지가 온 것을 보고 기뻐서 문안하고 병을 치료해 달라고 하면서도 그 주는 약을 먹으려 하지 않았느니라. 왜냐하면, 독기가 깊이 들어가서 본심을 잃었으므로 그 좋은 색깔과 향기를 갖춘 약을 좋지 않다고 여기기 때문이니라.

그래서 아버지는 이렇게 생각하였느니라.

'가엾은 일이다. 자식들이 독약에 중독이 되고 마음이 뒤집혀서(顚倒) 비록 나를 보고 기뻐하며 치료해 달라고 하면서도 이렇게 좋은 약을 먹지 않으니 내가 방편을 써서 이 약을 먹게 하리라.'

그리고 이렇게 말하였느니라.

'너희들은 분명히 알아라. 내가 지금 늙어서 죽을 때가 가까웠느니라. 이 좋은 약을 여기 두었으니 너희들이 가져다 먹으면 낫지 않는다고 걱정할 것이 없느니라.'

아들들에게 주는 약은 법화경의 가르침, 일불승의 가르침을 말합니다. 그렇지만 일불승의 가르침을 '무슨 이런 가르침이 있느냐?'며 배척하는 이도 있고, 믿으려 하지 않는 이들도 있습니다. 오늘날에도 이렇게 본심을 잃어버린 이들이 많습니다. 절에 다니더라도 자신이 믿고 싶은 것만 믿으면서 자신만의 불교를 만들어서 옳다고 주장하는 이들이 많습니다. 그래도 이들은 불자(佛子) 즉 부처님의 자녀입니다.

그러나 불법을 제대로 배우지도 않고, "불교 믿어봐야 아무 소용이 없더라."거나 "불교 공부 열심히 해도 무슨 돈이 생기는 것도 아니다."며 불평하는 사람들이 있습니다. 그뿐만이 아니라, 부처님의 가르침을 배척하고 사찰이나 불상을 훼손하고 다니는 외도들도 있습니다. 그런 이들이 다 본심을 잃은 이들입니다. 대부분의 불자들은 이런 사람들을 보게 되면 화를 참지 못하고 분노하며 따지고 싶고 보복하고 싶어합니다. 그러나 부처님은 아무리 나쁜 사람도 나쁘다고 하시지 않습니다. 불쌍하고 가엾게 여기고 자비의 마음으로 대하십니다. 그런 이들도 내치지 않으시고 구제하려고 하십니다.

　본심을 잃은 불자(佛子)를 구제하기 위해서 부득이하게 방편을 사용하게 됩니다. 살아계신 아버지가 다른 나라에 몸을 숨기고는 자신이 죽었다는 소식을 전해서 아들들이 정신을 차리게 하는 것입니다. 사실 현상적 세계에 드러나는 대로 보면 부처님께서도 늙어서 열반에 드셨습니다. 실상의 세계에서는 나고 죽음도 없이 영원하지만, 현상적으로는 생멸을 피할 수 없는 존재입니다. 그래서 법화경의 서두에서도 계속 강조했듯이, 부처님께서 이제 곧 열반에 드실 것이므로 그전에 최후의 가르침을 설하겠다는 말씀을 방편으로 하셨던 것입니다.

【 경문 】

作是教已하고 復至他國하야 遣使還告하대 汝父已死라하거든 是時諸子가 聞父背喪하고 心大憂惱하야 而作是念하대 若父在者인댄 慈愍我等하야 能見救護어니와 今者捨我하고 遠喪他國하니 自惟孤露요 無復恃怙라하야 常懷悲感타가 心遂醒悟하야 乃知此藥의 色味香美하고 卽取服之에 毒病皆愈커늘 其父聞子가 悉已得差하니라 尋便來歸하야 咸使見之러라 諸善男子야 於意云何오 頗有人이 能說此良醫의 虛妄罪不아 不也世尊하

이렇게 일러두고 다시 다른 나라에 가서 사람을 보내어 말하기를 '너희 아버지가 벌써 죽었다'고 하였느니라.
이때 아들들은 아버지가 죽었다는 말을 듣고 크게 괴로워하면서 이렇게 생각하였느니라.

'아버지가 계셨으면 우리를 어여뻐 여겨 구해주시련마는 이제 우리를 버리고 타국(他國)에서 돌아가셨으니 우리는 외로운 고아(孤兒)로서 의지할 부모가 없도다.' 하고는 항상 비통한 감정을 품고 있다가 드디어 정신이 조금 깨어났느니라. 그래서 이 약의 색깔과 맛과 향기가 좋은 줄을 알고 가져다 먹고는 중독(中毒)되었던 병이 모두 나았느니라.
그 아버지는 그 아들들의 병이 쾌차했다는 말을 듣고 문득 돌아와서 아들들로 하여금 모두 와서 보게 하였느니라.
선남자들이여, 어떻게 생각하는가. 어떤 사람이나 이 훌륭한 의사가 거짓말한 죄를 능히 따질 수 있겠는가?"
"그렇지 않습니다. 세존이시여."

❀   아버지가 돌아가셨다는 말을 들은 아들들이 이제 바빠졌습니다. 부처님께서 살아계실 때는 무슨 궁금한 것이 생겨도 언제든지 찾아가 뵙고 여쭈어볼 수 있다는 느긋한 마음이었습니다. 그런데 이제 열반에 드시고 계시지 않다는 말에 예전처럼 느긋하게 미루면서 게으름을 피울 수 없게 되었습니다. 부처님께서 설하신 가르침이 이제부터 부처님을 대신하게 되었으니 부랴부랴 부처님의 말씀을 듣게 됩니다. 늦었지만 제정신을 차리고 사람으로서 가장 의미 있고 보람 있게 사는 길, 일불승의 가르침을 알게 되었습니다.

우리가 법화경을 이해하는 깊이와 정도에 차이가 있을 것입니다. 그러나 법화경을 제대로만 이해하면, 우리들이 가진 모든 문제를 해결할 수 있는, 모든 병을 다 낫게 할 수 있는 명약 중의 명약인 것은 틀림없는 사실입니다. 법화경의 가치와 의미를 우리가 얼마나 깊이 이해하는지는 우리의 관심과 노력에 달려 있습니다.

"선남자들이여, 어떻게 생각하는가. 어떤 사람이나 이 훌륭한 의사가 거짓말한 죄를 능히 따질 수 있겠는가?" 하고 부처님께서 물으셨습니다. 의사는 자신이 살아있으면서도 죽었다고 사실이 아닌 말을 아들들에게 전하게 했습니다. 의사가 한 말은 사실이 아니었습니다. 거짓말을 했습니다. 그러나 석가모니 부처님은 거짓을 말씀하신 것이 아닙니다. 열반이라는 거짓 모습을 보여주셨을 뿐입니다. 말씀이 아니라 현상적인 모습을 보이셨습니다.

인도 성지 순례를 하는 불자들 가운데는 부처님이 열반하신 열반당에 가면 예불을 올리면서 슬픔에 젖어서 눈물을 흘리는 신심있는 이들이 많습니다. 꼭 그렇게 눈물을 흘려야만 신심이 있는 것은 아니지만, 마음이 순수한 사람들은 열반당에서 눈물을 감추지 못합니다. 석가모니 부처님께서 열반에 드신 자리라는 안내자의 설명에 눈물을 흘립니다. 열반당 가까이 있는 다비장에는 흙으로 큰 탑을 쌓은 흔적이 있는데, 이 탑을 세 바퀴 정도 돌면서 예를 표하는 신도들 가운데도 슬피 우는 사람들이 많습니다.

그런데 석가모니 부처님께서 열반에 들고 다비를 하신 그 모든 것이 거짓이라고 말씀하시는 것입니다. 역사적 사실로서 열반하셨고, 열반하신 흔적이 아직까지 남아있는데 그것마저 다 거짓이라고 분명히 말하고 있습니다. 이런 형상은 그대로 거짓 형상이다. 우리에게 보이는 것은 모두 거짓 형상이라고 간단하게 받아들이면 충분히 납득할 수 있을 것입니다.

3. 비유에서 법을 밝히다

佛言我亦如是하야 成佛已來는 無量無邊百千萬億那由他阿僧祇劫이언만은 爲衆生故로 以方便力으로 言當滅度나 亦無有能如法說我虛妄過者니라

부처님께서 말씀하셨습니다.
"나도 그와 같아서 성불(成佛)한 지가 한량없고 그지없어 백천만억 나유타 아승지 겁이지만, 중생들을 위하여서 방편으로 당연히 열반하리라고 말하였느니라. 또한 누구도 여법(如法)하게 말한 나에게 허망한 말을 했다고 나무랄 이는 없느니라."

❁ 살아있으면서도 자신이 죽었다고 말한 의사는 사실을 말하지 않았습니다. 사실을 말하지 않았으니 허망한 구업을 지었다고 보아야 합니까? 중생을 이끌어 불도를 이루게 하기 위해서 방편으로 설한 것입니다. 사실은 아니지만 중생구제를 위한 진실을 말했기 때문에 거짓이라고 할 수 없습니다. 또한 많은 중생이 큰 이익을 얻도록 사용한 방편이기 때문에 거짓이 아닙니다. 거짓이 아니므로 허망한 말씀을 하시지 않으셨습니다.

4. 자아게(自我偈)로써 거듭 밝히다

[1] 과거 사람들의 이익을 위하여

【 경문 】

爾時世尊이 欲重宣此義하사 而說偈言하니라
自我得佛來의 所經諸劫數는
無量百千萬 億載阿僧祇라
常說法教化가 無數億衆生하야
令入於佛道호니 爾來無量劫이라
爲度衆生故로 方便現涅槃이나
而實不滅度하야 常住此說法하노라
我常住於此하야 以諸神通力하사
令顚倒衆生으로 雖近而不見케호니

이때에 세존께서 이 뜻을 거듭 펴시려고 게송으로 말씀하셨습니다.
"내가 성불한 때부터 지내온 겁의 수효가
한량없는 백천만 억년의 아승지니라.
항상 법을 설하여 무수억 중생들을 교화해서
불도에 들게 한 지가 지금까지 한량없는 억겁이니라.
중생들을 제도하기 위하여 방편으로 열반을 나타내지만
참으로 열반한 것은 아니고 항상 여기에 머물면서 법을 설하느니라.
나는 항상 여기에 있으면서 여러 가지 신통한 힘으로

전도된 중생들로 하여금 비록 가까이 있으나 보지 못하게 하느니라.

❦ 이 대목은 '자아득불래(自我得佛來)'라고 시작하기 때문에 예부터 자아게(自我偈)라고 불리는데 이 게송은 법화경 전체에서 참으로 중요한 부분입니다. 법화경을 다 읽지 못하면 '자아게'를 읽고 외우라는 말이 있을 정도입니다. 자아게를 제대로 이해하면 법화경 전체를 이해할 수 있고, 불교를 이해할 수 있기 때문에 큰 공덕이 있다고 합니다. 그런 이유로 불자들이 많이 가지고 다니는 『불자지송집』에 간혹 자아게가 올려져 있는 경우가 있습니다. 공부를 많이 한 분이 자아게의 중요성을 알고 편집한 것입니다. 이 게송에서는 부처님께서 태어남이나 열반을 보이는 방편을 사용하신 것은 오로지 과거·현재·미래의 모든 중생들의 이익과 행복을 위해서 하신 일이었음을 간명하고 아름다운 언어로 표현하고 있습니다.

"항상 여기에 머물면서 법을 설하느니라."고 했습니다. 태어나지도 않으시고 열반에 들지도 않으시며 항상 이 자리, 영축산 위에 머물면서 법을 설하고 계시다는 것입니다. 상주불멸석가존(常住不滅釋迦尊)이라는 표현이 딱 맞는 자리입니다. 석가모니 부처님만 그러한 것이 아니라 모든 사람들, 모든 존재의 진실한 생명은 사실 영원불멸한 것입니다.

(2) 현재 사람들의 이익을 위하여

【 경문 】

衆見我滅度하고 廣供養舍利하며
咸皆懷戀慕하야 而生渴仰心이라
衆生旣信伏하고 質直意柔軟하야
一心欲見佛하대 不自惜身命커늘
時我及衆僧이 俱出靈鷲山하야
我時語衆生하대 常在此不滅이어늘
以方便力故로 現有滅不滅이라호라
餘國有衆生이 恭敬信樂者면
我復於彼中에 爲說無上法하니
汝等不聞此하고 但謂我滅度니라

중생들은 내가 열반함을 보고 사리를 널리 공양하면서
모두 연모하는 생각을 품고 갈앙(渴仰)하는 마음을 내나니
중생들이 믿고 조복(調伏)되어 순박하고 정직하고 뜻이 부드러우며
한결같은 마음으로 부처님을 보고자 스스로 신명을 아끼지 않느니라.
그때에 나와 대중들이 함께 영축산(靈鷲山)에 나타나
중생들에게 말하기를, 나는 항상 여기에 있고 열반하지 않는데
오직 방편으로써 열반에서 열반하지 않음을 나타냈느니라.
다른 세계 중생들이 공경하고 믿는 사람이 있으면
나는 또 그 가운데서 가장 높은 법을 설하나니

그대들은 이 법을 듣지 못하고 다만 나를 열반했다고 하느니라.

❀ "열반에서 열반하지 않음을 나타냈느니라."고 했습니다. 역사적인 현실에서 부처님은 분명히 태어나고 출가 고행하고 설법하시다가 열반에 드셨지만, 석가모니의 본래 몸은 결코 태어난 적도 없고 열반에 든 적도 없습니다. 우리들도 마찬가지로 일찍이 태어난 바도 없고 늙은 바도 없으며 또한 죽는 바도 없습니다. '무거(無去) 무래(無來) 무주(無住)라.' 감도 없고 옴도 없고 또한 머묾도 없습니다. 우리의 진실 생명이 이러하다는 것이 나의 살림살이가 되어야 합니다. '지무생사(知無生死) 체무생사(體無生死) 용무생사(用無生死)라.' 생사가 없는 불생불멸을 부처님 말씀으로 알지만 또한 체험해야 되며, 나아가 활용해야 합니다. 자유자재로 보여줄 수 있어야 진짜로 내 살림살이가 됩니다. 석가모니 부처님은 관 밖으로 두 발을 불쑥 내밀어 보여주셨고, 달마 대사는 총령(葱嶺) 고갯마루에서 신 한 짝만 들고 서천으로 가면서 생사가 없는 도리를 자유자재로 쓰는 법을 보여주셨습니다.

[3] 미래 사람들의 이익을 위하여

【 경문 】

我見諸衆生이 沒在於苦海일새
故不爲現身하야 令其生渴仰하고
因其心戀慕하야 乃出爲說法호라
神通力如是하야 於阿僧祇劫에

常在靈鷲山과 及餘諸住處호라
衆生見劫盡하야 大火所燒時에
我此土安隱하야 天人常充滿하고
園林諸堂閣에 種種寶莊嚴하며
寶樹多華果하야 衆生所遊樂이며
諸天擊天鼓하야 常作衆伎樂하며
雨曼陀羅華하야 散佛及大衆이라

나는 여러 중생들이 고해(苦海)에 빠진 것을 보았기에
일부러 몸을 나타내지 않고 그들이 앙모(仰慕)함을 내게 하다가
사모하는 마음을 낸 뒤에야 나타나서 법을 설하느니라.
신통의 힘이 이와 같아서 아승지 겁 동안에
항상 영축산(靈鷲山)과 또는 다른 곳에 있느니라.
중생들은 겁이 다할 때 큰불이 타오르는 것을 보지만
나의 이 국토는 편안하여 천신과 사람이 항상 가득하니라.
동산 · 숲 · 강당 · 누각에 갖가지 보배로 장엄하였고
보배 나무에는 꽃과 과실들이 많아서 중생들이 즐거이 노니느니라.
여러 천신들은 하늘의 북을 치며 항상 갖가지 풍악을 연주하고
만다라 꽃을 비내려 부처님과 대중들에게 흩느니라.

【 경문 】
我淨土不毀어늘 而衆見燒盡하고
憂怖諸苦惱가 如是悉充滿이라

是諸罪衆生은 以惡業因緣으로
過阿僧祇劫토록 不聞三寶名하고
諸有修功德하야 柔和質直者는
則皆見我身이 在此而說法하며
或時爲此衆하야 說佛壽無量하고
久乃見佛者는 爲說佛難値니라
我智力如是하야 慧光照無量하며
壽命無數劫은 久修業所得이니
汝等有智者는 勿於此生疑하고
當斷令永盡이니 佛語實不虛니라

나의 정토(淨土)는 변함이 없지만 중생들은 타버린다고 보고
근심하고 두려워하는 온갖 고통이 이렇게 가득 차느니라.
이 모든 죄업의 중생들은 나쁜 업의 인연으로
아승지 겁을 지내도록 삼보(三寶)의 이름도 듣지 못하고
공덕을 많이 닦아서 부드럽고 화평하고 질박하고 정직한 사람들은
모두들 내 몸이 여기 있어서 법문을 설하는 것을 보게 되느니라.
어느 때는 이 대중들을 위해서 부처님의 수명이 한량없다고 말하고
오래도록 부처님을 보는 이에게는 부처님을 만나기 어렵다고 말하느니라.
나의 지혜의 힘은 이와 같으며 지혜의 광명은 한량없이 비치느니라.
나의 수명이 그지없는 것은 오래 닦은 업으로 얻은 것이니라.
그대들 지혜 있는 사람들은 이것을 의심하지 말고
마땅히 끊어서 길이 없애 버려라. 부처님의 말씀은 실로 헛되지 않느니라.

(4) 비유를 들다

【 경문 】

如醫善方便하야 爲治狂子故로
實在而言死하대 無能說虛妄인닷하야

훌륭한 의사가 좋은 방편으로 중독되어 미친 아들들의 병을 고치느라고 살아 있으면서 죽었다고 말한 것을 거짓말이라고 할 수 없느니라.

(5) 비유에서 법을 밝히다.

【 경문 】

我亦爲世父하야 救諸苦患者하대
爲凡夫顚倒하야 實在而言滅하나니
以常見我故로 而生憍恣心하고
放逸著五欲하야 墮於惡道中이라
我常知衆生의 行道不行道와
隨所應可度하야 爲說種種法하며
每自作是意하대 以何令衆生으로
得入無上慧하야 速成就佛身가호라

나도 또한 이 세상의 아버지로서 모든 고통과 근심을 구원하려고 전도된 범부들을 위하여 실로는 있으면서 열반한다 말하느니라.

항상 나를 보는 까닭에 교만하고 방자한 생각을 내어
게으르고 마음대로 오욕락에 집착하여 악도에 떨어지느니라.
나는 항상 중생들이 도를 행하고 행하지 않는 것을 알고
제도할 만한 방편을 따라서 가지가지 법을 설하며
매양 스스로 생각하기를 어떻게 하면 중생들로 하여금
가장 높은 지혜에 들어가 하루빨리 성불하게 할까 하느니라.

❀ 여기까지가 그 유명한 자아게입니다. 우리가 법화경에서 한 부분만을 취하면 자아게를 골라야 합니다. 옛날부터 법화경을 공부한 분들이 한결같이 그렇게 생각하고 권하는 게송입니다. 제법실상의 도리는 곧 사람이 부처님이라고 하는 도리이고, 영원불멸하며 상주불멸하시는 석가모니 부처님과 하나도 다르지 않다는 진실까지 다가가는 데 자아게가 아주 좋은 지침이 될 것입니다.

17
분별공덕품

(分別功德品)

제17 분별공덕품은 공덕을 분별한다, 공덕이 얼마나 되는지 헤아려 본다는 이름을 가진 품입니다. 선행을 해서 쌓은 공(功)과 불도를 수행한 덕(德)을 일러서 공덕이라고 합니다. 이런 공덕을 분별한다는 것은 법화경의 가르침을 듣고, 법화경을 수지·독송하며 널리 알리면 공덕을 많이 입는데, 사람에 따라서 받는 공덕이 각기 조금씩 다른 것을 소개하는 내용입니다. 제5 약초유품에서 설명했듯이, 부처님의 법문은 늘 한결같이 설해지지만 듣는 사람의 근기에 따라서 받아들이는 것이 달라집니다. 비록 같은 비를 맞고 같은 땅에서 자라더라도 큰 나무, 작은 나무, 큰 풀, 작은 풀 등 여러 가지 초목이 받아들이는 빗물은 각각 다르다고 했습니다.

불교의 안목(眼目)이자 법화경의 안목인 여래수량품을 공부하였으니, 이 공부로 얻는 공덕에 대해 낱낱이 분별해서 설명하고 있습니다. 부처님 가르침 가운데 가장 유익하고 가장 바람직한 가르침과 인연을 맺은 모든 분들에게 많은 이익이 있었으리라 믿습니다. 또한 앞으로도 많은 이익이 있을 것입니다. 이익을 얻었는 줄도 모르는 경우도 있고, 스스로 헤아려 아는 경우도 있을 것입니다.

이익이 없다고 생각되어도 그것은 단지 우리의 의식에서 계산이 되지 않고 손에 확연하게 잡히지 않았을 뿐입니다. 우리가 아침 저녁으로 외우는 예불문 끝 부분에 "유원 무진삼보 대자대비 수아정례 명훈가피력(唯願 無盡三寶 大慈大悲 受我頂禮 冥熏加被力)"이라는 구절이 있습니다. 오직 원하옵건대 다함 없는 삼보께서는 대자대비로써 저의 정성스런 절을 받아들여 은근히 가피력을 내려 주시길 청하는 뜻입니다. 명훈가피력(冥熏加被力)이라는 말이 있는데, 명훈가피는 언제나 은근하게 불보살님의 보호를 받는 것을 말합니다. 은근하게 보호를 받기 때문에 자신도 모르는 사이에 재난이 절로 피해가고 늘 평안하게 지내게 됩니다.

가피에는 명훈가피 외에도 불보살님이 현실에서 바로 가피력을 증명해 보여서 소원이 성취되는 현훈가피(顯熏加被)와 꿈에서 소원이 이루어질 것을 예시하는 몽중가피(夢中加被)가 있습니다.

이와 같은 세 가지 가피 가운데 99%가 명훈가피입니다. 그래서 예불문에 명훈가피력이라는 말이 나오는 것입니다. 법화경을 공부했

다고 해서 당장 어디서 금덩어리가 툭 떨어지는 것으로 이해해서는
안 됩니다. 불교의 이치도 그러한 것이 아닙니다. 부처님의 가르침을
잘 공부해서 이치를 깨달아 그 이치에 맞추어 삶을 사는 지혜를 쌓아
가는 것이 가장 큰 공덕입니다. 세상을 보는 안목, 인생을 보는 안목이
바뀌는 것이 가장 큰 공덕입니다. 그 밖에 다른 것은 참된 공덕도 아니
고 참된 이익도 아니라고 생각합니다.

1. 영원한 생명을 듣고 얻은 이익

【 경문 】

爾時大會가 聞佛說壽命劫數가 長遠如是하고 無量無邊阿僧祇衆生이 得大饒益이러라 於時世尊이 告彌勒菩薩摩訶薩하사대 阿逸多야 我說是如來壽命長遠時에 六百八十萬億那由他恒河沙衆生은 得無生法忍하고 復有千倍菩薩摩訶薩은 得聞持陀羅尼門하며 復有一世界微塵數菩薩摩訶薩은 得樂說無礙辯才하며 復有一世界微塵數菩薩摩訶薩은 得百千萬億無量旋陀羅尼하며

그때에 모여 있던 대중들이 부처님께서 말씀하시는 수명(壽命)의 겁수가 이렇게 오랜 것(長遠)을 듣고 한량없고 그지없는 아승지 중생들이 큰 이익(利益)을 얻었습니다.
이때 세존께서 미륵보살마하살에게 말씀하셨습니다.
"아일다여, 내가 여래의 수명이 오랜 것을 말할 때에 육백 팔십 만억

나유타 항하사 중생들이 무생법인(無生法忍)을 얻었느니라.

또 일 천 배(倍)의 보살마하살들은 듣고 지니는 다라니문(陀羅尼門)을 얻었느니라.

또 한 세계의 먼지 수 같은 보살마하살들은 말을 잘하는 걸림없는 변재(辯才)를 얻었느니라.

또 한 세계의 먼지 수 같은 보살마하살들은 백천만 억 한량없는 선다라니(旋陀羅尼)를 얻었느니라.

✿ 석가모니 부처님께서 본래는 나지도 않고 죽지도 않으며 영원한 생명을 지녔다는 말씀을 듣고 법화회상에 있던 수많은 대중들이 무수한 공덕을 얻었습니다. 그 중에 일부는 무생법인(無生法忍)을 얻었는데, 일체법이 불생불멸하다는 것을 확고하게 알게 되었다는 말입니다. 이러한 무생법인을 얻었다면 불도를 다 얻은 것과 마찬가지입니다. 생기거나 사라지지 않는 참된 진리의 법상을 보았기 때문입니다. 부처님뿐만 아니라 우리들의 생명도 본래는 생멸이 없습니다. 현상으로 드러나는 것이 생멸할 뿐입니다. 생주이멸(生住離滅), 생로병사(生老病死), 춘하추동(春夏秋冬), 성주괴공(成住壞空)의 어느 것 하나도 그냥 있지 않습니다. 시시각각으로 변하는 모양을 일 년의 사계절로 보면 선명하게 보입니다. 사람은 한두 해 사이에는 변하지 않는 듯하지만 10년 20년을 두고 보면 변하는 것을 부인할 수 없습니다. 이러한 현상 속에서도 생멸이 없는 진리의 도리를 깨달은 것입니다.

또 다른 보살마하살은 문지(聞持) 다라니 즉 듣고 지니는 다라니를 얻었습니다. 다라니는 모든 악을 멈추게 하고 모든 선을 향상시키는 힘을 말합니다. 문지 다라니를 얻었다는 것은 부처님의 가르침을 듣고 마음에 지님으로 인해서 자신뿐만 아니라 주변 사람들까지도 악을 멈추고 선을 향상시키는 힘이 생겼다는 뜻입니다. 또 다른 보살마하살은 말을 잘하는 걸림 없는 변재(辯才)를 얻었습니다. 스스로 원해서 즐거이 다른 사람들에게 아무 장애없이 부처님의 가르침을 널리 펼칠 수 있다는 뜻입니다. 또 다른 보살마하살은 선(旋) 다라니를 얻었습니다. 선(旋)은 돌린다, 회전한다는 뜻입니다. 그래서 선 다라니는 악을 멈추고 선을 향상시키는 힘이 다른 사람에게도 막힘없이 전해진다는 뜻입니다.

【 경문 】
復有三千大千世界微塵數菩薩摩訶薩은 能轉不退法輪하며 復有二千中國土微塵數菩薩摩訶薩은 能轉淸淨法輪하며 復有小千國土微塵數菩薩摩訶薩은 八生에 當得阿耨多羅三藐三菩提하며 復有四四天下微塵數菩薩摩訶薩은 四生에 當得阿耨多羅三藐三菩提하며 復有三四天下微塵數菩薩摩訶薩은 三生에 當得阿耨多羅三藐三菩提하며 復有二四天下微塵數菩薩摩訶薩은 二生에 當得阿耨多羅三藐三菩提하며 復有一四天下微塵數菩薩摩訶薩은 一生에 當得阿耨多羅三藐三菩提하며 復有八世界微塵數衆生은 皆發阿耨多羅三藐三菩提心하니라

또 삼천대천세계의 먼지 수 같은 보살마하살들은 물러가지 않는 법륜(法輪)을 굴리었느니라.
또 이천중천세계의 먼지 수 같은 보살마하살들은 청정한 법륜을 굴리

없느니라.

또 소천세계의 먼지 수 같은 보살마하살들은 팔생(八生)에 최상의 깨달음을 얻었느니라.

또 네 사천하의 먼지 수 같은 보살마하살들은 사생(四生)에 최상의 깨달음을 얻었느니라.

또 세 사천하의 먼지 수 같은 보살마하살들은 삼생(三生)에 최상의 깨달음을 얻었느니라.

또 두 사천하의 먼지 수 같은 보살마하살들은 이생(二生)에 최상의 깨달음을 얻었느니라.

또 한 사천하의 먼지 수 같은 보살마하살들은 일생(一生)에 최상의 깨달음을 얻었느니라.

또 팔 세계의 먼지 수 같은 중생들은 모두 최상의 깨달음에 대한 마음을 내었느니라."

※ 물러가지 않는, 더 이상 퇴전하지 않는 법륜을 굴리게 되는 공덕도 참 대단합니다. '팔생(八生)에 최상의 깨달음'을 얻는다는 것은 여덟 생을 지난 다음에 최상의 깨달음을 얻는다는 뜻입니다. 사실 최상의 깨달음에 대한 마음만 내어도 대단히 훌륭한 것입니다. 지금 법화경을 공부하고 있는 불자님들에게 이 대목에 나온 것처럼 뚜렷한 마음의 변화가 오지 않더라도 불보살님의 명훈가피는 반드시 있을 것입니다. 이근(耳根)에 한 번 스치고 지나가는 공덕도 큰 공덕입니다. 불생불멸하는 실상의 가르침은 우리가 기억하지 못하더라도 귀에 스치고 지나가는 인연만으로도 큰 이익과 공덕이 있습니다.

2. 하늘에서 꽃비가 내리다

【 경문 】

佛說是諸菩薩摩訶薩이 得大法利時에 於虛空中에 雨曼陀羅華와 摩訶曼陀羅華하야 以散無量百千萬億寶樹下師子座上諸佛하며 幷散七寶塔中師子座上에 釋迦牟尼佛과 及久滅度이신 多寶如來하며 亦散一切諸大菩薩과 及四部衆하며 又雨細抹栴檀과 沈水香等하며 於虛空中에 天鼓自鳴하야 妙聲深遠하며 又雨千種天衣하고 垂諸瓔珞하대 眞珠瓔珞과 摩尼珠瓔珞과 如意珠瓔珞이 徧於九方하며 衆寶香爐에 燒無價香하니 自然周至하야 供養大會하며 一一佛上에 有諸菩薩이 執持幡蓋하고 次第而上하야 至于梵天하며 是諸菩薩이 以妙音聲으로 歌無量頌하야 讚歎諸佛이러라

부처님께서 이 모든 보살마하살들의 큰 법의 이익을 얻은 일을 말씀하실 때에 허공 중에서 만다라 꽃과 마하만다라 꽃을 비내려서 한량없는 백천만 억 보배 나무 아래에 있는 사자좌에 앉으신 여러 부처님께 흩었습니다. 아울러 칠보탑(七寶塔) 안 사자좌에 앉으신 석가모니 부처님과 오래 전에 열반하신 다보여래(多寶如來)께도 흩었습니다. 또 모든 대보살들과 사부대중들에게도 흩었습니다.

또 전단향과 침수향의 보드라운 가루를 비내렸습니다. 허공 중에서는 하늘의 북이 저절로 울리니 아름다운 소리가 깊고도 멀었습니다. 또 일천 가지 하늘의 옷을 비내리며 여러 가지 영락을 드리우니, 진주 영락·마니주 영락·여의주 영락이 아홉 방향에 두루하였습니다. 여러

가지 보배 향로에 값을 칠 수 없는 향을 사르니 저절로 두루 퍼져 큰 회중(會衆)에 공양하였습니다.

한 분 한 분의 부처님 위에는 여러 보살들이 번기와 일산을 들고 차례차례 범천에까지 올라가서 이 보살들이 미묘한 음성으로 한량없는 게송으로 노래하여 모든 부처님을 찬탄(讚歎)하였습니다.

※ 법화경에서는 십종공양(十種供養)이라고 하여 열 가지로 공양을 올립니다. 꽃, 향, 갖가지 보석과 금은으로 만든 영락, 가루 향, 몸에 바르는 향, 태우는 향, 햇빛을 가리는 일산, 당번, 의복과 아름다운 소리의 기악이 열 가지 공양물입니다. 이 대목에서는 일곱 가지 공양물이 등장하고 있지만, 모두 당시로서는 최상의 공양물로 공양을 올린다고 볼 수 있습니다. 그리고 이 공양물들이 '아홉 방향에 두루하였다'고 했습니다. 불교에서는 늘 시방(十方)을 이야기하는데 왜 여기서는 아홉 방향일까요? 중앙에는 부처님이 계셨기 때문에 중앙을 제외하고 아홉 방향을 말한 것입니다.

3. 미륵보살이 영원한 생명을 찬탄하다

[1] 대중들의 이해를 찬탄하다

【경문】

爾時彌勒菩薩이 從座而起하사 偏袒右肩하고 合掌向佛하사 而說偈言하

니라

佛說希有法하시니 昔所未曾聞이라

世尊有大力하사 壽命不可量이며

無數諸佛子가 聞世尊分別

說得法利者는 歡喜充徧身이니다

이때 미륵보살이 자리에서 일어나 오른 어깨를 드러내어 진실을 표하며 합장하고 부처님을 향하여 게송으로 말씀하였습니다.
"부처님께서 희유한 법을 설하시니 예전에는 듣지 못하던 일입니다.
세존께서는 큰 위력이 있으시고 수명도 헤아릴 수 없습니다.
무수한 부처님의 제자들이 세존께서 설하신
법의 이익을 얻은 사람들에 대한 말씀을 듣고
기쁨이 온 몸에 가득하였습니다.

✼ "이때 미륵보살이 자리에서 일어나 오른 어깨를 드러내어 진실을 표하며 합장하고"라고 했습니다. 여기에서 '오른 어깨를 드러냈다'는 표현은 경전에 있는 말씀이지만, '진실을 표하며'라는 대목은 제가 넣은 말입니다. 광장설상(廣長舌相)이라고 해서 혀를 길게 내었다는 표현과 가사를 벗어서 오른 어깨를 드러내는 것은 예전에 인도에서 자신의 진심, 자신의 진실을 표현할 때 사용한 의식입니다. 미륵보살이 자신의 오른쪽 어깨를 드러냈다는 것은 전혀 거짓이 없는 진실만을 말하겠노라는 뜻을 표현한 것입니다.

[2] 여래의 설명을 찬탄하다

【 경문 】
或住不退地하며 或得陀羅尼하고
或無礙樂說 萬億旋總持하며
或有大千界 微塵數菩薩은
各各皆能轉 不退之法輪하며
復有中千界 微塵數菩薩은
各各皆能轉 淸淨之法輪하며
復有小千界 微塵數菩薩은
餘各八生在하야 當得成佛道하며

혹은 물러나지 않는 자리에 머물기도 하고
어떤 이는 다라니를 얻기도 하고
걸림 없는 요설 변재와 만억 선다라니도 얻었습니다.
삼천대천세계의 미진수의 보살들은
제각기 물러나지 않는 법륜을 굴리는 이도 있습니다.
또 중천세계의 미진수 보살들은
제각기 청정한 법륜을 굴리는 이도 있습니다.
또 소천세계의 미진수 보살들은
각각 남은 팔생에 마땅히 불도(佛道)를 이룰 것입니다.

【 경문 】

復有四三二인 如此四天下
微塵數菩薩은 隨數生成佛하며
或一四天下 微塵數菩薩은
餘有一生在하야 當成一切智니다
如是等衆生이 聞佛壽長遠하고
得無量無漏 清淨之果報하며
復有八世界 微塵數衆生은
聞佛說壽命하고 皆發無上心이니다
世尊說無量 不可思議法하사
多有所饒益하대 如虛空無邊하니라

또 네 사천하·세 사천하·두 사천하의
미진수 보살들은 그 수효의 생(生)을 따라 성불하고
혹은 한 사천하의 미진수 보살들은
남은 일생에서 마땅히 일체 지혜를 이룹니다.
이와 같은 중생들이 부처님의 수명이 장원함을 듣고
한량없는 무루(無漏)의 청정한 과보를 얻었습니다.
또 여덟 세계의 미진수 중생들은
부처님의 수명에 대한 말씀을 듣고 최상의 보리심을 발했습니다.
세존께서 한량없는 불가사의한 법을 말씀하시어
이익을 얻은 많은 이들이 허공과 같이 그지없습니다.

❃ "이와 같은 중생들이 부처님의 수명이 장원(長遠)함을 듣고 한량 없는 무루(無漏)의 청정한 과보를 얻었습니다."라고 했습니다. 부처님의 수명이 장원하다고 했지만, 단순하게 수명이 매우 길다는 뜻이 아니라 영원하다는 뜻입니다. 매 순간, 매 시간 끊임없이 변모하는 것이 우리의 현실이고 인생인 줄 알고 살아왔습니다. 그런데 우리의 참 생명, 진실 생명은 영원하다는 사실은 엄청난 일입니다. 참 생명이 영원하다는 것은 또한 무한한 가능성을 가지고 있다는 말씀과 같습니다. 그와 같은 진리의 말씀에 무루의 청정한 과보를 얻었던 것입니다.

"이익을 얻은 많은 이들이 허공과 같이 그지없습니다."라고 했습니다. 그지없다는 말은 끝이나 한량(限量)이 없다는 말입니다. 허공은 끝이 없는 것의 대표입니다. 그 허공처럼 끝도 없이 많고 많다는 표현입니다. 순수한 신앙심으로 마음속으로 상상하면서 이러한 구절을 읽고 들으면서 그 내용에 젖어들게 될 때 우리의 마음은 무어라 형용할 수 없을 정도로 순화되고 아름다워집니다.

[3] 대중들의 공양을 찬탄하다

【경문】

雨天曼陀羅와 摩訶曼陀羅하며
釋梵如恒沙 無數佛土來하야
雨栴檀沈水하대 繽紛而亂墜를
如鳥飛空下하야 供散於諸佛하며
天鼓虛空中에 自然出妙聲하며

天衣千萬種이 旋轉而來下하며
衆寶妙香爐에 燒無價之香하니
自然悉周徧하야 供養諸世尊하며

하늘의 만다라 꽃과 마하만다라 꽃을 비내리고
항하사 같고 무수한 제석천왕·범천왕들이 부처님 세계에 와서
전단향·침수향을 비내려 어지러이 흩는 것이
마치 새가 허공에서 날아 내리듯 흩어서 부처님께 공양합니다.
하늘의 북은 허공 중에서 저절로 아름다운 소리를 내고
천만 가지의 하늘 옷들은 빙빙 돌아서 내려옵니다.
온갖 보배로 만든 아름다운 향로에는 무한한 가치의 향을 사르니
저절로 온갖 곳에 퍼져 여러 세존께 공양합니다.

【 경문 】

其大菩薩衆은 執七寶幡蓋가
高妙萬億種하고 次第至梵天하며
一一諸佛前에 寶幢懸勝幡하고
亦以千萬偈로 歌詠諸如來하며
如是種種事는 昔所未曾有라
聞佛壽無量하고 一切皆歡喜니다
佛名聞十方하사 廣饒益衆生하대
一切具善根하야 以助無上心이니다

큰 보살 대중들은 칠보의 번기와 일산을 드니

높고 아름다움이 천만억 가지로서 차례차례 범천에 이르며

하나하나 부처님 앞에 보배 깃대에 번기를 달고

또한 천만 가지 게송으로 모든 부처님을 노래합니다.

이러한 갖가지 일들은 예전에는 있지 않던 것입니다.

부처님의 수명이 한량없음을 듣고 여러 사람들이 환희합니다.

부처님의 이름이 시방세계에 퍼져 많은 중생들을 이익케 하니

모든 이들이 선근을 갖추고 최상의 마음을 냅니다."

4. 영원한 생명의 공덕(功德)

[1] 다섯 가지 바라밀보다 수승(殊勝)한 공덕

【 경문 】

爾時佛告彌勒菩薩摩訶薩하사대 阿逸多야 其有衆生이 聞佛壽命長遠如是하고 乃至能生一念信解하면 所得功德은 無有限量이니라 若有善男子善女人이 爲阿耨多羅三藐三菩提故로 於八十萬億那由他劫에 行五波羅蜜의 檀波羅蜜과 尸羅波羅蜜과 羼提波羅蜜과 毗梨耶波羅蜜과 禪波羅蜜하고 除般若波羅蜜이니 以是功德으로 比前功德컨대 百分千分과 百千萬億分에 不及其一이며 乃至算數譬喻에 所不能知니라 若善男子善女人이 有如是功德하고 於阿耨多羅三藐三菩提退者는 無有是處니라

이때 부처님께서 미륵보살마하살에게 말씀하셨습니다.

"아일다여, 어떤 중생이 부처님의 수명이 이와 같이 장구함을 듣고 한 생각이라도 믿고 이해하면 그의 얻는 공덕은 한량이 없느니라.

만일 선남자·선여인이 최상의 깨달음을 위하여 팔십만 억 나유타 겁 동안에 보시(布施) 바라밀다·지계(持戒) 바라밀다·인욕(忍辱) 바라밀다·정진(精進) 바라밀다·선정(禪定) 바라밀다의 다섯 가지 바라밀다를 행하고 반야(般若) 바라밀다만 제외한다면, 이 공덕으로 앞의 공덕과 비교하면 백분의 일·천분의 일, 백천만 억분의 일에도 미치지 못하며, 내지 산수와 비유로도 알 수 없느니라.

만일 선남자·선여인이 이러한 공덕이 있다면 최상의 깨달음에서 물러나는 일은 있을 수 없느니라."

※ "어떤 중생이 부처님의 수명이 이와 같이 장구함을 듣고 한 생각이라도 믿고 이해함을 내면 그의 얻는 공덕은 한량이 없느니라."고 했습니다. 조계종단의 소의경전인 금강경에도 사구게만이라도 수지, 독송하거나 다른 사람을 위해 설해 주는 공덕이 삼천대천세계만한 금은 보화로 보시한 공덕보다 크다는 표현이 나옵니다. 사람들을 현혹하려는 것이 아니라, 깨달은 사람의 안목으로 보면 사실이기 때문에 이와 같이 표현하였습니다. 공덕에 대한 이러한 이야기를 접할 때 우리의 이해가 부족함을 탓할지언정, '세상에 이런 일이 어디 있겠나?' 하고 의심하거나 엉터리라고 생각하는 것은 바람직한 자세가 아닙니다.

보시, 지계, 인욕, 정진, 선정의 다섯 바라밀다를 한량없는 겁 동안 행하더라도 여래의 수명이 무량함을 듣고 이해한 공덕보다 오히려 못하다고 했습니다. 바라밀행을 말할 때는 으레 육바라밀을 말하는데 여기서는 다섯 가지 바라밀만 들었습니다. 왜 그랬을까요? 여섯 번째 바라밀은 반야 즉 지혜 바라밀인데, 이때 반야는 깨달음의 지혜이기 때문에 경전에서는 제외하는 경우가 간혹 있습니다. 법화경뿐만 아니라 다른 경전에서도 마찬가지입니다. 왜냐하면 깨달음의 지혜를 얻게 되면 모든 것을 다 얻었다는 뜻이기 때문입니다. 그래서 깨달음의 지혜를 상징하는 반야 바라밀을 제외한 나머지 다섯 바라밀과 비교를 합니다.

 "만일 선남자·선여인이 이러한 공덕이 있다면 최상의 깨달음에서 물러나는 일은 있을 수 없느니라."고 했습니다. 사실 불교의 깨달음은 간단한 것입니다. 매 순간 쉼없이 변화하는 현상 속에서 영원을 꿰뚫어볼 줄 아는 통찰력이 있으면 '최상의 깨달음에서 물러나는 일은' 결코 없습니다. 이것이 성불이며 견성입니다.

(2) 게송으로 다시 밝히다

① 오도(五度)의 수행과 비교하다

【 경문 】

爾時世尊이 欲重宣此義하사 而說偈言하니라
若人求佛慧하야 於八十萬億
那由他劫數에 行五波羅蜜하대
於是諸劫中에 布施供養佛과
及緣覺弟子와 幷諸菩薩衆하대

珍異之飮食과 上服與臥具와

栴檀立精舍와 以園林莊嚴으로

如是等布施가 種種皆微妙하대

盡此諸劫數히 以廻向佛道하면

그때 세존께서 이 뜻을 거듭 펴시려고 게송으로 말씀하셨습니다.
"만약 어떤 사람이 부처님의 지혜를 구하여
팔십만 억 나유타 겁 동안을 지나면서
다섯 가지 바라밀다를 행하느니라.
이렇게 많은 겁 동안에 보시하여 부처님과
연각(緣覺)의 제자들과 보살 대중에게 공양하느니라.
진기한 음식과 희귀한 의복과 침구들과
전단나무로 절을 짓고 숲과 동산으로 장엄하며
이렇게 보시하는 일을 갖가지 미묘한 것으로
오랜 겁이 다할 때까지 하여 부처님의 도에 회향하느니라.

【 경문 】

若復持禁戒하대 淸淨無缺漏하야

求於無上道의 諸佛之所歎하며

若復行忍辱하야 住於調柔地하대

設衆惡來加라도 其心不傾動하며

諸有得法者가 懷於增上慢하니

爲此所輕惱라도 如是悉能忍하며

若復勤精進하야 志念常堅固하사
於無量億劫에 一心不懈息하며

또 계율을 잘 지니되 청정하여 모자람이 없게 해서
모든 부처님이 찬탄하는 최상의 도를 구하며
또 참는 일을 행하여 조화롭고 부드러운 데 머물러 있어서
설사 여러 가지 나쁜 일이 덮치더라도 그 마음이 흔들리지 않느니라.
법을 얻은 사람들이 잘난 체하는 마음을 품고
곁에 와서 경멸하고 괴롭게 굴어도 이런 일을 모두 다 참아내느니라.
또 부지런히 정진하며 뜻과 생각이 항상 견고하여
한량없는 억만 겁을 지내도 한결같은 마음은 게으르지 않느니라.

【 경문 】
又於無數劫에 住於空閑處하야
若坐若經行에 除睡常攝心하야
以是因緣故로 能生諸禪定하며
八十億萬劫에 安住心不亂하고
持此一心福하야 願求無上道하며
我得一切智하고 盡諸禪定際하며
是人於百千 萬億劫數中에
行此諸功德하대 如上之所說하니라

또 무수한 겁 동안 고요하고 한적한 곳에서

앉았거나 거닐거나 하면서 졸음을 없애고 마음을 거둬들여
이러한 인연으로 선정(禪定)에 들어가서
팔십 억만 겁 동안 안주(安住)한 마음은 산란하지 않느니라.
이 일심의 복(福)을 가져 최상의 도를 구하기 원하며
내가 일체 지혜를 얻어 선정의 경계까지 다하느니라.
이 사람이 백천만 억의 겁을 지내오면서
이 모든 공덕을 행하되 위에서 말한 것과 같으니라.

❀　보시, 지계, 인욕, 정진, 선정의 다섯 바라밀을 멋지게 풀어서 설명하였습니다. 게송의 서두에는 보시 바라밀을 말했는데, 전단나무로 절을 지은 후 숲과 동산으로 장엄하고 음식과 의복, 침구를 보시했다는 내용을 읽으니 양무제와 달마 대사의 일화가 생각납니다.

　달마 대사가 중국에 처음 왔을 때, 양나라의 무제가 황궁으로 초청했습니다. 독실한 불자였던 무제는 50년 동안 황제의 자리에 있으면서 많은 사찰을 세우고, 경전을 출간하고, 스님들에게 공양했습니다. 무제는 자신이 이렇게 많은 보시를 했는데 그 공덕이 얼마나 되는지 대사에게 물었는데, 대사는 "아무 공덕도 없습니다."라고 단호하게 말했습니다. 대사의 이 말씀이 바른 말씀인지 아니면 방편인지 그 속뜻은 알 수가 없지만 유명한 말씀입니다. 아무 공덕이 없다는 말에 양무제는 크게 실망하고 충격을 받았을 것입니다. 거기서 크게 깨달았으면 참 좋았을 텐데 달마 대사의 참 뜻은 깨닫지 못하고 대사를 떠나보내고 말았습니다.

　양무제가 한 불사의 규모는 사실 엄청납니다. 명산마다 수백의 사

찰을 짓고 부처님을 조성하고 경전을 배포하고, 수십만 명의 스님을 공양했습니다. 국법으로 출가하게 하고는 스님들의 교육과 생활 등 일체를 지원했습니다. 이 정도의 보시는 오늘날에도 하기 어려운 규모입니다. 불교가 지금까지 전해지는 데는 양무제처럼 이렇게 가시적인 불사를 크게 한 것도 많은 영향을 미쳤을 것입니다. 정말로 양무제에게 아무런 공덕이 없다고 할 수 있겠습니까? 정말로 아무 공덕이 없다면, 공덕의 진정한 의미는 무엇이란 말인지 진지하게 고민하고 사유해야 할 문제라고 생각합니다.

② 비교하며 나타나다

【경문】
有善男女等이 聞我說壽命하고
乃至一念信하면 其福過於彼하나니
若人悉無有 一切諸疑悔하고
深心須臾信이라도 其福爲如此니라

만일 선남자·선여인이 내가 말하는 장구한 수명을 듣고
한 생각만이라도 믿으면 그 복은 저 공덕보다 많으리라.
만약 어떤 사람이 온갖 의심과 뉘우침이 모두 없어지고
깊은 마음으로 잠깐만 믿어도 그 복이 그와 같으니라.

❀ "내가 말하는 장구한 수명"이란 석가모니 부처님이 상주불멸함

을 말하며 아울러 우리들의 참 생명도 영원하다는 것을 말합니다. 우리들 개개인의 참 생명은 우리 몸이 생주이멸하는 것과는 관계없는 실상의 생명을 뜻합니다. 장구한 수명과 영원한 생명에 대한 이해가 오래오래 마음 속에 남기를 바랍니다.

③ 물러서지 않는 믿음

【경문】
其有諸菩薩이 無量劫行道라가
聞我說壽命하고 是則能信受하며
如是諸人等은 頂受此經典하고
願我於未來에 長壽度衆生하대
如今日世尊 諸釋中之王이
道場師子吼하사 說法無所畏하시니
我等未來世에 一切所尊敬하야
坐於道場時에 說壽亦如是라하며
若有深心者는 淸淨而質直하야
多聞能總持하고 隨義解佛語하나니
如是之人等은 於此無有疑니라

어떤 보살들이 한량없는 겁에 도를 행하다가
내가 말하는 수명(壽命)을 듣고 곧 능히 믿고 받아들이는
이런 사람들은 이 경전(經典)을 머리에 이고

'원컨대 나도 오는 세상에

장수해서 오래 오래 중생들을 제도하기를

오늘날의 세존(世尊)과 같이 석가씨 중의 왕으로서

도량에 앉아 사자후하듯 두려움 없이 법을 설하리라.

우리들이 오는 세상에 모든 사람들의 존경을 받으며

도량에 앉았을 때 수명을 말하기를 이와 같이 하리라.

만일 깊은 마음이 있는 이로서 청정하고 순박하고 정직하면

많이 듣고 모두 지녀 뜻을 따라 부처님의 말씀을 이해하리라.

이런 사람들은 여기에 대하여 의심이 없으리라.'"

❋ 어떤 뛰어난 해설이나 설명도 경전보다 우선하는 것은 없습니다. 제가 여러 곳에서 경전 강의를 하고 해설하고 글을 쓰지만, 제가 세운 원칙이 그렇다는 이야기입니다. 경전을 읽을 때는 경전의 법문이 가장 우선이고, 조사어록을 읽을 때는 어록의 말씀을 가장 우선으로 합니다. 그 다음에 설명이나 해설을 보고 듣습니다. 다른 사람의 설명을 참조하면서 경을 읽는 것도 좋지만, 때로는 이렇게 우리말로 풀어놓은 경전을 집중해서 열심히 읽는 것으로도 큰 공부가 되기도 합니다. 오랜 세월이 지난 지금에 와서 부처님의 말씀을 한 구절만이라도 읽고 받아지닌다면 그것이 공덕이 될 것입니다. 몇 차례를 열심히 읽고 마음으로 느낀 다음에 다른 사람의 해설을 참조하면 공부에도 많은 도움이 될 것입니다.

(3) 말의 뜻을 이해한 공덕

【 경문 】

又阿逸多야 若有聞佛壽命長遠하고 解其言趣하면 是人所得功德은 無有限量하야 能起如來無上之慧니라

"또 아일다여, 만일 어떤 사람이 부처님의 수명이 장원(長遠)함을 듣고, 그 말의 뜻을 이해한다면 이 사람이 얻는 공덕이 한량이 없으며 여래의 가장 높은 지혜를 일으킬 것이니라.

    사계절의 변화에 비교하면 사람의 변화는 속도가 상당히 느립니다. 눈에 잘 보이지 않으며 조용히 변하지만, 좀더 큰 눈을 뜨고 보면 장마철에 쏟아진 폭우가 좁은 강을 거침없이 쓸면서 흘러가는 것과 같이 그렇게 흘러갑니다. 그러나 우리들의 짧은 소견은 어제나 그제처럼 오늘도 내일도 별 변화가 없는 것으로 느낍니다. 둔감해서 그렇게 느낄 뿐입니다.

    이런 짧은 안목이 험한 세상을 살아가는 데 오히려 편리할지도 모릅니다. 보는 안목이 그 정도라서 그렇게밖에 이해하지 못하는 것입니다. 더 넓은 안목을 가진 사람은 장마철에 쏟아지는 폭우가 산과 나무, 집과 토지를 사정없이 휩쓸고 흘러가듯이 우리 인생도 그렇게 흘러가는 것을 볼 수 있습니다. 부정할 수 없이 변화하는 현상 속에서 영원한 참 생명에 대한 부처님의 가르침을 듣고 조금이라도 이해하고 기뻐하며 믿음을 낸다면 그 공덕은 이루 말할 수 없을 것입니다.

[4] 경전(經典)을 수지하고 공양한 공덕

【 경문 】

何況廣聞是經하고 若教人聞하며 若自持하고 若教人持하며 若自書하고 若教人書하며 若以華香瓔珞과 幢幡繒蓋와 香油蘇燈으로 供養經卷하면 是人功德은 無量無邊하야 能生一切種智니라

그런데 하물며 이 경을 많이 듣거나, 사람들로 하여금 듣게 하거나, 스스로 지니거나, 사람들로 하여금 지니게 하거나, 스스로 쓰거나, 사람들로 하여금 쓰게 하고, 또 꽃과 향과 영락과 당기·번기와 비단 일산과 향유와 등불로써 경전에 공양하면 이 사람의 공덕은 한량없고 그지없어 갖가지 지혜를 능히 나게 할 것이니라.

❀   부처님께서 계시지 않는 지금 부처님의 가르침을 무엇으로 대신할 수 있을까요? 지금까지 남아있는 경전이 부처님과 부처님의 가르침을 대신하고 있습니다. 경전이 없다면 우리는 어떻게 부처님과 부처님의 가르침을 접하고 이해할 수 있겠습니까? 도저히 불가능한 일입니다. 그러나 다행히 경전이 편찬되었고, 그 경전이 사라지지 않도록 보호하고 널리 펼친 옛 선지식들의 노고 덕분에 경전이 오늘날까지 이어져 내려오고 있습니다.

(5) 믿고 이해하면 부처님을 보리라

【 경문 】

阿逸多야 若善男子善女人이 聞我說壽命長遠하고 深心信解면 則爲見佛이 常在耆闍崛山하야 共大菩薩과 諸聲聞衆으로 圍繞說法이니라 又見此娑婆世界하대 其地瑠璃라 坦然平正하며 閻浮檀金으로 以界八道하며 寶樹行列하고 諸臺樓觀이 皆悉寶成이며 其菩薩衆이 咸處其中하니 若有能如是觀者면 當知是爲深信解相이니라

아일다여, 만일 선남자·선여인이 내가 말하는 수명이 장원함을 듣고, 깊은 마음으로 믿고 이해하면, 곧 부처님이 항상 영축산에 계시면서 대보살들과 성문 대중들에게 둘러싸여 법문을 설하는 것을 보게 되리라. 또 이 사바세계의 땅이 유리와 같아서 평탄하고 반듯하며 염부단금(閻浮檀金)으로 여덟 갈래 길의 경계에 늘이고 보배 나무가 줄을 지어 있으리라. 모든 대(臺)와 누각이 모두 보배로 되어 있고 보살 대중들이 그 안에 있으리라. 만약 이렇게 관찰하는 사람이 있으면 마땅히 알아라. 그는 곧 깊이 믿고 이해하는 모습이니라.

❀ 이것이 바로 부처님의 세계를 보는 것입니다. 땅이 유리같이 평탄하고 여덟 갈래 경계를 금줄로 치고 보배나무가 줄지어 있는 모든 장엄은 깨달음의 눈으로 보았을 때 세상이 아름답게 비친 모습을 표현한 것입니다. 화엄경의 서두에 부처님께서 정각을 이루시니 그 땅은 견고하여 모두 다이아몬드로 되어있더라는 표현이 있습니다. 지금

부다가야에는 금이나 은은 고사하고 구리도 없고 그저 자갈과 모래가 날리는 척박한 땅일 뿐입니다. 2,500년 전이라고 지금과 많이 다르지는 않았을 것입니다. 그런데도 이렇게 표현한 것은 깨달은 안목으로 본 세상은 모든 존재가 그렇게 소중하고 값지게 보인다는 뜻입니다.

(6) 여래 열반 후의 공덕

① 수희(隨喜)의 공덕

【 경문 】

又復如來滅後에 若聞是經하고 而不毁訾하야 起隨喜心하면 當知已爲深信解相이니라

또 여래가 열반한 뒤에 이 경을 듣고 훼방하지 않으며 따라서 기뻐하는 마음을 일으키면 마땅히 알아라. 그것이 벌써 깊이 믿고 이해하는 모습이니라.

❀ 아주 간단하게 말하고 있습니다. 부처님께서 열반한 뒤에 법화경을 듣고 마음이 확 다가서도록 이해하지 못하더라도 '정말 근사하구나. 참으로 신심 나는 말씀이구나.' 하고 기뻐하는 마음만 일으켜도 그것만으로도 이미 믿고 이해하는 모습이라고 했습니다.

② 수지독송(受持讀誦)의 공덕

【경문】

何況讀誦受持之者리오 斯人은 則爲頂戴如來니라 阿逸多야 是善男子善女人은 不須爲我하야 復起塔寺와 及作僧坊하야 以四事供養衆僧이니 所以者何오 是善男子善女人이 受持讀誦是經典者면 爲已起塔하고 造立僧坊하야 供養衆僧이며 則爲以佛舍利로 起七寶塔하대 高廣漸小로 至于梵天하고 懸諸幡蓋와 及衆寶鈴하며 華香瓔珞과 抹香塗香燒香과 衆鼓伎樂과 簫笛箜篌와 種種舞戱하고 以妙音聲으로 歌唄讚頌하며 則爲於無量千萬億劫에 作是供養已니라

또한 읽고 외우고 받아 지니는 사람은 더욱 훌륭하니라. 이 사람은 곧 여래(如來)를 머리에 이고 받드는 것이 되느니라.
아일다여, 이러한 선남자·선여인은 굳이 나를 위하여 새로 탑(塔)을 세우고 절을 짓고 스님들의 승방(僧坊)을 짓거나 음식과 의복과 침구와 탕약 같은 네 가지 일로써 공양하지 않아도 되느니라.
왜냐하면 이러한 선남자 선여인이 이 경전을 수지 독송하는 사람은 이미 탑을 세우고 승방을 짓고 여러 스님들에게 공양한 것이 되느니라. 곧 부처님의 사리(舍利)로 칠보탑을 쌓되 높이와 넓이가 점점 작아져서 범천(梵天)에까지 이르게 하고, 여러 가지 번기와 일산과 보배 풍경을 달아 공양한 것이 되느니라.
또 꽃과 향과 영락과 가루향·바르는 향·사르는 향과 여러 가지 북과 풍류와 퉁소와 저와 공후로 갖가지로 춤추고 즐기고 하며, 아름다운 음

성으로 노래하고 찬탄한 것이 되느니라. 곧 한량없는 천만억 겁에 이렇게 공양하여 끝낸 것이 되느니라.

✿   법화경의 가르침을 듣고 기뻐하는 것만으로도 큰 공덕이 되지만, 법화경을 읽고 외우고 받아지니는 것은 더욱 훌륭하다고 했습니다. 불자로서 정말 해야 할 일은 부처님의 가르침을 열심히 배우고 익히고 실천하는 것입니다. 탑을 세우고 절을 짓고 스님들을 공양하는 일도 중요하지만 그보다 더 중요하고 필요한 것은 부처님의 가르침을 읽고 외우고 받아지니는 것입니다. 그래서 법화경을 수지 독송하는 사람은 이미 탑을 세우고 절을 지은 것과 같다고 했습니다. 물론 절을 짓고 스님들에게 공양하면 금상첨화로 더욱 좋습니다. 그런 보시를 하는 것보다 더 우선적으로 할 일이 있다는 말씀입니다. 법화경의 가르침을 제대로 알아야 참다운 불자이며 불교를 바르게 믿는 것입니다.

③ 설법(說法)의 공덕

【 경문 】

阿逸多야 若我滅後에 聞是經典하고 有能受持하대 若自書커나 若敎人書하면 則爲起立僧坊하대 以赤栴檀으로 作諸殿堂三十有二하며 高八多羅樹라 高廣嚴好하니 百千比丘가 於其中止하며 園林浴池에 經行禪窟하며 衣服飮食과 牀褥湯藥과 一切樂具充滿其中하며 如是僧坊은 堂閣若干百千萬億으로 其數無量이라 以此現前에 供養於我와 及比丘僧이니라 是故我說如來滅後에 若有受持讀誦하야 爲他人說하며 若自書커나 若敎

人書하야 供養經卷하면 不須復起塔寺와 及造僧坊하야 供養衆僧이니라

아일다여, 만일 내가 열반한 뒤에 이 경전을 듣고, 능히 받아 지니거나 스스로 쓰거나 남을 시켜 쓰거나 하면, 그것이 곧 절을 지으면서 붉은 전단향 나무로 서른두 채의 전당(殿堂)을 짓는 것이니라. 높이는 팔 다라수요, 넓고 크고 아름답게 장엄한 것이니라. 백천 비구(比丘)스님들이 그 안에 있으며, 동산과 산림과 목욕하는 못과 거니는 선방과 의복·음식과 평상과 침구와 탕약 등의 온갖 기구가 그 안에 충만한 것이니라. 이러한 승방과 전당과 누각이 백천만 억이어서 무수하고 한량이 없는 것으로써 이렇게 현전(現前)에서 나와 비구스님들에게 공양한 것이 되느니라.

그러므로 내가 말하기를 '여래가 열반한 뒤에 어떤 사람이 이 경을 받아 지니고 읽고 외우고 다른 이에게 말하여 주며, 스스로 쓰거나 남을 시켜 써서 경전에 공양한다면, 다시 탑과 절을 창건하거나 암자를 짓거나 스님네에게 공양할 필요가 없다.' 는 것이니라.

🌸 불자들이 부처님에게 여러 가지로 공양을 올리고 사찰을 짓고, 수행하는 스님들을 위해 희사를 하는 것도 복이 되고 공덕이 됩니다. 그러나 그보다 더 중요한 일은 부처님의 진실한 가르침을 먼저 공부하는 일입니다. 천번 만번 되풀이해도 변함없이 옳은 말씀입니다. 깨달음을 위해 출가한 스님들에게는 수행처나 물품들이 화려할 필요가 없습니다. 수행에 필요한 최소한의 공간과 최소한의 의식주만 있어도 됩니다.

④ 경전과 육도(六度)를 함께 한 공덕

【 경문 】

況復有人이 能持是經하고 兼行布施持戒와 忍辱精進과 一心智慧하면 其德最勝하야 無量無邊이라 譬如虛空이 東西南北四維上下에 無量無邊하니 是人功德도 亦復如是하야 無量無邊이라 疾至一切種智니라

다시 또 어떤 사람이 이 경을 받아 지니면서, 겸하여 보시와 지계와 인욕과 정진과 한결같은 마음(禪定)과 지혜를 행하면, 그 공덕이 가장 수승(殊勝)하여 한량없고 그지없느니라. 마치 허공의 동·서·남·북과 네 간방과 상방과 하방이 한량없고 그지없음과 같으니라. 이 사람의 공덕도 그와 같아서 한량이 없고 그지없어서 갖가지 지혜에 빨리 이르게 될 것이니라.

※ 법화경의 가르침과 바라밀 수행을 비교하면 법화경의 가르침이 훨씬 더 수승합니다. 그러나 법화경을 배우면서 여섯 바라밀도 함께 닦으면 그 공덕은 무엇과 비교할 수 없을 정도로 수승합니다. 그 공덕으로 일체 종지(一切 種智), 갖가지 지혜 즉 부처님께서 성취한 일체지에 빨리 이르게 된다고 했습니다. 법화경을 제대로 공부하라는 간곡한 당부의 말씀으로 받아들여야 할 것입니다.

【 경문 】

若人讀誦受持是經하야 爲他人說하며 若自書커나 若敎人書하고 復能起

塔과 及造僧坊하야 供養讚歎聲聞衆僧하고 亦以百千萬億讚歎之法으로 讚歎菩薩功德하며 又爲他人하야 種種因緣으로 隨義解說此法華經하며 復能淸淨持戒하야 與柔和者로 而共同止하며 忍辱無瞋하야 志念堅固하며 常貴坐禪하야 得諸深定하며 精進勇猛하야 攝諸善法하며 利根智慧로 善答問難이라 阿逸多야 若我滅後에 諸善男子善女人이 受持讀誦是經典者가 復有如是諸善功德하면 當知是人은 已趣道場하야 近阿耨多羅三藐三菩提하야 坐道樹下니라 阿逸多야 是善男子善女人이 若坐若立若行處에 此中便應起塔이라 一切天人이 皆應供養하대 如佛之塔이니라

예컨대 어떤 사람이 이 경전을 읽고 외우고 받아 지니고 남에게 해설하고 스스로 쓰거나 남을 시켜 쓰게 하느니라. 또 한편 탑을 쌓고 승방을 짓고, 성문(聲聞) 대중들에게 공양하고 찬탄하느니라. 또 백천만 억 가지의 찬탄하는 방법으로 보살의 공덕을 찬탄하느니라. 또 다른 이를 위하여 여러 가지 인연으로 이 법화경을 뜻을 따라 해설하느니라. 그리고 다시 계행을 청정하게 가지며, 부드럽고 화평한 이들과 함께 있고, 욕됨을 참아 성내지 않으며, 뜻이 견고하고 항상 좌선(坐禪)하기를 좋아하여 깊은 선정을 얻고 용맹하게 정진하여 선한 법을 모두 섭수(攝受)하여 가지며 지혜가 있고 총명하여 질문하는 것에 대하여 잘 대답하느니라. 아일다여, 내가 열반한 뒤에 선남자·선여인들이 이 경전을 받아 지니고 읽고 외우면서 또 이와 같은 선한 공덕이 있다면, 이 사람은 이미 도량에 나아가 최상의 깨달음에 가까워서 보리수 아래 앉은 것이니라.
아일다여, 이러한 선남자·선여인들이 앉거나 섰거나 다니는 곳이면, 여기에는 마땅히 탑을 쌓을 것이니라. 그리고 모든 천신과 인간들이 모

두 부처님의 탑과 같이 공양할 것이니라."

❀   세존이 출가하고 6년 고행을 하다가 마지막에 보리도량에 나아가 그 밑에 앉았습니다. 부다가야의 보리수나무 밑에서 최후로 일주일간 앉아서 정진한 곳을 보리도량이라고 합니다. 그래서 '보리수 아래 앉았다'고 하면 깨달음이 이미 예약된 것입니다. 세존께서는 보리도량에 앉으신 지 일주일 만에 바로 깨달았기 때문입니다. 보리도량에 앉았다는 뜻은 깨달음이 확실하게 결정되었다는 이야기입니다. 그와 같은 경지에 오른 사람이라는 뜻입니다.

또한 "이러한 선남자·선여인들이 앉거나 서거나 다니는 곳이면, 여기에는 마땅히 탑을 쌓을 것이니라. 그리고 모든 천신과 인간들이 모두 부처님의 탑과 같이 공양할 것이니라."고 했습니다. 탑을 쌓는다는 것은 부처님처럼 공경, 공양한다는 표현입니다. 사리를 탑에 모시고 공양하거나 불상을 만들어서 공양하고 보리수나무까지 받들어 섬기는 등 여러 가지 신앙형태가 초기불교에 많았습니다. 탑을 쌓아서 공양하고 보리도량에 앉은 것이라는 표현이 모두 석가모니 부처님과 같은 경지에 이르게 됨을 상징하는 것입니다.

[7] **게송으로 거듭 밝히다**

【 경문 】
爾時世尊이 欲重宣此義하사 而說偈言하니라
若我滅度後에 能奉持此經하면

斯人福無量은 如上之所說이니라
是則爲具足 一切諸供養이니
以舍利起塔하대 七寶而莊嚴하며
表刹甚高廣하대 漸小至梵天하며
寶鈴千萬億에 風動出妙音하며
又於無量劫에 而供養此塔하대
華香諸瓔珞과 天衣衆伎樂하며
然香油蘇燈하야 周帀常照明하며
惡世末法時에 能持是經者는
則爲已如上하야 具足諸供養이니라

이때 세존께서 이 뜻을 거듭 펴시려고 게송으로 말씀하셨습니다.
"만약 내가 열반한 뒤에 이 경전을 받들어 지니면
이 사람의 복이 한량이 없어 위에서 말한 것과 같으리라.
이것은 곧 모든 공양을 갖춘 것이 되며
사리를 탑에 모시고 칠보로 장엄한 것이니라.
표찰(表刹)은 매우 높고 넓은데 점점 작아져서 범천에까지 닿고
천만억 개 풍경을 달아 바람만 불면 아름다운 소리가 들리며
또 한량없는 겁 동안 이 탑에 꽃과 향과 영락과 하늘의 옷과
온갖 하늘의 풍류로 공양하느니라.
향유와 소등(蘇燈)을 켜서 두루 두루 항상 밝히며
나쁜 세상 말법(末法)시대에 이 경전을 지니는 이는
이미 이러한 여러 가지 공양을 두루 갖춘 것이니라.

🪷　　법화경을 공부하는 것이 모든 공양을 다 갖춘 것이라고 하였습니다. 얼마나 분명하고 간단, 명쾌한 가르침입니까? 법화경은 부처님의 직접 가르침과 다를 바 없습니다. 석가모니 부처님께서 열반하시고 나서 여러 해 뒤에 편찬되었다 하더라도 부처님을 대신할 수 있는 큰 깨달음을 이룬 분의 편찬이기 때문에 그대로 석가모니 부처님의 편찬이라고 해도 전혀 틀리지 않습니다. 그런 연유로 늘 부처님의 이름을 빌어서 그대로 사용하고 있습니다.

【 경문 】

若能持此經하면 則如佛現在라
以牛頭栴檀으로 起僧坊供養하며
堂有三十二하대 高八多羅樹라
上饌妙衣服과 牀臥皆具足하니
百千衆住處하며 園林諸浴池와
經行及禪窟에 種種皆嚴好니라

만일 이 경전을 능히 지니면 부처님이 출현하여 계실 적에
우두 전단으로 승방(僧坊)을 지어 공양한 것과 같으니라.
승당(僧堂)이 서른 두 채가 있어 높기는 팔 다라수가 되고
좋은 음식, 훌륭한 의복과 평상과 와구(臥具)를 구족하며
백천 대중이 머물러 있고 동산과 숲과 맑은 못이며
경행하는 일과 좌선하는 토굴에 온갖 것을 다 장엄한 것이니라.

❀ 우두전단나무는 전단나무 가운데서도 향이 가장 뛰어난 나무를 말합니다. 전단나무라고 해도 각양각색이라서 전단향이 조금 나다가 마는 것도 있고 오랫동안 전단향이 나는 것도 있습니다. 전단나무 가운데 가장 향이 좋고 오래 가며 그 빛이 적동색(赤銅色)으로 아름다워서 불상을 만드는 데 사용되는 것이 우두전단입니다. 이와 같은 최고급의 전단나무로 멋들어지게 절을 짓고 금은 보화로 장엄하여도 거기에 진정한 부처님의 정신을 받아들이는 공부가 없다면 무슨 의미가 있겠습니까?

【 경문 】

若有信解心으로 受持讀誦書하고
若復敎人書하며 及供養經卷하고
散華香抹香하대 以須曼薝蔔과
阿提目多伽하야 薰油常然之니
如是供養者는 得無量功德하대
如虛空無邊하야 其福亦如是니라

만약 어떤 이가 믿고 이해하는 마음으로
이 경전을 받아 지니고 읽고 외우고 쓰고
남을 시켜 써서 공양하며
꽃과 향과 가루향을 흩고 수만나 꽃과 첨복화 꽃과
아제목다가를 섞어 짠 기름으로 등불을 항상 밝히어
이렇게 공양한 사람들은 한량없는 공덕을 얻나니

허공이 끝간 데 없듯이 이 사람의 복도 그러하니라.

【 경문 】

況復持此經하대 兼布施持戒와
忍辱樂禪定하고 不瞋不惡口하며
恭敬於塔廟하고 謙下諸比丘하며
遠離自高心하고 常思惟智慧하며
有問難不瞋하고 隨順爲解說호리니
若能行是行하면 功德不可量이라

또 이 경전을 받아 지니면서 보시와 계행을 겸하고
인욕하고 선정을 닦아 성 안 내고 욕설 안 하며
부처님의 탑에 공경하고 비구스님들께 겸손하며
교만한 마음을 버리고 항상 지혜를 생각하며
아무리 물어도 성내지 않고 그를 수순하여 해설하여
이러한 행을 닦는 이는 그 공덕이 한량이 없느니라.

【 경문 】

若見此法師가 成就如是德하면
應以天華散하고 天衣覆其身하며
頭面接足禮하대 生心如佛想하며
又應作是念하대 不久詣道樹하며
得無漏無爲하야 廣利諸人天하며

其所住止處에 經行若坐臥하야
乃至說一偈하면 是中應起塔하대
莊嚴令妙好하고 種種以供養이니
佛子住此地하면 則是佛受用이라
常在於其中하야 經行及坐臥니라

만약 이러한 법사가 있어 이런 공덕을 성취하면
하늘의 꽃을 흩어 공양하고 하늘의 옷으로 덮어주고
머리를 숙여 발에 예배하여 부처님과 같다는 마음을 내고
또 오래지 않아 도수(道樹)에 나아가리라는 생각을 내야 할 것이니라.
번뇌도 없고 작위(作爲)도 없어져 천신과 인간을 널리 이익케 하리니
그가 머무는 곳이나 거닐고 앉고 눕는 곳이나
한 구절의 게송을 말하는 곳에는 마땅히 탑을 세우되
훌륭하게 장엄하며 가지가지로 공양하여라.
이러한 불자가 머무는 곳은 곧 부처님이 계시는 곳이니
항상 그 가운데서 경행(經行)하고 앉고 눕고 할지니라."

❋ 　진정한 법화행자가 머무는 곳은 곧 부처님이 계시는 곳입니다. 부처님이 계시는 곳이므로 갖가지로 장엄하고 공양하는 데서 더 나아가 그 곳에서 경행하고 앉고 눕는 등 모든 생활을 더불어 하라고 했습니다. 극찬의 표현입니다. 이보다 더 나아갈 데가 없는 표현을 했다고 생각합니다. 분별공덕품은 법화경의 공덕을 잘 헤아려 설명한 품인데, 법화경의 공덕은 바로 여래수량을 믿고 받아들이는 공덕이라고

집약할 수 있습니다. 또한 여래수량의 공덕은 바로 우리들의 수량, 우리 자신의 참 생명이 영원함을 이해하는 공덕입니다. 우리가 보고 듣는 것만으로도 공덕이 되며, 이해하면 더 큰 공덕이 됩니다. 더불어 영원한 생명을 느끼고 그에 따라 살아나가면 더없는 공덕이 됩니다. 그때는 공덕이라는 표현이 오히려 거추장스러울 것입니다. 존재의 실상을 확철대오한 깨달은 분들의 가르침을 기쁨에 찬 마음으로 듣고 믿어서 받아지니다 보면 언젠가는 손에 잡히고 눈에 들어오게 되는 날이 틀림없이 있을 것입니다.

18
수희공덕품

(隨喜功德品)

경전 가운데 가장 방대한 경전이며 부처님의 깨달음의 경지를 있는 그대로 모두 드러낸 것이 화엄경이라고 합니다. 부처님이 성도하고 나서 삼칠일 동안 법희선열(法喜禪悅)에 젖어서 설법하신 내용이 바로 화엄경입니다. 이 화엄경의 말미를 장식하고 있는 보현행원품에 불자가 반드시 실천해야 할 10가지 덕목이 간추려져 있습니다. 보현보살의 말씀을 빌어서 설한 십대행원은 첫째 모든 부처님을 예배하고 공경하고, 둘째 부처님을 찬탄하며, 셋째 널리 공양하고, 넷째 업장을 참회하고, 다섯째 남이 짓는 공덕을 기뻐하고, 여섯째 설법하여 주시기를 청하며, 일곱째 부처님께 이 세상에 오래 계시기를 청하고, 여덟째 항상 부처님을 따라 배우며, 아홉째로 항상 중생을 수순하며, 열째로 지은 바 모든 공덕을 널리 회향하는 것입니다.

보현보살 십대행원의 다섯 번째 덕목이 '수희공덕'입니다. 다른 사람이 지은 공덕을 함께 기뻐하는 것은 사람이 살아가는 데 매우 중요한 덕목이고, 마음이 순수해야 할 수 있는 일입니다. 대개의 사람들은 다른 사람에게 좋은 일이 생기거나 나보다 잘하는 것이 있으면 시기하고 질투하기 일쑤인데, 이런 마음자세는 바람직하지 못할 뿐만 아니라, 결국 서로에게 고통을 주게 됩니다. 그래서 부처님께서는 함께 기뻐하는 마음자세를 가질 것을 권고하신 것입니다.

불자가 익히고 실천해야 할 무수한 덕목 가운데 10가지를 선별하고 또 선별한 것이 보현보살의 십대행원입니다. 고려시대에 균여 대사가 보현십원가(普賢十願歌)라는 아름다운 향가를 지어 널리 알리기도 하였고, 근래에도 이 보현십원가에 아름다운 곡을 붙여서 만든 노래가 있습니다.

화엄경 보현행원품 외에 열반경에도 수희공덕에 관한 이야기가 있습니다. 부처님께서 열반에 드시기 전에 마지막으로 공양을 올린 사람이 춘다입니다. 부처님께서 세상에 계실 때는 출가와 재가에 이름난 제자들이 많았습니다. 그 많은 제자 가운데 누가 부처님께 마지막 공양을 올리게 되는지가 큰 관심사였습니다. 그런데 크게 이름난 제자도 아니고, 기원정사를 보시한 급고독 장자도 아니었습니다. 정말 이름 없고 미천한 신분의 대장장이 춘다였습니다. 도대체 춘다가 어떤 사람이기에 춘다의 공양을 받으셨는지 궁금해 하면서 그를 찬양하는 이야기가 조금씩 퍼져나가게 되었습니다. 처음에 한두 사람으로 시작한 칭찬과 찬양이 점점 높아지고 널리 퍼졌습니다. 이렇게 춘다의 공덕을 따라서 기뻐하는 수희찬탄의 공덕이 열반경에 보입니다. 얼마나 아름다운 행동입니까? 보통사람들이었다면, 춘다의 공덕을 함께 기뻐하기보다는 춘다를 헐뜯고 시기하기 쉬웠을 것입니다. 부처님께서는 춘다가 올린 공양 때문에 열반에 드셨다, 춘다는 씻을 수 없는 큰 죄를 지었다며 헐뜯었을 것입니다. 그러나 그와는 반대로 춘다가 더할 나위 없는 공덕을 지었다며 함께 기뻐해 주었습니다. 정말 아름다운 광경입니다. 보통 사람들에게 큰 결점 혹은 약점으로 경쟁심리나 시기, 질투가 마음 밑바닥에서 늘 꿈틀거리기에 수희찬탄이 높은 공덕이 됩니다.

그런 여러 가지 까닭으로 경전의 왕이라 불리는 법화경에 수희공덕이 없을 수 없습니다. 법화경에서는 법화경을 받아지니고 실천하는 것을 따라서 기뻐하는 식으로 일관되어 있습니다. 그러나 수희공덕을 우리의 일상생활까지 확장시켜서 더 넓게 이해해야 할 필요가 있습니다. 내가 생활하면서 만나게 되는 주변의 사람들이 나보다 잘난 것, 훌륭한 점, 공덕을 마음속 깊은 곳에서부터 따라서 기뻐할 줄 아는 훈련이 참 중요합니다. 다른 사람의 불행을 보고 겉으로는 동정하지만 속으로는 고소해하고 나에게 불행한 일이 생기지 않았다고 안도하는 심리가 있습니다. 이런 것들은 궁극적으로는 모두의 행복을 저해하는 요소입니다. 다른 사람에게 일어난 기쁘고 즐거운 일을 함께 따라서 기뻐하는 것은 결국에는 나의 공덕이 되고, 모든 사람이 행복하게 살 수 있는 길을 열어 줍니다.

1. 경을 듣고 따라서 기뻐한 공덕

[1] 미륵보살이 묻다

【 경문 】

爾時彌勒菩薩摩訶薩이 白佛言하사대 世尊하 若有善男子善女人이 聞
是法華經하고 隨喜者는 得幾所福이닛고 而說偈言하니라
世尊滅度後에 其有聞是經하고
若能隨喜者면 爲得幾所福이닛고

그때에 미륵보살마하살이 부처님께 말씀드렸습니다.
"세존이시여, 만일 선남자 · 선여인이 이 법화경을 듣고 따라서 기뻐하는 사람들은 얼마만한 복을 얻습니까?"
또 게송으로 말하였습니다.
"세존께서 열반하신 뒤에 이 경전을 듣고
따라서 기뻐하는 사람들은 얼마만한 복을 얻습니까?"

❀ 불자라면 어떤 의식을 행하든 천수경을 반드시 독송합니다. 만약 팔만대장경 가운데 한 권만 읽었다면 천수경을 읽었다고 해도 과언이 아닐 정도입니다. 비록 짧은 천수경이지만 그 중에서 딱 한 구절만 읽을 수밖에 없다면 정구업진언 '수리 수리 마하수리 수수리 사바하'는 반드시 외워야 합니다. 그렇다면 이 진언의 뜻은 무엇일까요? 다른 사람을 칭찬하고 찬탄하고 축원하는 길상스러운 말을 모은 것입

니다. 그 사람의 좋은 점을 칭찬하며, 근본적인 인간성이 선하다고 찬탄하고 축원하는 것이 '수리'의 뜻입니다. 구체적인 표현은 한두 가지로 끝나지 않고, 칭찬하고 축원하는 말은 모두 '수리'를 대신할 수 있습니다.

예를 들어서 행복하십시오, 훌륭하십니다, 장하십니다, 잘 될 것입니다 등 칭찬과 찬탄을 담은 긍정적인 다른 표현으로 대신할 수 있습니다. 그래서 이 진언을 '행복하십시오'로 바꾸면 '행복하십시오, 행복하십시오, 매우 행복하십시오, 더할 나위 없이 행복하십시오'라는 뜻이 됩니다. 또 '훌륭하십니다'로 바꾸면 '훌륭하십니다, 훌륭하십니다, 참으로 훌륭하십니다, 더할 나위 없이 훌륭하십니다'로 풀이할 수 있습니다. 이렇게 마음 깊이 격려하고 축하하며, 칭찬하는 말을 반복하는 내용입니다. 이것이 팔만대장경의 가르침 가운데 제1조입니다. 이 한 가지라도 제대로 실천할 줄 안다면 어느 정도 된 사람이라고 생각합니다. 이와 같이 정구업진언의 정신 속에는 따라서 기뻐해 주는 수희찬탄의 마음자세가 포함되어 있다고 할 수 있습니다.

(2) 세존(世尊)이 공덕을 답하다

① 속으로 따라 기뻐한 공덕

【경문】

爾時佛告彌勒菩薩摩訶薩하사대 阿逸多야 如來滅後에 若比丘比丘尼와 優婆塞優婆夷와 及餘智者의 若長若幼가 聞是經隨喜已에 從法會出하야 至於餘處하대 若在僧坊커나 若空閑地이나 若城邑巷陌聚落田里에

如其所聞하야 爲父母宗親과 善友知識하야 隨力演說하니 是諸人等이 聞已隨喜하고 復行轉敎하며 餘人聞已에 亦隨喜轉敎하야 如是展轉하야 至第五十하니 阿逸多야 其第五十인 善男子善女人의 隨喜功德을 我今說之호리니 汝當善聽하라

이때 부처님께서 미륵보살마하살에게 말씀하셨습니다.
"아일다여, 여래가 열반한 뒤에 비구·비구니·우바새·우바이나 그 밖에 지혜가 있는 이로서 늙은이·젊은이가 이 경전을 듣고 따라서 기뻐하고 법회에서 나온 뒤 다른 데 가서, 승방이나 공적(空寂)한 데나 도시나 마을, 논밭, 시골에서, 법회(法會)에서 들은 대로 부모나 친척이나 친구나 아는 사람들에게 힘 닿는 대로 설하느니라. 또 그 사람이 듣고 기뻐서 다시 다른 이에게 말하고, 그 다른 사람들이 기뻐서 또 다른 사람에게 말하여, 이와 같이 또 말하고 또 말하여 오십(五十) 번째 사람에게 말하느니라.
아일다여, 그 오십 번째의 선남자·선여인이 듣고 따라서 기뻐한 공덕(功德)을 내가 말하리라. 그대는 자세히 들어라.

❀ 아무리 훌륭한 말이라도 오십 차례나 거쳐서 전해진다면 왜곡이 심하게 될 것입니다. 금방 들은 것을 바로 전하더라도 이리 보태고 저리 빼다 보면 잘못 이해하고 전달할 수도 있습니다. 그런데 오십 명이나 거쳐서 입에서 입으로 전해진다면 문제가 셀 수 없이 많겠지요. 빠지고 보태지는 것은 기본이고 쓸데없는 자기 생각을 붙이고 거르고 왜곡하는 등 본래 내용이 제대로 전해지기도 어려울 것입니다. 그럼

에도 불구하고 법화경의 내용을 듣고 함께 따라서 기뻐하면 그 공덕 조차도 크다는 말씀입니다.

【 경문 】
若四百萬億阿僧祇世界六趣四生衆生에 卵生胎生과 濕生化生과 若有形無形과 有想無想과 非有想非無想과 無足二足과 四足多足인 如是等 在衆生數者를 有人求福할새 隨其所欲娛樂之具하야 皆給與之하대 一一衆生에 與滿閻浮提한 金銀瑠璃와 硨磲碼磘와 珊瑚琥珀의 諸妙珍寶와 及象馬車乘과 七寶所成인 宮殿樓閣等하니 是大施主가 如是布施를 滿八十年已하고 而作是念하대 我已施衆生娛樂之具하야 隨意所欲이나 然此衆生이 皆已衰老하고 年過八十이라 髮白面皺하고 將死不久하니 我當以佛法으로 而訓導之라하고

만약 사백만 억 아승지 세계의 여섯 갈래[六趣]에 네 가지로 나는 중생으로서, 알로 나고, 태로 나고, 습기로 나고, 변화해 나고, 형상이 있고, 형상이 없고, 생각이 있고, 생각이 없고, 생각이 있는 것도 아니고, 생각이 없는 것도 아니고, 발이 없고, 두 발을 가지고, 네 발을 가지고, 여러 개의 발을 가진 것들이니라. 그런 중생들에게 어떤 사람이 복을 구하려고 그들이 바라는 오락거리를 주느니라. 하나하나의 중생들에게 남염부제(南閻浮提)에 가득히 채운 금 · 은 · 유리 · 자거 · 마노 · 산호 · 호박 등의 여러 가지 보물과 코끼리 · 말 · 수레와 칠보로 지은 궁전 · 누각 등을 주었느니라.

이 대시주(大施主)가 이렇게 팔십 년 동안 보시하고 또 생각하기를 '내

가 중생들이 바라는 오락거리를 보시하였으나 이 중생들이 이미 늙어서 나이 팔십이 넘어 머리가 세고 얼굴이 쭈그러지고 죽을 때가 가까웠으니, 이제는 부처님의 법으로 인도(引導)하리라'하였느니라.

　　❀　'여섯 갈래에 네 가지로 나는 중생'이라는 말은 다종다양한 사람들의 갖가지 성향을 표현한 말입니다. 실제로 생명을 가진 존재는 이렇게 여러 가지 모습을 하고 있습니다. 그러나 저는 경전을 볼 때 늘 사람을 중심에 두어야 한다고 생각합니다. 그래서 여기서도 사람 중심으로 이해하자는 것입니다.

　어떤 대시주(大施主)가 중생들에게 갖가지 재화를 80년 동안 보시하다가 마지막에 이르러 부처님 법으로 인도하려 한다고 했습니다. 여기서 대시주는 석가모니 부처님을 비유한 것이고, 80년 동안 여러 가지 재화로 중생을 즐겁게 하였다는 것은 법화경 이전의 가르침은 진정한 불법이 아니고 생활의 도구와 같다는 의미라고 생각됩니다.

【 경문 】

卽集此衆生하야 宣布法化하며 示敎利喜하야 一時에 皆得須陀洹道와 斯陀含道와 阿那含道와 阿羅漢道하야 盡諸有漏하고 於深禪定에 皆得自在하야 具八解脫케하면 於汝意云何오 是大施主의 所得功德이 寧爲多不아

그래서 그 중생들을 모으고 불법(佛法)을 선포하여 보여주고 가르쳐서 이익케 하고 기쁘게 하였느니라. 그래서 일시에 수다원도와 사다함도

와 아나함도와 아라한도를 얻었고, 모든 번뇌가 없어져서 깊은 선정(禪定)에 자재함을 얻게 되고 여덟 가지 해탈(解脫)을 구족하였다고 한다면, 그대는 어떻게 생각하는가. 이 대시주가 얻을 공덕이 많다고 하겠는가?"

【 경문 】
彌勒白佛言하대 世尊하 是人功德甚多하야 無量無邊이니다 若是施主가 但施衆生의 一切樂具라도 功德無量이온데 何況令得阿羅漢果이릿가 佛告彌勒하사대 我今分明語汝호리라 是人以一切樂具로 施於四百萬億阿僧祇世界에 六趣衆生하고 又令得阿羅漢果라도 所得功德은 不如是第五十人의 聞法華經一偈하고 隨喜功德이니 百分千分과 百千萬億分에 不及其一이며 乃至算數譬喻로도 所不能知니라 阿逸多야 如是第五十人이 展轉聞法華經하고 隨喜功德도 尙無量無邊阿僧祇거늘 何況最初於會中에서 聞而隨喜者리오 其福復勝하야 無量無邊阿僧祇로 不可得比니라

미륵보살이 부처님께 말씀드렸습니다.
"세존이시여, 이 사람의 공덕이 엄청나게 많아서 한량없고 그지없습니다. 이 시주가 중생들에게 모든 오락거리만 보시하였다 하더라도 그 공덕이 한량이 없을 것인데, 하물며 아라한과를 얻게 한 것이겠습니까."
부처님께서 미륵보살에게 말씀하셨습니다.
"내가 이제 분명하게 말하노라. 이 사람이 모든 오락거리로 사백 만억 아승지 세계의 여섯 갈래 중생들에게 보시하였고, 또 아라한과를 얻게 한 공덕은 이 오십 번째 사람이 법화경의 한 게송을 듣고 따라서 기뻐한 공덕만 못하느니라. 백 분의 일에도, 천 분의 일에도, 백천만억 분의

일에도 미치지 못하며, 내지 산수와 비유로도 알지 못하느니라.
아일다여, 이와 같이 오십 번째 사람이 법화경을 차츰차츰 전하여 듣고 따라서 기뻐한 공덕은 한량이 없고 그지없는데 하물며 맨 처음에 그 회중(會衆)에서 듣고 따라서 기뻐한 사람의 복덕이야 더욱 수승해서 한량없고 그지없는 아승지로도 비교할 수 없느니라.

❀ 80년 동안 육도의 수많은 중생에게 갖가지 재화로 보시하고 마지막에는 소승의 사과(四果)와 팔해탈(八解脫)을 이루게 한 공덕이 법화경의 한 게송만 듣고 따라서 기뻐한 공덕보다 못하다고 했습니다. 그것도 오십 차례를 전달되면서 내용이 변색되었을지라도 한 구절의 법화경이 지닌 가치가 이 정도로 높다는 이야기입니다. 모든 존재의 실상, 사람이 바로 부처님이라는 사상은 다른 어떤 가르침보다 중요하고 우선하는 것이기 때문에 이와 같이 표현하였습니다.

지금 우리가 공부하고 있는 법화경의 구절이 몇 번째로 전해들은 것에 해당하는지 헤아리기도 쉽지 않습니다. 맨 처음 범어(梵語)로 기록된 법화경이 여러 지역으로 전파되면서 조금 변형되었을 것입니다. 그리고 이 범본 법화경이 중국에 전해져 1,600년 전에 한문으로 번역되어 전해진 것을 다시 한글로 풀었습니다. 이 한글본은 제가 지금까지 나름대로 공부하고 이해한 모든 실력을 다해서 옮기고 풀이하고 있습니다. 지금으로서는 법화경을 이해하는 가장 빠른 지름길이요, 직선코스에 있습니다. 어찌 보면 이 대목에 나오는 오십 번째 사람이 바로 우리들이라고 생각하여도, 그 무엇보다 공덕이 크다는 말씀에 자부심을 가져도 좋다고 생각합니다.

② 다른 사람들에게 듣기를 권한 공덕

【 경문 】
又阿逸多야 若人爲是經故로 往詣僧坊하야 若坐若立에 須臾聽受라도 緣是功德하야 轉身所生에 得好上妙한 象馬車乘과 珍寶輦輿와 及乘天宮하나니라

또 아일다여, 만약 어떤 사람이 이 경을 위하여서 승방에 가서 앉거나 섰거나 잠깐만 들어도 이 공덕으로 몸을 바꾸어 다음에 날 적에는 매우 훌륭한 코끼리와 말과 수레와 보배로 꾸민 연(輦)을 가지게 되리라. 그리고 하늘의 궁전에 오르리라.

【 경문 】
若復有人이 於講法處坐어든 更有人來에 勸令坐聽하대 若分座令坐하면 是人功德은 轉身에 得帝釋坐處와 若梵王坐處와 若轉輪聖王所坐之處리라

만약 또 어떤 사람이 법을 강론하는 자리에 앉았을 적에 다른 사람이 오거든, 그 사람을 권하여 앉아서 듣게 하되, 자기가 앉은 자리를 나누어서 앉게 하면 이 사람은 그 공덕으로 몸을 바꾸어 다음에 태어날 적에는 제석천왕(帝釋天王)이 앉는 곳이나 범천왕(梵天王)이 앉는 곳이나 전륜성왕(轉輪聖王)이 앉는 곳에 앉게 되리라.

❀   다른 사람에게 법화경 듣기를 권하는 것은 권선(勸善)에 해당합니다. 권선은 글자 그대로 선을 행하도록 권하는 것을 말합니다. 그래서 우리나라에는 예부터 권선문을 들고 다니면서 불사에 동참하기를 권유하는 풍습이 있었습니다. 좋은 일을 행하는 인연을 통해서 불교의 이치를 깨우칠 수 있는 인연을 맺을 수 있는 계기가 되는 것이 사실입니다. 그래서 다른 사람에게 불교 공부를 권하는 일이 참 중요하고 큰 공덕이 됩니다. 어려운 일도 아닙니다. 법회에 처음 오는 이나 신도회에 가입하는 이에게 성심껏 안내하고 설명도 해 주면서 마음을 편안하게 해 주는 것부터 시작하면 됩니다. 편안한 마음으로 법회에 참석하고 절에 가야 신심이 날 것입니다. 그렇게 처음 인연 맺는 것부터 시작하면 됩니다.

【 경문 】

阿逸多야 若復有人이 語餘人言하대 有經名法華라 可共往聽이라하면 卽受其教하야 乃至須臾間聞하면 是人功德은 轉身에 得與陀羅尼菩薩로 共生一處리라 利根智慧하야 百千萬世에 終不瘖瘂하고 口氣不臭하며 舌常無病하고 口亦無病하며 齒不垢黑하고 不黃不疎하며 亦不缺落하고 不差不曲하며 脣不下垂하고 亦不蹇縮하며 不麤澁하고 不瘡疹하며 亦不缺壞하고 亦不喎斜하며 不厚不大하고 亦不黧黑하야 無諸可惡하며 鼻不匾㔸하고 亦不曲戾하며 面色不黑하고 亦不狹長하며 亦不窊曲하야 無有一切不可喜相하며 脣舌牙齒가 悉皆嚴好하며 鼻修高直하고 面貌圓滿하며 眉高而長하고 額廣平正하야 人相具足하며 世世所生에 見佛聞法하고 信受教誨리라

아일다여, 만약 또 어떤 사람이 다른 사람에게 말하기를 '저기 법화경을 설하는 데가 있으니 함께 가서 듣자.'고 하여 그 사람이 그 말을 듣고 가서 잠깐만 듣더라도 이 사람은 그 공덕으로 몸을 바꾸어 다음에 태어날 적에 다라니를 얻은 보살과 함께 있게 되리라.

근기가 총명하고 지혜가 있으며 백천 만 번 태어나도 벙어리나 말더듬이가 되지 않으리라. 입에서는 냄새가 나지 않고 혀에도 병이 없고 입에도 병이 없으리라. 치아는 검지도 누르지도 성글지도 않고, 빠지지도 않고, 들쑥날쑥하지도 않으리라. 옥니도 아니며 입술이 아래로 처지지도 않고 위로 걷어 올라가지도 않으리라. 거칠지도 않고 부스럼도 없고, 언청이도 안 되고, 비뚤어지지도 않고, 두텁지도 않고, 크지도 않고, 퍼렇지도 않으리라. 모든 미운 것이 없으며, 코가 납작하지도 않고 비뚤어지지도 않으며, 얼굴이 검지도 않고 좁지도 않고 길지도 않고 오목하지도 않아서 못생긴 모습이 하나도 없으리라.

입술·혀·치아가 모두 잘 생기고, 코는 길고 높고 곧으며, 얼굴은 원만하고, 눈썹이 높고 길며, 이마가 번듯하고 넓으며, 여러 가지 모습을 갖추느니라. 또 태어날 적마다 부처님을 친견하고 법을 듣게 되며 가르침을 믿고 받아들이게 되리라.

❀   외모가 잘 생기고 총명한 사람으로 태어나고 싶으면 법화경 공부를 주변에 열심히 권하면 되겠습니다. 방편이 조금 깔려있는 말씀입니다만, 이런 방편도 많은 도움이 됩니다. 제 자신도 이런 말씀을 들으면 '이왕이면 그렇게 되면 참 좋지.' 하는 생각이 자연히 납니다. 인지상정인 것이지요. 주위 사람들에게 불교공부를 권하지만 그 사람

들이 얼마나 이해하는지 염려하는 사람들을 종종 봅니다. 그러나 자신이 진실하게 믿고 성실하게 전했다면 전달한 사람의 임무는 그것으로 다한 것입니다. 받아들이고 받아들이지 않고는 듣는 사람의 몫입니다.

【 경문 】
阿逸多야 汝且觀是勸於一人하야 令往聽法이라도 功德如此어든 何況一心으로 聽說讀誦하고 而於大衆에 爲人分別하며 如說修行이리오

아일다여, 그대는 또한 보라. 이 한 사람을 권하여 가서 듣게 한 공덕도 이와 같은데 하물며 일심으로 듣고 읽고 외우며 대중들이 모인 데서 분별하여 말하며 들은 대로 수행(修行)하는 것이겠는가."

🌸 다른 사람들에게 권하는 것도 이렇게 공덕이 크고 좋은데 스스로 나아가 일심으로 듣고 외우고 대중들에게 전하는 것이야 더 말할 나위가 없을 것입니다. 법화경 전체의 내용을 전하기는 어려울 것입니다. 그 중에서 일부를 선택해서 열심히 펼치는 것도 좋습니다. 곧 읽게 될 상불경보살품의 이야기 하나만 일평생 전해도 좋습니다. 제바달다품의 정신을 전하는 것도 참 좋고, 여래수량품도 참 좋습니다. 제가 가장 좋아하는 방편품의 내용도 쉽고 재미있습니다. 망상이 부글부글 끓는 산란심으로 부처님 앞에서 나무불 한 번만 해도 다 성불한다는 이야기는 잊어버리기 어려울 것입니다. 법화경을 공부하는 불자들이 주위에 있는 사람 가운데 두 명에게만 전해 주어도 상당하리

라고 생각됩니다.

2. 게송으로 거듭 밝히다

[1] 속으로 따라 기뻐한 공덕

【 경문 】
爾時世尊이 欲重宣此義하사 而說偈言하니라
若人於法會에 得聞是經典하대
乃至於一偈하고 隨喜爲他說하며
如是展轉敎하야 至于第五十하니
最後人獲福을 今當分別之호리라
如有大施主가 供給無量衆하대
具滿八十歲를 隨意之所欲하고
見彼衰老相의 髮白而面皺와
齒疎形枯竭하고 念其死不久라
我今應當敎하야 令得於道果라하고
卽爲方便說 涅槃眞實法하대

이때 세존께서 이 뜻을 거듭 펴시려고 게송으로 말씀하셨습니다.
"만약 어떤 사람이 법회(法會)에서 이 법화경을 설하는데
한 게송이라도 듣고는 기뻐서 다른 이에게 말하여 주어

이렇게 차례차례 말하여 오십 번째 사람에게 이른다 하면
이 최후의 사람이 얻는 공덕을 이제 분별하여 말하리라.
여기에 큰 시주가 있어서 한량없는 중생들에게 이바지하되
팔십 년이 되도록 그들이 바라는 대로 보시하고
그들이 늙어서 머리가 세고 얼굴이 쭈그러지고
이가 빠지고 몸이 야위어 오래 살지 못할 것을 보고는
이제는 저들을 교화하여 도의 결과를 얻게 하리라 하고
방편을 베풀어서 열반의 참된 법을 말하니라.

【 경문 】

世皆不牢固하야 如水沫泡燄이니

汝等咸應當 疾生厭離心하라

諸人聞是法하고 皆得阿羅漢하며

具足六神通과 三明八解脫하여도

最後第五十이 聞一偈隨喜하면

是人福勝彼하대 不可爲譬喩니라

如是展轉聞하여도 其福尙無量커늘

何況於法會에 初聞隨喜者리오

이 세상은 견고하지 못해서 물거품과 같고 불꽃과 같으니
그대들은 응당히 세상에 대하여 속히 싫어하는 마음을 내야 하느니라.
여러 사람들이 이 법문을 듣고 모두 아라한을 얻어
여섯 가지 신통과 세 가지 밝음과 여덟 가지 해탈을 갖추었으며

최후의 오십 번째 사람이 한 게송을 듣고 따라서 기뻐하면
그 공덕은 저보다 더욱 많아서 비유로도 말할 수 없으리라.
이렇게 전하여 들은 것도 복덕이 한량이 없거든
하물며 법문하는 모임에서 처음에 듣고 기뻐하는 것이겠는가.

🏵 물거품은 손끝만 닿아도 그냥 부서집니다. 불꽃은 그 빛으로 눈을 매혹하지만 그대로 사라집니다. 그와 같이 세상이 견고하지 못하고 장구하지 못하며 무상한 것을 표현하고 있습니다. 꿈같고 환상 같은 현상계 속에서도 법화경의 종지인 회삼귀일(會三歸一)을 잊지 않는 것이 참 생명으로 나아가는 길임을 잊지 말아야 합니다. 높거나 낮고 귀하거나 천하기도 한 다종다양한 삶의 모양을 부처의 삶, 사람이 누릴 수 있는 가장 고귀한 삶으로 귀결시키는 가르침입니다. 모든 존재의 실상을 깨닫도록 인도하는 가르침입니다. 사람의 실상은 무엇입니까? 사람이 곧 부처님이라는 것이 실상이요, 참 모습입니다.

[2] 다른 사람들에게 듣기를 권한 공덕

【 경문 】

若有勸一人하야 將引聽法華하대
言此經深妙하야 千萬劫難遇라하니
卽受敎往聽하야 乃至須臾聞하면
斯人之福報를 今當分別說호리라
世世無口患하고 齒不疎黃黑하며

脣不厚蹇缺하야 無有可惡相하며
舌不乾黑短하고 鼻高修且直하며
額廣而平正하고 面目悉端嚴하야
爲人所喜見이며 口氣無臭穢하고
優鉢華之香이 常從其口出하며

만일 한 사람만을 권하여 데리고 가서 법화경을 들을 때
'이 경이 깊고 묘하여 천만 겁에도 만나기 어렵다' 하여
그 사람이 그 말을 듣고 따라가 잠깐 동안만 들었더라도
그 사람이 얻을 복덕을 이제 분별하여 말하리라.
세세생생 태어날 적마다 입에는 병이 없고
이는 성글고 누르고 검지 않으며
입술은 두텁지도 언청이도 아니어서 나쁜 인상이 하나도 없으리라.
혀는 마르지도 검지도 짧지도 않고 코는 높고 길고 곧으며
이마가 넓고 번듯하여 얼굴과 눈이 모두 다 단정하리라.
사람들이 기쁘게 대하며 입에는 냄새도 나지 않고
우담바라 꽃의 향기가 언제나 입에서 나오리라.

❀ 다른 사람에게 선행을 하도록 권하는 것을 권선이라고 합니다. 이렇게 설법을 듣도록 권하는 것도 권선입니다. 내가 스스로 공부하는 것도 큰 공덕인데, 다른 이에게 권하면 더 큰 공덕이 되는 것은 당연한 이치입니다. 법화경의 내용을 직접 말해 주는 것도 방법이지만, 법화경을 공부하는 법회에 함께 가는 것도 좋고, 법화경 책을 사서 읽

도록 권하는 것도 좋습니다. 법화경을 녹음한 음반을 사서 듣게 하는 것도 방법이 됩니다.

"얼굴과 눈이 모두 다 단정하리라."고 했습니다. 여기서 단정하다는 것은 특별히 빼어난 모양으로 태어났다는 말이 아닙니다. 이목구비가 원만하게 갖추어져서 눈에 거슬리는 것이 하나도 없고 모든 모양새가 조화롭다는 뜻입니다. 법화경의 가르침을 이렇게 상징적으로 표현했다고 볼 수도 있습니다.

법화경의 가르침은 비밀리에 전해야 하는 특별한 가르침이 아니라, 있는 그대로의 모습을 보라고 가르치는 것입니다. 우리들은 보통 있는 그대로를 보지 못합니다. 전해져 오는 관습에 따라 보고, 주변 인연에 따라 보고, 자신이 아는 상식에 따라 봅니다. 자신이 살아온 환경과 익힌 지식에 따라 만들어진 잣대와 틀이 각각 다릅니다.

그러나 법화경에서는 있는 그대로, 실상대로 볼 것을 가르칩니다. 사람이 본래 부처님이기 때문에 부처님으로 보는 것입니다. 본래 부처님이기에 부처가 되는 데 아무 조건이 없습니다. 부처가 되는 조건이 있다면 그것은 유위의 존재가 되는 것입니다. 그래서 아이들이 모래흙을 뭉쳐서 불탑이라고 부르며 합장하여도 이미 불도를 이루고, 불상 앞에서 손 한 번 들어올려도 다 불도를 이루었다고 했습니다.

이런 것들이 성불의 조건이라고 할 수 있겠습니까? 아닙니다. 그래서 조건이 없다고 하는 것입니다. 실상대로 봤을 때 모두 부처님입니다. 깨달은 분이 본 대로 말씀했을 뿐입니다. 이것이 법화경의 진실입니다. 남이 갖지 못한 특별하고 이상한 능력을 발휘하거나 남다른 모습을 보인다면 제법실상이 아니라 제법이상(諸法異相)이라 해야겠지요. 제법실상과 제법이상은 전혀 다른 차원입니다. 모든 것이 조화롭고 순리적이며, 그야말로 콩 심은 데 콩 나고 팥 심은 데 팥 나듯이 연기의 도리에 의해서 움직인다는 것이 이와 같은 가르침입니다.

【 경문 】
若故詣僧坊하야 欲聽法華經하대
須臾聞歡喜하면 今當說其福호리라
後生天人中하야 得妙象馬車와
珍寶之輦輿와 及乘天宮殿하며
若於講法處에 勸人坐聽經하면
是福因緣得 釋梵轉輪座하나니
何況一心聽하고 解說其義趣하며
如說而修行이리오 其福不可限이니라

만약 일부러 승방에 가서 법화경 법문을 들을 때
잠깐만 듣고 기뻐한, 그 복덕을 지금 말하리라.
내생에 천상과 인간에 나서 좋은 코끼리와 말의 수레와
보배로 꾸민 연을 가지며 하늘 궁전에 오르게 되리라.
법문을 설하는 곳에서 사람을 권하여 듣게 한다면
이 인연의 복덕으로 제석천·범천·전륜왕이 되리라.
하물며 일심(一心)으로 듣고 그 뜻을 해설해 주고
설한 대로 수행(修行)하면 그 복덕은 한량이 없으리라."

이렇게 해서 따라서 기뻐하는 수희 공덕에 대한 이야기를 마치고 있습니다. 법화경의 이치를 한 구절이라도 듣고 함께 기뻐하는 일, 다른 이를 위하여 자기가 앉을 자리를 나누어 앉게 하는 일, 다른 이에게 권하여 법화경을 듣게 하는 일 등 여러 가지를 이야기했습니다. 이러한 행위의 아래에는 다른 이에게 일어난 좋은 일, 그 사람의 훌륭한 점이나 잘 하는 일을 시기하거나 질투하지 않고 진심으로 기뻐하는 마음이 깔려 있습니다. 사람으로서 가장 아름다운 모습이 다른 이의 공덕을 따라서 기뻐하는 일입니다. 이것을 잘 실천할 수 있으면 불교를 공부하는 의미와 보람을 느낄 수 있을 것입니다.

19
법사공덕품

(法師功德品)

법사공덕품에 나오는 법사는 제10 법사품의 5종 법사를 뜻합니다. 법화경을 항상 품에 지니는 사람, 읽는 사람, 외우는 사람, 해설하는 사람, 서사하는 사람이 5종 법사인데, 이 법사들은 육근이 청정해지는 공덕을 얻습니다. 이 법사들은 법화삼매와 육바라밀을 실천하고 일불승을 지향하여 나아가기 때문에 이와 같은 공덕을 성취하는데 이런 이야기는 능엄경에도 일부 나옵니다. 5종 법사처럼 법화경을 열심히 공부하면서 남을 위해 펼치다 보면 심경에 변화가 일어납니다. 법화경이 아니더라도 우리가 어떤 것에 마음을 많이 기울이면 변화가 반드시 따르게 됩니다. 돈과 같은 재물을 좋아해도 변화가 일어나고, 사람을 좋아해도 그렇고 음악이나 그림을 좋아해도 변화가 생깁니다. 예를 들어, 부처님을 무척 공경하는 사람은 불란서도 좋아합니다. 요즘은 프랑스라고 하는데 한자말로는 불란서(佛蘭西)라고 씁니다. 왜냐하면 불란서의 불이 부처 불(佛)자이기 때문에 불란서를 좋아합니다.

그렇게 변화가 옵니다. 마음에 변화가 오면 당연히 그 사람의 인생에도 변화가 옵니다. 인생이 달라진다는 말입니다. 살아가는 모양새가 어쨌든 달라집니다. 이것이다 하고 꼭 집어내기는 어렵지만 가슴 속에서 달라진 것을 느낄 수 있습니다. 아마도 신심 있는 불자들은 확연히 느낄 수 있을 것입니다. 이렇게 사는 모양이 달라지고 인생이 달라지는 것이 무엇입니까? 바로 공덕입니다. 우리는 어디서 전혀 생각지도 않던 돈이 왕창 생기는 것을 공덕이라고 생각할 수도 있습니다. 물론 그것도 공덕이기는 합니다만, 법화경의 공덕, 불교에서 말하는 진짜 공덕은 마음의 변화, 인생의 변화입니다. 내가 사는 방식이 달라지는 것이 가장 큰 공덕입니다.

불교를 안 믿다가 믿거나, 법화경을 모르다가 알게 되면 정신적인 변화가 당연히 오게 됩니다. 그러나 정신적인 변화만 변화인 것은 아닙니다. 육신에도 변화가 와야 하고 생활에도 변화가 와야 합니다. 우리 몸으로 영위하는 일상생활에도 변화가 필연적으로 오게 됩니다. 이 품에서 말하는 눈의 800공덕, 귀의 1,200공덕, 코의 800공덕은 상징적으로 받아들여야 합니다. 우리의 눈·귀·코·혀 등의 육근에 공덕이 있다는 것은 이 육근으로 상징되는 삶의 변화를 의미하는 것입니다. 왜냐하면 사람이 산다는 것은 눈·귀·코·혀의 육근을 활용하면서 사는 것이기 때문입니다. 우리가 몸을 전혀 움직이지 않는 수면 상태에서도 의식은 활동합니다. 이렇게 육근으로 펼치는 삶에 큰 변화가 생기는데, 그것도 매우 바람직한 방향으로 변하게 되는 것을 법화경의 공덕이라고 이해하면 됩니다.

1. 육근(六根)의 공덕을 모두 밝히다

【 경문 】

爾時佛告常精進菩薩摩訶薩하사대 若善男子善女人이 受持是法華經하야 若讀若誦커나 若解說若書寫하면 是人當得八百眼功德과 千二百耳功德과 八百鼻功德과 千二百舌功德과 八百身功德과 千二百意功德하리니 以是功德으로 莊嚴六根하야 皆令淸淨하니라

그때에 부처님께서 상정진(常精進)보살마하살에게 말씀하셨습니다.
"만일 선남자·선여인이 이 법화경을 받아 지니거나 읽거나 외우거나 해설하거나 쓴다면 이 사람은 마땅히 눈의 팔백 공덕과 귀의 천이백 공덕과 코의 팔백 공덕과 혀의 천이백 공덕과 몸의 팔백 공덕과 의식의 천이백 공덕을 얻을 것이니라. 이러한 공덕으로 육근(六根)을 장엄하여 모두 청정하리라.

❀ "그때에 부처님께서 상정진(常精進)보살마하살에게 말씀하셨습니다."라고 했습니다. 수많은 보살 가운데서 상정진보살을 특별히 지

칭하는 데는 이유가 있습니다. 상정진(常精進) 즉 항상 정진하는 보살이라는 뜻입니다. 법화경과 한두 차례 인연을 짓는 것이 아니라 항상 법화경을 가까이 하고 가르침을 실천한다는 의미를 보살의 이름에서 짐작해 볼 수 있습니다.

제가 중국 구화산에 참배를 갔다가 글귀가 좋아서 자그마한 족자를 하나 사온 것이 있습니다. 제 나름대로 해석해서 '인생의 14대 교훈'이라고 이름 붙였습니다. 구화산은 중국불교의 4대 성지 가운데 하나로 신라의 왕자인 김교각 스님이 지장보살의 화신으로 수행하고 교화하셨던 곳입니다. 그 구화산에서 족자를 보고 '보통 인연이 아니구나' 하는 생각이 들어서 가져와서 우리말로 옮겼습니다. 그 내용을 풀어보면 이렇습니다.

인생의 14대 교훈

1. 인생 최대의 적은 자기 자신입니다.

어떤 일을 하든 눈에 보이는 상대를 이기기는 쉽습니다. 운동 경기를 하든 사업을 하든 공부를 하든 혹은 기도나 참선을 하든 간에 다른 사람과 경쟁해서 이기기는 쉽습니다. 그러나 눈에 보이지 않는 상대, 가장 마지막에 싸워야 하는 자기 자신과의 싸움은 가장 어렵습니다. 기도를 해 본 불자님들은 잘 알 수 있습니다. 3000배나 1만 배를 올리는 기도를 하다보면 부처님이 문제가 아니라 나 자신과의 싸움이 가장 문제가 됩니다. 잠깐이라도 쉬고 싶거나 그만 하고 싶은 유혹에 마음이 흔들리는 경우가 종종 있습니다. 운동 경기를 하든 사업을 하든 어떤 일이든 종국에 가서는 결국 자기 자신과의 싸움입니다.

2. 인생 최대의 실패는 스스로 잘났다는 생각입니다.
나만 잘났다는 생각에 빠지는 순간 그 사람은 실패하는 것입니다. 그리고 그 실패는 어떤 실패보다 큰 실패입니다. 사람들은 대개 자기 잘난 맛에 산다는 말을 하곤 하지만 사실은 안목이 좁은 사람들의 생각일 뿐입니다. 내가 잘났으면 다른 사람도 나만큼 잘났다고 생각하는 사람의 마음이 넓고 도량이 넓습니다.

3. 인생 최대의 어리석음은 남을 속이는 것입니다.
남을 잘 속이는 사람을 보면 대체로 꾀가 많고 영리하다고들 합니다. 그리고 스스로도 자신이 영리하고 잘나서 남을 잘 속인다고 생각하고 기고만장합니다. 그러나 그것은 큰 착각이고, 참 어리석은 행동입니다. 결국은 좋지 않은 결과가 온다는 것을 모르고 지금 당장 자기 손안의 조그만 이익을 기뻐하는 것입니다.

　　연속극 같은 데 보면 대개 사기꾼들이 사기 한 탕 잘 치고 나서는 자기들끼리 모여서 박장대소를 하고 큰 성공을 거두었다고 기고만장하게 웃습니다. 사람은 오늘 하루만 살지 않고, 이번 한 생만 살지 않습니다. 그 사실을 잘 아는 불자들은 자기 꾀에 자기가 넘어가는 이런 어리석은 행동을 하지 않습니다.

4. 인생에서 가장 슬픈 일은 질투입니다.
질투하는 마음은 남이 나보다 잘나거나 잘 된 것을 부러워하는 마음과 미워하는 마음이 한 데 섞인 것입니다. 참 슬프고 불쌍한 마음입니다. 질투는 남자든 여자든 모든 사람의 아픈 곳을 꼭 꼬집는 말과 같습니다.

5. 인생 최대의 착각은 스스로 포기하는 것입니다.
우리는 많은 착각 속에서 살고 있습니다. 그 중에서도 '나는 배운 것이 모자라니까, 혹은 나는 약한 여자니까, 나는 가진 것이 없으니까'라며 스스로 포기해 버리는 것이 제일 큰 착각입니다. 자포자기는 내가 못났고 능력이 없다는 생각에 빠져서 노력도 하지 않고 포기하는 것입니다. 부처님께서는 모든 인간에게는 불성이 있다고 하셨습니다. 부처의 성품을 고스란히 지닌 존재가 인간인데 자포자기할 이유가 없습니다. 온 나라의 경제가 어렵다고 좌절하고 인생을 포기하는 사람들이 많지만 불자들은 절대로 그래서는 안 됩니다.

제가 예전에 실업인들이 모인 곳에서 법회를 한 적이 있는데, 나중에 그 법회에 왔던 사람을 다시 만나게 되었습니다. 그 사람이 그때 제가 한 말이 감명 깊었고 기억에 남는다고 하길래 무슨 말이었느냐고 물어보았더니 다음과 같은 내용이었습니다.

사업을 하다보면 부도를 당하는 경우가 많습니다. 그런 일을 당할 때면 쥐구멍에라도 도망가서 숨고 싶고 모든 것을 다 끝장내고 싶은 감정에 흔히 빠지게 됩니다. 그러나 사업이 부도가 난 것이지 내 인생이 부도가 난 것은 아닙니다. 사업은 잘 돼서 성공할 수도 있고 무너질 수도 있습니다. 그러나 인생은 끝나지 않습니다. 어떤 상황, 어떤 조건에 처하더라도 삶이 무너진 것은 아니므로 결코 흔들리지 말아야 한다는 이야기를 들었다고 합니다. 그때 그 실업가는 '아, 사람 사는 문제와 사업은 다른 것이구나.' 하고 느끼면서 많은 힘을 얻었다고 합니다. 사실, 이렇게 다르다고 생각할 줄 아는 여유가 필요합니다. 우리가 어떤 일을 할 때 너무 집착하게 되면 그 일이 인생의 전부인 양 생각하는 경우가 많습니다. 그래서 그 일이 잘못되면 자기 인생 자체도 포기하는 경우가 많은데, 그것이 착각입니다. 삶은 자포자기의 대상이 결코 아니라는 것입니다.

6. 인생 최대의 잘못은 스스로를 속이고 남을 속이는 것입니다.
남을 속이는 것은 인생 최대의 어리석음이라고 앞에서 말했습니다. 여기에 스스로를 속이는 과오까지 범하게 되면 어리석음을 넘어서 큰 허물이 되고, 죄과가 되는 것입니다. 사실 허물 중에 제일 큰 허물이 자기 자신을 속이는 것입니다.

7. 인생에서 가장 가련한 일은 스스로를 비하(卑下)하는 것입니다.
'나는 못났다' 하고 스스로를 업신여겨서 낮추는 것이 비하입니다. 언뜻 보면 겸손처럼 보이지만 겸손과 비하는 전혀 다른 것입니다. 겸손은 남을 존중하고 자기를 내세우지 않는 것이지 자신을 업신여겨서 낮추는 것이 아닙니다. 사람은 겸손할 줄 알되 자신을 비하하는 일은 없어야 합니다.

8. 인생에서 중요하게 지녀야 할 것은 정진(精進)입니다.
어떤 일을 시작하는 것은 어렵지 않고 누구나 할 수 있습니다. 이루겠다고 마음먹고 시작한 일이라면 계속 해야 하는데 그것이 어렵습니다. 그래서 정진 즉 노력해서 나아가기를 잊지 말아야 합니다. 계속하는 노력, 정진이 있으면 공부하는 사람이든 예능을 익히는 사람이든 간에 어떤 분야에서든 이루지 못할 일이 없습니다. 그래서 가장 중요하게 지니고 다녀야 할 것이 정진 즉 힘써 나아가는 것입니다.

9. 인생 최대의 파산(破産)은 절망입니다.
사업을 하다 보면 뜻대로 되지 않아서 파산할 수 있습니다. 어떤 일이든 도모해서 진행하다가 중도에 실패할 수 있습니다. 그렇다고 모든 것에 절망해서는 안 됩니다. 절망은 모든 희망을 끊어버리고 잃어버리는 것입니다. 일에 실패했다고 삶에 대한 희망의 끈을 놓아버리면 인생이 파산합니다. 삶을 포기하는 것보다 더 큰 실패는 없습니다. 사업에 실패했다고 절망에 빠져서 인생까지 실패해서는 안 됩니다.

10. 인생 최대의 재산은 건강입니다.
우리가 사바세계에서 사람이라는 이름으로 삶을 영위하는 것은 '나'라는 존재가 있기 때문입니다. 그 외에 여러 가지 인연이 충족되어야 하지만 명색(名色)이 '나'라는 그릇을 먼저 만들어놓았기 때문임은 두말할 나위가 없습니다. 나를 이루고 있는 몸과 마음이 건강해야 활발하게 삶을 영위할 수 있습니다. 몸과 마음의 건강이 우리 삶의 밑천과 같습니다. 건강을 잃으면 나라의 왕이거나 천하의 갑부라도 길거리의 거지보다 못합니다. 재물이나 권력보다도 건강을 먼저 챙기고 지킨 사람이 인생에서 최후의 승리자가 될 수 있습니다.

11. 인생 최대의 채무(債務)는 인정(人情)에 대한 채무입니다.

살면서 알게 모르게 느끼고 있는 것이지만 이렇게 구체적으로 표현한 것을 보고는 눈이 번쩍 뜨였습니다. 살다보면 다른 이에게 신세지지 않기란 참 어렵습니다. 그래도 빚은 지지 않으려 애쓰고 혹여 빚을 지는 경우에는 반드시 갚으려고 합니다. 남에게 지는 빚 가운데 가장 무거운 빚은 재물 빚이 아니라 인정(人情) 빚입니다. 인정은 재물보다 무거운 것이라 인정에 대한 빚이 가장 큰 빚입니다.

12. 인생 최대의 예물(禮物)은 관용과 용서입니다.

나를 미워하고 욕하고 나에게 해를 끼치며 비난하는 사람을 용서하고 그에게 관용을 베푸는 것은 참 어려운 일입니다. 남이 지은 죄나 잘못을 책망하지 않고 덮어주는 용서나, 남의 잘못을 너그럽게 받아들이는 관용은 보통의 평범한 사람이 행하기는 어렵습니다. 용서한다고 말하기도 어렵지만 마음으로까지 용서하기는 더욱 어려운 일입니다. 그래서 어떤 값비싼 예물보다 더 값지고 고귀한 것이 관용과 용서입니다.

13. 인생에서 가장 부족한 것은 자비와 지혜입니다.

내 부모형제와 자식, 내 친척과 같이 핏줄을 나눈 이에게 마음을 쓰는 것은 누구나 다 합니다. 아니 동물도 자기 가족과 친족에게는 잘 합니다. 그러나 자비는 나와 가깝고 먼 것과는 관계없이 누구에게나 골고루 사랑하고 가엾게 여기며 베푸는 것입니다. 보통 사람들이 갖추기 힘든 덕목이라서 보살과 같은 자비심을 내기 위해서 수행하며 노력해서 개발해야 합니다. 지혜도 마찬가지입니다. 지식을 쌓기는 쉽지만 삶의 지혜는 수학공식처럼 간단하지도 않고 쉽게 얻을 수 있는 것도 아닙니다. 그리고 자비심은 있는데 지혜가 부족하거나, 지혜는 있지만 자비심이 부족한 것도 자비와 지혜는 함께 갖추어야 제 몫을 다 할 수 있습니다.

14. 인생 최대의 기쁨은 베푸는 일입니다.

지장보살의 본원을 간단히 말한 것이라 할 수 있습니다. 다른 사람에게 무엇이든 베푸는 일처럼 흐뭇한 일이 없습니다. 남을 위해 베풀면 그보다 더 큰 마음의 기쁨이 나에게 돌아옵니다. 보시를 함으로써 받는 첫 번째 공덕이라고 할 수 있습니다. 보시한다, 베푼다고 하면 거창한 것처럼 생각됩니다. 그러나 노약자를 위해 자리를 양보하는 것처럼 작은 일도 베푸는 것이고 마음을 흐뭇하게 합니다.

지금까지 살펴본 인생 14대 교훈의 내용이 그렇게 불교적이지 않다고 생각할지도 모르겠지만, 불교의 정신을 현대적으로 표현한 것이라고 생각합니다. 옛날식의 딱딱한 경전도 나름대로 좋지만 시대에 맞추어 새롭게 표현해야 우리 가슴에 감동을 줄 수 있으리라 생각합니다. 이야기가 잠시 길어졌습니다만, 인생 14대 교훈의 말처럼 인생에서 늘 필요한 것이 정진(精進)이듯이 5종 법사는 늘 정진하는 자세를 지녀야 합니다. 우리가 살아있는 동안 목표하는 것을 힘차게 밀고 나가야 합니다. 잠깐 한 순간 노력하는 것은 누구나 할 수 있겠지만, 항상 정진하기는 어려운 일입니다. 늘 정진하는 사람은 자기 인생을 잘 관리하는 사람이라고 생각할 수 있습니다. 법화경 공부할 때도 잠깐 한두 달 법회에 참석하고 가는 사람들이 매우 많습니다. 밥 한 끼보다 중요한 것이 부처님의 가르침이라고 생각한다면 삶의 지표로 항상 받아들일 자세가 되어 있어야 합니다.

이렇게 늘 힘써 노력하는 것이 상정진입니다. 어느 한 때, 한 시절만 필요한 것이 아닙니다. 그때 그 시절만 인생인 것은 아니기 때문이지요. 바쁘게 살면 짧은 것이 인생이지만 하루하루를 열심히 사는 이에게 인생은 긴 것입니다. 그리고 항상 더 향상하기 위해, 보다 깊은 삶의 지혜를 얻기 위해서는 인생을 투철하게 깨달으신 부처님이나 보살님, 조사스님들의 가르침을 늘 접할 자세가 되어 있는 사람이 상정진보살입니다. 법사공덕품에 상정진보살이 그냥 나올 차례가 되어서 등장한 것은 결코 아닙니다. 법사에게 가장 필요한 것, 반드시 갖추어야 하는 것이 늘 정진하는 마음이라는 뜻에서 상정진보살이 등장했습니다.

눈에는 팔백 공덕이 있고 귀에는 천이백 공덕이 있다고 했습니다. 이 숫자가 능엄경에도 나오는데, 옛날 조사스님들도 이런저런 풀이를 했지만 정확한 뜻은 알 수 없습니다. 왜 눈은 팔백 공덕인데 귀는 그보다 많은 천이백 공덕일까요? 눈은 앞이나 옆은 볼 수 있지만 뒤는 볼 수 없기 때문에 팔백 공덕입니다. 귀는 앞이든 뒤든 어디에서 들리는 소리든 다 들을 수 있습니다. 그래서 백점짜리라는 뜻으로 천이백 공덕이라 한다고 생각할 수 있습니다.

2. 눈의 공덕을 밝히다

(1) 장항(長行)

【경문】
是善男子善女人이 父母所生淸淨肉眼으로 見於三千大千世界에 內外所有山林河海하대 下至阿鼻地獄하고 上至有頂하며 亦見其中에 一切衆生과 及業因緣과 果報生處하야 悉見悉知니라

이 선남자·선여인이 부모가 낳아준 청정한 육안(肉眼)으로 삼천대천세계의 안과 밖에 있는 산과 숲과 강과 바다를 보며, 아래로 아비지옥과 위로 유정천(有頂天)을 보느니라. 그 가운데 있는 모든 중생을 보고, 업(業)의 인연과 과보로 태어나는 곳을 모두 보고 다 아느니라."

❀ 이러한 능력을 부정해서는 안 됩니다. 마음을 한 곳에 집중하면 육안이 청정해져서 눈을 감고도 모든 것을 볼 수 있습니다. 아니, 눈이 없어도 삼천대천세계의 구석구석을 다 보고, 아비지옥에서부터 천상까지 다 볼 수 있습니다. 뿐만 아니라 사람도 한번 척 보면 그 사람의 심성은 물론이고 장단점도 알고 어디가 아픈지도 다 환히 알 수 있는 능력이 얼마든지 가능합니다.
　　일체유심조(一切唯心造)라는 말이 있습니다. 모든 존재가 우리 마음을 통해서 인식된다는 말입니다. 모든 존재는 그 존재를 인식하는 마음이 나타나는 것이고, 존재의 본체는 오직 마음이 지어낸 것, 만들어

낸 것일 뿐입니다. 그런데 우리 마음이 만들어낸 것이라고 한다면 왜 지금 존재하는 것만 만들었다고 하고 존재하지 않는 것은 만들어내지 못할까요? 정말 일체유심조가 사실이라면 존재하지 않는 것도 만들 수 있어야 합니다. 그것이 쉬운 일은 아니지만 실제로 가능한 일입니다.

불교에서는 우리의 육신을 의생신(意生身) 또는 의성신(意成身)이라고 합니다. 그리고 나의 육신 외에 다른 사람의 육신과 세계는 기세간(器世間)인데, 이 기세간은 의성천(意成天) 또는 의성세간(意成世間)이라고 할 수 있습니다. 이 모든 말이 의미하는 것은 우리의 의식이 몸과 세상을 만들었다는 뜻입니다. 이렇게 되면 비로소 일체유심조가 완벽해집니다. 지금 존재하는 것만 일체유심조가 아닙니다. 우리의 의식을 통해 인식되기 때문에 아무리 오랜 역사라 하더라도 내가 인식하는 그 순간 순식간에 만들어지고 창조되는 것입니다. 그야말로 일념즉심무량겁(一念卽心無量劫)입니다. 그래서 법화경을 수지, 독송, 해설하고 서사하는 것에 온 힘을 다 기울였을 때 이와 같은 공덕이 나타나는 것입니다.

[2] 게송(偈頌)

【경문】

爾時世尊이 欲重宣此義하사 而說偈言하사대
若於大衆中에 以無所畏心으로
說是法華經하면 汝聽其功德하라
是人得八百 功德殊勝眼이니

以是莊嚴故로 其目甚淸淨이라
父母所生眼으로 悉見三千界의
內外彌樓山과 須彌及鐵圍와
幷諸餘山林과 大海江河水하대
下至阿鼻獄하고 上至有頂天히
其中諸衆生을 一切皆悉見하며
雖未得天眼이나 肉眼力如是니라

이때 세존께서 이 뜻을 거듭 펴시려고 게송으로 말씀하셨습니다.
"만약 어떤 사람이 대중 가운데서 두려움 없는 마음으로
법화경을 해설한다면 그 공덕을 그대가 들어라.
이 사람은 훌륭한 눈의 팔백 공덕을 얻으리니
이렇게 장엄하였으므로 그 눈이 매우 청정하리라.
부모가 낳아준 눈으로써 삼천대천세계의 안팎에 있는
미루산과 수미산과 철위산을 모두 보고
그 밖의 여러 산과 숲과 큰 바다와 강과 시내와
아래로는 아비지옥과 위로는 유정천을 보고
그 속에 있는 중생들을 모두 다 보게 되나니
천안통(天眼通)이 없어도 육안으로 보는 힘이 이러하니라."

❀ 설사 천안통이 없더라도 육안으로 보는 힘이 이렇게 크다고 했습니다. 사실 지금 우리가 법화경 공부하는 것이 사실 제대로 공부하는 것이라고 하기 어렵습니다. 머리 속이 온갖 잡다한 생각들로 꽉 차

있어서 이루 말할 수 없이 산만합니다. 마치 신문지 같습니다. 신문지는 질서정연하기라도 하지만, 우리의 마음은 온갖 잡다한 것들이 아무 순서도 없이 뒤죽박죽 섞인 모양이 마치 쓰레기를 산처럼 모아놓은 매립장과 다를 바가 없습니다.

산만한 정신 상태에서는 아무리 정진하려고 해도 제대로 정진하기 어렵습니다. 그러니 법화경을 독송한들 공덕이 쉽게 나올 수 있겠습니까? 이 품에 표현한 대로 공덕이 나오려면 순수하고 집중된 마음으로 법화경 공부를 해야 합니다. 옛날 사람들은 요즘과는 달리 생활이 복잡하지도 않았고 알거나 배워야 할 지식도 몇 가지 안 되었습니다. 그래서 현대인보다 훨씬 순수하고 집중된 마음 상태를 유지하고 있었고, 그래서 경전에 표현된 공덕이 나타나는 것이 실제로 가능했을 것입니다.

3. 귀의 공덕을 밝히다

(1) 장항(長行)

【 경문 】

復次常精進아 若善男子善女人이 受持此經하야 若讀若誦커나 若解說若書寫하면 得千二百耳功德하나니 以是淸淨耳로 聞三千大千世界에 下至阿鼻地獄하고 上至有頂히 其中內外에 種種語言音聲하대 象聲馬聲과 牛聲車聲과 啼哭聲愁歎聲과 螺聲鼓聲과 鐘聲鈴聲과 笑聲語聲과 男聲

女聲과 童子聲童女聲과 法聲非法聲과 苦聲樂聲과 凡夫聲聖人聲과 喜聲不喜聲과 天聲龍聲과 夜叉聲乾闥婆聲과 阿修羅聲迦樓羅聲과 緊那羅聲摩睺羅伽聲과 火聲水聲風聲과 地獄聲畜生聲餓鬼聲과 比丘聲比丘尼聲과 聲聞聲辟支佛聲과 菩薩聲佛聲이라 以要言之컨대 三千大千世界中一切內外의 所有諸聲을 雖未得天耳나 以父母所生淸淨常耳로 皆悉聞知하나니 如是分別種種音聲하대 而不壞耳根이니라

"또 상정진(常精進)보살이여, 선남자・선여인이 이 법화경을 받아 지니어 읽거나 외우거나 해설하거나 쓴다면 귀의 일천 이백 공덕을 얻으리라. 이 청정한 귀로 삼천대천세계에서 아래로 아비지옥과 위로 유정천에 이르기까지 그 가운데 있는 가지가지 말과 음성을 들으리라.

코끼리 소리・말 소리・소 소리・수레 소리・우는 소리・수심하는 소리・소라 소리・북 소리・종 소리・방울 소리・웃는 소리・말하는 소리・남자의 소리・여인의 소리・동자의 소리・동녀의 소리・법다운 소리・법답지 않은 소리・괴로운 소리・즐거운 소리며, 범부의 소리・성인의 소리・기쁜 소리・기쁘지 않은 소리・하늘의 소리・용의 소리・야차의 소리・건달바의 소리・아수라의 소리・가루라의 소리・긴나라의 소리・마후라가의 소리・물 소리・불 소리・바람 소리・지옥 소리・축생의 소리・아귀의 소리・비구의 소리・비구니의 소리・성문의 소리・벽지불의 소리・보살의 소리・부처님의 소리를 다 들으리라.

중요한 것으로 말하자면, 삼천대천세계의 온갖 안팎에 있는 여러 가지 소리들을 천이통(天耳通)을 얻지 않고도 부모가 낳아준 청정한 보통의

귀로써 모두 듣고 알 것이며, 이렇게 여러 가지 음성을 분별하여도 귀가 상하지 않느니라."

🪷 　상정진(常精進)은 늘 정진한다는 뜻입니다. 이 말은 시간적인 정진뿐만 아니라 공간적으로도 한 터럭의 잡념도 없이 정진한다는 뜻입니다. 생각할 것 다 생각하고, 살필 것 다 살펴보면서 이것저것 하나도 안 놓치고 참견하면서 관세음보살님의 명호를 백 날 천 날 부른다면 거기에 무슨 영험이 있겠습니까?

　요즘 사람들은 이 품에 밝히고 있는 능력을 발휘할 수 있을 정도로 집중력 있게 공부하지 못합니다. 현대를 살아가는 우리들은 얼마나 많은 것을 배우고 익혀야 합니까? 텔레비전과 라디오, 신문과 같은 대중매체를 날마다 보고 듣는 것 외에도 컴퓨터와 운전 등 생존을 위해서 익혀야 할 기술과 배워야 할 지식이 참 많습니다. 100년 전에는 꿈도 못 꾸던 것을 우리는 모두 다 이해하고 살지 않습니까? 그런 모든 것이 우리 의식을 장악하고 있습니다. 그래서 아는 지식도 많고 분별력은 뛰어나지만 산만하고 집중력이 아주 약합니다. 아이들만 그런 것이 아니라 어른들도 모두 산만한 시대에 살고 있습니다.

[2] 게송(偈頌)

爾時世尊이 欲重宣此義하사 而說偈言하사대
父母所生耳는 淸淨無濁穢라
以此常耳聞 三千世界聲하대

象馬車牛聲과 鐘鈴螺鼓聲이며
琴瑟箜篌聲과 簫笛之音聲과
淸淨好歌聲을 聽之而不著하며
無數種人聲을 聞悉能解了하며
又聞諸天聲의 微妙之歌音하며
及聞男女聲과 童子童女聲하며
山川險谷中에 迦陵頻伽聲과
命命等諸鳥를 悉聞其音聲하며
地獄衆苦痛의 種種楚毒聲이며
餓鬼飢渴逼하야 求索飮食聲이며
諸阿修羅等이 居在大海邊하야
自共言語時에 出于大音聲을
如是說法者가 安住於此間하야
遙聞是衆聲하대 而不壞耳根하며

이때 세존께서 이 뜻을 거듭 펴시려고 게송으로 말씀하셨습니다.
"아버지·어머니가 낳아준 귀는 청정하고 더럽지 않아
이러한 보통의 귀로써 삼천대천세계의 소리를 듣느니라.
코끼리·말·수레·소의 소리와 종·풍경·소라·북 소리와
거문고·비파·젓대 소리와 통소와 피리에서 나는 소리와
맑고도 좋은 노래 소리를 들으면서도 집착이 없고
무수한 여러 사람들의 음성을 듣고 또 모두 이해하느니라.
또 여러 하늘의 소리와 아름다운 노래를 들으며

남자의 소리·여자의 소리와 동자·동녀의 소리도 듣느니라.
험한 산천과 골짜기에서 나는 가릉빈가의 소리도 듣고
명명(命命)새와 여러 새들의 아름다운 소리도 듣느니라.
지옥에서 고통받는 소리와 갖가지 고생하는 소리와
아귀가 기갈에 시달리어 음식을 구하는 소리도 듣느니라.
여러 아수라들이 큰 바닷가에 있으며
서로를 말하는 때에 큰 음성으로 떠드는 소리도 듣느니라.
이 법을 말하는 이가 여기에 편안히 있어서
그 여러 가지 음성을 들어도 귀가 손상되지 않느니라.

【 경문 】
十方世界中에 禽獸鳴相呼를
其說法之人이 於此悉聞之하며
其諸梵天上에 光音及徧淨과
乃至有頂天히 言語之音聲을
法師住於此하야 悉皆得聞之하며
一切比丘衆과 及諸比丘尼가
若讀誦經典하며 若爲他人說을
法師住於此하야 悉皆得聞之하며

시방의 여러 세계에서 새와 짐승들을 부르는 소리를
법을 말하는 그 사람이 여기서 모두 듣느니라.
여러 범천(梵天)의 위에 있는 광음천(光音天)과 변정천(徧淨天),

유정천에 이르기까지 모든 말과 그 음성을
법사가 여기 있으면서 모두 다 듣느니라.
모든 비구 대중과 비구니들이
이 경을 읽고 외우고 다른 이에게 말하는 것을
법사가 여기 있으면서 모두 다 듣느니라.

【 경문 】
復有諸菩薩이 讀誦於經法하며
若爲他人說하고 撰集解其義하난
如是諸音聲을 悉皆得聞之하며
諸佛大聖尊의 敎化衆生者가
於諸大會中에 演說微妙法하니
持此法華者는 悉皆得聞之하며
三千大千界의 內外諸音聲이며
下至阿鼻獄하고 上至有頂天히
皆聞其音聲하대 而不壞耳根이니
其耳聰利故로 悉能分別知라
持是法華者는 雖未得天耳나
但用所生耳라도 功德已如是니라

또 여러 보살들이 이 경을 읽고 외우며
다른 이에게 해설하거나 경을 편찬하고 그 뜻을 해석하는
이런 여러 가지 음성을 모두 다 듣느니라.

모든 부처님의 거룩하신 세존이 여러 중생들을 교화하느라고
대중 가운데 계시면서 미묘한 법을 설하시는 말씀을
이 법화경을 받아 지니는 사람은 모두 다 듣고 아느니라.
삼천대천세계의 안에서 나고 밖에서 나는 음성과
아래로는 아비지옥에서 위로는 색구경천까지
그 많은 음성들을 모두 들어도 귀는 조금도 상하지 않고
그 귀가 총명하여서 모두 분별해 아느니라.
이 법화경을 받아 지니는 사람은 비록 천이통은 못 얻었으나
부모가 낳아 준 귀의 그 공덕이 이러하니라."

4. 코의 공덕을 밝히다

(1) 장항(長行)

【 경문 】

復次常精進아 若善男子善女人이 受持是經하야 若讀若誦커니 若解說若書寫하면 成就八百鼻功德하나니 以是淸淨鼻根으로 聞於三千大千世界에 上下內外의 種種諸香하대 須曼那華香과 闍提華香과 末利華香과 詹蔔華香과 波羅羅華香과 赤蓮華香과 靑蓮華香과 白蓮華香과 華樹香菓樹香과 栴檀香沈水香과 多摩羅跋香과 多伽羅香과 及千萬種和香과 若抹若丸若塗香을 持是經者는 於此間住하야 悉能分別하며

"또 상정진보살이여, 선남자·선여인이 이 경을 받아 지니거나, 읽거나 외우거나, 해설하거나 쓰는 사람은 코의 팔백 공덕을 성취하느니라. 이 청정한 코로 삼천대천세계에 있는 위와 아래와 안과 밖의 여러 가지 향기를 다 맡느니라.

수만나꽃 향기·사제화 향기·말리화 향기·첨복화 향기·바라라꽃 향기·적련화 향기·청련화 향기·백련화 향기·화수향·과수향·전단향·침수향·다마라발향·다가라향과 천만 가지 화합한 향·가루향·환(丸) 지은 향·바르는 향을 이 경전을 지니는 사람이 여기에 있으면서 모두 분별하여 맡느니라.

❀ 코는 팔백 공덕이라고 했습니다. 눈과 귀의 공덕에 차이가 나는 것은 이해가 갑니다. 그러나 앞에서 나는 냄새든 뒤에서 나는 냄새든, 좋은 냄새든 나쁜 냄새든 모든 냄새를 다 맡을 수 있는데 왜 코는 천이백 공덕이 되지 않는지 잘 모르겠습니다. 옛 스님들도 여기에 대해 정확한 계산을 남기신 것이 없습니다.

【 경문 】

又復別知衆生之香하대 象香馬香과 牛羊等香과 男香女香과 童子香童女香과 及草木叢林香하대 若近若遠의 所有諸香을 悉皆得聞하야 分別不錯하나니라 持是經者는 雖住於此나 亦聞天上諸天之香하나니 波利質多羅와 拘鞞陀羅樹香과 及曼陀羅華香과 摩訶曼陀羅華香과 曼殊沙華香과 摩訶曼殊沙華香과 栴檀沈水와 種種抹香과 諸雜華香인 如是等天香의 和合所出之香을 無不聞知하며

또 중생들의 냄새를 맡되 코끼리 냄새·말 냄새·소 냄새·양 냄새·남자 냄새·여자 냄새·동자 냄새·동녀 냄새와, 풀·나무·수풀 냄새와, 가까이 있고 멀리 있는 냄새들을 모두 맡아서 분별하여 착오가 없느니라.

이 경을 지니는 사람은 여기 있으면서도 천상에 있는 모든 향기를 맡나니, 파리질다라 나무 향기·구비타라 나무 향기·만다라 꽃향기·마하만다라 꽃향기·만수사 꽃향기·마하만수사 꽃향기·전단향·침수향·여러 가지 가루향과 여러 가지 꽃향기와 이러한 하늘의 향의 화합한 향기를 맡고 알지 못함이 없느니라.

【 경문 】
又聞諸天身香하대 釋提桓因이 在勝殿上하야 五欲娛樂하난 嬉戱時香과 若在妙法堂上하야 爲忉利諸天說法時香과 若於諸園遊戱時香과 及餘天等男女身香을 皆悉遙聞하대 如是展轉하야 乃至梵世하며 上至有頂히 諸天身香을 亦皆聞之하고 幷聞諸天所燒之香하며 及聲聞香辟支佛香과 菩薩香諸佛身香을 亦皆遙聞하야 知其所在하나니 雖聞此香이나 然於鼻根에 不壞不錯이라 若欲分別하야 爲他人說하면 憶念不謬니라

또 여러 하늘의 몸의 향기를 맡나니, 제석천왕이 매우 훌륭한 궁전에서 오욕락을 즐기면서 희롱할 때의 향기·묘법당(妙法堂)에서 도리천들에게 법문 말할 때의 향기·여러 동산에서 유희할 때의 향기와, 다른 천상 사람들의 남녀의 몸 향기들을 멀리서 맡고 아느니라. 이리하여 점점 올라가서 범천에 이르고, 유정천에 이르는 여러 하늘의 몸의 향기를 모

두 맡으며, 또 여러 하늘들이 사르는 향기를 맡느니라.

또 성문의 향기·벽지불의 향기·보살의 향기·여러 부처님의 몸 향기를 멀리서 맡고는 그 있는 데를 아느니라.

이런 향기들을 맡지마는, 코는 상하지도 않고 잘못되지도 않으며 분별하여 다른 이에게 말하려 하여도 기억이 잘못되지 않느니라."

※ 여러 가지 식물과 동물의 냄새, 온갖 사람의 냄새와 여러 하늘의 갖가지 냄새를 모두 다 맡을 수 있다고 했습니다. 같은 사람이라도 그 사람이 화를 낼 때 기뻐할 때 슬퍼할 때 등 어떤 감정상태인지에 따라서 몸에서 나는 냄새도 달라진다는 연구결과가 있습니다. 냄새만 달라지는 것이 아니라 몸의 70%를 이루고 있는 혈액과 같은 수분의 반응도 달라진다고 합니다.

감정상태에 따라서 몸이 이렇게 달라진다면, 경전을 읽을 때나 기도할 때도 달라진다는 것을 충분히 유추할 수 있을 것입니다. 몸의 상태가 달라지면 몸에서 풍기는 냄새도 달라질 것이고 그 냄새를 충분히 맡을 수 있을 것입니다. 도시에 사는 사람보다 시골에 사는 사람들의 후각이 더 예민하고, 현대 문명에 길들여진 사람보다 오지에 사는 사람들의 후각이 훨씬 더 예민하다고 합니다. 이런 점들도 생각해 보면, 집중된 수련을 통해서 산란심이 가라앉은 사람의 후각이 일반사람들보다 더 예민한 것이 당연합니다.

[2] 게송(偈頌)

【 경문 】

爾時世尊이 欲重宣此義하사 而說偈言하사대
是人鼻淸淨하야 於此世界中에
若香若臭物을 種種悉聞知하며
須曼那闍提와 多摩羅栴檀과
沈水及桂香과 種種華果香과
及知衆生香 男子女人香을
說法者遠住하야 聞香知所在하며
大勢轉輪王과 小轉輪及子와
群臣諸宮人을 聞香知所在하며
身所著珍寶와 及地中寶藏과
轉輪王寶女를 聞香知所在하며
諸人嚴身具의 衣服及瓔珞과
種種所塗香을 聞香知其身하며
諸天若行坐와 遊戲及神變을
持是法華者는 聞香悉能知하며

이때 세존께서 이 뜻을 거듭 펴시려고 게송으로 말씀하셨습니다.
"이 사람의 코가 청정하여 이 세계에 있는
향기롭고 구린 냄새 갖가지를 다 맡아서 아느니라.
수만나향·사제향과 다마라발 전단향과

침수향과 계수향과 가지가지 꽃과 과실의 향기와

그리고 중생들의 향기인 남자의 향기·여자의 향기를

설법하는 사람은 멀리 있어도 향기를 맡고 그 있는 곳을 아느니라.

큰 세력을 가진 전륜성왕과 작은 전륜왕과 그의 아들들과

여러 신하와 궁녀들의 향기를 맡고 그 있는 곳을 아느니라.

몸에 차고 있는 보물과 땅 속에 매장된 보물과

전륜성왕의 딸의 향기까지 맡고 그 있는 곳을 아느니라.

여러 사람들의 몸을 치장하는 의복과 영락들이며

갖가지 바르는 향의 냄새를 맡고 그 몸을 아느니라.

모든 천신들이 다니고 앉고 하는 것과 신통 유희를

법화경을 지니는 사람들은 그 향기를 맡고 모두 다 아느니라.

【 경문 】

諸樹華果實과 及蘇油香氣를

持經者住此하야 悉知其所在하며

諸山深嶮處에 栴檀樹華敷어든

衆生在中者를 聞香悉能知하며

鐵圍山大海와 地中諸衆生을

持經者聞香하고 悉知其所在하며

阿修羅男女과 及其諸眷屬의

鬪諍遊戲時를 聞香皆能知하며

曠野險隘處에 師子象虎狼과

野牛水牛等을 聞香知所在하며

若有懷姙者에 未辨其男女와

無根及非人을 聞香悉能知하며

以聞香力故로 知其初懷姙에

成就不成就와 安樂産福子하며

以聞香力故로 知男女所念인

染欲癡恚心하고 亦知修善者하며

地中衆伏藏인 金銀諸珍寶와

銅器之所盛을 聞香悉能知하며

種種諸瓔珞에 無能識其價를

聞香知貴賤과 出處及所在하며

모든 나무의 꽃과 과실의 향기와 수만나로 짠 기름의 향기를

경을 지니는 사람은 여기에 있어서 그들의 있는 곳을 모두 다 알고

모든 산과 깊고 험한 곳에 전단나무 꽃이 피었고

그 속에 있는 중생들의 향기를 맡고 모두 다 아느니라.

철위산(鐵圍山)과 큰 바다와 땅 속에 있는 중생들을

경을 지니는 이는 그 향기를 맡고 그들의 있는 곳을 모두 다 아느니라.

아수라의 남자와 여자와 그들의 모든 권속들이

싸우고 놀고 할 때의 향기를 맡고 모두 다 아느니라.

광야와 험하고 좁은 곳의 사자·코끼리·호랑이와 이리와

들소와 물소들의 향기를 맡고 있는 곳을 아느니라.

만일 아이를 가진 이가 아들인지, 딸인지

생식기가 없는지, 사람이 아닌지를 향기를 맡고 모두 다 아느니라.

향기를 맡아보고서 처음 아기를 가진 이가
성취할는지, 못할는지, 복된 아들을
편안히 낳을지를 다 아느니라.
향기를 맡아보고서 남녀의 생각하는 일과
음욕 · 어리석음 · 성내는 것과 착한 행실을 닦는지 다 아느니라.
땅 속에 묻혀 있는 금과 은과 온갖 보물들을
구리 그릇에 담겨 있는 것들을 향기 맡고 모두 다 아느니라.
갖가지 모든 영락의 값을 아는 이가 없는데
비싸고 싼 것과 출산지와 있는 곳을 향기를 맡고 모두 다 아느니라.

【 경문 】

天上諸華等에 曼陀曼殊沙와
波利質多樹를 聞香悉能知하며
天上諸宮殿에 上中下差別과
衆寶華莊嚴을 聞香悉能知하며
天園林勝殿과 諸觀妙法堂에
在中而娛樂을 聞香悉能知하며
諸天若聽法과 或受五欲時에
來往行坐臥를 聞香悉能知하며
天女所著衣에 好華香莊嚴으로
周旋遊戲時를 聞香悉能知하며
如是展轉上하야 乃至於梵天의
入禪出禪者를 聞香悉能知하며

光音徧淨天하야 乃至于有頂의
初生及退沒을 聞香悉能知하며

천상에 있는 여러 가지 꽃과 만다라꽃과 만수사꽃과
파리질다 나무들을 향기를 맡고 모두 다 아느니라.
천상의 여러 가지 궁전이 상‧중‧하로 차별이 있는데
온갖 보배 꽃으로 장엄한 것을 향기를 맡고 모두 다 알고
하늘의 동산과 훌륭한 궁전과 모든 누관(樓觀)과 미묘한 법당의
그 가운데서 즐겨 노는 일을 향기를 맡고 모두 다 아느니라.
모든 천신들이 법을 듣거나 오욕락을 누리고 있을 때
왕래하고 다니고 앉고 눕는 것을 향기를 맡고 모두 다 알고
천녀(天女)들이 입은 옷에 꽃과 향으로 잘 꾸미고
여기 저기 다니며 유희할 때 향기를 맡고 모두 다 아느니라.
이렇게 점점 올라가서 범천의 세계에 이르러
선정에 들고 나오는 일도 향기를 맡고 모두 다 알고
광음천과 변정천과 내지 유정천까지
처음 태어나고 물러가는 일을 향기를 맡고 모두 다 아느니라.

【 경문 】
諸比丘衆等이 於法常精進하대
若坐若經行과 及讀誦經典하며
或在林樹下하야 專精而坐禪을
持經者聞香하고 悉知其所在하며

菩薩志堅固하야 坐禪若讀誦하며
或爲人說法을 聞香悉能知하며
在在方世尊이 一切所恭敬하야
愍衆而說法을 聞香悉能知하며
衆生在佛前하야 聞經皆歡喜하고
如法而修行을 聞香悉能知하며
雖未得菩薩의 無漏法生鼻나
而是持經者는 先得此鼻相이니라

여러 비구 대중들이 불법에 항상 정진하면서
앉기도 하고 거닐기도 하며 경전을 읽고 외우고
어떤 이는 나무 아래서 오로지 정성을 다하여 좌선하는 일과
경을 지니는 사람의 향기를 맡고 그 있는 데를 모두 다 아느니라.
보살의 뜻이 견고하여 좌선하고 경을 읽고 외우고
다른 이에게 법을 설하는 것을 향기를 맡고 모두 다 아느니라.
가는 곳마다 부처님들이 모든 이의 공경을 받으며
중생을 불쌍히 여겨 대중들에게 법문 설함을
향기를 맡고 모두 다 아느니라.
중생들이 부처님 앞에서 경을 듣고 모두 기뻐하여
법과 같이 수행하는 일을 향기를 맡고 모두 다 아느니라.
비록 보살의 무루(無漏)의 법으로 생긴 코는 못 얻었으나
이 경을 받아 지니는 사람은 먼저 이런 코의 능력을 얻느니라."

5. 혀의 공덕을 밝히다

[1] 장항(長行)

【경문】

復次常精進아 若善男子·善女人이 受持是經하대 若讀若誦커나 若解說若書寫하면 得千二百舌功德하나니 若好若醜와 若美不美와 及諸苦澁物이 在其舌根이면 皆變成上味하대 如天甘露하야 無不美者리라 若以舌根으로 於大衆中에 有所演說하면 出深妙聲하야 能入其心하야 皆令歡喜快樂하나니라 又諸天子·天女와 釋梵諸天이 聞是深妙音聲하고 有所演說의 言論次第를 皆悉來聽하며 及諸龍龍女와 夜叉夜叉女와 乾闥婆乾闥婆女와 阿修羅阿修羅女와 迦樓羅迦樓羅女와 緊那羅緊那羅女와 摩睺羅伽摩睺羅伽女가 爲聽法故로 皆來親近하고 恭敬供養하며 及比丘比丘尼와 優婆塞優婆夷와 國王王子와 群臣眷屬이며 小轉輪王과 大轉輪王과 七寶千子의 內外眷屬이 乘其宮殿하고 俱來聽法하며 以是菩薩의 善說法故로 婆羅門과 居士와 國內人民이 盡其形壽토록 隨侍供養하며 又諸聲聞辟支佛과 菩薩諸佛이 常樂見之하며 是人所在方面諸佛은 皆向其處說法하니 悉能受持一切佛法하며 又能出於深妙法音하나니라

"또 상정진보살이여, 만일 선남자·선여인이 이 경전을 받아 지니고 읽거나 외우거나 해설하거나 쓴다면, 혀의 일천 이백 공덕(功德)을 얻느니라.

맛이 좋거나 좋지 않거나 맛이 있거나 없거나 쓰고 떫은 물건이 그의

혀에 닿더라도 모두 좋은 맛으로 변하여 천상의 감로수(甘露水) 같아서 맛이 좋지 않은 것이 없느니라.

만일 이 혀로써 대중 가운데서 설법할 적에 깊고 묘한 음성을 내어 그들의 마음에 들게 하면 모두 환희하고 즐거워하느니라.

또 모든 천자와 천녀와 제석천왕과 대범천왕들이 이 깊고 묘한 음성으로 설법하는 언론의 차례들을 모두 와서 듣느니라.

또 모든 용과 용녀·야차와 야차녀·건달바와 건달바녀·아수라와 아수라녀·가루라와 가루라녀·긴나라와 긴나라녀·마후라가와 마후라가녀들이 법을 듣기 위하여 모두 와서 친근하고 공경하며 공양하느니라.

또 비구·비구니·우바새·우바이·국왕·왕자·신하·권속들과 작은 전륜왕·큰 전륜왕들의 칠보(七寶)인 일천 아들과 안팎 권속들이 그들의 궁전을 타고 와서 법을 들을 것이니라. 이 보살이 법을 잘 설하므로 바라문과 거사와 나라 안 사람들이 그 형상과 목숨이 다할 때까지 모시고 따라다니며 공양하느니라.

또 성문과 벽지불과 보살과 부처님들이 항상 보기를 좋아하며, 이 사람이 있는 방면에는 부처님들이 모두 그 곳을 향하여 법을 설하며, 모든 부처님의 법을 능히 받아 지닐 것이며, 또 깊고 묘한 법의 음성을 내느니라."

✤ "맛이 좋거나 좋지 않거나 맛이 있거나 없거나 쓰고 떫은 물건이 그의 혀에 닿더라도 모두 좋은 맛으로 변하여 천상의 감로수(甘露水) 같아서 맛이 좋지 않은 것이 없느니라."고 했습니다.

부처님께서 세상에 계실 때 어느 해에 아주 극심한 흉년이 들었습니다. 그때 부처님과 제자들이 가뭄이 심한 지방에서 한 철을 나게 되셨는데 늘 거친 음식밖에 없었습니다. 어떨 때는 먹을 것이 없어서 말 먹이로 사용하는 마맥(馬麥)이라는 보리로 밥을 지어 먹을 정도였습니다. 곁에서 시봉을 하던 아난 존자는 자신이 거친 음식을 먹는 것은 참을 수 있었지만, 부처님께서 드시는 것은 마음이 너무 아파서 눈물을 흘리곤 했습니다.

아난 존자의 그런 마음을 아시는 부처님께서 "아난아, 내가 먹는 음식이 험한 음식이라고 하여 가슴 아파하는데 어디 한번 이것을 맛보아라." 하시며 부처님의 치아 사이에 끼어있던 보리 한 알을 꺼내주셨습니다. 아난 존자가 그것을 받아 먹었는데 세상에 그렇게 향기롭고 맛있는 음식은 처음이었다는 이야기가 있습니다.

맛이 좋거나 나쁘거나 간에 전부 감로수와 같은 천상의 맛이 나는 경지에 법화행자도 이르는데 하물며 부처님께서야 어떠했겠습니까? 사람의 정신력은 불가사의해서 그야말로 일체유심조입니다. 거친 음식을 맛있게 하는 것은 너무 간단한 일이지요. 이러한 경전의 말씀도 충분히 이해되고 그럴 수 있겠다는 생각을 하게 됩니다.

[2] 게송(偈頌)

【 경문 】

爾時世尊이 欲重宣此義하사 而說偈言하니라
是人舌根淨하야 終不受惡味하고
其有所食噉은 悉皆成甘露하며

以深淨妙聲으로 於大衆說法하며
以諸因緣喩로 引導衆生心하니
聞者皆歡喜하야 設諸上供養하며
諸天龍夜叉와 及阿修羅等이
皆以恭敬心으로 而共來聽法하며
是說法之人이 若欲以妙音으로
徧滿三千界하니 隨意卽能至하며
大小轉輪王과 及千子眷屬이
合掌恭敬心으로 常來聽受法하며
諸天龍夜叉와 羅刹毗舍闍가
亦以歡喜心으로 常樂來供養하며
梵天王魔王과 自在大自在의
如是諸天衆이 常來至其所하며
諸佛及弟子가 聞其說法音하고
常念而守護하며 或時爲現身하나니라

이때 세존께서 이 뜻을 거듭 펴시려고 게송으로 말씀하셨습니다.
"이 사람의 혀는 청정하여 언제나 나쁜 맛을 받아들이지 않고
그 사람이 먹는 것은 모두 감로수가 되리라.
깊고 깨끗하고 미묘한 음성으로 대중들에게 법을 설하며
이러한 인연과 비유로 중생들의 마음을 인도하면
듣는 사람들은 모두 환희하여 가장 훌륭한 공양을 베풀리라.
여러 천신들과 용과 야차와 그리고 아수라들이

모두 공경하는 마음으로 와서 법을 들으리라.
법을 설하는 이 사람이 만일 아름다운 음성으로
삼천세계에 두루하려 하면 생각하는 대로 될 수 있으리라.
큰 전륜왕·작은 전륜왕과 그의 일천 아들과 권속들이
합장하고 공경하는 마음으로 항상 와서 법을 들으리라.
천신과 용과 야차들과 나찰과 비사사(毗舍闍)들도
역시 즐거운 마음으로 항상 와서 공양하리라.
범천왕과 마왕과 자재천과 대자재천들의
이러한 천신의 대중들이 항상 그 곳에 모여 오리라.
부처님과 그 제자들까지 그가 설법하는 음성을 듣고
항상 호념(護念)하고 수호하며 어떤 때는 그 몸을 나타내리라."

❋ 저도 강의를 하고 법문을 하는 입장이라서 '깊고 깨끗하고 미묘한 음성으로 법을 설하고 듣는 사람들은 모두 환희한다'는 이야기가 아주 부럽습니다. 어떻게 법문을 해야 대중이 감동하고 무엇인가 깨우침이 있어서 눈을 뜨게 될까? 한 번만 설법을 들어도 불법을 좋아하게 하는 방법은 없을까? 하는 고민을 늘 하고 있습니다. 어떤 수준의 사람을 만나든 그 사람들의 성격, 불법과 인생에 대한 이해에 맞추어 감동을 줄 수 있기를 간절히 바라고 있습니다.

스님들이 사미 때 공부하는 『치문(緇門)』에 나오는 이야기입니다. 법지(法誌)라는 스님이 '나는 평생 법화경만 읽겠다'고 서원을 세우고 산중에 토굴을 지어놓고는 십 년 동안 법화경을 읽었습니다. 어느 날은 꿩 한 마리가 날아와서 법지 스님 옆에 앉아서 경 읽는 소리를 들는 것이었습니다. 스님이 법화경을 읽을 때는 곁에 와서 가만히 앉아서 열심히 듣고, 경 읽기를 멈추면 가버리기를 되풀이했습니다. 법화경의 말씀을 지금의 우리도 제대로 못 알아듣는데 하물며 미물인 꿩이 알아들었겠습니까? 무슨 말인지 무슨 뜻인지는 몰라도 경을 읽는 사람의 마음은 정확하게 전달됩니다. '저 스님이 환희심에 가득 차서 경전을 읽고 있구나.' 하는 그 마음과 감동은 전해집니다.

어느덧 십 년이 흘렀고 꿩이 죽을 날이 가까워진 것을 알게 된 법지 스님은 '네가 비록 축생이지만 그 동안 공덕을 많이 쌓았으니 이 몸을 벗고 나면 반드시 사람으로 환생할 것이다.' 하고 축원을 해 주었습니다. 그리고 며칠 후 꿩이 죽고 나서 스님의 꿈에 어떤 동자가 나타나서 이런 말을 했습니다.

"저는 십 년 동안 스님 옆에서 법화경을 들은 그 꿩입니다. 법화경을 열심히 들은 공덕으로 사람으로 환생하게 되었는데, 산 아랫마을에 사는 왕씨의 아들로 태어나게 되었습니다."

그 소리를 들은 스님이 물었습니다.

"네가 무슨 표시를 해서 왕씨의 아들로 환생했다는 것을 증명하겠느냐?"

"오른쪽 겨드랑이에 꿩의 털을 하나 남겨두겠습니다."

그리고 세월이 5, 6년이 흐르고 나서 왕씨의 집에서 큰 재를 지내니 참석하라는 연락이 왔습니다. 법지 스님은 옛날에 죽은 꿩 생각이 문득 나서 왕 씨의 집으로 갔습니다. 스님들이 재를 마치고 나서 공양을 하는데, 그 집의 어린 아들이 오더니 "우리 스님이 오셨다."며 그렇게 반길 수가 없었습니다. 법지 스님도 인연을 느끼고 "이 아이는 내 제자가 될 사람이니 나에게 주십시오. 그 증거로 아이의 오른쪽 겨드랑이에 꿩의 털이 하나 달려있을 것입니다." 하고 청을 했습니다.

스님의 말을 확인해 보니 정말 그렇게 들어맞기에 아이는 스님을 따라 산으로 올라갔습니다. 그런데 그 아이는 법지 스님이 읽던 법화경을 한번 쓱 훑어보더니 대번에 한 글자도 빠뜨리지 않고 경문을 다 외웠습니다. 아이는 나중에 담익(曇翼)이라는 법명을 받고 스님이 되었다고 합니다.

뜻은 모르지만 경문을 읽는 스님의 마음이 꿩과 같은 축생도 감동시켰다는 이야기입니다. 전설 따라 삼천리 같은 설화라고 생각할지도 모르겠습니다만, 넓고 넓은 세상에 그런 일이 없으리라 장담할 수 없을 것입니다. 법화경이 무엇인지도 모르는 축생이 경문 읽는 소리만 옆에서 듣고도 축생의 업을 면했습니다. 하물며 하늘과 땅 사이의 만물 가운데 가장 고귀한 사람으로 태어나서 법화경 공부를 열심히 하는 여러분의 공덕은 두말할 것도 없을 것입니다.

6. 몸의 공덕을 밝히다

(1) 장항(長行)

【 경문 】

復次常精進아 若善男子善女人이 受持是經하야 若讀若誦若解說若書寫하면 得八百身功德하나니 得淸淨身하대 如淨瑠璃하니 衆生喜見하며

其身淨故로 三千大千世界衆生의 生時死時와 上下好醜와 生善處惡處가 悉於中現하며 及鐵圍山과 大鐵圍山과 彌樓山과 摩訶彌樓山等諸山과 及其中衆生이 悉於中現하며 下至阿鼻地獄하고 上至有頂에 所有及衆生이 悉於中現하며 若聲聞辟支佛과 菩薩諸佛說法이 皆於身中에 現其色像하나니라

"또 상정진보살이여, 선남자 · 선여인이 이 경을 받아 지니고 읽거나 외우거나 해설하거나 쓰면 몸의 팔백 공덕을 얻느니라.
청정한 몸을 얻어 깨끗한 유리와 같아서 중생들이 보기를 좋아하느니라. 그 몸이 청정하므로 삼천대천세계에 있는 중생들의 나는 때 · 죽는 때와 높고 낮고, 잘 생기고 못 생기고, 좋은 곳에 나고 나쁜 곳에 나는 것이 다 그 가운데 나타나느니라.
철위산과 대철위산과 미루산과 마하미루산 등 모든 산과 그 가운데 있는 중생들이 다 그 가운데 나타나고, 아래로 아비지옥과 위로는 유정천(有頂天)에 이르기까지 있는 중생들이 모두 그 가운데 나타나느니라.
성문과 벽지불과 보살과 부처님들께서 법문을 설하시는 것이 다 그 몸 가운데 형상이 나타나느니라."

불교의 수행법은 한두 가지가 아닙니다. 오종심관(五種心觀)이나 부정관(不定觀), 자비관(慈悲觀), 위빠사나와 같은 관법도 여러 가지입니다. 능엄경에는 이십오륜관(二十五輪觀)이라 하여 25가지 수행법이 소개되고 있는데 모두 관법에 속합니다. 예를 들어서 화를 잘 내는 사람은 자비관을 하고, 탐욕이 많은 사람은 부정관을 하라는 등의 내용이

있습니다. 부정관(不淨觀)의 예를 들자면 사람을 시체로 관하는 것도 한 가지 방법입니다. 그래서 남방에서는 옛날의 관법을 그대로 행하기 위해서 해골로 염주를 만들어서 들고 다니는 경우도 있습니다. 우리나라에서는 염주는 아름답고 좋고 고급스러운 것이라는 관념을 가지고 있는데 남방의 염주는 이런 생각과는 많이 다릅니다.

한편 여기에 소개하고 있는 수지(受持), 독(讀), 송(誦), 서사(書寫), 해설(解說)도 수행법입니다. 5종 법사가 법화경을 통해서 행해야 하는 수행법입니다. 부처님의 가르침대로 수행한다고 하면 이렇게 좋은 경전을 지니고 읽고 외우고 해설하고 사경하는 것이 수행의 원형이라고 할 수 있습니다. 이 다섯 가지 수행을 철저히 했을 때 육근이 이렇게 뛰어난 능력을 공덕으로 받는다는 말씀입니다.

[2] 게송(偈頌)

【경문】

爾時世尊이 欲重宣此義하사 而說偈言하니라
若持法華者는 其身甚淸淨하야
如彼淨瑠璃라 衆生皆喜見이니라
又如淨明鏡에 悉見諸色像인닷하야
菩薩於淨身에 皆見世所有하대
唯獨自明了하고 餘人所不見이니라
三千世界中에 一切諸群萌과
天人阿修羅와 地獄鬼畜生의

如是諸色像이 皆於身中現하며
諸天等宮殿과 乃至於有頂과
鐵圍及彌樓와 摩訶彌樓山과
諸大海水等이 皆於身中現하며
諸佛及聲聞과 佛子菩薩等의
若獨若在衆에 說法悉皆現하며
雖未得無漏 法性之妙身이나
以淸淨常體에 一切於中現이니라

이때 세존께서 이 뜻을 거듭 펴시려고 게송으로 말씀하셨습니다.
"법화경을 받아 지니는 사람은
그 몸이 매우 청정하여 저 깨끗한 유리 같아서
중생들이 모두 보기를 좋아하느니라.
또 깨끗하고 밝은 거울이 여러 사물들을 모두 보듯이
보살의 깨끗한 몸에서 세상에 있는 것을 다 보느니라.
오직 혼자서만 명백히 알고 다른 사람은 보지 못하며
삼천대천세계에 있는 여러 가지 중생들과
천신과 사람과 아수라와 지옥과 아귀와 축생들
이러한 여러 사물들이 모두 그의 몸에 나타나느니라.
여러 하늘의 궁전과 유정천과
철위산과 미루산이며 마하미루산들과
온갖 큰 바다의 물이 모두 그 몸에 나타나느니라.
부처님과 성문들과 부처님 제자인 보살들이

혼자 있거나 대중에 있어서 설법하는 일이 다 나타나느니라.
비록 무루(無漏)인 법성(法性)의 묘한 몸은 못 얻었으나
청정하고 평범한 이 몸에 모든 것이 다 나타나느니라.

7. 의식의 공덕을 밝히다

[1] 장항(長行)

【 경문 】

復次常精進아 若善男子善女人이 如來滅後에 受持是經하야 若讀若誦커나 若解說若書寫하면 得千二百意功德하나니 以是淸淨意根으로 乃至 聞一偈一句하고 通達無量無邊之義어든 解是義已하고는 能演說一句一偈하야 至於一月四月하며 乃至一歲히 諸所說法의 隨其義趣하야 皆與實相으로 不相違背하며 若說俗間經書와 治世語言과 資生業等이라도 皆順正法이니라 三千大千世界六趣衆生의 心之所行과 心所動作과 心所戲論을 皆悉知之니 雖未得無漏智慧나 而其意根이 淸淨如此일새 是人有所思惟와 籌量言說이 皆是佛法이라 無不眞實이며 亦是先佛經中所說이니라

"또 상정진보살이여, 선남자·선여인이 여래가 열반한 뒤에 이 경을 받아 지니고 읽거나 외우거나 해설하거나 쓰거나 하면 의식(意識)의 일천 이백 공덕을 얻느니라. 이 청정한 의식으로써 한 게송이나 한 구절만 듣고도 한량없고 그지없는 이치를 통달하느니라.

이 이치를 통달하고는 능히 한 구절, 한 게송을 설법하되 한 달이나 넉 달이나 한 해에 이르기까지 하느니라. 모든 법을 설한 것은 그 뜻을 따라서 실상(實相)으로 더불어 서로 어기지 아니할 것이니라. 속세의 경서와 세상을 다스리는 말과 살림살이하는 일이라 하더라도 모두 바른 법에 순응하리라.

삼천대천세계에 있는 여섯 갈래 중생들의 마음으로 행하는 일과 마음으로 움직이는 일과, 마음으로 희론(戲論)하는 일을 모두 다 아느니라.

비록 무루의 지혜는 얻지 못하였더라도 그 의식이 이렇게 청정하였으므로 이 사람의 생각하고 헤아리며 하는 말이 모두 부처님의 법과 같아 진실하지 않은 것이 없어서 역시 과거의 부처님들께서 경전 중에 설하신 것이니라."

❀ 늘 느끼는 점이어서 가끔 말씀을 드리기도 합니다만은, 우리 주변을 살펴 보면은 너무 무겁게, 너무 번잡하게 살고 있습니다. 단순하게 산다고 하는 사람까지도 시대가 그러니까 어쩔 수 없이 자기도 모르는 사이에 불가피하게 이런저런 많은 무거운 인연들이 우리 주변에 깔려있고 알게 모르게 연결되어서 삶을 무겁게 살고 있지 않나 하는 생각이 듭니다.

한 40여 년 전에 제가 걸망 지고 한창 선방을 돌아다닐 때, 오대산 상원사에서 겨울 한 철을 지내기 위해 방부를 들었을 때의 이야기입니다. 당시에는 수좌들 사이에서 간혹 벌어지곤 하던 일이었습니다.

명환 스님과 법현 스님이 객실에서 이런저런 이야기를 주고받다가 문득 '우리 걸망을 서로 바꾸자'는 제안을 하였습니다. 걸망을 바꾼다는 것은 자기 것에 대한 집착이 얼마나 없는지를 시험하는 것입니다. 자기 수행을 시험하기도 하고 자신에 대한 집착을 버리는 훈련도 할 겸 선방에서는 종종 그런 일들이 있었습니다.

걸망을 풀어보지도 않고 무조건 바꾸는 것인데, 걸망 속에 돈이 얼마나 들었는지 어떤 소지품이 들었는지 전혀 모르는 상태입니다. 수좌에게 걸망은 살림살이의 전부입니다. 일반인으로 친다면 집안에 있는 모든 것과 통장은 물론이고 논, 밭 문서까지 전 재산이 다 들어 있는 것이 수좌들의 걸망입니다. 단 한 가지, 지금의 주민등록증과 같은 도민증이 있었는데 그것만 제외하고는 어떤 것도 사정을 봐주거나 돌려주지 않고 무조건 바꾸기로 약속하고 합니다. 옆 사람들에게 보증도 서게 하면서 아주 신나게 일을 벌입니다. 지켜보는 사람들도 호기심이 가득 차서 지켜봅니다.

그때 그 두 스님은 정말 거침없이 서로의 걸망을 바꿨습니다. 바꾸고 나서는 상대방의 걸망을 열어서 속에 든 것을 하나씩 꺼내서 확인하는데, 구경하는 스님들도 물건이 하나씩 나올 때마다 박장대소하면서 즐거워했습니다.

그때 한 스님이 법당에 참배하려고 장삼을 미리 꺼내서 방에 걸어 놓았는데 다른 스님의 장삼은 그대로 걸망 속에 있었습니다. 그래서 걸망을 바꾸고 나니, 한 스님은 장삼이 두 벌이 되고 다른 스님은 장삼이 한 벌도 없게 된 것 말고는 아무것도 문제가 되지 않았습니다. 걸망 속에 들었던 돈의 액수가 좀 차이가 나기도 했지만, 사실 수좌에게 돈이 있어봤자 얼마나 있었겠습니까? 차비 몇 푼이 전부였으니 별 차이가 나지도 않았고 또 그걸 중요하게 생각하는 마음들도 아니었습니다. 돈 몇 푼을 중요하게 여기는 마음이라면 어떻게 걸망을 바꿀 수 있겠습니까? 지금 생각해도 참 재미있고 신나는 일입니다. 참으로 순수하고 가볍게 사시는 스님들이었기에 즐거운 추억으로 남아 있습니다.

당시에는 삶을 걸망 하나에 통째로 다 지고 다녔습니다. '내 인생 내 걸망에 지고' 라는 말도 있었는데 정말 깃털처럼 가볍게 사는 삶이었습니다. 최소한 4~50년 전만 해도 그랬지요. 지금 수좌들도 그때처럼 자기 물건을 거침없이 바꿀 수 있을까요? 모르긴 하지만 아마도 쉽게 하시는 못 할 듯 싶습니다. 왜냐하면 그때보다 삶이 더 무거워졌고 이런저런 조건과 상황들이 그때와는 천양지차로 달라졌기 때문입니다.

40년 전에 했던 일을 지금 사람들은 이해하기 힘들 것입니다. 그렇듯이 천 년, 2천 년 전 사람들의 정신세계가 어떠했을지 감히 상상하기도 어려울 것입니다. 40년 전보다 훨씬 더 맑고 순수하고 아름다웠겠지요. 그런 것을 생각해 보면 경전에 설해진 내용이 단지 상징적인 의미를 지닌 것이 아니라 실제로 실현될 수 있는 사실이라고 생각할 수도 있습니다. 법화경을 수지, 독, 송, 해설, 서사하는 5종 법사가 가볍고 맑고 순수한 삶을 살면서 정신을 한 곳에 오롯이 집중하면 이모든 것이 실제로 가능할 것입니다.

[2] 게송(偈頌)

【경문】

爾時世尊이 欲重宣此義하사 而說偈言하니라
是人意淸淨하야 明利無濁穢일새

以此妙意根으로 知上中下法하며
乃至聞一偈하고 通達無量義하며
次第如法說하대 月四月至歲하며
是世界內外 一切諸衆生의
若天龍及人과 夜叉鬼神等이
其在六趣中하야 所念若干種을
持法華之報로 一時皆悉知하며
十方無數佛이 百福莊嚴相으로
爲衆生說法하니 悉聞能受持하며
思惟無量義하고 說法亦無量하대
終始不忘錯은 以持法華故라
悉知諸法相하고 隨義識次第하며
達名字語言하야 如所知演說하며
此人有所說은 皆是先佛法이라
以演此法故로 於衆無所畏하며
持法華經者는 意根淨若斯라
雖未得無漏나 先有如是相이니라
是人持此經하고 安住希有地하야
爲一切衆生의 歡喜而愛敬하며
能以千萬種 善巧之語言으로
分別而說法하나니 持法華經故니라

이때 세존께서 이 뜻을 거듭 펴시려고 게송으로 말씀하셨습니다.

"이 사람의 의식이 청정하고 밝고 영리하고 흐리지 않아
이 미묘한 의식으로 상·중·하의 법을 다 아느니라.
한 게송만 듣고도 한량없는 이치를 통달하고
차례차례 법대로 말하여 한 달·넉 달·한 해가 되도록 하느니라.
이 세계의 안과 밖에 있는 모든 중생들로서
천신과 용과 사람들과 야차와 귀신들까지
여섯 갈래에 있는 이들이 생각하는 여러 가지를
법화경을 지니는 공덕으로 일시에 모두 다 아느니라.
시방세계의 무수한 부처님께서 백 가지 복덕으로 장엄하시고
중생들에게 설하시는 법문을 다 듣고 받아 지니고
한량없는 이치를 생각하며 법을 설함도 또한 한량이 없거든
시종일관 잊거나 착오가 없나니 이것은 법화경을 지니는 연고니라.
모든 법의 모양을 모두 다 알고 이치를 따라 그 차례를 알고
이름과 글자와 말씀도 통달하고 아는 대로 다 설하느니라.
이 사람이 말하는 것은 모두 과거 부처님들의 법이니라.
이런 법을 설하므로 대중 중에서 두려울 것이 없느니라.
법화경을 지니는 이는 의식이 이렇게 청정하여
비록 무루를 얻지 못하였으나 미리 이런 모습을 갖추었으니
이 사람이 이 경전을 지니고 희유한 지위에 머물러 있어서
모든 중생들이 환희하여 공경하느니라.
천 가지 만 가지 능숙한 말솜씨로
분별하여 법을 설함은 법화경을 지니는 연고이니라.

20
상불경 보살품

(常不輕菩薩品)

부처님의 진정한 가르침은 무엇인지 또는 불교에서 인간을 어떻게 이해해야 하는가에 대한 문제를 논의할 때면 으레 상불경보살품을 예로 들어서 이야기합니다. 상불경보살은 석가모니 부처님의 전신(前身)으로, 무량한 겁 전에 인간에 대한 끝없는 신뢰를 직접 실천하는 수행을 통해 성불했습니다. 이 보살의 이름인 상불경(常不輕)은 항상 다른 사람을 존경하여서 가벼이 여기지 않는다는 뜻으로 늘 모든 사람을 부처님으로 받들어 섬기기를 몸소 실천했기 때문에 붙여진 이름입니다. 보현보살의 10대 행원 가운데 첫째 항목이 예경제불(禮敬諸佛) 즉 모든 부처님께 예배하고 공경하는 것입니다. 보현보살의 이 행원을 실제로 실천한 것이 상불경보살의 행이라고 할 수 있는데, 다만 상불경보살은 어떤 특별한 부처님께 예경을 드리는 것이 아니라, 모든 존재에 내재된 불성에 예경을 드리는 것이 차이가 날 뿐입니다. 법화경에는 불성이라는 말이 직접적으로 등장하지는 않습니다. 그러나 모든 사람이 성불할 수 있다는 것은 모든 사람의 본질은 평등하기 때문이며, 불성이 내재되어 있으므로 평등할 수 있는 것입니다. 그것이 일불승의 가르침입니다.

법사공덕품의 구체적인 실천방법을 상불경보살품에서 말하고 있다고 보아도 좋습니다. 오종의 법사는 법화경을 수지, 독, 송, 해설, 서사한다고 했는데, 그것은 법화경의 가르침을 실천한다는 말과 같습니다. 법사가 다섯 가지로 법화경을 받들고 공경하는 참 뜻은 일체 중생(一切衆生) 실유불성(悉有佛性)의 진리를 세상에서 실천하는 것입니다. 그것은 인간에 대한 끝없이 무한한 신뢰를 직접 보이는 일입니다. 나에게 잘해 주거나, 내 구미에 맞을 때만 잠깐 좋아하고 믿는 것이 아니라 상대가 나에게 해를 입히고 상처를 주더라도 결코 실망하지 않고 믿는 것이 바로 그것입니다. 모든 사람을 부처의 성품을 지닌 존재로 이해할 때 가능한 일입니다.

나이는 몇이고 키는 얼마며 얼굴은 이렇게 생겼고 직업은 무엇이라는 등 겉으로 드러나는 현상적 존재로서의 인간이 아니라 영원한 생명과 무한한 가능성을 지닌 존재로서의 인간을 부처님으로 이해하는 것입니다. 이것이 우리의 참 모습입니다. 이와 같은 참모습으로서의 인간을 끝없이 신뢰하고 끝없이 찬탄하고 끝없이 존경하라는 말씀입니다. 이렇게 실천하면서 법화경을 수지, 독, 송, 서사, 해설하면 참으로 무한한 공덕이 있게 됩니다. 법화경을 수지한다는 것은 법화경의 정신을 잊지 않고 늘 기억한다는 뜻이고, 법화경의 정신은 모든 사람을 부처님으로 받들며 존경하는 것입니다.

　상불경보살은 경전도 보지 않고, 좌선도 하지 않고 염불도 하지 않았습니다. 오로지 만나는 사람마다 부처님으로 받들며 예배만 했습니다. 이것은 상불경보살이 몸으로 법화경을 수지, 독송, 해설, 서사하는 것입니다. 실천으로 보여주는 것입니다. 사람을 어떻게 이해하고 어디까지 신뢰해야 하는 지를 몸소 보여주고 있습니다.

　법화경을 공부한다고 할 때, 책만 들고 다녀도 법화경 법사라고 할 수 있습니다. 반면에 나를 업신여기고 욕하고 때리고 속이고 박해를 가하는 사람조차도 부처님으로 존경하는 법화경의 정신을 실천하는 이도 역시 법화경의 법사입니다.

　가족이나 이웃, 친척 등 주변 사람들을 대할 때 이 상불경보살과 같은 자세로 대해야 합니다. 어떤 사람을 떠올리면 장점보다 단점, 안 좋은 점, 모자란 점이 먼저 떠오르기 쉽습니다. 그러나 상불경보살품의 교훈은 안 좋은 점보다 좋은 점을 보라는 것입니다. 예를 들어 자녀들을 대할 때 그렇습니다. 아이들의 잘못만 지적하는 것은 결코 도움이 되지 않습니다. 잘하는 것을 칭찬하면서 북돋워주는 방식이 훨씬 더 효과적이고 자녀를 정신적·정서적으로 건강하게 만들어줍니다.

　아이가 학교에서 시험을 보고 왔을 때 틀린 문제만 이야기해서는 안 됩니다. 무슨 문제를 몇 개나 틀렸는지는 아이가 더 잘 알고 있습니다. 그렇기 때문에 정답을 맞힌 문제에 초점을 두는 것이 좋습니다.

100문제 가운데 10개만 맞혔더라도 '90개나 틀렸구나'가 아니라 '10개나 맞혔네'라며 칭찬하는 부모가 상불경보살입니다. 아이를 야단치면서 '다 너 좋으라고 야단치는 것이다'라며 윽박지르는 부모들이 많습니다. 그러나 그렇게 야단치는 부모의 심리를 가만히 들여다 보면 사실은 아이들에게 화풀이를 하고 있습니다. 화가 난 감정을 이기지 못하고 아이에게 화풀이를 하면서 야단맞는 아이가 정신적으로 정서적으로 어떤 피해를 입을 지는 전혀 생각하지 않는 무책임한 행동입니다. 그렇게 야단맞을 때마다 아이는 자신이 아무 가치 없는 존재라고 느끼게 됩니다. 자신을 부정적으로 인식하고 열등감에 빠지게 되어서 행복에서는 점점 더 멀어집니다.

그러나 상불경보살은 사람이 가진 밝은 면을 자꾸 확대시키는 방법을 사용합니다. 잘하는 것, 밝은 부분을 지속적으로 키우면 좋지 않은 점은 점점 줄어들게 됩니다. 마치 빛이 어둠을 몰아내는 것과 같습니다. 사람의 가장 가치있는 면을 칭찬해서 밖으로 드러내는 것이 상불경보살의 방법이고 불교의 방법입니다.

상불경보살품은 이야기는 짧지만 그 속에 법화경의 모든 내용을 함축하고 있습니다. 불자가 실천해야 할 가장 중요한 덕목, '모든 사람이 부처님이다'라는 법화경의 정신을 상불경보살이 몸으로 보여주고 있음을 잘 새기면서 공부하면 됩니다.

1. 법화경의 죄(罪)와 공덕(功德)

【 경문 】

爾時佛告得大勢菩薩摩訶薩하사대 汝今當知하라 若比丘比丘尼와 優婆塞優婆夷의 持法華經者를 若有惡口로 罵詈誹謗하면 獲大罪報하대 如前所說하고 其所得功德은 如向所說하야 眼耳鼻舌身意淸淨하리라

그때에 부처님께서 득대세(得大勢)보살마하살에게 말씀하셨습니다.
"그대는 지금 마땅히 알아라. 만일 비구 · 비구니 · 우바새 · 우바이로서 법화경을 지니는 사람에게 어떤 사람이 나쁜 말로 욕설을 하거나 비방하면 큰 죄를 받을 것은 앞에 말한 것과 같으니라. 그의 얻는 공덕도 앞서 말한 것과 같아서 눈과 귀와 코와 혀와 몸과 의식이 청정하리라.

❋ 앞에서 공부한 분별공덕품과 수희공덕품, 법사공덕품에서 신실한 법화행자가 받을 공덕에 대해 자세히 이야기했습니다. 법사공덕품에서는 사람의 여섯 근(根) 즉 눈·귀·코·혀·몸·의식을 낱낱이 들어서 그 공덕을 설명했습니다. 그 공덕들은 그냥 공덕 이야기로 끝나는 것이 아니라, 요즘 사람들도 옛사람들처럼 순수하고 맑은 한 마음으로 집중해서 법화경을 항상 지니면서 읽고 외우고 쓰고 남을 위해 설법하면 누구에게나 가능하다는 이야기를 했습니다.

2. 위음왕(威音王)여래의 이야기

【 경문 】

得大勢야 乃往古昔에 過無量無邊不可思議阿僧祇劫하야 有佛하시니 名威音王如來應供正徧知明行足善逝世間解無上士調御丈夫天人師佛世尊이라 劫名離衰요 國名大成이라 其威音王佛이 於彼世中에 爲天人阿修羅說法하대 爲求聲聞者하야 說應四諦法하사 度生老病死하야 究竟涅槃하고 爲求辟支佛하야 說應十二因緣法하며 爲諸菩薩하야 因阿耨多羅三藐三菩提하사 說應六波羅蜜法하야 究竟佛慧니라

득대세보살이여, 지나간 옛적 한량없고 그지없고 부사의한 아승지 겁 전에 부처님이 계시었으니 이름이 위음왕(威音王)여래 · 응공 · 정변지 · 명행족 · 선서 · 세간해 · 무상사 · 조어장부 · 천인사 · 불 · 세존이시고, 겁의 이름은 이쇠(離衰)요, 국토의 이름은 대성(大成)이었느니라.
그 위음왕 부처님께서 그 세상에서 천신 · 인간과 아수라를 위하여 법을 말씀하시는데, 성문을 구하는 이에게는 사제법(四諦法)을 말씀하시어 나고 늙고 병들고 죽는 일에서 뛰어나 구경(究竟)에는 열반케 하셨느니라. 벽지불을 구하는 이에게는 십이인연법(十二因緣法)을 말씀하셨느니라. 보살들을 위해서는 최상의 깨달음을 인하여 여섯 가지 바라밀법을 말씀하시어 구경에는 부처님의 지혜를 얻게 하셨느니라.

❀ 위음왕여래뿐만 아니라 석가모니 부처님께서 법을 설한 순서도 같습니다. 어느 시대 어느 부처님의 이야기를 하더라도 석가모니 부

처님이 걸어온 그 길에서 벗어나지 않는다는 것을 알 수 있습니다. 먼저 성문들을 위해 사제법을 설하시고, 벽지불을 구하는 이에게는 12인연법을 말씀하셨고, 보살들에게는 육바라밀을 말씀하셔서 마침내 부처님의 지혜를 얻게 하셨다고 했습니다. 이것이 석가모니 부처님이 설하신 법의 차제(次第)입니다. 실제로 삼승이 존재하는 것이 아니지만 징검다리를 건너듯 하나씩 건너게 하고 사다리를 한 칸 한 칸 밟아 올라가서 회삼귀일(會三歸一)을 이루게 하는 것이 법화경의 근본취지입니다.

【 경문 】
得大勢야 是威音王佛의 壽四十萬億那由他恒河沙劫이요 正法住世劫數는 如一閻浮提微塵이며 像法住世劫數는 如四天下微塵이니 其佛饒益衆生已然後滅度하고 正法像法滅盡之後에 於此國土에 復有佛出하시니 亦號威音王如來應供正徧知明行足善逝世間解無上士調御丈夫天人師佛世尊이라 如是次第로 有二萬億佛하대 皆同一號니라

득대세보살이여, 이 위음왕 부처님의 수명은 사십만 억 나유타 항하사 겁이요, 정법(正法)이 세상에 머무는 겁의 수효는 한 남섬부주의 작은 먼지 수와 같고, 상법(像法)이 세상에 머무는 겁의 수효는 사천하의 작은 먼지 수와 같으니라.
그 부처님께서 중생들을 이익케 하신 연후에 열반하셨고, 정법과 상법이 다 없어진 뒤에 이 국토에 또 부처님이 출현하셨으니 역시 이름이 위음왕(威音王)여래·응공·정변지·명행족·선서·세간해·무상사·조어장부·천인사·불·세존이었느니라.

이렇게 차례차례로 이만 억 부처님이 출현하셨으니 모두 이름이 같았느니라.

❀ 위음왕 부처님은 '최초의 부처님'이라고 합니다. 왜 최초의 부처님이라고 부를까요? 사람을 사람이라고 부를 때 그 조건이 무엇입니까? 먼저 사람의 육신을 가지고 사람처럼 말하고 행동하면 일단 사람이라고 인정해 줍니다. 간단히 말해서 사람의 성색(聲色)을 가지고 있으면 사람이라고 받아들입니다.

위음왕(威音王) 부처님의 위(威)는 위의(威儀)를 말하기 때문에 색신(色身)을 갖춘 것이고, 음(音)은 소리이므로 성(聲)을 갖춘 것입니다. 그래서 성색(聲色) 이전의 소식 또는 최초의 성색의 소식이라고 하여서 위음왕 부처님을 최초의 부처님이라고 하는 것입니다. 그래서 위음왕 부처님 이전에는 인가(認可)가 없어도 되지만 위음왕 부처님 이후에는 반드시 인가가 있어야 한다는 이야기도 있습니다. 법화경 최초의 부처님이 위음왕 부처님입니다. 최초의 부처님 이전에는 누가 깨달았든 혹은 깨닫지 못했든 또 그 깨달음을 누가 보증하거나 인가하든 관계없는 일이었습니다. 그러나 위음왕 부처님 이후에는 누구든지 깨달았다면 앞서 깨달은 분에게서 보증을 받거나 인가를 받아야 한다는 이야기가 승가에 있습니다.

최초의 부처님인 위음왕여래가 열반에 들고 나서 정법과 상법도 다 없어진 뒤에 이만 억 부처님이 차례대로 출현하셨는데 그 이름이 모두 위음왕여래였다고 했습니다. 이 말의 뜻은 모든 부처님이 깨달은 진리는 하나이며, 모든 부처님이 가르친 진리는 하나라는 뜻입니다. 진불(前佛)과 후불(後佛)의 도는 모두 하나로 같다는 이야기입니다. 결국 석가모니 부처님의 도는 하나라는 결론으로 귀결됩니다. 왜냐하면 최초의 위음왕여래가 열반에 들고 나서 한 보살비구가 있었는데 그가 상불경보살이며 곧 석가모니 부처님의 전생이었기 때문입니다. 이만 억 부처님이 모두 한결같이 같은 이름을 지닌 것은 그 법이 석가모니 부처님에 이르기까지 하나라는 것을 말하기 위함입니다.

3. 상불경(常不輕)보살의 인간존중(人間尊重)

【 경문 】
最初威音王如來가 旣已滅度하시고 正法滅後於像法中에 增上慢比丘이 有大勢力터니 爾時有一菩薩比丘하니 名常不輕이라 得大勢야 以何因緣으로 名常不輕고 是比丘가 凡有所見의 若比丘比丘尼와 優婆塞優婆夷를 皆悉禮拜讚歎하고 而作是言하대 我深敬汝等하야 不敢輕慢하노니 所以者何오 汝等皆行菩薩道하야 當得作佛이니라

최초의 위음왕여래께서 열반하신 뒤 정법이 없어지고, 상법 동안에 뛰어난 체하는 비구들이 큰 세력을 가지었느니라. 그때 한 보살비구가 있었으니 이름은 상불경(常不輕)이라 하였느니라.
득대세보살이여, 무슨 인연으로 이름을 상불경이라 하였는가. 이 비구는 무릇 만나는 이가 비구거나 비구니거나 우바새거나 우바이거나 간에 보는 대로 예배(禮拜)하고 찬탄(讚歎)하면서 이렇게 말하였느니라.

'나는 그대들을 깊이 공경하고 감히 가벼이 여기거나 업신여기지 않습니다. 왜냐하면, 그대들은 모두 보살의 도를 행하여 마땅히 성불(成佛)할 것이기 때문입니다.'

🪷 최초의 위음왕여래가 열반에 들고 정법시대가 다한 뒤 상법시대에 잘난 체하는 비구들이 큰 세력을 가졌다고 했습니다. 상법시대는 정법과 형식만 비슷한 시대라고 할 수 있습니다. 그래서 형상 상(像) 자를 써서 상법(像法)이라고 하는데, 이 시대에 수행도 모자라면서 아주 잘난 체하는 비구들이 득세를 하고 있었습니다. 석가모니 부처님이 열반에 드신 뒤에도 상법시대에 있었고, 잘난 체하는 비구들이 득세하였습니다. 이런 잘난 체하는 비구들에게 대항하여 민중불교운동이 일어났는데 그것이 대승불교운동입니다. 대승불교운동은 부처님의 바른 가르침이 비구들의 전유물이 아니라 모든 사람에게 골고루 이익을 주는 가르침이 되어야 한다는 주장을 펼치는 것이었습니다. 우리가 익히 알고 있는 법화경, 화엄경, 금강경과 같은 경전이 이 운동의 결과로 탄생한 것입니다.

그 상법시대에 상불경(常不輕)이라 불리는 한 보살비구가 있었습니다. 상불경보살은 누구를 만나든 "나는 그대들을 깊이 공경하고 감히 가벼이 여기거나 업신여기지 않습니다. 왜냐하면, 그대들은 모두 보살의 도를 행하여 마땅히 성불(成佛)할 것이기 때문입니다(我深敬汝等하야 不敢輕慢하노니 所以者何오 汝等皆行菩薩道하야 當得作佛이니라)."라는 말을 늘 하고 다녔기 때문에 그렇게 불렸습니다. 이 구절은 아주 유명해서 따로 명칭이 붙었는데 '불경이십사자(不輕二十四字)' 즉 가벼이 여기지 않는다는 스물넉 자라고 불립니다. 이 말씀이 곧 법화경의 정신을 표현한 것이고, 제가 늘 말씀드리는 인불사상(人佛思想), 사람이 부처님이라는 사상을 표현한 것입니다. "당신은 바로 부처님입니다."라고 해도 좋을 것을, 보살의 도를 행하여 마땅히 성불할 것이기 때문이라고 했습니다. 어쨌든 부처가 되어도 역시 보살도를 행하면서 살게 될 터이니 그렇게 말했다고 보아도 됩니다.

【 경문 】
而是比丘는 不專讀誦經典하고 但行禮拜하며 乃至遠見四衆하고 亦復故往하야 禮拜讚歎하고 而作是言하대 我不敢輕於汝等하노니 汝等皆當作佛이니라 四衆之中에 有生瞋恚하난 心不淨者하야 惡口罵詈言하대 是無智比丘야 從何所來하야 自言我不輕汝라하고 而與我等授記하대 當得作佛이어뇨 我等不用如是虛妄授記라하야 如此經歷多年에 常被罵詈하대 不生瞋恚하고 常作是言하대 汝當作佛하리라

 이 비구는 오로지 경전(經典)을 읽거나 외우지는 아니하고 다만 예배만을 행하였느니라. 멀리서 사부대중(四部大衆)들을 보더라도 또한 일부러 따라가서 예배하고 찬탄하면서 '나는 그대들을 깊이 공경하고 감히 가벼이 여기거나 업신여기지 않습니다. 왜냐하면, 그대들은 모두 보살의 도를 행하여 마땅히 성불(成佛)할 것이기 때문입니다.' 하였느니라.
사부대중 가운데 화를 내거나 마음이 부정(不淨)한 이가 있다가 나쁜 말로 욕설을 하면서 말하기를 '이 무지(無智)한 비구야, 어디서 왔기에 스스로 말하되, 나는 그대들을 경멸하지 않는다고 하면서 우리에게 마땅

히 성불하리라고 수기(授記)를 주는가. 우리는 그런 허망한 수기를 받지 않겠다.'라고 하였느니라.

이렇게 여러 해를 다니면서 항상 욕설과 꾸짖음을 당하여도 화도 내지 아니 하고 항상 말하기를 '그대들은 마땅히 성불하리라'고 하였느니라.

❀ 상불경보살은 누구를 만나든 멀리서부터 일부러 따라가서 예경하고 찬탄했다고 합니다. 보이면 보이는 대로 쫓아가서 예경하지 않고는 못 견디는 것입니다. 정말 마음에 간절히 그리는 부처님이기 때문에 달려가는 것입니다. 부처님을 보고 누가 예경하지 않겠습니까? 예경하고 찬탄하지 않을 수 없는 일입니다. 그러면서 당신은 보살도를 행해서 성불할 것이므로 깊이 공경한다는 말을 되풀이 했습니다. 이 말은 곧 상불경보살의 입을 통해서 일체 중생이 모두 부처가 된다고 수기하는 것입니다. 과거나 현재뿐만 아니라 앞으로 오는 어떤 중생도 전부 부처가 된다는 수기입니다. 어떻게 보면, 우리도 상불경보살에게서 이미 수기를 받았다고 할 수 있습니다. 어떤 사람이라도 좋은 점이 있다고 긍정적으로 대하는 것이고 더 나아가 그 사람에게는 불성이 내재해 있다고 보는 것입니다. 불성이 내재한 존재이기에 부처가 된다는 보증을 받는 것입니다.

법화경의 특징 가운데 하나가 성불한다는 보증을 받는 것인데 그것이 수기(授記)입니다. 법화경의 앞부분은 수기를 주는 이야기가 주를 차지하고 있었습니다. 사리불은 무슨 부처가 될 것이고, 목건련은 또 무슨 부처가 된다고 구체적인 이름을 몇 명씩 거론하다가 나중에는 오백 제자를 한꺼번에 똑같은 이름으로 수기를 줍니다. 더 나아가서 이천 명의 아라한을 똑같은 이름으로 수기하는 광경까지 나옵니다. 여기에 이르게 되면, 누가 언제 어떻게 하여 부처가 될 것이라는 구체적인 수기는 큰 의미가 없음을 알게 됩니다. 이제 상불경보살품에 이르러서는 상불경보살이 법화경의 사상을 실천하는 모습을 통해 모든 사람이 다 부처님이라고 보증하고 수기를 주고 있습니다.

　이렇게 모든 사람에게 수기를 주는 이유는 불성(佛性)을 가진 존재이기 때문입니다. 상불경보살이 한 일은 모든 인간에게 불성을 이해시키고, 불성이 있기 때문에 성불하게 된다는 수기를 내린 것입니다. 간단히 말하면, 불성 인간을 선언한 것입니다. 우리는 지금까지 살아오는 동안 사람을 주로 눈에 보이는 존재 즉 육신으로 이해해 왔습니다. 어떤 사람의 가치를 겉으로 보이는 육신으로 매기려고 했지 다른 것을 고려한 적이 거의 없습니다. 대부분의 사람들이 그렇습니다. 그러나 법화경은 사람의 본 모습을 정확하게 이해하라고 요구합니다. 그러기 위해서는 육신의 너머에 있는 참 생명, 진실한 존재를 눈 크게 뜨고 보라고 외치고 있습니다. 이것이 법화경의 정신이고 부처님의 가르침입니다.

【 경문 】

說是語時에 衆人或以杖木瓦石으로 而打擲之어든 避走遠住하야 猶高聲唱言하대 我不敢輕於汝等하노니 汝等皆當作佛하리라 以其常作是語故로 增上慢比丘比丘尼와 優婆塞優婆夷가 號之爲常不輕이라하니라

이러한 말을 할 적에 여러 사람들이 몽둥이로 때리거나 돌을 던지면 멀

리 피하여 달아나면서도 오히려 음성을 높여서 외치기를 '나는 그대들을 감히 경멸하지 않습니다. 그대들은 모두 다 마땅히 성불할 것입니다.' 하였느니라.

그가 항상 이렇게 말하므로 뛰어난 체하는 비구·비구니와 우바새·우바이들이 별명을 지어서 상불경(常不輕)이라 하였느니라.

※ 상불경보살은 항상 욕설을 듣고 꾸짖음을 당하거나 심지어 몽둥이로 때리거나 돌을 던져도 결코 화내지 않았습니다. 왜냐하면 그 사람들도 역시 부처님이기 때문입니다. 부처님이 욕을 하고 부처님이 나를 꾸짖는데 화를 낼 수 있겠습니까? 부처님께 그럴 수는 없지요. 상불경보살은 모든 사람을 부처님으로 보았기 때문에 부처님처럼 받들어 섬긴 것입니다. 상불경보살은 결코 잘난 체하는 오류투성이의 사람, 겉으로 드러나는 현상적 존재로 인간을 판단한 것이 아닙니다. 그 너머에 있는 영원한 존재, 참 생명을 지닌 본질적 존재, 불성이 내재된 인간이기에 무조건 신뢰하고 존중하는 것입니다. 백 번 속아도 믿고, 만 번 속아도 계속 믿습니다. 나를 욕하고 때리더라도 '당신은 부처님입니다'라며 마음속에서부터 신뢰합니다.

4. 경전을 바로 믿는 사람의 공덕

【 경문 】

是比丘臨欲終時하야 於虛空中에 具聞威音王佛의 先所說法華經의 二

十千萬億偈하야 悉能受持하고 卽得如上眼根淸淨과 耳鼻舌身意根淸淨하며 得是六根淸淨已하야는 更增壽命하대 二百萬億那由他歲를 廣爲人說是法華經하니라

이 비구가 운명하려 할 때에 허공 중에서 위음왕불이 먼저 설하신 법화경 이십 천만 억 게송을 모두 듣고 다 받아 지니었느니라. 그래서 위와 같이 눈이 청정하고 귀와 코와 혀와 몸과 의식이 청정하여졌느니라. 육근(六根)이 청정하여진 뒤에 다시 수명이 불어나서 이백 만억 나유타 해가 지나도록 여러 사람들에게 이 법화경을 널리 설하였느니라.

상불경보살이 죽음에 가까워졌을 때 허공 중에서 울려 퍼지는 법화경의 게송을 듣고 받아 지니게 되었습니다. 그 법화경의 힘으로 육근이 모두 청정해져서 저절로 죽음의 문턱에서 벗어나 수명이 늘었고 그 후 무량한 세월 동안 법화경을 널리 설했다고 합니다. 법화경의 가르침을 깊이 이해하였기 때문에 궁극의 차원을 건너 영원한 생명을 얻은 것이라고 볼 수 있습니다.

법화경의 가르침이 무엇입니까? 사람이 부처님이라는 진리를 믿고 받아들이는 것입니다. 상대방을 부처님으로 받들어 섬기면 그도 행복해지고 나도 함께 행복해집니다. 법화경은 바로 행복의 열쇠입니다. 이 열쇠가 아니고는 행복의 문이 열릴 길이 없습니다. 이 세상에서 사람이 진정으로 행복하려면 사람과 사람의 관계에서 행복해져야 합니다. 그러려면 먼저 나와 가까운 사람부터 부처님으로 받들어 섬기는 마음자세가 필요합니다. 부모님이든 아내나 남편이든 자식이든

친척이나 친구든 간에 나와 가까운 관계에 있는 사람부터 먼저 부처님처럼 생각하고 받들고 찬탄하면 저절로 나와 상대가 다 함께 행복해집니다. 그런 마음을 먹기만 해도 이미 행복해지기 시작합니다.

금은보화와 온갖 값비싼 물건으로 집을 치장하고 수백만 원짜리 옷을 몸에 걸치고 기름진 음식으로 배를 불린다고 해도, 내가 사랑하고 존경하는 사람이 없고 나를 사랑해 주고 존경해 주는 사람이 없다면 황량한 무덤과 같이 공허할 것입니다. 그 속에 무슨 행복이 있겠으며 편안하고 즐거운 마음이 있을 수 있겠습니까? 나와 가까운 사람뿐만 아니라 나와 무관한 사람, 더 나아가서 나를 미워하고 해치려는 사람까지도 장점을 찾아내고 불성을 인정하며 부처님으로 받들어 섬기는 상불경보살의 삶이 행복한 삶의 표본이며, 행복해지는 방법을 가르쳐 주는 것이라고 생각합니다. 상불경보살의 실천을 계속 역설하는 이유가 거기에 있습니다.

【 경문 】

於是增上慢四衆인 比丘比丘尼와 優婆塞優婆夷가 輕賤是人하야 爲作不輕名者가 見其得大神通力과 樂說辯力과 大善寂力하며 聞其所說하고 皆信伏隨從하며 是菩薩은 復化千萬億衆하사 令住阿耨多羅三藐三菩提하니라 命終之後에 得値二千億佛하니 皆號日月燈明이라 於其法中에 說是法華經하고 以是因緣으로 復値二千億佛하니 同號雲自在燈王이라

이때에 뛰어난 체하던 사부대중인 비구 · 비구니 · 우바새 · 우바이들로서 이 사람을 가벼이 여기고 천대하여 상불경(常不輕)이라는 별명을

짓던 이들이 그가 큰 신통의 힘과 말을 잘하는 변재(辯才)의 힘과 매우 선하고 고요한 힘을 얻은 것을 보며, 그 말하는 것을 듣고는 모두 믿고 따르고 복종하였느니라. 이 보살은 다시 천만 억 대중들을 교화하여 최상의 깨달음에 머물게 하였느니라.

수명을 마친 뒤에는 이천 억 부처님을 만났으니 다 이름이 일월등명(日月燈明)이시니라. 그 부처님의 불법 가운데서 이 법화경을 말씀하였느니라. 그 인연으로 다시 이천 억 부처님을 만났으니 다같이 이름이 운자재등왕(雲自在燈王)이시니라.

❀ 상불경보살은 법화경의 공덕으로 무량한 세월 동안 널리 설법을 하다가 마침내 수명을 마친 뒤에는 이천 억이나 되는 일월등명 부처님을 뵙고 또 이천 억의 운자재등왕 부처님을 뵈었다고 합니다. 서품에도 일월등명 부처님이 나오시는데 거기서는 이만 명의 일월등명 부처님이 계셨다고 합니다. 이만이든 이천 억이든 그 숫자나 명칭이 중요한 것은 아닙니다. 다만 수많은 부처님을 만나고 또 만났는데 모두 예경하고 받들어 모셨다는 것이 중요합니다. 사실 상불경보살은 그 전에 이미 수많은 사람들을 부처님으로 받들어 섬겼습니다. 자신을 비웃든 놀리든 아니면 꾸짖거나 때리는 사람조차도 모두 부처님으로 받들어 섬겼습니다. 다시 말해서, 수많은 부처님을 이미 만났다는 말입니다.

【 경문 】

於此諸佛法中에 受持讀誦하고 爲諸四衆하야 說此經典故로 得是常眼

清淨하고 耳鼻舌身意諸根淸淨하며 於四衆中說法하야 心無所畏하니라 得大勢야 是常不輕菩薩摩訶薩이 供養如是若干諸佛하사 恭敬尊重讚歎하야 種諸善根하고 於後復値千萬億佛하사 亦於諸佛法中에 說是經典하고 功德成就하야 當得作佛하니라

이 여러 부처님의 법 가운데서 이 경전을 받아 지니고 읽고 외우고 사부대중들을 위하여 이 경전을 해설하였으므로 보통 눈이 청정하고, 귀·코·혀·몸·의식이 청정하게 되어 사부대중 가운데서 법을 설하는 데 두려운 마음이 없었느니라.
득대세보살이여, 이 상불경보살마하살이 이러한 여러 부처님께 공양 공경하고 존중 찬탄하여 온갖 선근(善根)을 심었느니라. 그 뒤에 또 천만 억 부처님을 만났고 또 그 부처님의 법 가운데서 이 경전을 설하며 공덕이 이루어져서 마땅히 성불(成佛)하게 되었느니라.

❀ 지금까지의 내용을 살펴보면 상불경보살처럼 수많은 부처님을 만난 보살이 없습니다. 상불경보살이 가장 많은 부처님을 친견하고 공양·공경·존중·찬탄했다는 말입니다. 보살이 생전에 만나는 사람마다 성불할 것이라고 수기를 준 것을 제외하고 헤아려 보아도 그렇습니다. 이천 억의 일월등명 부처님과 이천 억의 운자재등왕 부처님, 그리고 천만 억의 부처님을 또 다시 만났다고 했습니다. 다른 경전까지 살펴보아도 가장 많은 부처님을 친견하고 설법을 들은 이가 상불경보살입니다.
　이것이 무엇을 뜻하는지 이제는 더 이상 설명하지 않아도 잘 알

것이라고 생각합니다. 상불경보살은 처음부터 사람들을 부처님으로 받들어 섬겼고 그래서 최후의 최후까지도 사람들을 부처님으로 공양·공경·존중·찬탄하고 받들어 섬겼다는 뜻입니다. 그래서 상불경보살과 더불어 그 모든 사람들이 다함께 행복했다는 이야기입니다.

    인류가 오랜 세월 동안 각 분야에서 엄청난 노력을 기울인 결과 물질문명이 많은 발전을 이루었습니다. 그렇게 발전하려고 애쓴 목표가 무엇이겠습니까? 다름 아닌 행복을 원했기 때문입니다. 그러나 행복과 물질적인 발달은 관계가 별로 없습니다. 우리나라의 50년대 말이나 60년대 초를 요즘과 비교하면 경제적인 면에서 천 배는 발전했습니다. 수출은 이천 배가 늘었고, 생활수준의 차이는 형언하기도 어렵습니다. 50년 전에 자동차 한 대가 지나가는 것을 보면 몇 달 동안 이야깃거리가 될 정도였는데, 지금은 차 때문에 몸살을 앓고 곤욕을 치루고 있습니다. 몸이 조금 편해진 것을 제외하고 차가 있다는 이유로 우리가 얼마나 더 행복해졌는지 고민해 볼 문제입니다.

    물질적 혜택이나 경제적 발전은 삶을 좀더 편안하게 해 주기는 하지만, 행복하게 하지는 못한다는 점을 분명히 알아야 합니다. 요즘 사람들은 낮이나 밤이나 좀더 행복해지기 위해서 일하고 또 일하고 재물을 모으면서 정신없이 살고 있습니다. 내 주위의 다른 사람들이 살아가는 방식을 그대로 따르면서 살 것인지, 아니면 어렵고 힘들더라도 부처님의 가르침을 실천하면서 살 것인지 많은 갈등이 일어날 것입니다. 그러나 우리가 성인의 훌륭한 가르침을 만났을 때는 최소한 소견만이라도 올바르게 세워놓고 살아야 합니다. 내 마음이나 감정이 어디로 기울게 되느냐 하는 것은 그 다음 문제입니다. 먼저 소견부터 바르고 확고하게 세워놓는다면 절반은 이룬 것이라고 할 수 있습니다. 행복으로 가는 길을 이미 절반은 통과했다고 할 수 있습니다.

5. 상불경보살은 곧 석가모니 불(釋迦牟尼佛)

【경문】
得大勢야 於意云何오 爾時常不輕菩薩이 豈異人乎아 則我身是라 若我於宿世에 不受持讀誦此經하야 爲他人說者면 不能疾得阿耨多羅三藐三菩提어니와 我於先佛所에 受持讀誦此經하야 爲人說故로 疾得阿耨多羅三藐三菩提니라

득대세보살이여, 어떻게 생각하는가. 그때의 상불경보살이 어찌 다른 사람이겠는가. 나 자신이었느니라. 내가 과거에 이 경전을 받아 지니고 읽고 외우고 다른 이를 위하여 설하지 아니 하였더라면 최상의 깨달음을 빨리 얻지 못하였으리라. 내가 먼저 부처님이 계신 데서 이 경을 받아 지니고 읽고 외우고 다른 이에게 설하였으므로 최상의 깨달음을 빨리 얻었느니라.

❈ 그 상불경보살이 바로 지금의 석가모니 부처님이었습니다. 상불경보살이 법화경을 수지, 독송, 해설, 서사한 공덕으로 석가모니 부처님이 최상의 깨달음을 빨리 얻을 수 있었습니다. 그것은 상불경보살이 지향하는 바, 모든 사람을 부처님으로 받들어 섬기는 그 정신으

로 인하여 석가모니 부처님이 깨달음을 이루었다는 이야기입니다. 사실 사람이라는 존재를 낱낱이 연구하고 살펴보면 참으로 위대하며 놀라운 존재라는 것을 알게 됩니다. 우리 몸의 여러 기관과 조직이 서로 어우러져 하나의 통일체를 이루는 것은 물론이고, 사람의 몸과 마음의 신비한 작용과 더불어 아직도 밝히지 못한 마음의 놀라운 힘을 한 번 생각해 봅시다. 그리고 우리가 날마다 매순간마다 당연하게 여기고 있는 모든 육근의 작용도 얼마나 놀랍습니까? 현상적 존재로서의 사람을 살펴보아도 이러한데 궁극의 본질까지 고려하면 어떻겠습니까? 생각해 보면 날마다 수백 억 원짜리 복권에 당첨되는 것과 같은 행운을 누리며 살고 있습니다. 그런 경이와 환희를 알아차리고 받아들이는 자세로 산다면 어찌 행복하지 않겠습니까?

6. 수기(授記)를 부정한 사람들의 과보

【 경문 】

得大勢야 彼時四衆인 比丘比丘尼와 優婆塞優婆夷는 以瞋恚意로 輕賤我故로 二百億劫에 常不值佛하고 不聞法不見僧하며 千劫을 於阿鼻地獄에 受大苦惱하고 畢是罪已하야는 復遇常不輕菩薩의 敎化阿耨多羅三藐三菩提니라 得大勢야 於汝意云何오 爾時四衆에 常輕是菩薩者가 豈異人乎아 今此會中에 跋陀婆羅等五百菩薩과 師子月等五百比丘尼와 思弗等五百優婆塞로 皆於阿耨多羅三藐三菩提에 不退轉者是니라

득대세보살이여, 그때의 사부대중인 비구·비구니·우바새·우바이들은 성내는 마음으로 나를 천시하였으므로 이백 억 겁 동안에 부처님을 만나지 못하고 법을 듣지 못하고 스님들을 보지 못하였느니라. 이천 겁 동안 아비지옥에서 큰 고통을 받았고, 그 죄의 과보가 끝나고는 다시 상불경(常不輕)보살을 만나서 최상의 깨달음에 대한 교화를 받았느니라. 득대세보살이여, 어떻게 생각하는가. 그때의 사부대중으로서 이 보살을 경멸하던 이가 어찌 다른 사람이겠는가. 지금 이 회중(會中)에 있는 발타바라(跋陀婆羅) 등 오백 명의 보살과 사자월(師子月) 등 오백 명의 비구니와 사불(思佛) 등 오백 명의 우바새들이니라. 모두 최상의 깨달음에서 물러가지 아니하는 이들이니라.

❀　성내는 마음으로 상불경보살을 천시했던 사람들은 그 과보로 이백 억 겁 동안 부처님을 뵙지도 못하고 법도 듣지 못했다고 했습니다. 그것은 사람이 곧 부처님이라는 진리의 가르침을 등졌기 때문입니다. 그것은 지금도 같습니다. 부처님을 보더라도 부처님인 줄도 모르고 부처님이라고 받아들이지도 못하는 사람에게 부처님은 없습니다. 그러나 부처님을 부처님으로 볼 줄 아는 사람에게는 그 순간부터 부처님이 계시게 됩니다. 그 사람은 늘 부처님과 더불어 함께 하게 됩니다. 아주 간단한 이치이지요.

　　그래도 그 사람들은 상불경보살을 비방한 인연이라도 있었기에 죄의 과보를 다 받고나서 다시 보살을 만나서 교화를 받았다고 했습니다. 비방하고 욕설한 인연이라도 인연이 아예 없는 것보다는 낫다는 말입니다. 비록 배척하고 받아들이지 않았지만 "당신은 보살도를 행해서 성불할 것입니다."라는 상불경보살의 말이 아뢰야식에 저장되었던 것입니다. 그래서 지옥으로 축생으로 아귀로 돌고 돌아도 마침내 그 말씀이 인연이 되어서 다시 상불경보살을 만나서 꽃을 피우게 되었습니다.

【 경문 】

得大勢當知하라 是法華經은 大饒益諸菩薩摩訶薩하야 能令至於阿耨多羅三藐三菩提하나니 是故諸菩薩摩訶薩이 於如來滅後에 常應受持讀誦하고 解說書寫是經이니라

득대세보살이여, 마땅히 알아라. 이 법화경은 모든 보살마하살들을 크게 이익케 하여 최상의 깨달음에 이르게 하느니라. 그러므로 보살마하살들은 여래가 열반한 뒤에 이 법화경을 항상 받아 지니고 읽고 외우고 해설하고 쓰고 출판하여야 하느니라."

꽃 법화경을 널리 유통하기 위한 다섯 가지 수행법이 법화경의 수지(受持), 독(讀), 송(誦), 해설(解說), 서사(書寫)입니다. 다섯 번째 서사(書寫)를 쓴다고 옮기다가 여기서는 출판한다고 했습니다. 옛날 경전에는 출판이라는 말 자체가 없었지요. 예전에는 손으로 일일이 써서 한 권씩 세상에 내놓았는데, 그것을 사경이라고 합니다. 지금은 책을 만드는 기술이 발달해서 컴퓨터로 글자를 찍어서 이메일로 출판사에 보내면 뚝딱하고 책이 나옵니다. 그래서 경전을 내가 쓰거나 남에게 쓰게 하는 서사의 공덕이 요즘은 다른 식으로 표현되고 있습니다. 출판사

와 연계해서 경전을 출판하거나, 이미 출판된 경전을 사서 보시하는 것이 현대식 서사 공덕입니다.

7. 게송으로 거듭 밝히다

[1] 위음왕(威音王)여래

【 경문 】

爾時世尊이 欲重宣此義하사 而說偈言하니라
過去有佛하니 號威音王이라
神智無量하사 將導一切할새
天人龍神의 所共供養이며

이때 세존께서 이 뜻을 거듭 펴시려고 게송으로 말씀하셨습니다.
"지난 세상에 부처님이 계셨으니 이름이 위음왕(威音王)이니라.
신묘한 지혜가 한량없어서 모든 중생들을 인도하고
천신·사람·용·귀신들의 공양을 받았느니라.

[2] 상불경(常不輕)보살

【 경문 】

是佛滅後 法欲盡時에

有一菩薩하니 名常不輕이라

時諸四衆이 計著於法이어늘

不輕菩薩이 往到其所하야

而語之言하대 我不輕汝하노니

汝等行道하야 皆當作佛하리라

諸人聞已에 輕毀罵詈하대

不輕菩薩이 能忍受之하여

이 부처님이 열반하시고 법이 없어지려는 때에

한 보살이 있었으니 이름이 상불경보살이니라.

그때에 있던 사부대중들은 법을 계교(計較)하고 집착하였느니라.

그때 상불경보살이 그들이 있는 처소에 가서

이렇게 말하기를, '그대를 경멸하지 않나니

그대들은 도를 닦아서 모두 다 부처님이 되리라.'

그 사람들이 이 말을 듣고는 천시하고 욕을 했지만

상불경보살은 참고 잘 받아들였느니라.

🪷　진정으로 사람을 부처님으로 받아들이고 신뢰하는 모습을 보여주고 있습니다. 상대방이 받아들이든 받아들이지 못하든 간에 나는 끝까지 계속 공경하고 받들며 믿는 것입니다. '더 이상 못 참겠다. 참을 만큼 참았다.'는 것은 보살에게는 있을 수 없는 일입니다. 끝까지 참으면서 변함없이 부처님으로 존경하고 받들어 섬기는 것이 보살의 행입니다.

【 경문 】

其罪畢已하고 臨命終時에
得聞此經하고 六根淸淨하며
神通力故로 增益壽命이라
復爲諸人하야 廣說是經하니
諸著法衆이 皆蒙菩薩의
敎化成就하야 令住佛道하며
不輕命終에 値無數佛하사
說是經故로 得無量福하고
漸具功德하야 疾成佛道하니라

그들이 죄의 과보를 마친 뒤에 그 보살의 목숨을 마치려는 때
이 법화경의 법문을 듣고 육근이 청정해지며
신통한 힘으로써 수명이 더하여지고
또 여러 사람들을 위해 이 경전을 널리 설하였느니라.
법에 집착한 여러 무리들은 보살의 교화를 받고
공덕을 성취하여 불도에 머물게 되었느니라.
상불경보살이 수명을 마칠 무렵 무수한 부처님을 만나
이 경전을 말씀한 연고로 한량없는 복을 얻고
점점 공덕을 갖추어 부처님의 도를 빨리 이루었느니라.

🪷   요즘 사람들은 참 다양한 방법으로 수행을 합니다. 절을 하거나 화두를 들기도 하고, 염불하는 이도 있고 혹은 다라니를 지성으로 염

송하는 이도 있습니다. 좋다는 온갖 수행법을 다 하고 있는데 제대로 이룬 사람이 있다는 소리는 거의 들어보지 못했습니다. 왜 그런지 궁금하지 않을 수 없습니다. 그런데 경전에서는 대개 경전을 수지, 독송, 해설, 서사하는 것만 제대로 하면 육근이 청정해지고 신통을 얻으며 깨달음도 얻는다고 말하고 있습니다.

법화경만 그런 것이 아닙니다. 능엄경에서는 이십오원통(二十五圓通)이라고 하여 25가지 수행법을 죽 소개하고 있습니다. 그 중에서 20번째로 나오는 월광 동자는 물의 성품을 관하는 공부를 했는데, 월광 동자가 전생에 수행한 이야기가 나옵니다. 비구가 되어서 물의 성품을 관하는 공부를 하다 보니 어느새 몸까지 사라지고 전부 물이 되어 버렸습니다.

시자가 방안을 들여다 보니 물만 가득하고 스승이 보이지 않자, 장난기가 동했습니다. 진짜로 물인지 알아보려고 기와 한 조각을 툭 던졌는데 퐁당 하고 물소리를 내며 가라앉는 모양을 보았지요. 얼마 후 선정에서 깨어난 스님은 가슴이 이상하게 답답하고 불편했습니다. '예전에는 공부를 하고 나서 이런 일이 없었는데 참 이상하다.'는 생각이 들어서 시자에게 혹시 무슨 일이 없었는지 물어보았습니다.

시자는 자신이 기와 조각을 던진 일을 사실대로 말했습니다. 그 말을 들은 스님은 다시 선정에 들어갈 테니 이번에는 그 기와 조각을 꺼내라고 시자에게 당부했습니다. 스님이 물의 성질을 관하는 선정에 들어가고 얼마 후 시자가 방문을 열어보니 온통 물이 가득한 가운데 기와 조각이 있는 것을 보고는 얼른 꺼냈습니다. 그리고 나서 선정에서 깨어난 스님은 더 이상 가슴이 답답하지 않고 시원해졌다는 이야기가 있습니다.

　이런 일이 참으로 가능한지 요즘 사람들은 도대체 믿기 어려울 것입니다. 그러나 반대로 한번 생각해 봅시다. 300년이나 400년 전의 옛 사람들에게 현대의 생활을 설명해 본다고 가정해 봅시다. 그 사람들이 텔레비전이나 라디오를 이해할 수 있을까요? 컴퓨터나 인터넷을 설명해 주면 알아들을까요? 하루에 수천 리를 달리는 자동차나 쇠로 만들었지만 하늘을 나는 비행기에 대해 말해 주면 믿기나 할까요? 설명하기도 힘들거니와 조금이라도 믿게 하지도 못할 것입니다.

　그것과 마찬가지입니다. 옛사람들이 자신이 체험한 정신적 경지를 경전에 표현해놓더라도 현대인들이 이해하거나 믿지 못하는 것일 수 있습니다. 물론 경전에는 상징적인 이야기도 많지만, 모든 것을 다 상징으로 치부해버릴 수는 없습니다. 그 중에는 실제로 경험한 것을 표현하기도 했을 것입니다. 다만 지금의 우리가 경험하지 못했기 때문에 이해하지 못하고 믿지 못하는 것일 수 있습니다.

　"이 법화경의 법문을 듣고 육근이 청정해지며 신통한 힘으로써 수명이 더하여지고"라는 표현이 있습니다. 우리가 이런 대목을 읽을 때는 그냥 지나가는 말로 읽고 잊어버릴 게 아니라 얼마든지 가능한 일일 수 있다는 것을 생각하면서 읽기를 당부합니다. 쇠로 만든 새가 수백의 사람을 싣고 하늘을 나는 것도 가능한 일이듯 마음의 문을 열고 경전을 대하기 바랍니다.

【 경문 】

彼時不輕은 卽我身是요

時四部眾에 著法之者가
聞不輕言 汝當作佛하고
以是因緣으로 值無數佛하니
此會菩薩 五百之眾과
幷及四部 清信士女로
今於我前에 聽法者是니라
我於前世에 勸是諸人하야
聽受斯經 第一之法하며
開示教人하야 令住涅槃하고
世世受持 如是經典하며

그때의 상불경보살은 지금의 나 자신이요,
그때의 사부대중으로 법에 집착하던 이들은
상불경보살이 말하기를 그대들은 성불하리라 하니
그 말을 들은 인연으로 무수한 부처님을 만난 이들로서
지금 이 회중에 있는 오백 명의 보살대중과
그밖의 사부대중인 우바새·우바이들이
지금 나의 앞에서 법문을 듣는 이들이니라.
내가 이전 세상에 여러 사람들을 권하여
가장 첫째 가는 법인 이 법화경 법문을 듣게 하며
열어 보이고 사람들을 가르쳐서 열반에 머물게 하며
세세생생에 이런 경전을 항상 받들고 지니게 하느니라.

【 경문 】

億億萬劫에 至不可議토록
時乃得聞 是法華經하며
億億萬劫에 至不可議토록
諸佛世尊이 時說是經하나니
是故行者가 於佛滅後에
聞如是經하고 勿生疑惑하며
應當一心으로 廣說此經하면
世世値佛하야 疾成佛道하리라

억억만겁 동안 헤아릴 수 없을 때까지
이 법화경 법문을 항상 듣게 되고
억억만겁 동안 헤아릴 수 없을 때까지
여러 부처님 세존이 항상 이 경을 말씀하시니라.
그러므로 수행하는 사람들은 부처님이 열반하신 뒤
이 경전을 듣고는 의혹을 내지 말지니라.
마땅히 한결같은 마음으로 이 경전을 널리 설하면
세세생생에 부처님을 만나 빨리 성불(成佛)하리라.

🌸 　상불경보살품은 법화경의 핵심사상을 상불경이라는 구체적인 인물을 등장시켜 직접 보여주고 있습니다. 상불경보살이 모든 사람을 부처님으로 받들어 섬기기를 멈추지 않은 것, 비난하고 때리는 사람일지라도 개의치 않고 끝까지 신뢰하고 이해하는 것이 바로 인간답게

사는 지름길이고 가장 행복하게 사는 방법입니다. 하루하루가 축하하고 경하하고 잔치를 벌여도 좋을 정도로 소중한 삶임을 알고 실천하는 것이 법화경을 이해하고 법화경의 가르침을 몸소 실천하는 방법입니다.

    나의 삶뿐만 아니라 다른 모든 사람들의 삶도 똑같이 소중하고 값지다는 것을 인식하고 수용한다면 세상에 다툼과 전쟁이 사라지고 평화와 행복이 가득하게 될 것입니다. 법화경의 정신을 익히고 열심히 실천하는 사람들이 한 명이라도 더 늘어날수록 세상은 더욱 맑고 아름다워질 것입니다. 아무리 넓고 혼탁한 호수라도 맑은 물이 한 방울 한 방울 더해질수록 점점 더 깨끗해질 것입니다. 바다가 아무리 깊고 넓더라도 한 바가지씩 계속 퍼내고 또 퍼낸다면, 현생에 못하면 내생에도 이어서 계속한다면 또 함께 하는 사람이 자꾸 늘어갈수록 마침내 그 바닥이 드러나게 될 것입니다. 이와 같은 마음가짐과 신념으로 보살행을 실천하면 누구든지 결실을 얻게 됩니다.

21
여래신력품

(如來神力品)

 땅 속에서 솟아오른 보살대중들이 부처님께 법화경을 널리 펼치겠다는 원력을 세우자, 부처님께서 열 가지 신통력을 나타내 보이시며 격려하시는 내용입니다. 경전에는 열 가지라는 언급이 없지만, 법화경을 연구해 온 옛사람들이 열 가지로 정리했습니다.

 첫째 넓고 긴 혀를 내밀어 범천에까지 닿게 하시고, 둘째 수없는 빛깔의 광명을 놓아 시방세계에 두루 비추시고, 셋째 크게 기침하시고, 넷째 손가락을 퉁기시고, 다섯째 대지가 여섯 가지로 진동하였고, 여섯째 법회에 참석한 대중들이 미증유를 얻고, 일곱째 여러 천신들이 허공 중에서 부처님과 법화경을 찬탄하는 소리를 크게 외치고, 여덟째 모든 대중들이 나무 석가모니불을 염하면서 석가모니 부처님께 귀의하고, 아홉째 꽃과 향, 영락과 번기, 일산과 온갖 보배 등의 공양물을 사바세계에 흩으며, 마지막으로 시방세계가 환하게 트여서 하나의 불국토로 통일되는 모습을 보여준 것이 열 가지 신통력입니다.

바로 앞의 상불경보살품에서 모든 존재의 실상 가운데 사람이 어떤 존재인지 그리고 얼마나 가치있는 존재인지를 집중적으로 이야기했습니다. 그리고 지금 여래신력품에서 부처님께서 신통력을 드러내 보이면서 증명합니다. 상불경보살은 결국 석가모니 부처님의 전신(前身)이기 때문에 이 품에서 그 위대성을 더욱 보완하고 있습니다.

1. 땅에서 솟아나온 보살 대중

【경문】

爾時千世界微塵等菩薩摩訶薩의 從地涌出者가 皆於佛前에 一心合掌하고 瞻仰尊顔하사 而白佛言하사대 世尊하 我等於佛滅後世尊分身의 所在國土滅度之處에 當廣說此經하리니 所以者何오 我等亦自欲得是眞淨大法하야 受持讀誦하고 解說書寫하야 而供養之니다

그때에 땅 속에서 솟아올라온 일천 세계의 작은 먼지 수와 같은 보살마하살들이 부처님 앞에서 일심으로 합장하고 존안(尊顔)을 우러러 바라보며 부처님께 말씀드렸습니다.

"세존이시여, 저희들이 부처님께서 열반하신 뒤에 세존의 분신이 계시는 국토와 열반하신 곳에서 마땅히 이 경전을 널리 해설하겠습니다. 그 까닭은 저희들도 또한 이 진실하고 청정한 큰 법을 얻어서 받아 지니고 읽고 외우고 해설하며 쓰고 출판하여 공양하려 합니다."

❁ 땅 속에서 솟아올라온 무수한 천만 억의 보살마하살은 제15 종지용출품에서 등장했던 보살들입니다. 그때 타방에서 온 보살들이 법화경을 널리 펼치겠다고 원을 내자 부처님께서는 허락하지 않으셨고 그 일을 위해서 따로 땅 속 허공 가운데 머물던 보살들이 땅 위로 솟아올랐습니다. 그 보살들이 드디어 수지, 독, 송, 해설, 서사의 다섯 가지로 법화경을 공양하겠다는 뜻을 밝히고 있습니다.

2. 여래의 신력(神力)

【경문】

爾時世尊이 於文殊師利等無量百千萬億舊住娑婆世界의 菩薩摩訶薩 과 及諸比丘比丘尼와 優婆塞優婆夷와 天龍夜叉와 乾闥婆阿修羅와 迦樓羅緊那羅와 摩睺羅加人非人等一切衆前에 現大神力하고 出廣長舌 하사 上至梵世하며 一切毛孔에 放於無量無數色光하사 皆悉徧照十方世 界하며 衆寶樹下師子座上에 諸佛亦復如是하사 出廣長舌하야 放無量光 하며 釋迦牟尼佛과 及寶樹下諸佛이 現神力時를 滿百千歲然後에 還攝 舌相하며 一時謦欬하사 俱共彈指하시니 是二音聲이 徧至十方諸佛世界

하사 地皆六種震動이러라

이때 세존이 문수사리(文殊師利)보살 등과 예전부터 사바세계에 있던 한량없는 백천만 억 보살마하살과 그리고 모든 비구·비구니·우바새·우바이·천신·용·야차·건달바·아수라·가루라·긴나라·마후라가와 사람과 사람 아닌 여러 대중 앞에서 큰 신통(神通)의 힘을 나타내었습니다. 넓고 긴 혀를 내밀어 위로는 범천(梵天)에 이르게 하여 진실을 나타내시었습니다. 일체 모공(毛孔)으로는 한량없고 수없는 빛깔의 광명(光明)을 놓아 시방세계에 두루 비추었습니다.

여러 보배나무 아래의 사자좌 위에 앉으셨던 모든 부처님들도 또한 그와 같이 넓고 긴 혀를 내밀어 진실을 나타내시고 한량없는 광명을 놓았습니다.

석가모니 부처님과 보배나무 아래에 계신 부처님들이 신통의 힘을 나타내신 지 백천 년이 지나고서야 혀를 도로 거두시고, 일시에 기침을 하시며 한꺼번에 손가락을 퉁기시었습니다. 두 음성이 시방의 여러 부처님 세계에 두루 퍼지고 그 땅이 여섯 가지로 진동(震動)하였습니다.

❀ 땅 속에서 솟아오른 보살들의 서원을 들으신 석가모니 부처님께서 그 뜻을 받아들이는 의미에서 열 가지 상서로운 신통력을 나타내십니다. 법화경에서는 이렇게 열 가지로 이야기하는 경우가 많지 않지만, 화엄경에는 주로 열 가지로 이야기합니다. 그래서 화엄경의 법문을 십시법문이라고 합니다. 한 가지 이야기를 시작하면 열 가지가 되고, 그 열 가지에 또 열 가지를 더하게 되어 백 가지 이야기를 하

게 됩니다. 그러다가 이백 가지 질문이 쏟아지는 대목이 있습니다. 이백 가지 질문에 이천 가지 답을 하게 되는 형식이 화엄경에 있습니다. 화엄경에서 '열(十)'이라는 숫자는 만수(滿數) 즉 원만한 숫자라는 뜻을 가지고 있어서, 본래 존재하고 있는 모습 그대로 원만하고 완전하며 충만하다는 의미로 해석하고 있습니다.

이제 여래께서 열 가지 신통력을 보이십니다.

첫째로 넓고 긴 혀를 내밀어 위로 범천(梵天)에까지 이르게 하시며 진실을 나타내셨습니다. 인도의 풍습에서 혀를 내밀었다는 것은 진실을 말한다는 뜻입니다. 그래서 한문 원문에는 없는 '진실을 나타내셨다'는 표현을 더해서 뜻을 분명하게 했습니다. 두 번째로 온몸에 있는 모공(毛孔)에서 무수한 빛깔의 광명을 발해서 시방세계를 두루 비추었습니다. 혀를 도로 거두어들이고 나서 기침을 하는 것이 세 번째 신통이고, 손가락을 퉁기는 것이 네 번째 신통입니다. 기침을 하거나 손가락을 퉁기는 것은 모두 일상적인 동작이지만 여래의 일이기 때문에 여래의 신통력이 되는 것입니다.

방온 거사의 게송에 "신통병묘용(神通竝妙用)이여, 운수급반시(運水及搬柴)라."는 구절이 있습니다. 물 긷고 땔나무를 해오는 일이 곧 신통이고 묘용이라는 말입니다. 요즘으로 말하자면, 가스불 켜고 수도꼭지 틀 줄 아는 것이 신통이라는 말입니다. 다섯 번째 신통은 두 음성이 시방의 여러 부처님 세계에 두루 퍼지고 그 땅이 여섯 가지로 진동한 것입니다.

【 경문 】

其中衆生에 天龍夜叉와 乾闥婆阿修羅와 迦樓羅緊那羅와 摩睺羅伽人非人等이 以佛神力故로 皆見此娑婆世界에 無量無邊인 百千萬億의 衆寶樹下師子座上諸佛하며 及見釋迦牟尼佛이 共多寶如來로 在寶塔中하사 坐師子座하며 又見無量無邊인 百千萬億의 菩薩摩訶薩과 及諸四衆이 恭敬圍繞釋迦牟尼佛하며 旣見是已에 皆大歡喜하야 得未曾有러라

그 가운데 있는 중생으로서 천신 · 용 · 야차 · 건달바 · 아수라 · 가루라 · 긴나라 · 마후라가와 사람과 사람 아닌 이들이 부처님의 신통한 힘(神力)을 말미암아 이 사바세계의 한량없고 그지없는 백천만 억 보배나무 아래 사자좌에 앉으신 여러 부처님을 친견(親見)하였습니다. 또 석가모니 부처님과 다보(多寶)여래께서 보배탑 안의 사자좌에 앉아 계시는 것을 보았습니다. 또 한량없고 그지없는 백천만 억 보살마하살과 사부대중들이 석가모니 부처님을 공경하여 둘러 모시고 있는 것을 보았습니다. 이런 것을 보고 나서 모두 다 환희하여 미증유를 얻었습니다.

❀ 앞서 나타난 다섯 가지 신통을 보고 여러 부처님을 친견하였으며 또 한량없는 보살마하살과 사부대중들이 부처님을 공경하는 모습을 본 온갖 종류의 대중들이 미증유를 얻은 것이 여섯 번째 신통력입니다.

【 경문 】

卽時諸天이 於虛空中에 高聲唱言하대 過此無量無邊인 百千萬億阿僧

祇世界하야 有國名娑婆요 是中有佛하니 名釋迦牟尼라 今爲諸菩薩摩
訶薩하사 說大乘經하시니 名妙法蓮華라 敎菩薩法이며 佛所護念이니라
汝等當深心隨喜하고 亦當禮拜供養釋迦牟尼佛이니라

그때에 여러 천신들이 허공 중에서 소리를 높여 외쳤습니다.
"여기서 한량없고 그지없는 백천만 억 아승지 세계를 지나가서 국토가
있으니 이름이 사바세계(娑婆世界)요, 그 가운데 부처님이 계시니 이름
이 석가모니(釋迦牟尼)시니라. 지금 여러 보살마하살들을 위하여 대승경
(大乘經)을 설하시니 이름이 묘법연화경(妙法蓮華經)이니라. 보살들을 가
르치는 법이며, 부처님께서 보호하고 아끼시는 것이니라. 그대들은 마
땅히 깊은 마음으로 따라 기뻐할 것이며 석가모니 부처님께 예배하고
공양할지니라."

여러 천신들이 허공 가운데서 소리 높여 외친 것이 일곱 번째
신통력이 됩니다. 법화경의 이치는 부처님의 수많은 가르침 가운데
가장 중요하고 값지고 긴요한 가르침이라는 것을 수없이 반복해서 우
리에게 인식시키고 있습니다. 이렇게 계속 반복한다고 지루해 할 것
이 아니라 왜 이렇게까지 반복하면서 강조하는지 그 숨은 뜻을 알기
위해 노력해야 합니다. 노력하는 도정에서 눈을 뜨게 되고 인생의 진
정한 가치를 깨닫게 될 수 있으리라 생각합니다.

　남들이 하지 않는 특별한 기도나 수행보다도 경전에 쓰여 있는 부
처님의 말씀을 열심히 읽고 그 속에 담겨있는 이치를 깨닫는 것이 참
다운 불교입니다. 남다른 고행을 하고 특별한 수행을 하는 것은 불교

의 본뜻이 아닙니다. 석가모니 부처님께서도 깨닫고 난 뒤에 말씀하셨습니다. 왕자로서 향락도 누려보았고 오랫동안 고행도 했지만, 향락의 삶도 바람직하지 않고 고행의 삶도 또한 마찬가지니 중도를 지키라고 했습니다. 어디에도 치우치지 말고, 빠지지도 말고 싫어하지도 말며 중도적인 삶을 살라고 초전법륜경에서 말씀하셨습니다.

부처님께서는 이런저런 고행을 하라거나 목이 터져라 무슨 이름을 불러대거나, 들리지도 않는 화두를 들라고 가르치지 않으셨습니다. 선불교의 초기까지도 그랬습니다. 송나라 때부터 화두를 참구하는 공부방법이 생겼고 그 전에는 화두를 드는 공부가 없었습니다. 화두선이 나오면서부터 상기가 나도록 사람을 몰아붙이고, 전쟁에 임하는 자세로 수행하라고 권유하는 형식이 생겼습니다. 그 전까지는 안심법문(安心法門)이었습니다. 너의 불안하고 불편한 마음을 가져오면 없애주겠다고 해서 마음을 찾아보았지만 어디에도 마음은 없더라는 법문이 널리 알려져 있습니다.

3조 승찬 대사는 불교를 전혀 몰랐습니다. 나병에 걸려서 자고 일어나면 손가락이 하나 떨어지고 눈썹과 코가 문드러져서 아이들의 숱한 돌팔매질을 받으며 살았습니다. 그러다가 2조 혜가 대사를 만나서 법을 전해 받았습니다. "제가 무슨 죄가 있어서 이렇게 힘든 삶을 사는지 저의 죄를 일러주어서 참회할 수 있도록 도와주십시오. 그래서 저도 사람답게 살 수 있게 해 주십시오." 하고 청하는 승찬 대사에게 혜가 대사는 달마 대사로부터 전해 받은 안심법문을 설해서 눈을 뜨게 해 주었습니다.

초기 선종의 법문은 사람의 마음을 편안하게 해주는 안심법문이었는데, 이것이 정말 제대로 된 법문입니다. 법화경도 마찬가지로 안심법문입니다. 이치를 깨달으면 편안하게 됩니다. 인연 따라 자기가 처한 상황에 따라 바람 불고 물 흐르듯 자연스럽게 순리대로 사는 것이 바로 그것입니다.

　　승찬 대사의 질문에 혜가 대사는 대답합니다. "너의 죄가 어디에 있는지 한번 찾아보아라." 승찬 대사가 아무리 둘러보아도 자신의 죄업을 찾지 못했습니다. 그러자 혜가 대사가 "그대의 죄는 내가 참회해서 마쳤다."고 하자 승찬 대사의 마음이 편안해졌습니다. 이렇게 사람의 마음을 편안하게 안심시켜 주는 안심법문을 해 주어야 합니다.

【 경문 】
彼諸衆生이 聞虛空中聲已에 合掌向娑婆世界하사 作如是言하사대 南無釋迦牟尼佛南無釋迦牟尼佛하고 以種種華香과 瓔珞幡蓋와 及諸嚴身之具인 珍寶妙物로 皆共遙散娑婆世界하시니 所散諸物이 從十方來하대 譬如雲集이라 變成寶帳하야 徧覆此間諸佛之上하니 于時十方世界가 通達無礙하야 如一佛土라라

저 모든 중생들이 허공 중에서 나는 소리를 듣고는 합장(合掌)하고 사바세계를 향하여 이렇게 말하였습니다.
"나무 석가모니불, 나무 석가모니불."
그리고 가지가지 꽃과 향과 영락과 번기(幡旗)와 일산과 또 몸을 장엄하는 기구와 보배와 아름다운 물건들을 가지고 모두 함께 멀리서 사바세계에 흩었습니다. 그 흩은 물건들이 시방에서 오는 것이 마치 구름이

모이듯이 하며, 변하여 보배휘장이 되어 여기 계시는 여러 부처님들의 위를 두루 덮었습니다. 이때 시방세계가 환하게 트이고 막힘이 없어서 마치 하나의 세계와 같이 되었습니다.

🌸 법화회상에 있던 모든 중생들이 '나무 석가모니불'을 부르면서 석가모니 부처님께 귀의하는 것이 여래의 여덟 번째 신통력입니다. 갖가지 꽃과 향, 영락, 번기와 보배 등 온갖 공양물을 널리 사바세계에 흩는 것이 아홉 번째 신통력입니다. 여기서 사바세계에 흩었다고 한 것은 마구잡이로 대충 던졌다는 것이 아니라 누구든지 다 수용할 수 있도록 널리 골고루 퍼트렸다는 말입니다. 그리고 시방세계가 환하게 트이고 막힘이 없어서 마치 하나의 세계와 같이 된 것이 열 번째 신통력입니다. 여기까지가 여래의 열 가지 신력입니다. 경전에는 열 가지 신력이라는 표현이 없지만, 법화경을 연구하는 사람들이 이렇게 하나씩 나누어서 열 가지 신력이라고 부릅니다.

3. 경전을 찬탄하고 유통을 부촉(附囑)하다

【경문】
爾時佛告上行等菩薩大衆하사대 諸佛神力이 如是無量無邊不可思議라 若我以是神力으로 於無量無邊百千萬億阿僧祇劫에 爲囑累故로 說此經功德이라도 猶不能盡이니 以要言之컨대 如來一切所有之法과 如來一切自在神力과 如來一切秘要之藏과 如來一切甚深之事를 皆於此經에

宣示顯說이니라

이때에 부처님께서 상행(上行) 등 보살대중들에게 말씀하셨습니다.
"여러 부처님의 신통한 힘이 이렇게 한량이 없고 그지없어 불가사의하니라. 만약 내가 이러한 신통의 힘으로써 한량없고 그지없는 백천만 억 아승지 겁 동안에 뒷사람들에게 부촉(附囑)하기 위하여 이 경전의 공덕을 말하더라도 오히려 다할 수 없느니라.
중요한 점만을 들어서 말하자면, 여래의 가지신 법과 여래의 온갖 자재하신 신통의 힘과 여래의 온갖 비밀하고 요긴한 법장(法藏)과 여래의 매우 깊은 온갖 일들을 모두 이 경에서 펼쳐 보이며 드러내어 말씀하셨느니라.

🪷 여기서 '상행 등 보살대중'은 종지용출품에서 땅 속에서 솟아오른 보살대중을 말합니다. 종지용출품에는 수많은 보살대중 가운데 지도자격으로 네 명의 도사를 말하고 있는데, 상행(上行)보살, 무변행(無邊行)보살, 정행(淨行)보살, 안립행(安立行)보살이 대중을 인도하는 도사(導師)라고 이름을 열거하고 있습니다.
"뒷사람들에게 부촉하기 위해서 이 경전의 공덕을 말한다."라고 했습니다. 어떤 일을 하면 이런 이익이 있고 저런 소득이 있다고 해야 중생들의 마음이 움직입니다. 사실 돌아오는 것이 없는데도 열심히 할 사람이 몇이나 되겠습니까? 무언가 돌아오는 것이 바로 공덕입니다. 그래서 법화경을 널리 전하면 어떤 공덕이 있다고 말하기도 하지만, 실제로 공덕이 많기 때문에 공덕에 대해 말하기도 하는 것입니다.

여기에서 법화경의 온갖 좋은 점을 다 말씀하시고 다시 중요한 점만 들어서 여래의 법과 신통력과 비밀하고 요긴한 법장을 모두 펼쳐 보이며 드러내어 말씀하셨다고 간단히 정리해서 표현하고 있습니다. 부처님께서 당신 스스로를 여래라고 할 때는 진리의 입장에서 지칭하는 것입니다. 이러한 것들은 모두 우리들이 마음속에 다 지니고 있는 것입니다. 다만 부처님은 드러내서 보여주고 열어주고 깨닫게 해 주고 그것을 삶에서 펼칠 수 있도록 해 주셨습니다. 그와 같은 가능성을 우리는 모두 가지고 있다는 것을 석가모니 부처님은 실증해 보이셨다는 점에서 차이가 있을 뿐입니다.

【 경문 】

是故汝等이 於如來滅後에 應一心으로 受持讀誦하고 解說書寫하며 如說修行이니 所在國土에 若有受持讀誦하고 解說書寫하며 如說修行이면 若經卷所住之處가 若於園中이나 若於林中이나 若於樹下나 若於僧坊이나 若白衣舍나 若在殿堂이나 若山谷曠野어든 是中皆應起塔供養이리니 所以者何오 當知是處는 卽是道場이라 諸佛於此에 得阿耨多羅三藐三菩提며 諸佛於此에 轉于法輪이며 諸佛於此에 而般涅槃이니라

그러므로 그대들이 여래가 열반한 뒤에 한결같은 마음으로 받아 지니고 읽고 외우고 해설하고 쓰고 출판하여 말한 대로 수행할지니라.
어느 국토에서나 이 경전을 받아 지니고 읽고 외우고 해설하고 쓰고 말한 대로 수행하는 이가 있거나 이 경전이 있는 곳이면, 동산이거나 숲속이거나 나무 아래거나 승방(僧坊)이거나 신도(信徒)들의 집에서거나 전

각이거나 산골짜기거나 넓은 들판이거나 모두 다 탑을 쌓아 공양하여야 하느니라. 왜냐하면, 마땅히 알아라. 이곳이 곧 깨달음의 도량이니라. 모든 부처님들이 다 여기에서 최상의 깨달음을 얻었으며, 모든 부처님들이 여기에서 법륜을 굴리며 모든 부처님들이 다 여기에서 열반에 드시느니라."

🪷 경전의 수행은 별다른 것이 따로 있지 않습니다. 경전을 늘 지니고 다니면서 읽고 외우고 남에게 뜻을 해설해 주고 널리 유통되도록 출판하는 것이 수행법의 전부입니다. 그래서 경전 속에서 한 마디 깨달으면 깨달은 대로 살게 됩니다. 사람은 자신이 아는 대로 살아가기 때문입니다. 그러면 더 이상 필요한 것이 없지요.

초기 선종에서는 안심법문(安心法門)을 많이 했습니다. 초조 달마 대사와 2조 혜가 대사의 관계가 그랬고, 2조 혜가 대사와 3조 승찬 대사의 관계도 마찬가지였습니다. 부처님의 가르침은 어디를 살펴봐도 모두 안심법문입니다. 부처님의 정신이 온전하게 내려오던 선종 초기까지는 전부 편안하게, 마냥 자연스럽게 수행했습니다. 그런데 그 정신을 잃어가면서 이를 극복하기 위해서 간화선이 생겨났고 이마를 마루에 탕탕 찧어가면서 치열하게 공부하는 방법이 널리 퍼지게 되었습니다. 그러나, 불안한 마음을 편안하게 하고, 죄책감의 무게를 덜어서 가볍게 해 주는 것이 수행이고, 법문이며 진리를 아는 사람의 가르침이라고 저는 생각합니다.

어느 국토에서나 법화경이 있는 곳에는 모두 탑을 쌓아서 공양해야 한다고 했습니다. 부처님 당시부터 옛날에는 찬란한 문화유산을 많이 남겼습니다. 고구려, 신라, 백제가 경제력이 강하고 물자가 풍부해서 그렇게 훌륭한 문화유산을 남겼겠습니까? 경제력으로 비교하면 어림잡아도 지금이 만 배는 더 잘 살 것입니다. 그럼에도 지금 우리들은 후손에게 물려줄 만한 문화유산을 남기지 못하는 것은 도대체 어떤 이유에서일까요? 먹고 살기도 어렵고 가진 것도 모자랐지만 부처님을 공경하는 마음이 높고 강해서 그토록 아름다운 문화유산을 남겼던 것입니다. 그 정도로 아름다운 마음을 가지고 살았기에 찬란한 문화유산을 남겼다는 말입니다.

"이곳이 곧 깨달음의 도량이니라. 모든 부처님들이 다 여기에서 최상의 깨달음을 얻었으며, 모든 부처님들이 다 여기에서 법륜을 굴리며 모든 부처님들이 다 여기에서 열반에 드시느니라."고 했습니다. 금강경에 의법출생분(依法出生分)이라는 대목이 있습니다. 금강경의 가르침을 통해서 여래가 출생했고, 여래의 가르침과 최상의 깨달음이 모두 금강경에서 나왔다는 표현이 있습니다. 법화경에서도 이곳이 깨달음의 도량이며, 모든 부처님이 여기에서 최상의 깨달음을 얻었다고 했습니다. 법화경의 가르침, 법화경의 이치를 두고 하는 말입니다.

4. 게송으로 거듭 설하다

[1] 부처님의 신력(神力)

【 경문 】

爾時世尊이 欲重宣此義하사 而說偈言하니라
諸佛救世者가 住於大神通하사
爲悅衆生故로 現無量神力하야
舌相至梵天하고 身放無數光하며
爲求佛道者하야 現此希有事하며
諸佛謦欬聲과 及彈指之聲이
周聞十方國하고 地皆六種動하며
以佛滅度後에 能持是經故로
諸佛皆歡喜하사 現無量神力하며

이때 세존께서 이 뜻을 거듭 펴시려고 게송으로 말씀하셨습니다.
"세상을 구제하시는 부처님이 큰 신통에 머무르시고
중생들을 기쁘게 하시려고 한량없는 신통의 힘을 나타내시니라.
넓은 혀가 범천까지 이르고 몸에서 수없는 광명을 놓아
불도를 구하는 이를 위해 이렇게 희유한 일을 나타내시니라.
부처님의 기침 소리와 손가락 퉁기는 소리가
시방 세계에 두루 들리며 땅이 여섯 가지로 진동하고
부처님이 열반하신 뒤에 이 경전을 수지(受持)하는 까닭에 여러 부처님이 환희하시어 한량없는 신통을 나타내시니라.

🪷　땅 속에서 솟아오른 보살대중들이 법화경을 널리 펴겠다는 서원을 하자 부처님께서 열 가지 신통을 펼쳐 보이셨습니다. 전법이 중요함을 강조하는 것입니다. 전법과 포교를 통해서 비로소 부처님의 가르침이 널리 알려지고 오래도록 전해지게 됩니다. 그래서 경전을 수지, 독, 송, 해설, 서사하는 공덕이 큰 것입니다. 법화경의 정신을 깨닫고 실천하는 것은 할 수 있는 사람이 하는 것입니다. 못하는 사람은 늘 못하고 할 사람은 어떤 장애가 있어도 하게 됩니다. 그래서 법화경을 널리 알리기 위해서 늘 지니고 다니면서, 읽고, 외우고 남을 위해 해설하고 출판해서 유통하기를 권하고 있습니다. 부처님의 소원은 그것입니다. 당신의 가르침이 보다 많은 사람들에게 오래도록 널리 유통되기를 바라는 마음입니다.

(2) **유통을 부촉(咐囑)하다**

【 경문 】

囑累是經故로 讚美受持者하대
於無量劫中에 猶故不能盡이니
是人之功德은 無邊無有窮이라
如十方虛空하야 不可得邊際니라

이 경전을 부촉하시려고 받아 지니는 이를 찬탄하되

한량없는 겁 동안에도 오히려 다할 수 없어
이 사람의 짓는 공덕은 그지없고 다할 수 없는 것이
마치 시방의 허공을 그 끝을 알 수 없는 것 같네.

【 경문 】

能持是經者는 則爲已見我며
亦見多寶佛과 及諸分身者며
又見我今日에 敎化諸菩薩이니라
能持是經者는 令我及分身과
滅度多寶佛의 一切皆歡喜하며
十方現在佛과 幷過去未來에
亦見亦供養하고 亦令得歡喜니라
諸佛坐道場하사 所得秘要法을
能持是經者가 不久亦當得이며

이 경전을 지니는 이는 이미 나를 보았고
또 다보 부처님과 여러 분신 부처님을 보며
또 오늘날 내가 보살들을 교화하는 것도 보느니라.
그래서 이 경을 지니는 이는 나와 나의 분신과
열반하신 다보불을 모두 다 기쁘게 하느니라.
시방의 현재 부처님과 과거와 미래의 모든 부처님을
뵙기도 하고 공양도 하여 모두들 기쁘게 하느니라.
부처님들이 도량에 앉아 얻으신 비밀하고 요긴한 법을

이 경전을 지니는 이는 오래지 않아 얻게 되리라.

【 경문 】
能持是經者는 於諸法之義와
名字及言辭에 樂說無窮盡하대
如風於空中에 一切無障碍니라
於如來滅後에 知佛所說經하야
因緣及次第를 隨義如實說하대
如日月光明이 能除諸幽冥하며
斯人行世間하야 能滅衆生闇하고
敎無量菩薩하야 畢竟住一乘이니

이 경전을 지니는 이는 모든 법문의 뜻과
이름과 이야기들을 말을 잘하여 다함이 없는 것이
마치 바람이 공중에 불 때 어디나 걸림이 없듯이
여래가 열반한 뒤에 부처님이 연설하신 경전의
인연과 차례를 알고 뜻을 따라 실상대로 말하되
해와 달의 밝은 빛이 모든 어둠을 없애듯이
이 사람이 세간에 다니면 중생의 어두움을 능히 없애고
한량없는 보살들을 교화해서 구경에는 일승에 머물게 하느니라.

【 경문 】
是故有智者는 聞此功德利하고

於我滅度後에 應受持斯經이니
是人於佛道에 決定無有疑니라

그러므로 지혜가 있는 이는 이런 공덕과 이익을 듣고
내가 열반한 뒤에도 이 경전을 받아 지니리라.
이런 사람은 불도에 이르는 것이 결정코 의심할 것이 없느니라.

22 촉루품

(囑累品)

촉루의 촉(囑)은 '부촉하다'는 뜻이고 누(累)는 '여러 사람들에게'라는 뜻입니다. 그래서 여러 사람들에게 불법을 부촉한다 또는 법화경을 부촉한다는 뜻이 됩니다. 부촉한다는 것은 부처님이 설한 법의 유통(流通)을 다른 이에게 위탁하는 것입니다. 불법을 돌보고 보존하며 지키고 존속시킬 책임을 맡긴다는 말입니다.

앞의 여래신력품에서는 "법화경이 있는 곳이 곧 깨달음의 도량이며, 모든 부처님들이 최상의 깨달음을 얻은 곳이고, 모든 부처님들이 법륜을 굴리며 모든 부처님들이 열반에 드신 곳이다."라며 법화경을 찬탄하고 널리 오랫동안 유통시키기를 당부하는 내용이었습니다. 촉루품도 역시 같은 뜻이지만 대상을 달리 하고 있습니다. 여래신력품에서는 땅에서 솟아오른 보살대중들에게 부촉하는 별부촉에 해당하지만, 촉루품에서는 그 외의 다른 보살마하살들에게도 다함께 부촉하는 총부촉에 해당합니다.

머지않아 열반을 앞둔 부처님께서 당신이 수많은 고난과 희생을 치르고 얻어낸 깨달음의 내용을 종합적으로 정리하는 입장에서 설한 것이 법화경입니다. 그래시 법화경이 널리 퍼지고 오래도록 많은 사람들에게 전해지기를 바라는 마음이 강하게 담겨 있습니다.

우리들도 제자나 자녀들에게 무엇을 어떻게 의지해서 살라고 당부할 것인가에 대해 고민할 필요가 있습니다. 설사 자신이 만족스러운 삶을 살지는 못했다고 하더라도, 나는 어떻게 살겠다는 소신을 가지고 노력했으니 너희들도 최선을 다해서 이렇게 살기를 부탁한다고 말할 그 무엇에 대해 생각해 두는 것도 좋습니다.

구체적으로 말하면, 법화경 하나만은 통달하라든가 아니면 금강경 하나만은 전체를 외우라든가 혹은 어떤 일이 있어도 정직하게 살라는 것이 될 수도 있습니다. 소박하고 작은 것이라도 마음에 담고 있다가 자녀나 제자들에게 부모의 마음을 담아서 당부하고 부촉하는 것도 공덕이 된다고 생각됩니다.

사실 법화경의 내용은 복잡하지 않습니다. 참으로 단순하고 간단합니다. 그러면서도 중요한 말씀이기 때문에 강조하고 또 강조하고 거듭거듭 부촉하고 있습니다. 경전의 유통을 부촉하는 촉루품은 일반적으로 경전의 마지막에 위치하는 것이 상례이지만, 법화경에서는 예외적으로 중간에 들어있습니다. 그리고 법화경 전체에서 가장 분량이 짧은 품입니다.

1. 여래가 유통을 부촉(咐囑)하다

【경문】

爾時釋迦牟尼佛이 從法座起하사 現大神力하시며 以右手로 摩無量菩薩 摩訶薩頂하시고 而作是言하사대 我於無量百千萬億阿僧祇劫에 修習是 難得阿耨多羅三藐三菩提法하사 今以付囑汝等하노니 汝等應當一心으 로 流布此法하야 廣令增益하라

그때에 석가모니 부처님께서 법상(法床)에서 일어나 큰 신통의 힘을 나타내시고 오른손으로 한량없는 보살마하살들의 이마를 만지시며 이렇게 말씀하셨습니다.

"내가 한량없는 백천만 억 아승지 겁 동안에 이 얻기 어려운 최상의 깨달음의 법을 닦아 익힌 것을 이제 그대들에게 부촉(咐囑)하노라. 그대들은 마땅히 한결같은 마음으로 이 법을 유포(流布)하여 더욱 널리 퍼지게 하라."

❀ 부처님께서 열 가지 신통을 나타내시고 나서 자리에서 일어나서 보살마하살의 이마를 오른손으로 만지시면서 법화경의 유통을 부촉하셨습니다. 우리나라에서는 어른의 머리에는 감히 손을 대지 않는

관습이 있고, 어린아이들의 경우에는 머리나 이마를 만지곤 하는데 귀엽다, 사랑스럽다는 의미를 담고 있습니다. 인도에서는 신뢰한다는 의미, 그대에게 모든 것을 맡기니 열심히 하라고 전적으로 믿으며 당부하는 의미를 담고 있습니다. 그래서 부처님께서는 오른손으로 보살마하살의 이마를 만지시면서 믿음과 신뢰를 표현하셨습니다.

【 경문 】

如是三摩諸菩薩摩訶薩頂하시고 而作是言하대 我於無量百千萬億阿僧祇劫에 修習是難得阿耨多羅三藐三菩提法하사 今以付囑汝等하노니 汝等은 當受持讀誦하야 廣宣此法하야 令一切衆生으로 普得聞知케하라

이와 같이 여러 보살마하살들의 이마를 세 번 만지면서 이렇게 말씀하셨습니다.
"내가 한량없는 백천만 억 아승지 겁 동안에 이 얻기 어려운 최상의 깨달음의 법을 닦아 익힌 것을 이제 그대들에게 부촉하노라. 그대들은 이 법을 받아 지니고 읽고 외워서 널리 선포(宣布)하여 모든 중생들로 하여금 잘 듣고 알게 하라.

❁ 부처님께서 보살마하살의 이마를 오른손으로 만지면서 세 번이나 같은 당부를 하셨습니다. 세 번이라는 횟수는 단순하게 여러 차례 당부하셨다는 것이 아니라 매우 중요한 일이라는 의미를 지니고 있습니다. 부처님께서는 한 번 하신 말씀을 다시 되풀이하는 경우가 거의 없습니다. 그런데 어떤 말씀이나 행동을 세 번이나 반복하시는 경우

에는 강한 의지를 보이시는 것입니다. 번복할 수 없는 결정을 내리거나 혹은 그 일이 매우 중요하다는 것을 표현하는 방식입니다.

2. 유통을 부촉하는 이유

【 경문 】

所以者何오 如來有大慈悲하사 無諸慳悋하고 亦無所畏하며 能與衆生에 佛之智慧와 如來智慧와 自然智慧니라 如來是一切衆生之大施主라 汝等亦應隨學如來之法하대 勿生慳悋이니라 於未來世에 若有善男子善女人이 信如來智慧者는 當爲演說此法華經하야 使得聞知니 爲令其人으로 得佛慧故라 若有衆生이 不信受者는 當於如來餘深妙法中에 示敎利喜니라 汝等若能如是면 則爲已報諸佛之恩이니라

왜냐하면, 여래는 큰 자비가 있고 모든 간탐(慳貪)이 없으며 두려운 것도 없어서 능히 중생들에게 부처님의 지혜와 여래의 지혜와 자연의 지혜를 주느니라. 여래는 모든 중생들의 대시주(大施主)이니라. 그대들도 응당히 여래의 법을 따라 배우고 아끼는 생각을 내지 말라.
오는 세상에 만일 선남자·선여인이 여래의 지혜를 믿는 이가 있으면 이 법화경을 연설하여 듣고 알게 하라. 그 사람들로 하여금 부처님의 지혜를 얻게 하기 위해서니라. 만일 어떤 중생이 믿지 아니하면 마땅히 여래의 또 다른 깊고 묘한 법에서 보여주고 가르쳐서 이롭고 기쁘게 하라. 그대들이 만일 이렇게 하면 모든 부처님의 은혜에 보답하는 것이

되기 때문이니라."

❀   하나의 지혜를 터득하면 세 가지 지혜를 얻게 된다고 합니다. 부처님의 지혜가 곧 여래의 지혜고, 여래의 지혜가 곧 자연의 지혜입니다. 부처님의 지혜란 부처 즉 깨달은 사람으로서의 지혜이고, 여래의 지혜란 진리 그 자체로서의 지혜이고, 자연의 지혜란 인공적인 힘이 가해지지 않고 자연히 생겨난 부처님의 일체 종지입니다. 그래서 부처님께서 깨달으신 지혜가 바로 진리 그대로이고 또한 저절로 그러할 수밖에 없는 지혜라는 뜻입니다. 저절로 그러한 지혜를 부처님께서 깨달았는데 그것이 곧 진리라는 것을 표현하는 말입니다.

"여래는 모든 중생들의 대시주(大施主)이니라."고 했습니다. 시주(施主)라는 말은 보시자 즉 보시하는 사람이라는 뜻입니다. 부처님께서 법당을 짓거나 몇 장의 기왓장을 보시하셨다는 뜻이 아니라 제법의 실상이라는 큰 법을 보시하셨기 때문에 세상에서 가장 큰 시주라고 표현했습니다. 부처님께서 큰 시주라면 법화경을 부촉받은 우리들도 역시 큰 시주라고 생각할 수 있습니다. 그러므로 여래의 법을 따라 배우면서 아까워하는 생각을 내지 말아야 합니다. 법을 아까워한다는 것은 혼자만 알고 다른 사람에게는 알리지 않으려는 것을 말합니다. 그렇게 아까워하지 말고 많은 사람에게 널리 전할 것을 당부하고 계십니다. 깨닫고 나서 그 깨달음을 전하는 것은 부처님의 일이지만, 깨닫지 못했더라도 중생제도를 우선으로 하는 것은 보살의 마음이라고 했습니다. 우리도 보살의 마음으로 보살의 행을 실천해야 할 것입니다.

"만일 어떤 중생이 믿지 아니하면 마땅히 여래의 또 다른 깊고 묘한 법에서 보여주고 가르쳐서 이롭고 기쁘게 하라."고 했습니다. 만약 법화경의 가르침을 이해하지 못하고 소화하지 못하는 사람을 만나게 될 수 있습니다. 그럴 때는 그 사람이 수용할 수 있는 다른 경전을 먼저 보여주고 가르쳐서 불법을 공부하도록 이끌어주라는 말씀입니다.

"그대들이 만일 이렇게 하면 모든 부처님의 은혜에 보답하는 것이 되기 때문이니라."고 했습니다. 포교나 전법을 생각하면 먼저 전법게가 떠오릅니다. 부처님의 법이 얼마나 중요하고 그 법을 전하는 일이야말로 어떤 불사보다 우선으로 해야 할 일이라는 뜻을 담고 있는 게송입니다. 가사정대경진겁(假使頂戴經塵劫) 신위상좌변삼천(身爲床座徧三千) 약불전법도중생(若不傳法度衆生) 필경무능보은자(畢竟無能報恩者)라고 했습니다. 풀이하면, 수억만 겁 동안 부처님을 머리에 이고, 부처님이 가시는 곳마다 내 몸으로 의자를 삼아서 모신다 하더라도, 불법을 전해서 중생을 제도하지 못하면 끝내는 부처님의 은혜를 갚았다고 할 수 없다는 말입니다. 다시 말해서, 불법을 널리 전해서 제도하여 사람들의 이익과 행복을 증장시키는 것이 부처님의 은혜를 갚는 길이라는 이야기입니다.

제가 기회 있을 때마다 가끔 대만 불자들의 모임인 불타교육기금회에 대한 이야기를 하곤 합니다. 이 모임이 결성되기 전까지 대만에서 출판된 모든 불교경전과 여러 가지 불서들은 책을 펴낸 출판사나 저자에게 저작권 즉 소유권이 있었습니다. 그래서 허가를 받거나 사용료를 지불하지 않고는 내용을 마음껏 이용할 수 없었습니다. 그러나 불타교육기금회는 남들이 하지 않는 일을 하였습니다. 대만에서 출판된 불교경전이나 각종 불서의 판권을 하나씩 사들여서 자신들이 직접 출판을 합니다. 그러면서 책 뒤에 "이 책의 내용을 원하는 대로 복사해서 많이 펴내십시오."라는 문구를 넣었습니다. 그리고 어느 지방, 어느 나라든지 주소만 알려주면 자신들이 출판한 부처님의 책을 무료로 보내주겠다고 했습니다. 그래서 우리나라에서도 인연 있는 많은 사람들이 법보시를 받기도 했습니다. 근래에도 법보시가 계속 이루어지고 있습니다. 이 모임에서는 중국어로 된 책뿐만 아니라 영어로 된 불서와 어린이를 위한 불서 등 다양한 계층의 독자들을 위해서 많은 경전과 불서를 출판해서 아무 조건 없이 전 세계의 인연 있는 곳에 법보시를 하고 있습니다. 책 값을 받지 않는 것은 물론이고 우송료도 전혀 받지 않고 무상으로 불서를 보시하는 단체입니다.

대만은 참 신심 깊은 나라라는 생각이 듭니다. 방금 이야기한 불타교육기금회의 사례 외에도 무주상보시의 사례가 또 있습니다. 일본에서는 신수대장경을 전산화해서 CD 한 장에 담은 다음 얼마씩 돈을 받고 팔았습니다. 그런데 대만에서는 전산화한 대장경 자료를 전 세계에 무료로 공개해 버렸습니다. 그래서 필요한 사람은 누구나 얼마든지 복사해서 활용할 수 있도록 했습니다. 우리나라에서도 일찍이 그 자료를 다운 받아서 많이 활용했습니다. 대장경의 한문을 한 글자씩 입력하고 대조하는 데 당연히 경제적인 비용과 공력이 듭니다. 그러나 대만 사람들은 깊은 신심으로 자신들의 능력이 닿는 데까지 무주상보시를 하는 큰 보살행을 실천하였습니다. 이렇게 부처님의 법을 전하는 일이 참으로 소중하고 값진 불사라는 것을 투철하게 깨닫고 그 일에 전력을 기울이는 사람들이 있습니다.

3. 보살들이 받들어 행할 것을 다짐하다

【 경문 】

時諸菩薩摩訶薩이 聞佛作是說已하고 皆大歡喜가 徧滿其身하야 益加恭敬하며 曲躬低頭하사 合掌向佛하야 俱發聲言하대 如世尊勅하사 當具奉行호리니 唯然世尊하 願不有慮하소서 諸菩薩摩訶薩衆이 如是三反하사 俱發聲言하대 如世尊勅하사 當具奉行호리니 唯然世尊하 願不有慮하소서

이때 여러 보살마하살들이 이러한 부처님의 말씀을 듣고 큰 기쁨이 몸에 가득하여 더욱 공경하며 허리를 굽히고 머리를 숙이며 합장하고 부처님을 향하여 함께 말하였습니다.
"세존의 말씀대로 받들어 행하겠습니다. 바라옵건대 세존이시여, 염려하지 마십시오."
여러 보살마하살들이 이렇게 세 번이나 함께 말하였습니다.
"세존의 말씀대로 받들어 행하겠습니다. 바라옵건대 세존이시여, 염려하지 마십시오."

❀ 부처님께서 보살마하살의 이마를 오른손으로 만지면서 세 번이나 법화경을 부촉하신 것에 대하여 여러 보살마하살도 세 번에 걸쳐 답변을 올리고 있습니다. 세 번이라는 횟수는 매우 중요한 일을 결정할 때 사용하고, 이렇게 해서 내린 결정은 다시는 번복하지 않는다는 뜻입니다.

4. 모든 대중들이 환희하다

【 경문 】

爾時釋迦牟尼佛이 令十方來의 諸分身佛로 各還本土케하시고 而作是言하사대 諸佛은 各隨所安하고 多寶佛塔은 還可如故하소서

이때 석가모니 부처님께서 시방에서 오신 여러 분신(分身) 부처님들을 본국으로 돌아가게 하려고 이렇게 말씀하셨습니다.
"여러 부처님들은 각각 편안하신 대로 하시고, 다보(多寶) 부처님의 탑도 돌아가서 예전과 같이 가십시오."

【 경문 】

說是語時에 十方無量分身諸佛이 坐寶樹下師子座上者와 及多寶佛과 并上行等無邊阿僧祇菩薩大衆과 舍利弗等聲聞四衆과 及一切世間天人阿修羅等이 聞佛所說하고 皆大歡喜러라

이렇게 말씀하실 때에 시방에서 오셔서 보배나무 아래 사자좌에 앉으셨던 한량없는 분신 부처님들과 다보 부처님과 상행(上行)보살 등 그지없는 아승지 보살대중들과 사리불 등 성문(聲聞)인 사부대중들과 모든 세간의 천신·사람·아수라들이 부처님의 말씀을 듣고 모두 다 크게 환희하였습니다.

❀ 제11 견보탑품에서 다보 부처님의 보배탑이 땅에서 솟아오르는

신이(神異)가 있었습니다. 다보 부처님은 무수겁 전에 '법화경을 설하는 곳이 있으면 어디든지 가서 설법을 듣겠다.'고 서원을 세웠습니다. 그 서원에 따라서 석가모니 부처님께서 법화경을 설하는 영산회상에 나타나신 것입니다. 그리고 다보 부처님을 친견하기 위해서는 법화경을 설하는 부처님의 분신 부처님이 시방세계에서 모두 법회 장소로 모여야 한다고 했습니다. 설법을 듣기 위해 모인 사부 대중이 다보 부처님을 친견할 수 있도록 하기 위해서 시방세계에서 분신 부처님들이 수많은 보살대중을 이끌고 한 곳으로 모였습니다. 그 힘으로 다보탑의 문이 열리고 다보 부처님의 모습이 드러나게 되었습니다. 이제 분신 부처님들이 영축산 위 허공 가운데를 떠나서 본래 있던 세계로 되돌아가게 되었습니다. 분신 부처님이 떠나면 다보 부처님도 원래 자리로 되돌아갑니다.

　제11 견보탑품의 중간부터 제22 촉루품의 끝까지가 영축산 위의 허공 중에서 다보 부처님과 함께 설법하는 이처이회의 설법에 해당합니다. 이어지는 제23 약왕보살본사품부터 제28 보현보살권발품까지가 영축산 기사굴로 내려와서 행해지는 이처삼회의 설법에 해당합니다.

23
약왕보살본사품

(藥王菩薩本事品)

 법화경에서 이처삼회의 설법이 이루어진다고 했습니다. 두 곳의 장소에서 세 번에 걸쳐 설법을 하셨다는 말입니다. 제22 촉루품까지가 2처 2회의 설법이 행해졌고, 약왕보살본사품부터 끝까지의 설법이 마지막 세 번째 법회로 영축산 앞에서 이루어졌습니다.

 약왕보살본사품, 묘음보살품, 그 유명한 관세음보살보문품, 묘장엄왕본사품, 보현보살권발품 등 보살들을 중심으로 한 품들이 많이 나오는데, 여기 소개되는 분들은 아주 바람직한 법화행자의 모델들입니다. 법화경 정신으로 사는 사람들은 이렇게 산다, 표본이 될 만한 분들을 소개함으로써 적극성이 부족한 사람들에게는 적극적인 마음을 내게 만드는 거지요. 장소는 다시 영축산으로 옮겨 세 번째 법회가 이루어집니다.

보살은 모든 중생에게 모범을 보이는 사람입니다. 그와 같이 이 품에서 약왕보살은 법화경을 어떻게 실천해야 하는지에 대한 모범을 보여주고 있습니다. 앞에서 살펴본 상불경보살도 법화경의 정신을 몸으로 실천하는 분이었고, 약왕보살도 또한 그렇습니다. 뒤이어 등장하시는 묘음보살과 관세음보살, 묘장엄왕의 두 아들 정장(淨藏)과 정안(淨眼)도 법화행자들이 따라야 할 모범을 보여주고 있습니다. 법화경의 정신을 따르는 사람들은 이와 같은 삶을 산다는 표본이 될 만한 분들을 소개함으로써 열의가 부족한 사람들이 마음을 낼 수 있도록 도와주는 것입니다.

약왕보살본사품의 내용은 잘못 이해하면 곡해할 소지가 많은 소신공양이기 때문에 주의해야 합니다. 우리가 계를 받을 때 하는 연비(燃臂)도 소신 공양의 일종입니다. 계 받을 때 하는 연비를 요즘은 향으로 약간 따끔하게 하고 말지요. 상처가 남는 일도 거의 없습니다. 예전에는 초를 먹인 삼베를 1cm 정도 잘라서 팔에 살짝 얹어서 불을 붙입니다. 그래서 흉터가 남게 됩니다. 이 품에 나오는 소신 공양은 온 몸을 통째로 태워서 공양하는 이야기입니다. 그렇지만 소신 공양이라고 하여 실제로 몸을 그렇게 불태우라는 뜻인지는 고민해 볼 일이라고 생각합니다.

물론 진실로 가치 있는 일이라면 목숨을 바쳐야 할 것입니다. 많은 사람들에게 이익과 행복을 주는 부처님 법을 전하는 일이면 몸과 마음을 다 바쳐서 전해야 할 것입니다. 그러나 예부터 우리 몸을 법당이라고 했습니다. 법당이 무엇인가요? 부처님을 모신 곳입니다. 사람 안에 불성이 있으니 그 몸이 바로 숨 쉬고 움직이는 법당인 것입니다. 불성이 현상계에서 본래 성품을 잘 발휘하려면 법당이 원만하게 구족되고 건강해야 합니다. 법당 안의 부처가 영험이 있고 없고는 그 다음 문제입니다. 중생의 삶에서는 먼저 법당이 중요합니다. 정말 많은 사람들에게 큰 이익이 돌아가는 일이라면 몸을 던지는 희생을 해야겠지만 몸을 소중하게 다루어야 한다는 것이 제 생각입니다.

약왕보살본사품의 참 뜻은 약왕보살처럼 실제로 몸을 불살라서 공양을 올릴 것을 권유하는 것이 아니라 일종의 비유로 소신 공양을 찬탄하는 것이라고 볼 수 있습니다. 소신 공양을 올리듯이 그렇게 몸과 마음을 다하여 법화경의 가르침을 널리 전하는 데 온 삶을 헌신하는 자세를 배우라는 뜻이라고 생각합니다. 이렇게 온 삶을 헌신하는 자세라면 명예나 이익 등에 연연하지 않게 될 것입니다. 사실 명예니 이익이니 하는, 소인배들이 탐닉하는 작은 일에 마음 쓰지 말고 의미 있고 보람된 일에 신명을 바치는 삶을 살라고 권유하는 내용입니다.

1. 약왕(藥王)보살에 대하여 묻다

【 경문 】

爾時에 宿王華菩薩이 白佛言하사대 世尊하 藥王菩薩이 云何遊於娑婆世界닛고 世尊하 是藥王菩薩이 有若干百千萬億那由他難行苦行이닛가

善哉世尊하 願少解說하소서 諸天龍夜叉와 乾闥婆阿修羅와 迦樓羅緊那羅와 摩睺羅加人非人等과 又他國土諸來菩薩과 及此聲聞衆이 聞皆歡喜리다

그때에 수왕화(宿王華)보살이 부처님께 말씀드렸습니다.
"세존이시여, 약왕(藥王)보살은 어찌하여 사바세계에 다니십니까. 세존이시여, 이 약왕보살이 백천만 억 나유타의 행하기 어려운 고행(苦行)을 얼마나 겪었습니까. 거룩하신 세존이시여, 원컨대 간략히 해설하여 주십시오. 여러 천신·용·야차·건달바·아수라·가루라·긴나라·마후라가와 사람과 사람 아닌 이들과, 다른 국토에서 온 보살들과, 여기 있는 성문 대중들이 들으면 모두 환희할 것입니다."

제20 상불경보살품에 나오는 상불경보살이 모든 사람이 곧 부처님이라는 법화경의 정신을 몸소 실천하였던 것처럼 약왕보살도 법화경의 가르침을 실천하는 방법을 보여주고 있습니다. 수왕화보살이 부처님께 약왕보살이 어떤 역할을 하는지에 대한 질문을 하자, 그에 대한 답변이 이어집니다. 약왕보살은 직접 등장하지 않고, 다만 석가모니 부처님의 설명 속에 나타나고 있는데, 약왕보살은 과거 생에 일월정명덕 부처님께 귀의한 일체중생희견보살로 소신 공양으로 부처님을 공양했습니다.

2. 여래가 설하다

(1) 일월정명덕(日月淨明德)여래

【경문】

爾時佛告宿王華菩薩하사대 乃往過去無量恒河沙劫에 有佛하시니 號日月淨明德如來應供正徧知明行足善逝世間解無上士調御丈夫天人師佛世尊이라 其佛有八十億大菩薩摩訶薩과 七十二恒河沙大聲聞衆하시며 佛壽四萬二千劫이요 菩薩壽命亦等이며 彼國無有女人과 地獄餓鬼畜生阿修羅等과 及以諸難하며 地平如掌하야 瑠璃所成이며 寶樹莊嚴하고 寶帳覆上하며 垂寶華幡하고 寶瓶香爐는 周徧國界하며 七寶爲臺하대 一樹一臺며 其樹去臺는 盡一箭道라 此諸寶樹에 皆有菩薩聲聞하야 而坐其下하며 諸寶臺上에 各有百億諸天하야 作天伎樂하고 歌歎於佛하야 以爲供養이러라

이때 부처님께서 수왕화보살에게 말씀하셨습니다.

"지나간 옛적 한량없는 항하사 겁 전에 부처님이 계셨으니 이름이 일월정명덕(日月淨明德)여래 · 응공 · 정변지 · 명행족 · 선서 · 세간해 · 무상사 · 조어장부 · 천인사 · 불 · 세존이시며, 그 부처님께 팔십 억 대보살마하살과 칠십이 항하사 대성문들이 있었느니라.

부처님의 수명은 사만 이천 겁이요, 보살의 수명도 그와 같으며, 그 국토에는 여인과 지옥과 아귀와 축생과 아수라들과 여러 가지 어려움이 없었느니라. 땅이 반듯하여 손바닥과 같은데 유리로 이루어졌느니라.

보배나무로 장엄하고 보배휘장을 위에 덮었으며, 보배 꽃과 번기를 달았는데 보배로 된 병과 향로가 나라 안에 두루 가득하였느니라. 칠보로 된 대(臺)가 있어 나무 하나에 대가 하나씩인데 나무에서 대까지가 한 화살의 사정거리니라. 여러 보배나무마다 보살과 성문들이 그 아래에 앉았으며, 보배로 된 대 위에는 각각 백억 천신들이 있어서 하늘의 기악을 연주하고 노래하며 부처님을 찬탄하여 공양하였느니라.

❀ 대승경전에는 이런 이야기들이 수없이 소개되고 있는데, 부처님께서는 아주 먼 과거에 있었던 일도 지금 눈 앞에서 보는 듯이 이야기하실 수도 있습니다. 보통 사람들의 경지는 물론 아닙니다. 이 이야기가 사실이냐 아니냐는 중요하지 않고 다만 부처님의 경지에 이르면 이런 일이 가능하다는 것을 이해하면 됩니다.

(2) **일체중생희견(一切衆生喜見)보살의 삼매**

【경문】
爾時彼佛이 爲一切衆生喜見菩薩과 及衆菩薩諸聲聞衆하야 說法華經이러라 是一切衆生喜見菩薩이 樂習苦行하사 於日月淨明德佛法中에 精進經行하야 一心求佛을 滿萬二千歲已하고 得現一切色身三昧하니라

그때 그 부처님이 일체중생희견(一切衆生喜見)보살과 여러 보살대중·성문대중들을 위하여 법화경을 설하였느니라. 이 일체중생희견보살이 고행(苦行)하기를 좋아하여 일월정명덕 부처님의 법 가운데서 정진하고

경행(經行)하면서 일심으로 부처님이 되기를 구하여 일만 이천 세가 된 뒤에야 현일체색신삼매(現一切色身三昧)를 얻었느니라.

※ 일월정명덕 부처님께 귀의한 일체중생희견보살이 있었는데, 이 보살의 이름은 모든 중생을 기쁘게 바라보는 마음을 가진 보살이라는 뜻입니다. 이 보살이 오랫동안 정진하여 마침내 현일체색신삼매(現一切色身三昧)를 얻었습니다. 이 삼매는 일체의 색신(色身) 즉 어떤 모습이든 자유자재로 나타낼 수 있는 삼매를 말합니다. 왕이나 재상, 거사, 바라문 혹은 범천이나 용 등 어떤 모습이든 자유자재로 취할 수 있는 능력을 얻었습니다. 묘음보살이나 관세음보살은 이미 이런 능력을 갖추고 있어서 갖가지 형상으로 여러 곳으로 다니며 모든 중생에게 법화경을 해설하고 제도합니다.

일체중생희견보살이 자유자재로 모습을 바꿀 수 있는 능력을 가지게 되었다는 것은 유신견(有身見)에서 벗어났다는 뜻입니다. 유신견이란 육신이 참된 나라고 집착을 일으키고, 다른 물건을 나의 것이라고 집착을 일으키는 잘못된 소견을 말합니다. 유신견에서 벗어난 보살은 더 이상 육신을 고정불변하는 자기 자신이라고 여기지 않게 되어서 관세음보살처럼 온갖 화신을 취해 수많은 중생을 도울 수 있을 뿐만 아니라 아무 두려움 없이 소신 공양을 올릴 수 있었던 것입니다.

【 경문 】
得此三昧已에 心大歡喜하야 卽作念言하대 我得現一切色身三昧는 皆是得聞法華經力이라 我今當供養日月淨明德佛과 及法華經호리라하고

卽時入是三昧하니 於虛空中에 雨曼陀羅華와 摩訶曼陀羅華와 細抹堅黑栴檀하야 滿虛空中하사 如雲而下하며 又雨海此岸栴檀之香하니 此香六銖로대 價直娑婆世界로 以供養佛이러라

이 삼매를 얻고는 마음이 매우 기뻐서 이렇게 말하였느니라.
'내가 현일체색신삼매를 얻은 것은 모두 법화경을 들은 힘 덕분이니, 내 이제 일월정명덕 부처님과 법화경에 공양하리라.'
그리고 곧 이 삼매에 들어 허공 중에서 만다라화와 마하만다라화와 미세하고 굳고 검은 전단 가루를 비오듯 내리니 허공에 가득하여 구름처럼 내려오고, 또 해차안전단향(海此岸栴檀香)을 비오듯 내리니, 이 향은 육수(六銖)의 값이 사바세계와 맞먹는데 이를 부처님께 공양하였느니라.

※ 일체중생희견보살이 현일체색신삼매에 들어서 아름다운 꽃과 값지고 귀한 향으로 부처님께 공양을 올렸습니다. 인도는 예부터 향료가 매우 발달했기 때문에 경전에도 향 이야기가 많이 나옵니다. 여기 나오는 해차안전단향이라는 것은 바다 건너 이쪽 언덕에서 나는 전단향이라는 말인데 일반 전단향보다 아주 고급품이었나 봅니다. 그래서 이 향 육수(六銖)의 값이 사바세계와 맞먹을 정도라고 했습니다. '수(銖)'는 무게를 재는 단위인데, 1냥의 1/24에 해당합니다. 1냥은 현대식으로 하면, 대략 37g 정도 되는데, 6수는 대략 9g이 조금 넘는 무게입니다. 다이아몬드보다 수천억 배 값진 향으로 부처님께 공양을 올렸습니다.

[3] 보살의 소신 공양(燒身 供養)

【 경문 】

作是供養已하시고 從三昧起하사 而自念言하대 我雖以神力으로 供養於佛이나 不如以身供養이라하고 卽服諸香의 栴檀薰陸과 兜樓婆畢力迦와 沈水膠香하며 又飮薝蔔諸華香油하대 滿千二百歲已에 香油塗身하고 於日月淨明德佛前에 以天寶衣로 而自纏身하고 灌諸香油하며 以神通力願으로 而自然身하야 光明이 徧照八十億恒河沙世界하니 其中諸佛이 同時讚言하대 善哉善哉라 善男子야 是眞精進이며 是名眞法供養如來라 若以華香瓔珞과 燒香抹香塗香과 天繒幡蓋와 及海此岸栴檀之香인 如是等種種諸物供養으로 所不能及이며 假使國城妻子布施라도 亦所不及이니라 善男子야 是名第一之施라 於諸施中에 最尊最上이니 以法供養諸如來故니라 作是語已하고 而各默然이러라 其身火然千二百歲하고 過是以後에 其身乃盡하니라

이렇게 공양(供養)하고는 삼매에서 일어나 스스로 생각하기를 '내가 비록 신통의 힘으로 부처님께 공양하였으나 몸으로써 공양하는 것만 같지 못하리라.' 하고, 곧 온갖 전단향 · 훈륙향 · 도루바향 · 필력가향 · 침수향 · 교향 등을 먹었느니라. 또 첨복 등 여러 가지 꽃으로 짠 향유(香油)를 마시기를 일천 이백 년이 되도록 하였느니라. 또 향유를 몸에 바르고 일월정명덕 부처님 앞에서 하늘의 보배 옷으로 몸을 감고 향유를 붓고, 신통(神通)의 힘과 서원(誓願)으로 스스로 몸을 불사르니 광명이 팔십 억 항하사 세계에 두루 비치었느니라.

그 세계에 계시는 부처님들이 한꺼번에 찬탄하시었느니라.
'훌륭하다. 참으로 훌륭하다. 선남자여, 이것이 진정한 정진(精進)이며, 이것이 참으로 법답게 여래께 공양하는 것이니라. 만일 꽃과 향과 영락과, 사르는 향·가루향·바르는 향과 하늘의 비단 번기와 일산과 해차안의 전단향이나 이와 같은 여러 가지로 공양하는 것으로는 미칠 수 없느니라. 가령 나라나 성시(城市)나 처자(妻子)로 보시하는 것으로도 미칠 수가 없느니라. 선남자여, 이것은 제일 가는 보시라 할 것이며, 모든 보시 중에 가장 존귀하고 가장 으뜸이니 여래에게 법으로써 공양하는 것이기 때문이니라.'
이렇게 말씀하고는 묵묵하셨느니라. 그 몸이 일천 이백 년 동안을 탄 뒤에야 몸이 다하였느니라.

🏵 6수(銖)의 값이 사바세계와 맞먹는 해차안전단향까지 공양을 올렸지만 그래도 보살은 스스로 부족함을 느꼈습니다. 그래서 신통력과 서원으로 스스로 자기 몸을 불사르는 소신(燒身) 공양을 부처님께 올렸는데, 그 빛이 팔십 억 항하사 세계에 1,200년 동안 발했다고 합니다. 일체중생희견보살은 육신을 참된 나라고 집착하는 유신견에서 벗어났기 때문에 육신에 대해서 어떤 두려움도 집착도 없었습니다. 그래서 자신의 몸을 기쁜 마음으로 부처님께 공양 올렸습니다. 소신 공양은 자살이 아닙니다. 자살은 절망을 이기지 못하고 짓눌려서 살겠다는 의욕을 잃은 사람이 선택하는 어리석은 행동이지만 소신 공양은 스스로 세운 서원을 성취하고, 중생을 구제하겠다는 깊고 깊은 보리심과 높은 수행력을 바탕으로 한 지극한 보살행의 발로입니다.

소신 공양을 글자 그대로 몸을 불살라서 공양했다고 보지 않고 비유로 해석할 수도 있습니다. 일체중생희견보살이 향기로운 온갖 향을 먹고 몸에 바르고 나서 소신 공양을 올렸다고 했습니다. 이 말은 보살이 중생의 구제를 위해서 전단향처럼 그윽한 향기에 맞먹는 아름다운 보살행을 오래도록 하였고 마침내 중생을 위해서 목숨까지 희생했다고 보는 것이 더 바람직할 것입니다. 부처님 법을 배우고 익히며 실천하는 동안 아름다운 법향(法香)이 보살의 인품에 배어들고 그 법향으로 수많은 사람에게 행복과 이익을 주는 참된 법공양을 올렸다고 보아야 합니다. 다시 말해서 일체중생희견보살은 법을 위해 온 자신의 인생과 목숨을 바쳤다고 생각합니다. 법화경의 여러 품에서 많은 부처님들이 한꺼번에 찬탄한 것도 여래에게 법으로 공양을 올리는 것이었기 때문입니다.

우리가 공양을 올릴 때 보면, 부처님이 좋아하시는 공양물이 아니라 우리들이 좋아하는 공양물로 공양을 올립니다. 중생이 돈을 좋아하니까 돈을 올리고, 꽃이 아름답다고 생각해서 꽃을 올리고, 배가 부르기를 원해서 쌀과 과일, 떡 등을 올립니다. 바닷가에서는 생선을 올리는 경우도 있고, 일본에서는 정종을 많이 올립니다. 부처님께 올리는 공양물이 모두 중생이 좋아하고 원하는 것들로 채워져 있습니다. 그러나 부처님께서 가장 좋아하시고 바라시는 공양이 무엇이겠습니까? '공양 중에 제일은 법공양'이라고 했습니다. 또 어떤 자세로 공양을 올리라고 하셨습니까? '나열환화공구(羅列幻化供具)하라' 즉 환영과 같이 허망한 공양구인 줄 알고 올리라고 했습니다. 내가 실제로 무엇을 공양했다는 생각을 가지면 잘못된 공양이라는 뜻입니다. 초발심

자경문에서도 관삼륜청정(觀三輪淸淨)하여 불위도용(不違道用)하라고 했습니다. 즉 보시하는 사람도 보시 받는 물건도 보시 받는 사람도 모두가 텅 비어 공한 줄을 관하여 알아야 도에 어긋남이 없다고 했습니다. 내가 어떤 물건을 누구에게 보시했다는 상(相)을 마음에 품고 있는 것이 유상(有相)의 보시인데, 이는 참된 보시가 아닌 것입니다. 이 세 가지에 대한 상을 없애고 무심(無心)에 머물며 행하는 무주상보시가 청정한 보시바라밀입니다.

[4] 보살의 화생(化生)

【 경문 】

一切衆生喜見菩薩이 作如是法供養已하고 命終之後에 復生日月淨明德佛國中하야 於淨德王家에 結跏趺坐하고 忽然化生하니라 卽爲其父하야 而說偈言하니라

大王今當知하소서 我經行彼處하야

卽時得一切 現諸身三昧하고

勤行大精進하대 捨所愛之身하야

供養於世尊은 爲求無上慧니다

일체중생희견보살이 이렇게 법공양(法供養)을 하여 목숨이 다한 뒤에 다시 일월정명덕 부처님의 국토(國土)에 태어나는데, 정덕왕(淨德王)의 가문에 결가부좌하고 홀연히 화생(化生)하였느니라. 그리고 곧 그 아버지를 위하여 게송으로 말하였느니라.

'대왕이시여, 지금 마땅히 아십시오. 내가 저 곳에서 경행하면서
온갖 색신(色身)을 나타내는 삼매를 얻었습니다.
큰 정진을 부지런히 행할 때 사랑하는 몸을 버리고
세존께 공양한 것은 가장 높은 지혜를 구하기 위한 것입니다.'

※ 보살이 온갖 향을 먹고 바르고 나서 오래도록 몸을 불살라서 부처님께 공양을 올려서 목숨을 다했습니다. 그리고 나서 왕의 아들로 홀연히 화생(化生)했다고 했습니다. 사람으로 태어나면서도 어머니의 태를 빌리지 않고 마치 하늘 세계의 천신들처럼 의지하는 바가 없이 홀연히 생겨나는 이적을 보였습니다. 또한 자신의 전생을 모두 기억하고 아버지인 정덕왕에게 모든 내력을 소상히 말하며 제도하고 있습니다. 참으로 큰 서원을 세우고 보살행을 실천하다가 생을 마친 수행자는 다시 태어나서도 자신의 전생을 모두 기억하는 경우가 많습니다. 그렇게 전생의 일을 기억하는 것은 아마도 전생에 세운 서원을 현생에도 이루라는 뜻일 것입니다.

【 경문 】

說是偈已하고 而白父言하사대 日月淨明德佛이 今故現在하시니 我先供養佛已에 得解一切衆生語言陀羅尼하고 復聞是法華經의 八百千萬億那由他인 甄迦羅頻婆羅와 阿閦婆等偈호니 大王이여 我今에 當還供養此佛하리다

이 게송을 말하고는 아버지에게 말하였느니라.

'일월정명덕 부처님께서는 지금도 계십니다. 내가 먼저 부처님께 공양하고 모든 중생들의 말을 아는 다라니를 얻었습니다. 그리고 다시 법화경의 팔백 천만 억 나유타·견가라·빈바라·아촉파 등의 게송을 들었습니다. 대왕이시여, 저는 지금도 돌아가서 이 부처님께 공양하려 합니다.'

🪷 　보살은 소신 공양을 올리고 나서 곧 다시 환생했습니다. 우리는 보통 가족이 돌아가시고 나서 49재를 지냅니다. 그것은 죽은 영가가 염라대왕 앞에서 과보에 의해 받을 인과를 결정하는 데 49일이 걸리기 때문입니다. 그러나 지극히 선한 사람이나 지극히 악한 사람의 인과를 결정하는 데는 49일씩 걸리지 않고 금방 결정됩니다. 악업이 큰지 선업이 큰지 미심쩍을 때나 조사하는 데 시간이 걸리지, 일체중생희견보살처럼 삶을 송두리째 보살행에 바친 경우에는 환생이 빠를 수밖에 없습니다. 보살의 환생이 빨랐기 때문에 전생의 스승이었던 일월정명덕 부처님을 또 뵈올 수 있게 되었습니다. 그래서 아버지인 정덕왕에게 부처님께 돌아가겠다는 말을 하고 있습니다.

　또 보살이 전생에 법화경을 모두 들었는데 그 법화경은 게송의 수가 어마어마하게 많다고 합니다. 여기 나오는 나유타, 견가라, 빈바라, 아촉파는 모두 어마어마한 크기를 헤아리는 숫자의 단위입니다. 견가라와 빈바라, 아촉파는 각각 열두 번째와 열네 번째, 열여섯 번째로 헤아리는 단위입니다. 우리나라에서 수를 세는 단위로 따지면 조(兆)나 경(京)을 넘어서는 크기입니다.

[5] 부처님의 처소에 나아가다

【 경문 】

白已하고 卽坐七寶之臺하사 上昇虛空하대 高七多羅樹하고 往到佛所하야 頭面禮足하며 合十指爪하고 以偈讚佛하사대
容顔甚奇妙하시며 光明照十方이로다
我適曾供養이러니 今復還親近이니다
爾時一切衆生喜見菩薩이 說是偈已하고 而白佛言하사대 世尊하 世尊猶故在世닛가

이렇게 말하고 나서 칠보로 된 대에 앉아 칠 다라수 높이의 허공에 올라가서 부처님이 계신 곳에 이르러 머리를 숙여 발에 예배하고 열 손가락을 모아 합장하고 게송으로 부처님을 찬탄하였느니라.
'존안이 매우 아름다우시고 광명이 시방에 비치십니다.
제가 일찍이 공양하였는데 이제 또 친근(親近)합니다.'
이때 일체중생희견보살이 게송을 말하고 부처님께 말씀드렸느니라.
"세존이시여, 세존께서 아직도 세상에 계십니까?"

❀ 마침내 전생의 스승을 찾아가 뵙고 인사를 올리는 감격적인 장면입니다. 몸을 바꾸고 나서도 스승에 대한 존경과 그리움이 여전해서 반갑게 인사를 올립니다. "제가 일찍이 공양하였는데 이제 또 뵈러 왔습니다. 부처님을 뵐 수 있어서 너무나 기쁘고 행복합니다. 다시 부처님께 귀의하고 제자가 되겠습니다."라며 기쁨을 표현합니다.

참으로 가치 있는 일이라는 확신이 든다면 한두 번만 하고 끝낼 일이 아니겠지요. 다시 태어나고 또 다시 태어나서도 세세생생(世世生生) 이어가면서 행하고 싶을 것이고 또 그렇게 이어져야 할 것입니다. 저 자신도 출가해서 승려가 되고 불법을 공부하는 이러한 삶을 과거생에도 했다는 생각이 들곤 합니다. 잘하고 못하고를 떠나서 내생에도 다시 출가해서 불법을 공부하고 싶고 또 그렇게 할 계획입니다. 내생이 계획대로 되든 안 되든 간에 지금 저는 늘 그런 신념을 가지고 있습니다. 일체중생희견보살의 삶이 예불문에 나오는 '세세상행(世世常行) 보살도(菩薩道)'를 그대로 실천하는 삶인 것입니다.

[6] 여래가 부촉하고 열반에 들다

【 경문 】

爾時日月淨明德佛이 告一切衆生喜見菩薩하사대 善男子야 我涅槃時到하고 滅盡時至하니 汝可安施牀座하라 我於今夜에 當般涅槃호리라 又勅一切衆生喜見菩薩하사대 善男子야 我以佛法으로 囑累於汝하며 及諸菩薩大弟子와 幷阿耨多羅三藐三菩提法이며 亦以三千大千七寶世界에 諸寶樹寶臺와 及給侍諸天을 悉付於汝하노라 我滅度後에 所有舍利를 亦付囑汝하노니 當令流布하야 廣說供養하며 應起若干千塔이니라 如是日月淨明德佛이 勅一切衆生喜見菩薩하고는 於夜後分에 入於涅槃하시니라

이때 일월정명덕 부처님께서 일체중생희견보살에게 말씀하셨느니라. "선남자여, 나는 열반할 때가 되었고 멸진(滅盡)할 때가 되었으니 그대

는 평상을 깔아 놓아라. 내가 오늘밤에 열반에 들리라."
또 다시 일체중생희견보살에게 일렀느니라.
"선남자여, 내가 불법을 그대에게 부촉하노라. 또 모든 보살 대제자들과 최상의 깨달음의 법과 또 삼천대천의 칠보세계와 여러 보배나무와 보배 대와 시중 드는 천신들을 모두 그대에게 맡기노라. 내가 열반한 뒤의 사리(舍利)까지도 그대에게 부촉하노라. 마땅히 널리 선포하되 공양을 많이 베풀고 여러 천 개의 탑을 세우라."
일월정명덕 부처님께서 이렇게 일체중생희견보살에게 분부하시고 밤이 늦은 뒤에 열반에 드시었느니라.

이제 일월정명덕 부처님께서 일체중생희견보살에게 모든 것을 다 맡기고 열반에 드셨습니다. 불법만 부촉한 것이 아니라 수많은 보살 제자들과 최상의 깨달음의 법, 삼천대천세계의 모든 보배와 중생을 전부 맡기고 가셨습니다. 목숨을 바쳐가면서 보살행을 실천하는 일체중생희견보살과 같은 든든한 제자가 있는데 무엇을 염려하겠습니까? 아무 걱정 없이 모든 것을 다 맡기고 떠나시는 부처님의 모습이 참 평안해 보입니다.

석가모니 부처님께서도 훌륭한 제자를 많이 기르고 떠나셨습니다. 그래서 아직까지도 부처님의 가르침이 이어져 내려오고 있는 것입니다. 소승불교의 아함부 경전이 성문화(成文化) 즉 글로 정리된 것은 부처님이 열반하시고 나서 2~300년이 지난 후였습니다. 대승불교 경전이 편찬된 것은 부처님 열반 후 5~600년이 지난 뒤였습니다. 얼마나 오랜 시간이 흘렀든 모든 경전에 부처님의 가르침이 생생하게 살아있을 수 있는 것은 가르침을 이어온 헌신적이고 열정적인 제자들이 있었기 때문입니다.

[7] 보살이 부촉을 받들어 행하다

【 경문 】
爾時一切衆生喜見菩薩이 見佛滅度하고 悲感懊惱하며 戀慕於佛하사 卽以海此岸栴檀爲積하야 供養佛身하야 而以燒之하며 火滅已後에 收取舍利하야 作八萬四千寶瓶하사 以起八萬四千塔하대 高三世界요 表刹莊嚴하고 垂諸幡蓋하야 懸衆寶鈴하며 爾時一切衆生喜見菩薩이 復自念言하대 我雖作是供養이나 心猶未足일새 我今當更供養舍利호리라 便語諸菩薩大弟子와 及天龍夜叉等一切大衆하사대 汝等當一心으로 念我今供養日月淨明德佛舍利어다

이때 일체중생희견보살은 부처님께서 열반에 드시는 것을 보고 매우 슬프고 괴로웠느니라. 부처님을 사모하여 곧 해차안전단향 나무를 쌓아서 부처님의 몸을 공양하여 사르고, 불이 꺼진 뒤에는 사리를 수습하여 팔만 사천 보배 항아리에 담아 팔만 사천 탑을 쌓았느니라. 높이가 삼 세계(三世界)요, 표찰을 세워 장엄하고 번기와 온갖 일산을 드리우며 수많은 보배 풍경을 달았느니라.
이때 일체중생희견보살이 다시 생각하였느니라.
'내가 비록 이렇게 공양하였으나 마음은 오히려 흡족하지 못하니, 내가 이제 다시 사리에 공양하리라.' 하고 모든 보살 대제자들과 천신·

용·야차 등 모든 대중에게 말하였느니라.

'그대들은 마땅히 일심으로 생각하라. 내 이제 일월정명덕 부처님의 사리에 공양하려 하노라.'

❀   부처님께서 열반에 드시자, 해차안전단향 나무로 다비를 하고 사리를 수습해서 팔만 사천 개의 항아리에 나누어 담았습니다. 사리를 수습한 항아리마다 탑을 쌓아서 공양을 올렸지만 그래도 보살은 마음에 차지 않았습니다. 그래서 다시 한 번 소신 공양을 결심하게 되었습니다.

【 경문 】

作是語已하고 即於八萬四千塔前에 然百福莊嚴臂하대 七萬二千歲를 而以供養하고 令無數求聲聞衆과 無量阿僧祇人으로 發阿耨多羅三藐三菩提心하야 皆使得住現一切色身三昧하니라

이렇게 말하고 나서 곧 팔만 사천 탑 앞에서 백 가지 복으로 장엄한 팔을 칠만 이천 년 동안 태워서 공양하여 성문을 구하는 수없는 대중과 한량없는 아승지 사람들로 하여금 최상의 깨달음에 대한 마음을 내고 모두 온갖 색신을 나타내는(現一切色身) 삼매에 머물게 하였느니라.

❀   겉으로 드러나는 물건으로 올리는 공양은 더 이상 보살의 마음에 차지 않았습니다. 그래서 보살은 부처님에게 최상의 공양을 올리기로 결심한 것입니다. 최상의 공양이 무엇입니까? 법의 공양입니다.

실제로 몸을 불에 태우거나 팔이나 손가락을 불에 태우는 것이 아닙니다. 부처님께서 가르친 법에 따라서 삶을 살고 그 법을 위해 모든 것을 바치며 보살행을 실천하는 것이 부처님께 올리는 최상의 법공양입니다.

일체중생희견보살은 또 다시 최상의 공양을 올리게 되었습니다. 그 빛이 칠만 이천 년 동안 빛났다고 했습니다. 전생에 소신 공양을 올렸을 때는 그 빛이 천이백 년 동안 빛났던 것과 비교됩니다. 공양을 올리는 빛이 빛나는 기간만큼 중생들의 마음을 깨우치고 구제했다고 볼 수 있습니다. 두 번째로 공양을 올리면서 보살은 더 오랫동안 더 많은 사람들을 더 크게 구제했습니다. 그래서 수많은 사람들이 최상의 깨달음에 대한 마음을 내게 되었고, 현일체색신삼매 즉 몸이 곧 '나'라는 유신견에서 벗어나서 자유로이 형상을 취하는 능력을 갖게 되었습니다.

【 경문 】

爾時諸菩薩天人阿修羅等이 見其無臂하고 憂惱悲哀하야 而作是言하대 此一切衆生喜見菩薩은 是我等師로 敎化我者어늘 而今燒臂하고 身不具足이로다 于時一切衆生喜見菩薩이 於大衆中에 立此誓言하대 我捨兩臂하고 必當得佛金色之身호리라 若實不虛인댄 令我兩臂로 還復如故하소서 作是誓已에 自然還復하니 由斯菩薩의 福德智慧가 淳厚所致니라 當爾之時하야 三千大千世界가 六種震動하고 天雨寶華하며 一切人天이 得未曾有니라

그때에 모든 보살과 천신과 사람과 아수라들이 그의 팔이 없어진 것을 보고 근심하고 슬퍼하면서 이렇게 말하였느니라.

'이 일체중생희견보살은 우리의 스승이고 우리를 교화(敎化)하시는 분이거늘 이제 팔을 태워서 몸이 불구(不具)가 되었구나.'

그때 일체중생희견보살이 대중 가운데서 이렇게 서원(誓願)하였느니라.

'내가 두 팔을 버렸으니 반드시 부처님의 금빛 같은 몸을 얻을 것이다. 이 말이 진실하고 허망하지 않다면 나의 두 팔이 다시 전과 같아지게 하소서.'

이렇게 서원을 마치니 저절로 두 팔이 이전과 같아졌느니라. 이것은 보살의 복덕과 지혜가 순수하고 두터운 까닭이니라.

이때를 맞이하여 삼천대천세계가 여섯 가지로 진동하며 하늘에서는 꽃비를 내려 모든 사람과 천신들이 미증유(未曾有)를 얻었느니라."

❀ 보살이 두 팔을 불살라서 공양 올렸는데 그 팔이 저절로 다시 생겨나서 전과 같이 되었습니다. 참 역설적인 일입니다. 보살이 몸을 다 태워 없앴는데 다시 온전한 몸을 얻고, 또 팔을 태웠는데 그 팔이 다시 온전해졌습니다. 버림으로써 모든 것을 얻는 이치가 표현되고 있습니다. 사실 우리가 악착같이 집착하고 소유하려 할 때 잃어버리게 되고, 무심하게 버리면 오히려 모든 것을 다 얻게 되는 일이 있습니다. 어찌 보면 지극히 평범하면서도 당연한 이치입니다. 커다란 대야에 물을 가득 떠놓고 손으로 슬쩍 밀어보십시오. 어떻게 됩니까? 남을 향해서 밀면 대야의 물이 나에게 오고, 내 쪽으로 끌어당기면 물은 반대쪽으로 출렁거리며 가버립니다. 물리적인 현상계에도 같은 이치

가 적용되는 것을 알 수 있습니다.

일체중생희견보살은 지극한 복덕과 지혜의 힘으로 두 팔이 다시 생겨났습니다. 의생신(意生身)이라고 할 수 있습니다. 강한 서원과 마음의 힘에 의해서 원상복구되었다는 말입니다. 수행력이 깊어서 정신력이 강한 수행자에게는 얼마든지 가능한 이야기입니다. 옛날에 정말 순수한 마음을 지닌 이들이 순일무잡한 정신 상태에서 집중하면 몸을 원하는 대로 다루는 것이 가능합니다.

예전에 제가 기공에 뛰어나다는 중국 스님을 만난 적이 있습니다. 이 스님이 시범을 보여주다가 잠깐 실수로 손가락을 칼에 베었습니다. 옷에 피가 튈 정도로 상처가 났는데도 스님은 잠깐 사이에 손가락을 원래대로 되돌렸습니다. 채 일 분도 걸리지 않는 짧은 시간이었습니다. 눈으로 직접 보았지만 너무도 믿어지지 않아서 그 스님의 손가락을 만져보고 비벼보기까지 했습니다. 제가 몇 번이나 확인을 거듭했더니, 스님이 웃으면서 마술이 아니라고 했습니다. 이렇듯 손가락에 난 상처였지만, 자신의 몸을 자기 의식이 가는 대로 다스리는 것을 목격한 일이 있었습니다. 이 수준에서 도력이 더 높아지면 다른 사람의 몸에도 그런 영향을 미칠 수 있다고 했습니다. 보살의 두 팔이 원상복구된 일은 실제로 가능한 일이라고 생각합니다.

이 일을 하나의 비유로 볼 수 있습니다. 보살이 육신을 소신 공양한 것이나 두 팔을 공양한 것은 실제로 몸이나 팔을 불태워 공양한 것이 아니라 부족하고 모자랐던 삶이 부처님의 가르침에 의해서 새로워지는 것을 비유한 것입니다. 금강경에 의법출생(依法出生)이라는 말이 있습니다. 부처님의 법에 의지해서 태어난다는 말입니다. 내 마음이 달라지고 내 삶이 달라지는 것은 새롭게 태어나는 것과 같은 일입니다. 과거와 완전히 다른 삶을 살게 되었다면 환생했다고 해도 틀린 말이 아닙니다. 사람은 팔을 사용해서 여러 가지 일을 합니다. 팔은 일을 하는 큰 도구입니다. 예전의 팔이 사라지고 새로운 팔이 생겨났다는 말은 보살행을 하는 데 더 좋은 방편을 얻게 되었다고 볼 수 있습니다. 더 다양한 배경을 가진 많은 사람들에게 필요한 방편이 생겼기 때문에 수많은 다른 사람들도 몸에 대한 집착에서 벗어나게 되었습니다.

3. 그 옛날 그 보살은 오늘의 약왕보살

【 경문 】

佛告宿王華菩薩하사대 於汝意云何오 一切衆生喜見菩薩이 豈異人乎아 今藥王菩薩是也라 其所捨身布施는 如是無量百千萬億那由他數하니라 宿王華야 若有發心하야 欲得阿耨多羅三藐三菩提者인댄 能然手指어나 乃至足一指하야 供養佛塔하면 勝以國城妻子와 及三千大千國土의 山林河池와 諸珍寶物로 而供養者니라

부처님께서 수왕화보살에게 말씀하셨습니다.
"그대는 어떻게 생각하는가. 일체중생희견보살은 다른 사람이 아니라 지금의 약왕(藥王)보살이니라. 이처럼 그 몸을 버려 보시한 것이 한량없는 백천만 억 나유타이니라.
수왕화보살이여, 최상의 깨달음을 얻으려는 마음을 낸 사람들은 한 손

가락이나 한 발가락을 태워서 부처님의 탑에 공양하면, 나라나 도시나 처자나 삼천대천세계의 토지와 산림과 하천(河川)이나 온갖 보물로 공양하는 것보다 훨씬 수승(殊勝)하리라.

❀ 아무리 값진 보물을 공양한다 해도 내 밖의 것, 내 것이 아닌 것입니다. 그래서 손가락 하나, 발가락 하나라고 하더라도 내게 소중한 것을 올리는 것이 더 가치 있습니다. 현상적인 재물과 같은 물건이 아니라 나의 정성과 노력, 시간이 더 가치 있습니다. 진실한 믿음과 물러서지 않는 정진으로 내 삶을 변화시키는 것이 가장 값진 공양입니다. 부처님의 가르침에 의해서 내가 조금이라도 달라지는 것이 더 중요합니다. 외적으로 드러나는 상황이 아무리 바뀌더라도 나의 마음이 바뀌지 않는다면 변화했다고 할 수 없습니다. 바깥 상황이 아무리 열악하고 조건이 나쁘더라도 부처님의 가르침을 따라서 사는 내 마음이 평안하면 그보다 더 좋은 것이 없습니다. 그것처럼 나 자신의 삶을 변화시키는 것이 어떤 보물보다 뛰어난 공양이라고 말씀하고 계십니다.

4. 법화경의 공덕을 찬탄하다

【 경문 】
若復有人이 以七寶로 滿三千大千世界하야 供養於佛과 及大菩薩과 辟支佛阿羅漢이라도 是人所得功德이 不如受持此法華經하대 乃至一四句偈니 其福最多니라

만일 어떤 사람이 삼천대천세계에 칠보를 가득히 채워서 부처님과 대보살과 벽지불과 아라한들에게 공양하더라도 그 사람의 공덕은 이 법화경을 수지하되 한 사구게송(四句偈頌)만을 받아 지닌 것만 같지 못하리라. 법화경을 받아 지니는 그 복덕(福德)이 가장 많으리라.

🪷 이런 말씀은 금강경에도 여러 번 나옵니다. 사구게 하나라도 잘 새겨서 수지독송하면 삼천대천세계에 금은보화를 가득 채워서 보시하는 것보다 공덕이 훨씬 뛰어나다는 이야기를 거듭 되풀이합니다. 그러다가 마지막에는 하루에 세 차례 항하사같이 많은 목숨과 몸을 보시하는 것보다도 사구게 하나라도 수지독송하는 공덕이 더 뛰어나다고 합니다. 법화경에서도 마찬가지로 한 게송이라도 수지독송하는 공덕이 더 크다고 했습니다. 공양 중에서 법공양이 제일이라는 말씀과 일맥상통하는 이야기입니다. 이치를 알고 나면 참으로 틀림없는 말씀입니다.

5. 비유로써 모든 경 중에서 제일임을 밝히다

【경문】
宿王華야 譬如一切川流江河인 諸水之中에 海爲第一하야 此法華經도 亦復如是하야 於諸如來所說經中에 最爲深大니라 又如土山黑山과 小鐵圍山大鐵圍山과 及十寶山인 衆山之中에 須彌山이 爲第一하야 此法華經도 亦復如是하야 於諸經中에 最爲其上이니라 又如衆星之中에 月

天子가 最爲第一하야 此法華經도 亦復如是하야 於千萬億種諸經法中에 最爲照明이니라 又如日天子가 能除諸闇하야 此經亦復如是하야 能破一切不善之闇이니라 又如諸小王中에 轉輪聖王이 最爲第一하야 此經亦復如是하야 於諸經中에 最爲其尊이니라 又如帝釋이 於三十三天中王하야 此經亦復如是하야 諸經中王이니라 又如大梵天王이 一切衆生之父하야 此經도 亦復如是하야 一切賢聖學無學과 及發菩薩心者之父니라 又如一切凡夫人中에 須陀洹斯陀含과 阿那含阿羅漢에 辟支佛이 爲第一하야 此經亦復如是하야 一切如來所說과 若菩薩所說과 若聲聞所說인 諸經法中에 最爲第一이라 有能受持是經典者도 亦復如是하야 於一切衆生에 亦爲第一이니라 一切聲聞辟支佛中에 菩薩爲第一이라 此經亦復如是하야 於一切諸經法中에 最爲第一이니라 如佛爲諸法王하야 此經亦復如是하야 諸經中王이니라

수왕화보살이여, 마치 모든 시내와 개천과 강들의 모든 물 가운데는 바다가 제일이듯이 이 법화경(法華經)도 그와 같아서 모든 여래가 말씀하신 경 가운데 가장 깊고 크니라. 또 토산·흑산·소철위산·대철위산과 열 보산(寶山) 등 모든 산 가운데는 수미산(須彌山)이 제일이듯이 이 법화경도 그와 같아서 모든 경전 가운데서 가장 으뜸이니라. 또 모든 별 가운데는 달(月天子)이 가장 제일이듯이 이 법화경도 그와 같아서 천만 억 모든 경전 가운데 가장 밝게 비추느니라. 또 해(日天子)가 능히 모든 어두움을 없애듯이 이 경도 또한 그와 같아서 온갖 좋지 못한 어두움을 능히 깨뜨리느니라. 또 모든 작은 왕들 가운데는 전륜성왕(轉輪聖王)이 가장 제일이듯이 이 경도 또한 그와 같아서 여러 경전 가운데 가

장 높으니라. 또 제석천왕(帝釋天王)이 삼십삼 천 가운데 왕이 되듯이 이 경도 또한 그와 같아서 모든 경 가운데 왕(王)이니라. 또 대범천왕이 모든 중생들의 아버지이듯이 이 경도 또한 그와 같아서 모든 현인·성인·학(學)·무학(無學)과 보살의 마음을 낸 사람들의 아버지이니라. 또 모든 범부(凡夫)들 가운데는 수다원·사다함·아나함·아라한·벽지불이 제일이 되듯이 이 경도 또한 그와 같아서 모든 여래가 설하고, 또 보살이 설하고, 성문이 설한 모든 경법(經法) 가운데 가장 제일이 되느니라. 또 이 경전을 능히 받아 지니는 이도 또한 그와 같아서 모든 중생들 가운데 제일이 되느니라. 모든 성문·벽지불 가운데는 보살이 제일이듯이 이 경도 또한 그와 같아서 모든 경법 가운데 가장 제일이 되느니라. 부처님이 모든 법의 왕이듯이 이 경도 또한 그와 같아서 모든 경 가운데 왕이 되느니라.

❀ 열 가지 비유를 들어서 법화경을 찬탄하고 있습니다. 비유가 어렵지 않기 때문에 따로 설명하지 않아도 그 뜻을 자연스럽게 이해할 수 있습니다.

물 가운데 가장 큰 물은 바다이고, 산 가운데 가장 큰 산은 수미산이듯 법화경은 그와 같이 뛰어난 경전입니다. 밤에 가장 밝은 것은 달이고, 온갖 어둠을 능히 없애는 것은 해이듯 무량한 겁 동안 쌓인 중생의 어둠을 없애고 저절로 지혜가 생기며 마음이 밝아지게 하는 것 또한 법화경입니다. 왕 중의 왕은 전륜성왕이고, 천신을 다스리는 왕은 제석천왕이듯 법화경은 경 가운데 왕입니다.

또한 여래가 설하고, 보살이 설하고 성문이 설한 모든 경법 가운데 제일이라고 했습니다. 우리가 신앙심을 가지고 경전을 볼 때 경전은 항상 석가모니 부처님께서 설하시고 아난 존자가 결집한 것으로 생각하고 공부합니다. 그러나 모든 경전이 다 그런 것은 아님을 잘 알고 있습니다. 후대에 성문화(成文化)되었더라도 부처님께서 경전에 적혀 있는 꼭 그대로 설법했다고 보기는 어렵습니다.

다시 말해서, 부처님께서 열반하신 뒤에 부처님의 사상을 좀더 심도 있게, 좀더 이해하기 쉽게 설명하기 위해 여러 가지 형식을 빌어서 경전을 결집한 것입니다. 부처님께서 열반하시고 나서 천 년 정도까지 경전이 결집되었는데, 깨달음을 얻은 분들이 설했기 때문에 경전으로 받들어 모시고 공부하는 것입니다. 여기에는 조사스님들의 조사 어록도 포함됩니다. 부처님의 여러 제자들이 오랜 세월에 걸쳐서 많은 이들이 설한 것을 결집해서 후대에 부처님의 이름으로 전해 내려옵니다. 법화경은 그 많은 경전 가운데 왕(王)이다 즉 제일이라는 것을 반복해서 강조하고 있습니다.

6. 법화경은 이러한 능력이 있다

【경문】

宿王華야 此經能救一切衆生者며 此經能令一切衆生으로 離諸苦惱며 此經能大饒益一切衆生하야 充滿其願하나니 如淸凉池하야 能滿一切諸渴乏者며 如寒者得火며 如裸者得衣며 如商人得主며 如子得母며 如渡得船이며 如病得醫며 如暗得燈이며 如貧得寶며 如民得王이며 如賈客

得海며 如炬除暗이니라 此法華經도 亦復如是하야 能令衆生으로 離一切苦와 一切病通하고 能解一切生死之縛이니라

수왕화여, 이 경은 능히 모든 중생을 구원하는 것이며, 이 경은 모든 중생들로 하여금 모든 괴로움을 여의게 하며, 이 경은 모든 중생들을 이익하게 하여 그 소원을 만족케 하느니라. 마치 시원한 못이 일체 모든 목마른 이를 만족케 함과 같으며, 추운 이가 불을 얻음과 같으며, 헐벗은 이가 옷을 얻은 것 같으며, 장사하는 사람이 물주를 만남과 같으며, 아들이 어머니를 만남과 같으며, 물을 건너는 이가 배를 만남과 같으며, 병이 난 이가 의사를 만남과 같으며, 어두울 적에 등불을 얻음과 같으며, 가난한 이가 보물을 얻음과 같으며, 백성이 임금을 만남과 같으며, 장사하는 사람이 바다를 건너는 것과 같으며, 횃불이 어두움을 없앰과 같으니라.
이 법화경도 또한 그와 같아서 중생들로 하여금 모든 고통과 모든 병을 여의게 하며 능히 모든 중생들의 생사(生死)의 속박을 풀어주느니라.

❀ "이 경은 능히 모든 중생을 구원하는 것이며, 이 경은 모든 중생들로 하여금 모든 괴로움을 여의게 하며, 이 경은 모든 중생들을 이익하게 하여 그 소원을 만족케 하느니라."고 했습니다. 불교의 목적을 한마디로 표현할 때 이고득락(離苦得樂) 즉 괴로움을 떠나서 편안함을 얻는 것입니다. 법화경은 이고득락케 하고, 사람들을 이익하게 하며 바라는 바를 만족시켜 준다고 했습니다. 바라는 바 즉 소원을 이루어 줄 때 어떤 식으로 이루어주느냐는 것이 중요합니다. 중생이 원하는

바로 그것, '시험에 합격시켜 주세요. 병을 낫게 해 주세요. 돈을 벌게 해 주세요.' 하는 각각의 소원을 그대로 충족시켜 주는 방법도 있고 근본적으로 해결해 주는 방법도 있습니다.

　　불교는 근본적인 해결책을 제시합니다. 원하고 바라는 마음을 해소시키고 충족시켜 줍니다. 사실 충족이라는 표현보다는 근본적으로 해소시킨다는 표현이 더 적절하고 어울립니다. 중생이 갈망하는 바를 해소시키기를 마치 목마른 이가 시원한 연못을 만남과 같고, 헐벗은 이가 옷을 얻는 것과 같다는 열두 가지 비유를 들어 설명하고 있습니다. 부처님의 깨달음이 무엇이겠습니까? 결국은 우리들의 어리석음을 제도해서 세상의 이치를 제대로 이해하고 그 이치대로 살 수 있도록 해 주는 것이 불교입니다. 궁극적으로는 삶과 죽음의 구속으로부터 영원히 해탈하게 하는 데까지 이르게 합니다.

7. 경을 수지하는 공덕

[1] 전경(全經)을 들은 공덕

【 경문 】

若人得聞此法華經하고 若自書어나 若使人書하면 所得功德은 以佛智慧로 籌量多少하야도 不得其邊이니라 若書是經卷하고 華香瓔珞과 燒香抹香塗香과 幡蓋衣服과 種種之燈인 酥燈油燈과 諸香油燈과 舊蔔油燈과 須曼那油燈과 波羅羅油燈과 婆利師迦油燈과 那婆摩利油燈供養하면

所得功德은 **亦復無量**이니라

만약 어떤 사람이 이 법화경을 듣고 스스로 쓰거나 사람을 시켜 쓰면 그가 얻은 공덕은 부처님의 지혜로 그 수효를 계산하여도 그 끝을 다할 수 없느니라.
만일 이 경을 쓰고 꽃·향·영락·사르는 향·가루향·바르는 향·번기·일산·의복과 갖가지 등인 우유등·기름등·향유등·첨복 기름등·수만나 기름등·바라라 기름등·바리사가 기름등·나바마리 기름등으로 공양하면 그가 얻는 공덕도 또한 한량이 없느니라.

❀ 사경하는 공덕이 특별히 많다는 이야기를 하고 있습니다. 요즘 시대의 사경은 책을 출판하거나 출판된 책을 보시하는 것입니다. 이렇게 사경하고 나서 갖가지 향과 온갖 기름등으로 공양하면 그 공덕도 또한 한량없다고 했습니다. 좋은 향내가 나는 향은 열 가지 공양물에 으레 포함되었기 때문에 우리에게 익숙합니다. 여기에 특별히 온갖 기름등이 포함된 것은 옛날에는 어두운 밤에 불을 밝혀서 경전을 읽는 데는 기름등이 가장 좋은 수단이었기 때문입니다. 그리고 등을 밝히는 기름은 귀해서 값도 비쌌습니다. 그래서 경전에는 일찍이 빈자일등(貧者一燈)의 이야기도 하면서 향과 기름등을 보시하는 공덕에 대해 말하고 있습니다.

[2] 약왕보살본사품을 들은 공덕

【경문】
宿王華야 若有人이 聞是藥王菩薩本事品者면 亦得無量無邊功德하며 若有女人이 聞是藥王菩薩本事品하고 能受持者면 盡是女身하고 後不復受하며 若如來滅後後五百歲中에 若有女人이 聞是經典하고 如說修行하면 於此命終하고 卽往安樂世界阿彌陀佛의 大菩薩衆이 圍繞住處하야 生蓮華中寶座之上하나니라 不復爲貪欲所惱하며 亦復不爲瞋恚愚癡所惱며 亦復不爲憍慢嫉妬諸垢의 所惱니라 得菩薩神通無生法忍하고 得是忍已하야는 眼根淸淨하며 以是淸淨眼根으로 見七百萬二千億那由他恒河沙等諸佛如來하나니

수왕화여, 만약 어떤 사람이 이 약왕보살본사품(藥王菩薩本事品)을 들으면 또한 한량없고 그지없는 공덕을 얻으리라. 만일 여인(女人)이 이 약왕보살본사품을 듣고 능히 받아 지니면 이번에 받은 여인의 몸이 다한 후에는 다시는 받지 아니하리라.

만약 여래가 열반한 뒤 후(後) 오백 년 가운데 어떤 여인이 이 경전을 듣고 말한 대로 수행하면 여기서 명(命)을 마치고는 곧 극락세계의 아미타불이 보살대중들에게 둘러싸인 곳에 가서 연꽃 속에 있는 보좌(寶座) 위에 태어나게 되느니라.

다시는 탐욕의 괴로움도 없고 성내고 어리석음의 괴로움도 없고 교만과 질투 따위의 괴로움도 없으리라. 보살의 신통과 무생법인(無生法忍)을 얻으며, 이 법인을 얻고는 눈이 청정하게 되리라. 이 청정한 눈으로

칠백만 이천억 나유타 항하사의 부처님 여래를 친견하리라.

❀   경전이 결집되던 당시의 사회적 통념이 경전에 간혹 드러나고 있습니다. 백 년 전까지만 해도 여성들은 많은 구속과 제약을 받았습니다. 그래서 경전에 남녀차별적인 표현이 종종 나타나고 있는데, 여인의 몸을 받지 않는다는 표현도 그 중의 하나입니다. 이런 경우에는 제약이나 구속이 없는 상태가 된다고 이해하면 좋을 것입니다.

'여래가 열반한 뒤 후(後) 오백 년'이라는 표현이 등장합니다. 부처님께서 열반하시고 나서 500년 정도 지나자 불법의 근본에서 멀어지게 되었고, 결국 이것을 극복하기 위해서 대승불교운동이 활발하게 일어나게 되었습니다. 그런 연유로 불교에서는 500년을 기점으로 불법의 성쇠가 일어난다고 생각하게 되었는데 이것을 오오백년(五五百年) 또는 오견고(五堅固)라고 합니다. 석가모니 부처님께서 입멸하시고 나서 첫 500년 동안은 해탈견고(解脫堅固) 시대라고 부르는데 이때는 부처님의 정법이 성해서 해탈하는 사람이 많은 시대입니다. 불교 역사를 볼 때 이 시기에 마음의 해탈을 얻은 분들이 많았습니다.

그 다음 두 번째 500년 동안은 선정견고(禪定堅固) 시대인데 선정을 닦는 이가 많아서 불법이 계속되는 시대입니다. 이 시기에 인도에서 온 달마 대사에 의해서 선법이 중국에 전해졌고 우리나라에도 선풍이 들어왔습니다. 그 다음 세 번째 500년 동안은 다문견고(多聞堅固) 시대로 불경을 수지, 독송하고 배우는 사람이 많은 시대입니다. 실제로도 학문적인 불교가 발달해서 여러 종파가 생기게 되었고 경전도 많이 간행되었습니다. 그 다음 네 번째 500년은 조사견고(造寺堅固) 시대인데 수행과 증과는 없지만 좋은 과보를 받으려고 절이나 탑을 짓는 사람들이 많은 시기입니다. 그래서 탑사견고(塔寺堅固)라고도 부릅니다. 불사(佛事)에 치중해서 으리으리한 절을 짓고 탑이나 불상을 크게 조성하는 시기가 있었습니다.

이 대목에 나오는 '후 오백 년'은 마지막 다섯 번째 500년 동안을 말하는데 투쟁견고(鬪諍堅固) 시대라고 부릅니다. 이 투쟁견고 시대에는 수행승들이 계율을 지키지 않고 자기 주장만 옳다고 싸움을 일삼아서 불법이 쇠퇴하는 시대입니다. 우리들이 살고 있는 이 시대가 후오백년에 해당합니다. 그래서 불교 내부의 분규나 불교 사상적 논쟁도 많고 타종교와의 갈등도 깊습니다. 뿐만 아니라 사람들도 투쟁하기를 좋아해서 개인적인 갈등이 많고 다른 사람들과 늘 시시비비를 가리려고 해서 싸움이 많이 일어나는 험난한 세상입니다.

흔히 요즘을 말세라고 하는데 이 후오백년은 말법(末法) 시대에 해당합니다. 첫 번째와 두 번째 500년은 정법(正法) 시대에 속하고 세 번째와 네 번째는 상법(像法) 시대에 해당합니다. 이 험한 말세에서도 경전의 말씀대로 수행하면 구속과 제약이 많은 상태에서 벗어나 바로 극락세계에 나게 된다는 말씀입니다. 모든 가치가 전도된 말세라 할지라도 참으로 순수한 신심으로 경전의 가르침, 부처님의 가르침에 심취해서 법희선열을 느낀다면 그대로가 극락세계일 것입니다. 성인의 가르침을 따르는 사람에게 성냄이나 어리석음, 괴로움, 질투 같은 것이 있을 수 없을 것입니다.

【 경문 】

是時諸佛이 遙共讚言하대 善哉善哉라 善男子야 汝能於釋迦牟尼佛法中에 受持讀誦하고 思惟是經하야 爲他人說하면 所得福德은 無量無邊하야 火不能燒하고 水不能漂라 汝之功德은 千佛共說하야도 不能令盡이니라 汝今已能破諸魔賊하고 壞生死軍하니 諸餘怨敵은 皆悉摧滅이니라 善男子야 百千諸佛이 以神通力으로 共守護汝하나니 於一切世間天人之中에 無如汝者라 唯除如來하고 其諸聲聞辟支佛과 乃至菩薩과 智慧禪定이라도 無有與汝等者니라 宿王華야 此菩薩이 成就如是功德智慧之力이니라 若有人이 聞是藥王菩薩本事品하고 能隨喜讚善者면 是人은 現世口中에 常出靑蓮華香하고 身毛孔中에 常出牛頭栴檀之香하며 所得功德은 如上所說이니라

이때 모든 부처님들이 멀리서 함께 칭찬하리라.
'훌륭하고 훌륭하여라. 선남자여, 그대가 능히 석가모니 불법(佛法) 가운데서 이 경을 받아 지니고 읽고 외우고 생각하며 다른 이에게 해설하나니 그로 인하여 얻는 복덕이 한량없고 그지없으리라. 불이 능히 태우지 못하고 물이 능히 빠뜨리지 못하리라. 그대의 공덕을 일천 부처님이 함께 말씀하여도 능히 다 하지 못하리라. 그대는 이미 모든 마군을 능히 깨뜨렸으며 생사의 군대를 파괴하였으며 모든 원적(怨敵)들을 다 꺾어 버렸느니라.'
선남자여, 백천의 부처님들이 신통의 힘으로 그대를 수호하나니 일체 모든 세간의 천신과 사람들 중에 그대와 같은 이가 없느니라. 오직 여래를 제외하고는 여러 성문이나 벽지불이나 내지 보살의 지혜와 선정

으로는 그대와 같은 이가 없느니라.

수왕화여, 이 보살이 이와 같은 공덕과 지혜의 힘을 성취하였느니라.

만약 어떤 사람이 이 약왕보살본사품을 듣고 능히 따라 기뻐하고 찬탄하는 이가 있으면 이 사람은 이 세상에 있으면서 입에서 청련화(靑蓮華) 향기가 항상 나고 몸에서는 모공(毛孔)마다 우두전단 향기가 항상 나리라. 그가 얻는 공덕은 위에서 말한 것과 같으니라.

🪷 "불이 능히 태우지 못하고 물이 능히 빠뜨리지 못한다."는 이야기는 제24 묘음보살품과 제25 관세음보살보문품에도 계속 등장합니다. 이때 불은 분노의 불길을 말하고 물은 탐욕의 강물을 말합니다. 법화경의 가르침을 익히고 실천하는 법화행자는 탐진치 삼독의 침해를 받지 않고 온갖 복덕을 다 받고, 지혜와 선정이 여래에 조금 미치지 못할 뿐입니다. 또한 법화경의 가르침을 실천하는 동안 그 사람이 정화되었기 때문에 입으로는 부드럽고 법다운 말을 하니 향기롭고, 몸으로는 보살행을 실천하므로 또한 향기롭다고 할 수 있습니다.

(3) **약왕보살본사품을 부촉하다**

【 경문 】

是故宿王華야 以此藥王菩薩本事品으로 囑累於汝하노니 我滅度後後五百歲中에 廣宣流布하야 於閻浮提에 無令斷絶하야 惡魔魔民과 諸天龍夜叉와 鳩槃茶等이 得其便也하라 宿王華야 汝當以神通之力으로 守護是經이니 所以者何오 此經則爲閻浮提人의 病之良藥이라 若人有病하야

得聞是經하면 病卽消滅하고 不老不死리라

그러므로 수왕화여, 이 약왕보살본사품을 그대에게 부촉하노라. 내가 열반한 뒤 후(後) 오백 년 동안에 널리 남섬부주에 선포하여 끊어지지 말게 하라. 나쁜 마왕과 마군의 백성과 천신·용·야차·구반다들이 그 틈을 엿보지 못하게 하라.
수왕화여, 그대는 마땅히 신통의 힘으로 이 경을 수호해야 하느니라. 왜냐하면, 이 경은 남섬부주 사람들의 병에 좋은 약이 되기 때문이니라. 만일 병이 있는 사람이 이 경을 들으면 병은 곧 소멸하고 늙지도 않고 죽지도 않으리라.

❋ 법화경이 편찬되던 시기, 즉 부처님께서 열반하시고 500년이 지난 그 시대의 사람들은 자신이 살던 시대를 말세라고 생각했을 지도 모릅니다. 겨우 500년밖에 안 지났는데 이 정도로 달라졌다면 이렇게 다섯 번의 500년이 지났을 때 과연 불법이 남아있기나 할까? 하는 염려가 얼마나 컸을 지 짐작이 가는 대목입니다. 옛 사람들의 우려가 맞는지 아니면 지나친 우려였는지는 각자가 판단할 몫이라고 생각합니다. 다만 우리가 부처님의 정신에 얼마나 충실하게 살고 사람답게 살고 있느냐 하는 것이 중요하지, 꼭 부처님을 잘 믿으면서 부처님께서 시킨 대로 얼마나 하느냐가 판단 기준은 아닐 거라고 생각합니다. 불교는 어떤 특정한 존재를 내세워 놓고 절대자처럼 따르고 떠받드는 종교가 아닙니다. 불교의 '불(佛)' 자도 몰라도 정말 불교의 이치에 맞게 사는 사람이 불자라고 할 수 있습니다. 불교를 입에 달고 살더라도

불교의 이치에 맞지 않게 사는 사람은 불자가 아닙니다. 이와 같은 말도 다른 종교는 하지 못하고 불교만 할 수 있습니다. 이것도 불교의 특징이고 장점 가운데 하나입니다.

【 경문 】

宿王華야 汝若見有受持是經者면 應以靑蓮華로 盛滿抹香이라 供散其上이니 散已에 作是念言하대 此人不久에 必當取草하야 坐於道場하사 破諸魔軍하고 當吹法螺하며 擊大法鼓하고 度脫一切衆生老病死海하리니 是故求佛道者는 見有受持是經典人하고 應當如是生恭敬心이니라

수왕화여, 그대가 만일 이 경을 받아 지니는 이를 보거든 마땅히 푸른 연꽃에 가루 향을 가득 담아 그 위에 흩어 공양할 것이니라. 흩고는 다시 생각하기를 '이 사람이 머지 않아서 반드시 길상초(吉祥草)를 깔고 도량(道場)에 앉아서 모든 마군들을 물리칠 것이니라. 법의 소라를 불고 큰 법의 북을 쳐서 모든 중생들의 늙고 병들고 죽는 바다에서 해탈케 하리라' 하라. 그러므로 부처님의 도를 구하는 이는 이 경전을 받아 지니는 이를 보면 마땅히 이와 같이 공경하는 마음을 내야 하느니라."

※ 길상초는 부처님께서 6년 동안 고행하시고 마지막으로 보리수 밑에 앉으셨을 때 부처님께서 직접 손으로 뜯어서 깔고 앉았던 풀입니다. 그 풀의 이름이 원래부터 길상초였던 것은 아닙니다. 부처님께서 그 위에서 성도하셨기 때문에 그때부터 길상(吉祥)한 풀이라고 불렸던 것입니다. 그리고 부처님께서 가부좌를 하고 앉으셨던 나무도 후

에 깨달음의 나무라는 뜻에서 보리수(菩提樹)라고 했지요. 그 보리수 아래 길상초를 깔고 앉으셨던 자리가 부처님께서 성도하신 도량(道場) 즉 도를 깨달은 장소라고 칭했는데, 오늘날 사찰을 도량이라고 부르는 것도 여기에서 유래했습니다.

"모든 마구니를 물리친다."는 표현은 깨달음을 이룬다는 뜻입니다. 우리들은 보통 부처님께서 보리수 아래에서 성도하셨다, 깨달음을 얻으셨다고 말합니다. 그런데 부처님의 일대기를 그림으로 표현한 팔상성도(八相成道)만 보더라도 설산수도상(雪山修道相) 다음에 수하항마상(樹下降魔相)이 있고 그 다음에 녹원전법상(鹿苑轉法相)으로 이어집니다. 수하성도상(樹下成道相)이라고 하지 않고 수하항마상 즉 보리수 아래에서 마군을 물리치는 모습이라고 표현하고 있습니다. 그래서 "길상초를 깔고 도량에 앉아서 모든 마구니를 물리친다."는 것은 석가모니 부처님과 같이 깨달음을 이루게 될 것이라는 뜻입니다.

[4] 약왕보살본사품을 설한 이익

【 경문 】

說是藥王菩薩本事品時에 八萬四千菩薩이 得解一切衆生語言陀羅尼하니라 多寶如來가 於寶塔中에 讚宿王華菩薩言하사대 善哉善哉라 宿王華야 汝成就不可思議功德하야 乃能問釋迦牟尼佛의 如此之事하고 利益無量一切衆生이로다

이 약왕보살본사품을 설하실 때에 팔만 사천 보살들이 모든 중생들의

말을 다 아는 다라니를 얻었습니다.

다보여래(多寶如來)는 보탑 가운데서 수왕화보살을 찬탄하였습니다.

"훌륭하고 훌륭하여라. 수왕화여, 그대는 불가사의한 공덕을 성취하였느니라. 능히 석가모니 부처님에게 이런 일을 물어서 한량없는 모든 중생을 이익케 하였느니라."

❀   석가모니 부처님이 설하는 법화경의 진리성은 다보 부처님의 출현으로 인정을 받았습니다. 그리고 법화경의 가르침을 실천하는 법화행자의 모델로서 약왕보살을 드러낸 수왕화보살의 공덕을 다시 다보 부처님께서 인정해 주고 계십니다. 수왕화보살이 석가모니 부처님께 약왕보살의 일을 물었기 때문에 한량없는 중생들에게 이익이 돌아가게 되었던 것입니다. 문답을 하는 자리에서 제대로 질문하기만 하여도 여러 사람들에게 큰 소득이 생깁니다. 주제에 어긋난 엉뚱한 질문을 하거나 주관하는 이의 말을 알아듣지 못하거나 하면 참석한 다른 사람들의 시간도 허비하게 됩니다. 그러나 필요한 때에 정곡을 찌르는 질문을 하면 많은 사람들에게 큰 도움이 될 수 있습니다. 그런 연유로 수왕화보살이 칭찬을 받았습니다.

24
묘음보살품

(妙音菩薩品)

묘음보살은 정화수왕지 부처님의 세계에 있는 큰 보살입니다. 보살은 16가지의 뛰어난 삼매를 갖추고 있어서 그 삼매의 힘으로 영축산 근처에 팔만 사천의 보배 연꽃을 만들어 보이기도 하였습니다. 법화경을 설하시는 석가모니 부처님의 광명을 좇아서 이 세계로 오는 도중에 아름다운 하늘 음악이 저절로 들리는 신기한 일도 일어납니다. 또한 모든 중생의 모습을 다 갖출 수 있는 삼매의 힘도 있기 때문에 34가지 여러 가지 중생의 모습으로 화현해서 중생을 교화하기도 합니다. 보살이 이러한 삼매와 공덕을 갖출 수 있었던 것은 오랫동안 한량없는 부처님께 공양하고 친근하여 깊은 지혜를 성취했기 때문입니다. 보살이 수행한 내용이 모두 법화경을 실천하는 모범을 보이는 것입니다. 법화경의 정신을 실천 수행하는 사람은 누구나 약왕보살이나 묘음보살, 관세음보살과 같은 삼매와 공덕 그리고 교화의 능력을 갖추게 됩니다.

1. 부처님이 광명(光明)을 놓다

【 경문 】

爾時釋迦牟尼佛이 放大人相肉髻光明하며 及放眉間白毫相光하사 徧照東方百八萬億那由他恒河沙等諸佛世界러라 過是數已에 有世界하니 名淨光莊嚴이요 其國有佛하시니 號淨華宿王智如來應供正徧知明行足善逝世間解無上士調御丈夫天人師佛世尊이라 爲無量無邊菩薩大衆의 恭敬圍繞하야 而爲說法이러니 釋迦牟尼佛의 白毫光明이 徧照其國하니라

그때에 석가모니 부처님께서 대인상(大人相)의 육계(肉髻)에서 광명을 놓고 또 미간백호상(眉間白毫相)에서 광명을 놓아 동방으로 백팔만 억 나유타 항하사와 같은 부처님 세계를 비추셨습니다.
이러한 수의 세계를 지나가서 또 세계가 있으니 이름이 정광장엄(淨光莊嚴)이요, 그 세계에 부처님이 계시니 이름이 정화수왕지(淨華宿王智)여래 · 응공 · 정변지 · 명행족 · 선서 · 세간해 · 무상사 · 조어장부 · 천인사 · 불 · 세존이셨습니다. 한량없고 그지없는 보살대중들에게 둘러싸

여 공경을 받으면서 법을 설하시었습니다. 석가모니 부처님의 백호상의 광명이 그 국토에 두루 비치었습니다.

🪷　석가모니 부처님께서 대인상(大人相)의 육계에서 광명을 놓으셨다고 했습니다. 대인(大人)은 부처님이나 전륜성왕을 가리키는 말인데, 대인의 상호이므로 32상과 같은 말입니다. 32상을 세분하면 80종호를 이야기하고, 이를 크게 말할 때는 대인상이라고 합니다. 법화경에서는 구체적으로 설명하지 않지만 화엄경에서는 대인상이라고 하여 여러 가지 상호를 자세히 이야기하고 있습니다. 부처님께서 육계에서도 광명을 놓고 미간백호에서도 광명을 놓아서 동쪽으로 수많은 부처님 세계를 비추셨습니다. 그 빛이 만행과 만덕을 다 구비하신 징화수왕지 부처님이 살고 계시는 정광장엄이라는 불국토를 비추었습니다.

　부처님의 광명은 지혜를 상징합니다. 법화경의 서두에서뿐만 아니라 다른 경전에서도 부처님의 광명은 무명(無明)이라는 어둠을 깨뜨리는 부처님의 지혜를 말하는 것입니다. 이 지혜는 곧 부처님의 가르침을 통해 표현되고 있습니다.

　부처님의 깨달음의 세계라고 하는 것은 참으로 불가사의합니다. 2,500년이라는 길고 긴 세월이 지났음에도 불구하고 지금도 불교를 믿고 좋아하고 공부하는 사람들이 자꾸 늘어나고 있습니다. 시간적으로 보면 얼마나 긴 세월입니까? 그 긴 세월 동안 전 세계의 문명 국가마다 불교가 전해져서 불교를 믿고 공부하는 사람들이 많아지고 있습니다. 시간적으로나 공간적으로 널리 불교가 알려지고 부처님의 깨달음이 갈수록 더욱 빛나고 있습니다. 과학적 연구를 통해 부처님의 가르침에 한 발 한 발 다가가고 부처님의 깨달음이 더욱 빛을 발하는 것을 볼 때, 참으로 깨달은 분의 진리의 가르침은 위대하다는 것을 느낄 수 있습니다. 우리가 살고 있는 지금 이 순간에도 부처님의 가르침이 길고 긴 세월 동안, 넓고 넓은 세상의 수많은 사람들의 가슴을 울리고 있다는 사실을 생각해 보면 벅찬 감동을 느끼게 됩니다. 그리고 부처님 가르침의 정수라고 할 수 있는 법화경의 말씀이 참된 진리의 가르침이라는 것을 깊이 느낄 수 있습니다.

2. 묘음보살(妙音菩薩)이 얻은 삼매

【 경문 】

爾時一切淨光莊嚴國中에 有一菩薩하니 名曰妙音이라 久已植衆德本하사 供養親近無量百千萬億諸佛하야 而悉成就甚深智慧하고 得妙幢相三昧와 法華三昧와 淨德三昧와 宿王戲三昧와 無緣三昧와 智印三昧와 解一切衆生語言三昧와 集一切功德三昧와 淸淨三昧와 神通遊戲三昧와 慧炬三昧와 莊嚴王三昧와 淨光明三昧와 淨藏三昧와 不共三昧와 日旋三昧하사 得如是等百千萬億恒河沙等諸大三昧러라

이때 정광장엄세계에 한 보살이 있으니 이름이 묘음(妙音)이었습니다. 그는 오래 전부터 모든 덕의 근본을 심었으며, 한량없는 백천만 억 부처님께 공양하고 친근하면서 매우 깊은 지혜를 다 성취하였습니다. 묘당상(妙幢相)삼매와 법화(法華)삼매와 정덕(淨德)삼매와 수왕희(宿王戲)

삼매와 무연(無緣)삼매와 지인(智印)삼매와 해일체중생어언(解一切衆生語言)삼매와 집일체공덕(集一切功德)삼매와 청정(淸淨)삼매와 신통유희(神通遊戱)삼매와 혜거(慧炬)삼매와 장엄왕(莊嚴王)삼매와 정광명(淨光明)삼매와 정장(淨藏)삼매와 불공(不共)삼매와 일선(日旋)삼매를 얻었습니다.
이와 같은 백천만 억 항하강의 모래수 같은 모든 큰 삼매를 다 얻었습니다.

※ 정화수왕지 부처님이 사는 국토에 묘음보살이 있는데 이 보살은 수많은 수행을 통해서 16가지 큰 삼매를 얻었다고 합니다. 삼매라는 것은 선정의 힘이 되는 것입니다. 불교를 안다고 할 때, 그 아는 것을 실천에 옮겨서 나의 힘으로 작용하게 하는 것이 삼매의 힘이고 선정의 힘이라고 할 수 있습니다. 우리가 경전을 수지, 독송, 서사하는 동안이나 기도를 하거나 참선을 하는 동안 자신도 모르게 힘이 생깁니다. 그 힘이 곧 선정의 힘이고 삼매의 힘이라고 할 수 있습니다. 스스로 느끼지 못하더라도 마음을 기울여서 수행하는 시간을 가지면 저절로 어떤 힘이 생기게 됩니다.

묘음보살이 "백천만 억 항하강의 모래수 같은 모든 큰 삼매를 다 얻었다."고 했습니다. 사실 한 가지 삼매를 제대로 얻게 되면, 그 다음 삼매를 얻기가 쉬워집니다. 하나하나 얻는 데 똑같은 시간이 걸리는 것이 아니고, 삼매 하나를 제대로 얻으면 다른 삼매는 쉽게 얻을 수 있습니다. 장사를 하는 경우에도 마찬가지입니다. 한 가지 장사를 잘하는 사람은 다른 장사도 얼마든지 잘 합니다. 그것은 방법을 알고 힘이 생겼기 때문입니다. 그렇듯 어떤 일에 마음을 집중해서 하나의 힘으로 형성하는 것은 참 중요합니다. 지장기도를 잘하는 사람이 관음기도도 잘하지 않습니까? 기도를 잘하는 사람이 참선도 잘합니다. 참선 잘하는 사람은 경전도 잘 읽고 공부도 잘합니다. 만약 그렇지 못하다면 그것은 어떤 것이든 제대로 못했기 때문입니다.

 사명 대사가 일본에 갔을 때 일본 사람들이 대사를 해치려고 돌이 벌겋게 달궈지도록 방에 불을 땠습니다. 그런데 대사는 삼매의 힘으로 수염에 고드름을 주렁주렁 달고 방에서 나오면서 "이 나라는 손님 대접을 이렇게 하느냐? 너희는 땔나무도 없어서 방을 이렇게 춥게 했느냐?"고 질책했다고 합니다. 이것은 사명 대사의 삼매의 힘입니다. 그러나 대사가 이런 삼매를 닦았던 것은 아닙니다. 다른 선정의 힘이 뛰어났기 때문에 그 힘을 필요한 방향으로 돌리면 바로 필요한 삼매가 되었던 것입니다. 그와 같이 묘음보살도 이렇게 많은 삼매를 얻는 것이 가능한 것입니다.

3. 묘음보살이 사바세계에 가기를 원하다

【 경문 】

釋迦牟尼佛이 光照其身하니 卽白淨華宿王智佛言하사대 世尊하 我當往詣娑婆世界하야 禮拜親近하고 供養釋迦牟尼佛하며 及見文殊師利法王子菩薩과 藥王菩薩과 勇施菩薩과 宿王華菩薩과 上行意菩薩과 莊嚴王菩薩과 藥上菩薩하노이다

석가모니 부처님의 광명이 그의 몸에 비치니 곧 정화수왕지 부처님께 말씀드렸습니다.

"세존이시여, 제가 마땅히 사바세계에 가서 석가모니 부처님께 예배하고 친근하고 공양하려 합니다. 또 문수사리법왕자(文殊師利法王子)보살과 약왕(藥王)보살과 용시(勇施)보살과 수왕화(宿王華)보살과 상행의(上行意)보살과 장엄왕(莊嚴王)보살과 약상(藥上)보살을 친견하고자 합니다."

4. 정화수왕지불이 주의를 주다

【 경문 】

爾時淨華宿王智佛이 告妙音菩薩하사대 汝莫輕彼國하야 生下劣想하라 善男子야 彼娑婆世界는 高下不平하고 土石諸山에 穢惡充滿하며 佛身卑小하고 諸菩薩衆도 其形亦小로대 而汝身四萬二千由旬이요 我身六百八十萬由旬이라 汝身第一端正하고 百千萬福光明殊妙라 是故汝往하대 莫輕彼國하야 若佛菩薩과 及國土에 生下劣想이니라 妙音菩薩이 白其佛言하사대 世尊하 我今詣娑婆世界는 皆是如來之力이며 如來神通遊戱며 如來功德智慧莊嚴이니다

이때 정화수왕지불께서 묘음보살에게 말씀하셨습니다.

"그대는 저 국토를 업신여겨서 하열(下劣)하다는 생각을 내지 말라. 선남자여, 저 사바세계는 높고 낮고 해서 평탄하지 못하니라. 흙산과 돌산과 더러운 것과 나쁜 것이 가득하니라. 부처님의 몸은 작고 보살들의

형상도 작은데 그대의 몸은 사만이천 유순이나 되고 내 몸은 육백 팔십만 유순이나 되느니라. 그대의 몸은 매우 단정하여 백천만 가지의 복덕(福德)에 광명이 뛰어나게 아름다우니라. 그러므로 그대가 가더라도 그 국토를 업신여기지 말고 부처님과 보살들과 국토에 대하여 하열하다는 생각을 내지 말라."

묘음보살이 그 부처님께 말씀드렸습니다.

"세존이시여, 제가 지금 사바세계에 가는 것은 다 여래의 힘입니다. 여래의 신통으로 유희(遊戲)하며 여래의 공덕과 지혜로 장엄(莊嚴)하였습니다."

✿ 묘음보살의 몸은 그 크기가 42,000유순이라고 했습니다. 유순은 인도에서 사용하던 거리 단위인데, 1유순은 14.4km에 해당합니다. km로 환산하면 묘음보살의 키는 60만 4,800km이지만 석가모니 부처님은 2m도 채 안 됩니다. 이렇게 크기에서부터 차이가 나기 때문에 정화수왕지 부처님께서는 묘음보살이 혹시라도 오만한 생각을 낼까 염려하는 마음에 주의를 주셨습니다.

저는 다른 사람보다 몸집이 조금 큰 편입니다. 체격이 작은 사람들은 늘 큰 체격을 부러워하지만 사실 체격이 크다고 해서 다 좋은 것만은 아닙니다. 오히려 작고 야무진 사람들이 더 마음씀씀이가 크며 대범하고 큰 일도 많이 합니다. 특히 동양에서는 그런 예들이 역사적으로 많습니다. 몸의 크기는 마음의 크기나 인품 또는 능력과는 전혀 관계가 없습니다.

정화수왕지 부처님의 염려에 묘음보살이 대답합니다. 제가 오직 석가모니 부처님의 힘으로 사바세계에 가게 되었는데 어떻게 감히 자만심을 내겠습니까? 절대 그런 일은 없을 것이니 염려하지 마시라고 이야기합니다.

5. 묘음보살의 수행력(修行力)

【 경문 】

於是妙音菩薩이 不起于座하사 身不動搖하고 而入三昧하시니 以三昧力으로 於耆闍崛山의 去法座不遠에 化作八萬四千衆寶蓮華하니 閻浮檀金爲莖하고 白銀爲葉하며 金剛爲鬚하고 甄叔迦寶로 以爲其臺러라

이에 묘음보살이 자리에서 일어나지 않고 몸은 동요하지 않은 채 삼매에 들었습니다. 삼매의 힘으로 기사굴산(耆闍崛山)의 설법하는 자리에서 멀지 않은 곳에 팔만 사천이나 되는 보배 연꽃을 변화하여 만들었습니다. 염부단금으로 줄기가 되고 백은(白銀)으로 잎이 되고 금강(金剛)으로 꽃술이 되고 견숙가 보배로 꽃받침이 되었습니다.

※ 묘음보살이 법화경 설법 자리에서 멀지 않은 곳에 삼매의 힘으로 팔만 사천 개의 보배 연꽃을 만들었습니다. 이것은 법화경을 설하시는 석가모니 부처님께 공양을 올리기 위해 만든 꽃입니다. 설법하는 자리에 그 많은 연꽃을 피울 수는 없기 때문에 조금 떨어진 곳을 선택해서 보배 연꽃을 만들어낸 것입니다. 이 보배 연꽃은 삼매의 힘

으로 만들었다고 했습니다. 다시 말해서 의성화(意成華) 즉 의식으로 만들어낸 꽃입니다.

　불교를 공부할 때는 먼저 불교의 깊은 이치를 아는 것이 중요합니다. 그 다음으로 힘을 키우는 것이 필요합니다. 특히 선정의 힘, 삼매의 힘이 필요합니다. 대승경전에 보면 삼매 이야기가 수없이 나옵니다. 화엄경에서도 끊임없이 삼매 이야기가 나오고 있습니다. 이 힘은 마음을 한 곳에 집중해서 생기는 것입니다. 그 힘에 의해서 몸도 만들어 내고 세계도 만들어내고, 천상이나 연꽃도 만들어냅니다. 자기 자신과 주변의 모든 것을 얼마든지 변화시킬 수 있는 것이 바로 선정의 힘이요, 삼매의 힘입니다.

　사람의 정신은 눈에 보이지 않습니다. 그러나 정신력이 집중되면 정말 불가사의한 힘이 발휘됩니다. 돋보기를 옛날에는 화경(火鏡)이라고 했습니다. 불을 만드는 거울이라는 뜻입니다. 헝겊이나 종이 위에 놓고 돋보기로 초점을 맞추면 얼마 지나지 않아 불이 붙습니다. 그냥 햇빛을 전체적으로 비출 때는 헝겊이나 종이가 절대 타지 않습니다. 그러나 태양광선을 한 곳에 모으면 불이 붙습니다. 이것과 같이 우리 마음도 한 곳에 집중하면 없던 것도 만들어 낼 수 있습니다. 있는 것뿐만 아니라 없는 것도 만들어내는 능력이 삼매의 힘입니다.

　이런 힘이 있을 때 불법 공부하는 능력을 발휘하게 됩니다. 법화경의 가르침에 따라 살아가는 힘을 얻는 것도 가능해집니다. 기도하는 사람은 기도를 통해서 이런 힘을 얻을 수 있고, 참선하는 사람은 참선을 통해서 얻을 수 있습니다. 힘을 얻는 데는 여러 가지 방법이 있습니다. 어떤 방법이든 정신을 집중해서 하면 삼매의 힘을 얻을 수 있습니다.

【 경문 】

爾時文殊師利法王子가 見是蓮華하고 而白佛言하사대 世尊하 是何因緣
으로 先現此瑞하대 有若干千萬蓮華에 閻浮檀金爲莖하고 白銀爲葉하며
金剛爲鬚하고 甄叔迦寶以爲其臺닛고

이때 문수사리법왕자가 이 연꽃을 보고 부처님께 말씀드렸습니다.
"세존이시여, 무슨 인연으로 이 상서(祥瑞)가 나타났습니까? 수많은 천
만 송이의 연꽃이 나타났는데 염부단금으로 줄기가 되고 백은으로 잎이
되고 금강으로 꽃술이 되고 견숙가 보배로 꽃받침이 되었습니다."

묘음보살이 삼매의 힘을 만든 보배 연꽃을 본 문수사리보살이 부처님께 그 인연을 여쭈어봅니다. 법화경의 무대인 영축산에 실제로 가보면 산 정상이 그리 넓지 않아서 대략 300명 정도밖에는 올라가지 못합니다. 그 영축산에서 밑을 내려보면 키가 낮은 가시나무로 꽉 찬 넓은 들판이 보이는데 마치 광장처럼 넓게 펼쳐져 있습니다. 아마도 묘음보살은 이 들판에 보배 연꽃을 만들어 보이지 않았을까 하는 생각이 듭니다. 이 보배 연꽃은 보살이 삼매의 힘으로 즉 의식으로 만들어낸 꽃입니다. 어떤 대상을 만들어서 자기만 볼 수 있는 것은 일차적인 선정의 힘입니다. 그 대상이 다른 사람의 눈에도 확실하게 보이게 하는 것은 더 큰 선정력이 필요한 일입니다. 묘음보살의 삼매력이 강해서 다른 대중들에게도 보배 연꽃이 보였다는 이야기입니다.

【 경문 】

爾時釋迦牟尼佛이 告文殊師利하사대 是妙音菩薩摩訶薩이 欲從淨華宿王智佛國하사 與八萬四千菩薩로 圍繞而來하사 至此娑婆世界하야 供養親近하고 禮拜於我하며 亦欲供養聽法華經이니라

이때 석가모니불께서 문수사리에게 말씀하셨습니다.
"이는 묘음보살마하살이 정화수왕지불의 국토에서 팔만 사천 보살들에게 둘러싸여 이 사바세계에 와서 나에게 공양하고 친근하고 예배하려는 것이며, 또 법화경에 공양하고 들으려는 것이니라."

【 경문 】

文殊師利白佛言하사대 世尊하 是菩薩種何善本이며 修何功德이관대 而能有是大神通力이며 行何三昧닛고 願爲我等하사 說是三昧名字하소서 我等亦欲勤修行之니다 行此三昧라사 乃能見是菩薩의 色相大小와 威儀進止리니 唯願世尊하 以神通力하사 彼菩薩來를 令我得見케하소서

문수사리보살이 부처님께 말씀드렸습니다.
"세존이시여, 그 보살이 어떠한 선근(善根)을 심었으며 무슨 공덕을 닦았기에 이런 큰 신통력이 있으며, 무슨 삼매를 행하십니까? 저희들에게 그 삼매의 이름을 말씀하여 주십시오. 저희들도 또한 부지런히 닦으려 합니다. 이 삼매를 수행하고야 능히 그 보살의 몸매의 크고 작음과 가고 서는 위의(威儀)를 볼 수 있겠습니다. 바라건대 세존께서 신통의 힘으로 그 보살이 오는 것을 저희들이 보게 하여 주십시오."

❀   묘음보살이 행한 삼매의 이름이 무엇이냐고 문수사리보살이 묻고 있습니다. 그러나 사실 문수사리보살이 정말 궁금한 것은 '어떻게 그런 뛰어난 삼매의 힘을 가지게 되었느냐' 하는 것입니다. 불교는 수행의 종교라고 합니다. 수행을 통해서 이런 선정의 힘, 삼매의 힘을 얻을 수 있습니다. 관세음보살이나 지장보살을 열심히 불러서 기도삼매를 이루거나 화두를 열심히 들어서 화두삼매를 이루는 것도 한 가지 방법입니다. 그리고 법화경에 깊이 빠져서 법화경이 우리의 정신세계가 될 정도로 수지, 독송하고 서사, 해설하여도 역시 삼매에 들 수 있습니다. 법화삼매가 이루어지는 것이지요. 어떤 방법을 사용하든 일념이 되어야 합니다. 10분이든 1시간이든 간에 반드시 일념이 되어야 힘이 생깁니다.

【 경문 】

爾時釋迦牟尼佛이 告文殊師利하사대 此久滅度이신 多寶如來가 當爲汝等하야 而現其相이니라 時多寶佛이 告彼菩薩하사대 善男子來하라 文殊師利法王子가 欲見汝身이니라

이때 석가모니 부처님께서 문수사리에게 말씀하셨습니다.
"오래 전에 열반하신 다보(多寶)여래께서 마땅히 그대들을 위하여 그 모습을 나타나게 하리라."
이때 다보여래께서 그 보살에게 말씀하셨습니다.
"선남자여, 오너라. 문수사리법왕자가 그대의 몸을 보고자 하느니라."

6. 묘음보살이 오는 모습

【 경문 】

于時妙音菩薩이 於彼國沒하사 與八萬四千菩薩로 俱共發來할새 所經諸國에 六種震動하사 皆悉雨於七寶蓮華하며 百千天樂은 不鼓自鳴이러라

이때 묘음보살이 그 국토에서 없어져서 팔만 사천 보살들과 함께 떠나서 오는데, 지나오는 국토들마다 여섯 가지로 진동하고 모두 칠보로 된 연꽃을 비내려 백천 가지 하늘 음악이 연주하는 이가 없는데도 저절로 울리었습니다.

❀ 묘음보살의 이름은 아름다울 묘(妙) 자에 소리 음(音) 자를 사용합니다. 보살의 이름이 암시하듯이 묘음보살이 지나오는 국토마다 칠보 연꽃이 비처럼 내리고, 하늘에서는 백천 가지 하늘 음악이 저절로 울렸다고 했습니다. 곧이어 설명하겠지만, 묘음보살이 지난 세상에 운뢰음왕 부처님께 12,000년 동안 10만 가지 풍류를 연주하여 공양하고 84,000의 칠보 발우를 받들어 올린 공덕으로 지금 이와 같은 상서를 보이는 것입니다.

【 경문 】

是菩薩目如廣大靑蓮華葉하야 正使和合百千萬月하며 其面貌端正은 復過於此하고 身眞金色이라 無量百千功德莊嚴하며 威德熾盛하사 光明照曜하며 諸相具足하대 如那羅延堅固之身이러라

이 보살의 눈은 넓고 크고 푸른 연꽃과 같으며 가령 백천만 개의 달을 모아 놓더라도 그 얼굴의 단정하기는 이보다도 더 낫습니다. 몸은 황금빛인데 한량없는 백천 공덕으로 장엄하였고, 위덕(威德)이 훌륭하고 광명이 찬란하여 여러 가지 모습을 구족한 것이 마치 나라연(那羅延)금강의 견고한 몸과 같았습니다.

❀   묘음보살의 눈이 넓고 크고 푸른 연꽃과 같다고 했습니다. 이런 눈을 청련화안(靑蓮華眼)이라고 합니다. 부처님의 눈도 청련화안입니다. 청련화 즉 푸른 연꽃은 우리나라에서는 보기 어렵지만 인도에서는 쉽게 볼 수 있습니다. 청련화의 꽃잎은 다른 연꽃의 잎보다 가늘고 길게 생겼는데, 눈이 마치 이 꽃잎처럼 가늘고 긴 모양이라는 말입니다. 관상학에서는 안장유학(眼長有學)이라고 해서, 눈의 모양이 길면 학문이 깊고 지혜가 있다고 합니다. 그래서 부처님은 눈의 모양부터 지혜가 있고 학문이 깊은 관상을 타고 태어났다고 할 수 있는데, 묘음보살의 눈도 그러한 모양이라고 했습니다.

그리고 그 얼굴이 단정한 것이 백천만 개의 달을 모아놓은 것보다 낫다고 했습니다. 우리나라에서도 잘 생긴 얼굴을 가리켜서 달덩이 같다는 표현을 합니다. 또한 그 몸은 황금빛으로 빛나는데 마치 나라연금강의 견고한 몸과 같다고 했습니다. 이렇게 공덕으로 장엄한 묘엄보살의 모습을 아름답게 묘사하고 있습니다. 불교에서는 형상을 중요하게 여기지 않는 듯 말하면서도 또 어떤 곳에서는 형상에 대한 이야기를 참 많이 합니다.

반야심경을 설하는 관세음보살을 생각해 봅시다. 관세음보살은 색이 곧 공이요, 공이 곧 색이라며 공을 관하는 지혜의 보살입니다. 그런데도 관세음보살의 형상을 조성하거나 그림으로 그릴 때는 사람이 상상할 수 있는 가장 덕스럽고 아름다운 모습으로 표현합니다. 상(相)이 공(空)함을 설하는 보살의 형상이 그토록 화려하고 아름다운 것은 역설적으로 보이기도 합니다. '감무신이구상(鑒無身而具相)이라'는 말이 있습니다. 이 몸이 본래 없는 것인 줄 관하여 알면서도 멋지고 화려하게 상을 갖춘다는 말입니다. 남들이 감동받을 수 있도록 상을 제대로 갖추면서 또한 몸이 본래 없음을 지혜로 볼 줄 아는 것이 중도적 안목입니다. 그래서 묘음보살도 관세음보살 못지 않게 뛰어난 모습을 하고 있습니다.

불자들 가운데 외모에 관심이 없고 무시하는 이들이 간혹 있습니다. 절에 갈 때는 멋 내면 안 되고 수수하게 해야 한다고 생각하는 이들이 많습니다. 그렇지만 자신이 할 수 있는 한도 내에서 가장 품위 있고 교양 있게 꾸미고 법회에 참석하는 것이 더 바람직하다고 생각됩니다. 절을 많이 하는 사람이라면 절하기에 편한 옷을 따로 가지고 와서 바꿔 입는 것이 좋습니다. 지나치게 화려하게 입는 것도 문제이지만 너무 후줄근한 모양새로 다니는 것도 문제입니다. 스님들이 회색 옷을 입는다고 따라서 회색 옷을 흉내 내서 입고 다니는 모습은 한 번쯤 생각해 봐야 할 것입니다.

본래 몸이 없는 줄 관하여 알면서도 꾸밀 때는 누구보다 멋있게 꾸밀 줄 아는 중도적 자세를 관세음보살님에게서 배워야 하지 않겠나 생각합니다. 이것은 이중적인 것이 아니라 양면을 다 알고 때와 장소에 알맞게 맞춰서 나투는 모습을 말합니다. 태어난 사람은 누구든지 죽는다는 사실을 우리는 잘 알고 있습니다. 그렇지만 '어차피 죽을 건데'라며 먹지 않으려는 사람은 없습니다. 죽을 때 죽더라도 살아있는 동안에는 갖출 것은 갖추면서 열심히 사는 것이 존재의 실상을 제대로 알고 살아가는 삶의 모습입니다.

【 경문 】

入七寶臺하사 上昇虛空할새 去地七多羅樹며 諸菩薩衆이 恭敬圍繞하사 而來詣此娑婆世界耆闍崛山할새 到已下七寶臺하야 以價直百千瓔珞으로 持至釋迦牟尼佛所하야 頭面禮足하며 奉上瓔珞하고 而白佛言하사대

칠보로 된 대에 들어가 허공으로 올라가서 일곱 다라수쯤 떠서 보살대중들의 공경을 받으며 둘러싸여서 왔습니다. 이 사바세계의 기사굴산에 이르러서는 칠보로 된 대에서 내려와 값이 백천만 금이나 나가는 영락(瓔珞)을 가지고 석가모니 부처님 계신 데 이르러 머리를 숙여 발에 예배하고 영락을 받들어 올리면서 부처님께 말씀드렸습니다.

7. 묘음보살이 안부를 전하다

【 경문 】

世尊하 淨華宿王智佛이 問訊世尊하사대 少病少惱하시며 起居輕利하사 安樂行不잇가 四大調和不잇가 世事可忍不잇가 衆生易度不잇가 無多貪欲瞋恚愚癡와 嫉妬慳慢不잇가 無不孝父母하며 不敬沙門하며 邪見不善

心不잇가 攝五情不잇가 世尊하 衆生能降伏諸魔怨不잇가 久滅度多寶如來가 在七寶塔中하사 來聽法不잇가

"세존이시여, 정화수왕지 부처님이 세존(世尊)께 문안하시었습니다. '건강하시고 편안하십니까? 기거하시기는 어려움이 없으시고 안락하게 행하십니까? 사대(四大)가 조화롭고 화평하십니까? 세상의 일은 견디실 만하십니까? 중생들도 제도하기 쉬우십니까? 탐욕이 많고 성냄이 많고 어리석고 질투하고 간탐하고 교만이 많은 이는 없습니까? 부모에게 불효하고 사문(沙門)을 공경치 않고 삿된 소견과 악한 마음을 가진 이는 없습니까? 다섯 가지 정욕(情慾)을 잘 관리하여 거두어들입니까? 세존이시여, 중생들이 마군과 원수를 잘 항복 받습니까? 오래 전에 열반하신 다보여래께서 칠보탑 안에 계시면서 오셔서 법을 듣습니까?

묘음보살이 다른 세계에서 온 다른 부처님의 제자로서, 석가모니 부처님께 올리는 문안인사입니다. 그래서 건강에서부터 하시는 일까지 골고루 문안을 여쭙고 있습니다.

【 경문 】
又問訊多寶如來하대 安隱少惱하사 堪忍久住不잇가 世尊하 我今欲見多寶佛身하노니 唯願世尊은 示我令見케하소서 爾時釋迦牟尼佛이 語多寶佛하사대 是妙音菩薩이 欲得相見이니다 時多寶佛이 告妙音言하사대 善哉善哉라 汝能爲供養釋迦牟尼佛하고 及聽法華經하며 幷見文殊師利等하야 故來至此로다

또 다보여래께 문안하시기를, '편안하시고 시끄러움은 없으십니까? 잘 참고 견디시며 오래 머무십니까?' 하시었습니다.

세존이시여, 제가 지금 다보 부처님의 몸을 친견하고자 합니다. 원컨대 세존께서 저로 하여금 친견하게 하여 주십시오."

이때 석가모니 부처님께서 다보 부처님께 말씀하셨습니다.

"이 묘음보살이 친견하고자 합니다."

이때 다보 부처님께서 묘음보살에게 말씀하셨습니다.

"훌륭하고 훌륭하여라. 그대가 석가모니 부처님에게 공양하고 법화경을 듣고 문수사리 등을 보기 위하여 여기에 왔구나."

묘음보살이 또한 다보 부처님께도 문안을 여쭈었습니다. 보살은 다보 부처님의 말씀으로 인해서 이 사바세계로 왔기 때문에 빠뜨리지 않고 문안인사를 올립니다.

8. 묘음보살의 선근(善根)과 공덕(功德)

【경문】

爾時華德菩薩이 白佛言하사대 世尊하 是妙音菩薩이 種何善根하며 修何功德하야 有是神力이닛고 佛告華德菩薩하사대 過去有佛하니 名雲雷音王多陀阿伽度阿羅訶三藐三佛陀라 國名現一切世間이요 劫名喜見이러니 妙音菩薩이 於萬二千歲에 以十萬種伎樂으로 供養雲雷音王佛하고 幷奉上八萬四千七寶鉢일새 以是因緣果報로 今生淨華宿王智佛國하사

有是神力이니라 華德아 於汝意云何오 爾時雲雷音王佛所에 妙音菩薩이 伎樂供養하고 奉上寶器者가 豈異人乎아 今此妙音菩薩摩訶薩是니라 華德아 是妙音菩薩이 已曾供養親近無量諸佛하사 久植德本하며 又値恒河沙等百千萬億那由他佛이니라

그때 화덕보살이 부처님께 말씀드렸습니다.
"세존이시여, 이 묘음보살이 무슨 선근(善根)을 심었으며 무슨 공덕(功德)을 닦았기에 이런 신통의 힘이 있습니까?"
부처님께서 화덕보살에게 말씀하셨습니다.
"지난 세상에 부처님이 계시었으니 이름이 운뢰음왕(雲雷音王)여래·응공(應供)·정변지(正遍知)이시니라. 국토의 이름은 현일체세간(現一切世間)이고, 겁의 이름은 희견(喜見)이었느니라.
묘음보살이 일만 이천 년 동안 십만 가지 풍류를 연주하여 운뢰음왕 부처님께 공양하고, 팔만 사천 칠보 발우(鉢盂)를 받들어 올렸느니라. 그때의 인연과 과보로 지금 정화수왕지 부처님 국토에 났으므로 이런 신통의 힘이 있느니라.
화덕이여, 어떻게 생각하는가? 그때 운뢰음왕 부처님이 계신 곳에서 묘음보살이 풍류를 연주하여 공양하고 발우를 받들어 올린 이가 어찌 다른 사람이겠는가. 지금 여기에 있는 묘음보살마하살이니라.
화덕이여, 이 묘음보살이 이미 일찍이 한량없는 부처님들에게 공양하고 친근하여 오래도록 덕의 근본을 심었고, 또 항하강의 모래 수와 같은 백천만 억 나유타 부처님을 만났느니라.

🌸　묘음보살은 지난 세상부터 자신의 능력을 발휘해서 부처님께 십만 가지 풍류를 연주하여 공양을 올렸습니다. 음악공양은 옛날부터 많이 하는 공양입니다. 법당의 천정을 보면 천신과 천녀들이 춤을 추면서 악기를 연주하는 그림이 그려진 곳도 있습니다. 묘음보살은 자신이 할 수 있는 능력을 다해서 부처님께 공양을 올렸습니다. 그리고 의식주 가운데 먹고 사는 일이 가장 중요하므로 발우 공양을 올리는 것도 매우 의미 있는 일입니다.

　뿐만 아니라 '항하강의 모래 수와 같은 백천만 억 나유타의 부처님을 만났다'고 했습니다. 이 말은 수행이 깊어져서 부처님의 안목을 갖게 되었다고 볼 수 있습니다. 부처님과 같은 안목이 아니라면 부처를 만나더라도 부처임을 알아보지 못할 것입니다. 부처님과 같은 안목을 지녔기 때문에 만나는 모든 사람을 부처님으로 받들어 섬기는 진정한 법화행자가 되었다는 것을 말하고 있습니다.

9. 묘음보살의 신력(神力)

【경문】

華德아 汝但見妙音菩薩의 其身在此이나 而是菩薩은 現種種身하야 處處爲諸衆生하사 說是經典하나니라 或現梵王身하며 或現帝釋身하며 或現自在天身하며 或現大自在天身하며 或現天大將軍身하며 或現毘沙門天王身하며 或現轉輪聖王身하며 或現諸小王身하며 或現長者身하며 或現居士身하며 或現宰官身하며 或現婆羅門身하며 或現比丘比丘尼와 優

婆塞優婆夷身하며 或現長者居士婦女身하며 或現宰官婦女身하며 或現
婆羅門婦女身하며 或現童男童女身하며 或現天龍夜叉와 乾闥婆阿修
羅와 迦樓羅緊那羅와 摩睺羅伽人非人等身하야 而說是經하며 諸有地
獄餓鬼畜生과 及衆難處를 皆能救濟하며 乃至於王後宮에 變爲女身하야
而說是經하나니

화덕이여, 그대가 다만 묘음보살의 몸이 여기 있는 줄로만 보거니와, 이 보살이 갖가시 몸을 나타내어 여러 곳에서 모든 중생들을 위하여 이 경전(經典)을 해설하느니라.

혹은 범천왕의 몸도 나타내고, 혹은 제석천왕의 몸도 나타내고, 혹은 자재천의 몸도 나타내고, 혹은 대자재천의 몸도 나타내고, 혹은 천대장군의 몸도 나타내고, 혹은 비사문천왕의 몸도 나타내느니라.

혹은 전륜성왕의 몸도 나타내고, 혹은 작은 왕의 몸도 나타내고, 혹은 장자의 몸도 나타내고, 혹은 거사의 몸도 나타내고, 혹은 재상의 몸도 나타내고, 혹은 바라문의 몸도 나타내고, 혹은 비구·비구니·우바새·우바이의 몸도 나타내느니라.

혹은 장자의 부인의 몸도 나타내고, 혹은 거사의 부인의 몸도 나타내고, 혹은 재상의 부인의 몸도 나타내고, 혹은 바라문의 부인의 몸도 나타내고, 혹은 동남동녀의 몸도 나타내며, 혹은 천신·용·야차·건달바·아수라·가루라·긴나라·마후라가와 사람과 사람 아닌 이들의 몸도 나타내어서 이 경을 설하느니라.

모든 지옥과 아귀와 축생과 온갖 어려운 곳에서도 모두 능히 구제하며, 또는 임금의 후궁에서는 여자의 몸으로 변신하여 이 경을 설하느니라.

🪷　　묘음보살이 이 경전을 해설하거나 중생을 제도할 때 사람들의 수많은 성향과 근기를 맞추어 알맞은 모습으로 법을 설했다는 겁니다. 이러한 것이 꼭 필요합니다. 팔만 사천 근기에 팔만 사천 방편을 필요로 한 것이 부처님의 마음이고, 그래서 팔만 사천의 법문이 있게 되었다는 것입니다. 묘음보살이 왜 이렇게 힘들게 많은 몸으로 변신해 가면서 중생들을 접하겠습니까? 바로 진리의 말씀을 전해서 이치대로 살도록 하자는 데 그 뜻이 있습니다. 온갖 방편을 다 동원해서라도 결국은 진리의 말씀을 전하는 이 경을 설하는 것이 중요하다는 것입니다.

【 경문 】

華德아 是妙音菩薩이 能救護娑婆世界諸衆生者니 是妙音菩薩이 如是種種變化現身하사 在此娑婆國土하야 爲諸衆生하사 說是經典하대 於神通變化智慧에 無所損減이니 是菩薩이 以若干智慧로 明照娑婆世界하사 令一切衆生으로 各得所知하며 於十方恒河沙世界中에 亦復如是니라

화덕이여, 이 묘음보살은 사바세계의 모든 중생들을 구호(救護)하는 사람이니라. 이 묘음보살이 이와 같은 가지가지로 변화하는 몸을 나타내어 이 사바세계에 있어 중생들에게 이 경전을 설하지마는 그 신통변화(神通變化)와 지혜는 조금도 감손(減損)하지 않느니라. 이 보살이 많은 지혜로 사바세계를 밝게 비추어 모든 중생들로 하여금 각각 알 것을 알게 하며 시방의 항하강의 모래수 같은 세계에서도 역시 그렇게 하느니라.

❈   사람이면 사람, 사물이면 사물, 모든 존재의 실다운 참 모습을 이해하고 그 이치에 따라 살면 그것이 진리에 맞게 사는 일이고, 순리대로 사는 일이며 또한 행복해지는 길이기도 합니다. 그밖에 기상천외한 특별한 것을 따로 만들어서 사는 것이 바르게 사는 것은 아니라는 뜻입니다.

【 경문 】
若應以聲聞形으로 得度者는 現聲聞形하야 而爲說法하며 應以辟支佛形得度者는 現辟支佛形하야 而爲說法하며 應以菩薩形得度者는 現菩薩形하야 而爲說法하며 應以佛形으로 得度者는 卽現佛形하야 而爲說法하나니 如是種種隨所應度者하야 而爲現形하며 乃至應以滅度로 而得度者는 示現滅度니라 華德아 妙音菩薩摩訶薩이 成就大神通智慧之力은 其事如是니라

만일 성문(聲聞)의 몸으로 제도할 이에게는 성문의 몸을 나타내어 법을 설하고, 벽지불(辟支佛)의 몸으로 제도할 이에게는 벽지불의 몸을 나타내어 법을 설하고, 부처님의 몸으로 제도할 이에게는 부처님의 몸을 나타내어 법을 설하느니라. 이렇게 여러 가지 제도할 바를 따라서 몸을 나타내며 또는 꼭 열반(涅槃)으로써 제도할 이에게는 열반을 나타내느니라. 화덕이여, 묘음보살마하살이 큰 신통과 지혜의 힘을 성취한 일이 이와 같으니라."

❈   묘음보살은 필요한 온갖 몸을 다 취하면서 중생을 제도합니다.

심지어 열반으로 제도할 이에게는 열반을 나타내 보인다고 했습니다. 제16 여래수량품에도 열반에 대한 이야기가 나옵니다. 사실 부처님께서는 영원한 존재이기 때문에 열반에 드는 일이 없지만, 중생들이 발심해서 열심히 공부하도록 하기 위해서 방편으로 열반의 모습을 보이셨습니다. 그러나 부처님께서는 일찍이 태어난 바도 없으므로 열반에 든 바도 없다는 것이 법화경의 안목입니다.

10. 삼매에 대한 문답(問答)

【 경문 】

爾時華德菩薩이 白佛言하사대 世尊하 是妙音菩薩이 深種善根이니다 世尊하 是菩薩住何三昧하야 而能如是在所變現하며 度脫衆生이닛고 佛告華德菩薩하사대 善男子야 其三昧名現一切色身이니 妙音菩薩이 住是三昧中하야 能如是饒益無量衆生하나니라

이때 화덕보살이 부처님께 말씀드렸습니다.
"세존이시여, 이 묘음보살이 선근(善根)을 깊이 심었습니다. 세존이시여, 이 보살이 무슨 삼매(三昧)에 머물러 있기에 이렇게 있는 곳마다 변화하여 나타나서 중생들을 제도합니까?"
부처님께서 화덕보살에게 말씀하셨습니다.
"선남자여, 그가 얻은 삼매의 이름은 현일체색신(現一切色身)삼매라 하느니라. 묘음보살이 이 삼매에 머물러 이렇게 한량없는 중생들을 이익

케 하느니라."

❋ 묘음보살이 이렇게 여러 가지 몸을 나타낼 수 있는 능력은 근본적으로 삼매의 힘이라고 묘음보살품에서 특히 강조하고 있습니다. 어떤 삼매에 머물렀기에 이렇게 변화해서 중생들을 제도하느냐고 화덕보살이 물었습니다. 묘음보살이 얻은 삼매는 일체의 색신을 나타내는 삼매입니다. 모든 사람의 몸을 나타낼 줄 아는 그런 삼매지요.

11. 묘음보살품을 설하고 삼매를 얻다

【 경문 】

說是妙音菩薩品時에 與妙音菩薩俱來者八萬四千人이 皆得現一切色身三昧하고 此娑婆世界에 無量菩薩도 亦得是三昧와 及陀羅尼하니라

이 묘음보살품을 말씀하실 때에 묘음보살과 함께 왔던 팔만 사천 사람들은 온갖 색신을 나타내는 삼매를 얻었고, 이 사바세계의 한량없는 보살들도 역시 이 현일체색신(現一切色身)삼매와 다라니를 얻었습니다.

❋ 법화경은 모두 28개의 품으로 구성되어 있는데, 한 품 한 품 독립적으로 표현하는 것이 법화경의 특징입니다.

12. 묘음보살이 본토(本土)로 돌아가다

【 경문 】

爾時妙音菩薩摩訶薩이 供養釋迦牟尼佛과 及多寶佛塔已에 還歸本土할새 所經諸國에 六種震動하고 雨寶蓮華하며 作百千萬億種種伎樂이러라 既到本國하야 與八萬四千菩薩圍繞하고 至淨華宿王智佛所하야 白佛言하사대 世尊하 我到娑婆世界하야 饒益衆生하며 見釋迦牟尼佛하고 及見多寶佛塔하야는 禮拜供養하며 又見文殊師利法王子菩薩하며 及見藥王菩薩과 得勤精進力菩薩과 勇施菩薩等하고 亦令是八萬四千菩薩로 得現一切色身三昧니다하니라 說是妙音菩薩來往品時에 四萬二千天子는 得無生法忍하고 華德菩薩은 得法華三昧하니라

그때에 묘음보살마하살이 석가모니 부처님과 다보 부처님의 탑에 공양함을 마치고 본국(本國)으로 돌아가는데, 지나가는 국토들마다 여섯 가지로 진동하고, 보배 연꽃을 비내리며, 백천만 억의 온갖 풍류를 연주하였습니다. 본국에 돌아가서는 팔만 사천 보살들에게 둘러싸여 정화수왕지(淨華宿王智) 부처님이 계신 곳에 이르러 부처님께 말씀드렸습니다.
"세존이시여, 제가 사바세계에 가서 중생들을 이익케 하였습니다. 석가모니 부처님을 친견하고 다보 부처님의 탑도 친견하고 예배하며 공양하였습니다. 또 문수사리법왕자보살을 보았으며, 또한 약왕(藥王)보살과 득근정진력(得勤精進力)보살과 용시(勇施)보살 등을 만났습니다. 그리고 이 팔만 사천 보살들로 하여금 현일체색신(現一切色身)삼매를 얻게 하였습니다."

이 묘음보살래왕품(來往品)을 설할 때에 사만 이천 천자(天子)가 무생법인(無生法忍)을 얻었고, 화덕보살은 법화삼매(法華三昧)를 얻었습니다.

❁   묘음보살과 함께 사바세계에 다녀온 팔만 사천의 보살들은 모두 현일체색신삼매를 얻었고, 이 품의 설법을 들은 사만 이천의 천자는 무생법인을 얻었다고 했습니다. 무생법인을 얻었다는 말은 생멸이 없는 진리를 보았다는 뜻입니다. 나지도 않고 없어지지도 않는 영원한 진리를 말합니다. 우리가 볼 수 있는 한계는 생멸(生滅)입니다. 천변만화(千變萬化)하는 생멸의 변화를 보고 느끼는 것입니다. 이러한 한계를 뛰어넘어서, 즉 생멸에서 생멸이 없는 것을 보게 되었다는 뜻입니다.

그리고 화덕 보살은 법화삼매를 얻었다고 했습니다. 화엄경의 가르침을 실천하면 화엄삼매를 얻게 되고, 능엄경의 가르침을 따르면 능엄삼매를 얻게 됩니다. 이와 마찬가지로 법화경의 가르침에 젖어들어 그대로 살게 되면 법화삼매를 얻는 것입니다. 하루하루의 삶이, 모든 순간이 법화경의 이치 속에서 한결같이 여여하게 굴러가는 것을 말합니다. 법화경의 이치와 내가 하나가 되고, 나의 세계가 되는 것이 법화삼매입니다. 이 삼매를 얻는 방법은 열심히 법화경을 읽고 듣고(聞) 쓰고 사유하며(思) 그 정신을 실천에 옮기는 것(修)입니다. 문(聞)·사(思)·수(修)가 경전을 통해 수행하는 방법입니다. 이렇게 수행하면 누구나 법화삼매에 젖어들 수 있습니다.

25 관세음보살보문품

(觀世音菩薩普門品)

관세음보살보문품은 법화경의 일부이지만 이 품만 따로 떼어서 관음경(觀音經)이라고 부르기도 합니다. 일본에서 가장 많이 읽히는 경전은 반야심경과 관음경이라고 합니다. 우리나라에서는 천수경과 반야심경입니다. 그런데 반야심경과 천수경, 관음경 등 세 경전이 모두 관세음보살이 주인공으로서 관음신앙과 관련되어 있습니다. 우리나라에서 관음신앙이 이렇게 일반화된 데는 법화경 관세음보살보문품의 영향도 있지만, 천수경의 영향도 크고, 능엄경의 영향도 있다고 생각됩니다.

우리가 불교의식을 할 때 늘 외우는 천수경의 원래 이름이 천수천안관자재보살광대원만무애대비심대다라니경(千手千眼觀自在菩薩廣大圓滿無碍大悲心大陀羅尼經)입니다. 관세음보살님이 천 개의 손과 천 개의 눈으로 우리를 보살피고 거두어 주시는 다라니에 대한 경전이라는 뜻입니다. 그리고 반야심경에 등장하는 관자재보살은 관세음보살의 다른 이름이라는 것은 이미 알고 계실 것입니다. 스님들이 강원에 들어와서 사교반이 되면 능엄경을 공부합니다. 능엄경은 이십오원통(二十五圓通) 즉 삼매에 이르는 25가지 방편을 소개하고 있습니다. 이것은 성문과 보살 등 부처님의 제자 25명이 각자 자신의 공부 방법을 소개한 것인데, 이 중에서 관세음보살의 이근원통법(耳根圓通法)이 말겁에는 가장 뛰어난 방편이라고 말하고 있습니다. 그러면서 관세음보살의 위신력을 설명하고 찬탄합니다.

이와 같이 우리나라에서는 천수경과 반야심경, 능엄경, 법화경 관세음보살보문품 등의 영향으로 관음신앙이 뿌리내렸다고 할 수 있습니다. 반야심경과 능엄경은 심원한 불교 이치를 전개하는 철학적인 경전이라고 볼 수 있습니다. 그에 비해 천수경과 관세음보살보문품은 현세적인 이익을 설하는 대중적인 경전이라고 할 수 있습니다. 전문적인 경전과 대중적인 경전을 모두 갖추고 있기 때문에 관음신앙이 계층을 막론하고 누구에게나 호소력을 지닐 수 있는 것이라고 생각됩니다.

관세음보살은 참으로 수많은 사람들의 마음을 사로잡고 있습니다. 우리들이 어려운 일을 당했을 때, 고통을 겪을 때, 해결해야 하는 문제가 있을 때, 성취해야 할 소원이 있을 때 그 이름을 일심(一心)으로 부르면 관세음보살이 구해준다는 믿음을 가지고 있습니다. 그래서 열심히 관세음보살을 부르면서 관음기도를 합니다. 예전에 우리 어머니나 할머니들은 좋은 때나 위급할 때나 관세음보살을 입에 달고 사셨습니다. 돌부리에 채여 넘어질 때도 관세음보살, 자식이 속을 썩여도 관세음보살, 남편이 승진했을 때도 관세음보살을 부르셨습니다. 그 정도로 관음신앙이 뿌리 깊었었는데 요즘은 그 신심이 조금 덜한 것 같습니다.

관음신앙은 유한하고 제약이 많은 우리의 인생에 용기와 위안을 주고 큰 의지가 됩니다. 저도 선방에서 화두 들고 정진도 하고 경전 공부도 했습니다만 관세음보살님에 대한 신앙심이 적다고 할 수 없습니다. 단순히 많은 사람들이 믿고 따르는 신앙이라고 해서 가볍게 볼 일이 아닙니다. 관음신앙이야말로 그 경지를 제대로 이해하면 참으로 깊이 있는 종교적 행위이고 수행법이라고 할 수 있습니다.

바로 앞의 묘음보살품에서 묘음보살이 삼매의 힘으로 팔만 사천 개의 보배 연꽃을 만드는 등 여러 가지 일을 행했습니다. 묘음보살처럼 우리들도 관세음보살의 명호를 일념(一念)으로 불러서 관음삼매를 성취하면 모든 것을 다 이룰 수 있습니다. 더 나아가 선가에서 말하는 여래선이니 조사선이니 하는 것도 관음삼매를 통해서 충분히 성취할 수 있습니다. 선가에 전해지는 게송 중에 이런 게송이 있습니다.

만연도방하(萬緣都放下)
단념관세음(但念觀世音)
차시여래선(此是如來禪)

역명조사선(亦名祖師禪)

밖에서 오는 인연이나
안에서 일어나는 인연이나 모두 놓아버리고
항상 관세음보살만 일념으로 생각하라.
이것이 여래선이며 또한 조사선이니라.

가지 위에 새가 많이 앉아 있는 나무가 있다고 가정해 봅시다. 우리가 그 나무 아래에서 크게 소리를 지르게 되면 새들이 깜짝 놀라서 다 날아가 버릴 것입니다. 이와 같이 우리가 일심으로 관세음보살의 명호를 부르면 온갖 번뇌와 망상 그리고 풀리지 않던 어려운 문제까지 모두 머물 곳을 찾지 못하고 사라져 버릴 것입니다. 참으로 관음신앙은 제대로 이해하면 경지가 깊은 수행법이기도 합니다. 우리가 이 관세음보살보문품을 제대로 공부하면 관음신앙의 진정한 뜻을 알 수 있습니다.

본문에서 자세하게 살펴보겠지만 관세음보살의 명호를 일심으로 부르면 어떤 신이한 결과를 가져오기 때문에 그 결과에 초점을 맞추어서 기적이라고 생각할 수도 있습니다. 다시 말해서, 병을 다스리거나 금전이 들어오거나 시험에 합격하거나 매매가 이루어지거나 또는 혼인이 성사되거나 자녀를 얻거나 하는 소원을 빌기 위해 관세음보살님에게 기도하고 나서 성취되는 일을 경험합니다. 이것은 결과로서의 기적입니다.

그러나 그 결과보다 더 큰 즉각적인 효능이 있습니다. 바로 효과가 나타나는 이익이기 때문에 사람들이 눈치 채지 못했을 뿐입니다. 예를 들어, 나에게 어떤 좋지 않은 일이 일어났을 때, 심하게 모욕을 받았거나 크게 손해를 입었거나 했을 때 우리는 즉각적으로 별별 앙심을 다 품게 됩니다. 죽일 놈, 살릴 놈 하며 욕도 하게 됩니다. 그럴 때 어떻습니까? 관음신앙을 가진 분들은 '나무 관세음보살' 하든지 '관세음보살' 하고 외우게 됩니다. 욕이 나가려던 그 순간 입에서 관세음보살님의 명호가 나가게 됩니다. 그것은 상대를 상처 입힐 화살이 나가는 대신 연꽃이 입에서 나가는 것과 같습니다. 이것이 가장 즉효적인 기적이라고 할 수 있습니다. 이미 많은 분들이 경험했던 일이고 또 앞으로도 계속 이어지리라고 생각합니다.

　순간적으로 분노가 치밀어 오르게 되면 그 상대를 향해서 미워하는 마음을 품고 입으로 저주하는 말이나 욕을 할 수 있습니다. 그러나 관음신앙을 가진 분들은 그런 말이나 마음을 '관세음보살'로 꾹 눌러버리고 마음을 다른 곳으로 돌립니다. 순식간에 악업을 선업으로 바꾸는 것이니 이 얼마나 놀라운 기적입니까? 정말 이보다 더 큰 기적이 없습니다. 이것이야말로 즉효적으로 나타나는 현세의 이익입니다.

　물론 결과적으로 일어나는 소원 성취도 얼마든지 가능한 일입니다. 경전에 나온 대로 '일심칭명(一心稱名)' 즉 오로지 한 마음으로 관세음보살님만 일컬으면 안 될 일도 이루어집니다. 병원에서도 못 고치는 병이 낫고 어려웠던 사업이 번창하게 되는 등 개개인의 소망이 이루어집니다. 그러나 그보다 더 우선하는 것은 어떤 것을 원하고 바라는 우리의 마음이 먼저 관세음보살의 마음으로 변하는 것이 더 큰 기적입니다. 좋은 것이든 나쁜 것이든 바라고 소원하는 그 마음이 관세음보살의 명호를 일심으로 부르는 동안에 모두 관세음보살로 변하게 됩니다.

즉효적인 기적이든 혹은 결과적인 기적이든 간에 기적을 이루기 위해서는 일념(一念)을 이루어야 합니다. 기도를 할 때는 일념이 되어야 제대로 효과를 거둘 수 있는데, 요즘 사람들은 너무 산만한 것이 제일 큰 문제입니다. 그렇더라도 우리는 관세음보살에 대해 바르게 이해하고 믿어야 합니다. 올바른 관음신앙을 가지게 되면 마음이 잘 거두어져서 기도할 때 일념이 쉽게 됩니다. 또 일념이 안 되더라도 관세음보살님의 명호를 한 번 부를 때마다 그 자체로 기적이 일어난다는 것을 이해하고 거기에 만족하기를 반복하다 보면 점차로 일념이 이루어지고 큰 영험을 볼 수 있으리라고 생각합니다.

법화경은 모두 28개의 품으로 되어 있습니다. 전반부인 적문(迹門)에서는 방편품과 비유품, 법사품 등이 중요하고 후반부인 본문(本門)에서는 여래수량품이나 제바달다품, 상불경보살품 등 중요하다고 손꼽히는 품들이 많습니다. 그러나 어떤 의미에서 법화경은 관세음보살품을 이야기하기 위해 설해진 경전이 아닌가 하는 생각이 들 때도 있습니다. 그만큼 한국불교에서 관음신앙은 오랫동안 널리 퍼져있는 대중적인 신앙이라고 할 수 있습니다. 배운 사람이든 못 배운 사람이든, 젊은이나 노인도 다 신앙하고, 초발심의 신자나 오래된 신자나 스님이나 할 것 없이 누구나 믿고 의지하는 신앙이 관음신앙입니다. 그래서 이 품을 따로 독립해서 관음경이라고 부르며 독송하거나 사경하며 공부하는 경우가 많은 것입니다.

1. 무진의(無盡意)보살이 묻다

【경문】

爾時無盡意菩薩이 卽從座起하사 偏袒右肩하고 合掌向佛하사 而作是言하사대 世尊하 觀世音菩薩은 以何因緣으로 名觀世音이닛고

그때에 무진의(無盡意)보살이 자리에서 일어나 오른 어깨를 드러내어 진실을 보이고 합장하여 부처님을 향하여 이렇게 말하였습니다.
"세존이시여, 관세음보살은 무슨 인연으로 관세음이라 합니까?"

❀ 관세음보살의 관세음(觀世音)은 범어(梵語) '아발로키테슈와라(Avalokiteśvara)'의 뜻을 한자로 옮긴 말입니다. 관자재(觀自在)나 관세자재(觀世自在) 또는 관세음자재(觀世音自在)라고도 옮깁니다. 관세음은 세상의 모든 소리를 살펴본다는 뜻이고, 관자재는 세상의 모든 것을 자재롭게 관조한다는 뜻입니다. 우리나라에서는 일찍부터 관세음보살로 신앙해 왔습니다.

【경문】

佛告無盡意菩薩하사대 善男子야 若有無量百千萬億衆生이 受諸苦惱하대 聞是觀世音菩薩하고 一心稱名하면 觀世音菩薩이 卽時觀其音聲하야 皆得解脫케하나니라

부처님께서 무진의보살에게 말씀하셨습니다.

"선남자여, 만일 한량없는 백천만 억 중생들이 온갖 괴로움을 받을 적에 이 관세음보살의 이름을 듣고 일심(一心)으로 관세음보살의 이름을 일컬으면 관세음보살이 곧 그 음성을 관찰하고 모두 괴로움에서 벗어나게 하느니라.

※ 인생은 고통의 바다라는 말이 있습니다. 우리가 세상에 몸을 받고 태어나서 산다는 것 자체가 고통입니다. 어릴 때는 철이 없어서 무엇이 고통인지 몰랐지만 차츰 나이가 들고 세상 경험을 하면서 인생이 고해(苦海)요, 화택(火宅)이라는 부처님 말씀이 옳은 줄 실감하게 됩니다. 마음의 고통이든 몸의 고통이든 간에 온갖 고통을 떠나서 즐거움을 얻는 것이 불교의 목적입니다. 이런 온갖 고통을 받을 때 관세음보살의 이름을 일심(一心)으로 일컬으면 관세음보살이 그 음성을 잘 살펴서 모든 고통에서 벗어나게 해 준다고 했습니다. 우리의 음성을 살펴서 고통에서 벗어나게 해 주시는 관세음보살을 생각할 때 우선은 밖에 계신 관세음보살을 먼저 떠올리게 됩니다. 그 곳이 보타락가산인지 관음도량인지 정확하게 알 수는 없지만 일단 나 아닌 다른 곳에 계시는 관세음보살님을 떠올리고 의지하게 됩니다.

그러나 한편으로 관세음보살은 나의 내면에 있기도 합니다. 안과 밖이 둘이면서도 둘이 아니기도 한 까닭에 관세음보살은 먼 바다 한 가운데에 있는 보타락가산에 계시기도 하고 동시에 내 안에 계시기도 합니다. 이렇게 보는 것이 바로 보는 것입니다. 모든 것이 내 마음 안에 있으면서도 또 바깥 세상에 있기도 하고, 바깥 세상에 있으면서 또 내 마음 안에 있습니다. 관세음보살님도 마찬가지입니다. 내 안에 계신 관세음보살과 밖에 계신 관세음보살이 둘이 아닌 경지만 제대로 이해해도 불교의 이치를 깊이 이해하는 것입니다.

어려움에 부딪혔을 때 나도 모르게 관세음보살님의 명호를 부르게 될 정도로 우리나라에서 관음신앙은 가장 대중적이며 일반화되었습니다. 그래서 '관세음보살' 하고 부를 때 어머니를 부르는 듯한 친근함이 가슴으로 느껴집니다. 대성자모(大聖慈母) 관자재보살(觀自在菩薩) 즉 위대한 성인이시면서 자비로운 어머니인 관세음보살이라는 표현도 곧잘 합니다.

수행의 종교라고 불리는 불교의 수행법은 참으로 다종다양합니다. 요즘 많이 알려진 참선이나 위빠사나와 같이 묵묵히 속으로 하는 수행법이 있는가 하면, 법당에서 목탁을 치면서 목이 터져라 소리 높여 불보살님의 명호를 부르는 수행법도 있습니다. 이렇게 불보살님의 명호를 부르는 것을 염불(念佛)이라고 흔히 이야기하는데, 사실 그 내용을 자세히 보면 염불(念佛), 염법(念法), 염승(念僧) 즉 불·법·승의 삼보 모두에 해당됩니다. 석가모니불이나 아미타불을 부르는 것은 염불에 해당하고, 묘법연화경이나 대방광불화엄경, 금강반야바라밀경, 마하반야바라밀과 같은 경전의 이름을 외우는 경우는 창제(唱題, 제목을 부르다)라고 하는데 염법에 해당합니다. 경전의 제목을 통해서 부처님의 가르침을 생각하고 외우며 부르는 것이 됩니다. 지장보살이나 문수보살, 관세음보살, 보현보살을 부르는 것은 염승에 해당합니다. 보살과 조사스님들까지 전부 아울러 승보에 해당하기 때문입니다.

예불문에도 그렇게 나와 있습니다. 석가모니불과 시방삼세에 상주하시는 일체의 불타야중에 귀의하는 것으로 불보에 귀의하고, 시방삼세에 상주하는 달마야중에 귀의하는 것으로 법보에 귀의합니다. 그 다음에 대지 문수사리보살, 대행 보현보살, 대비 관세음보살, 대원본존 지장보살과 더불어 십대제자와 1,200명의 여러 아라한과 역대 조사님들과 여러 선지식을 모두 합하여 승보에 귀의하는 형식으로 칠정례가 되어있습니다. 사실 부처님을 부르든 경전의 이름을 부르든 그도 아니면 보살의 이름을 부르든 상관없습니다. 다만 일심으로 열심히 부르는 것이 중요할 뿐입니다. 그렇지만 우리나라는 관음신앙이 오랫동안 내려와서 삶의 일부가 되었기 때문에 특별히 관세음보살을 섬기고 위하며, 공양하고 찬탄하면서 기도를 올립니다.

2. 일곱 가지 재난(災難)을 벗어나다〔口業〕

【 경문 】

若有持是觀世音菩薩名者는 設入大火라도 火不能燒하나니 由是菩薩의 威神力故며 若爲大水所漂라도 稱其名號하면 卽得淺處하며 若有百千萬億衆生이 爲求金銀瑠璃와 硨磲瑪瑙와 珊瑚琥珀眞珠等寶하야 入於大海할새 假使黑風이 吹其船舫하야 漂墮羅刹鬼國하니 其中若有乃至一人이라도 稱觀世音菩薩名者면 是諸人等이 皆得解脫羅刹之難하리니 以是因緣으로 名觀世音이니라

만약 어떤 사람이 이 관세음보살의 이름을 지니는 이는 설사 큰불에 들어가도 불이 능히 태우지 못하나니 이 보살의 위신력 때문이니라.

만약 큰물에 떠내려 가더라도 그 이름을 일컬으면 곧 얕은 곳에 닿게 되며, 만약 백천만 억 중생이 금·은·유리·자거·마노·산호·호박·진주 등 보배를 구하려고 큰 바다에 들어갔다가 가령 폭풍을 만나 그 배가 표류하다가 나찰 귀신들의 나라에 닿게 되었을지라도 그 가운데 한 사람이라도 관세음보살의 이름을 일컫는 이가 있으면 여러 사람들이 모두 나찰 귀신들의 재난을 벗어나게 되나니, 이러한 인연으로 관세음이라 하느니라.

일곱 가지 재난 가운데 불과 물, 바람의 재난을 이야기하고 있는데, 먼저 불의 재난부터 살펴봅시다. 앞에서 관세음보살은 우리의 내면에도 계시고 바깥에도 계신다고 했습니다. 그와 같이 불도 우리 안에도 있고 밖에도 있습니다. 흔히 분노를 불에다 비유합니다. 실제로 화가 잔뜩 난 사람의 얼굴이 벌겋게 달아오른 모양이 뜨거운 불을 연상시킵니다. 마음이 분노의 불길로 타오를 때면 입으로 그 사람을 욕하는 말을 하면서 구체적인 행동으로 해코지하려는 생각이 일어납니다. 그럴 때 '나무 관세음보살' 하고 부르면서 자기 자신을 누르고 달래면서 관세음보살님께 의지해 보십시오. 관세음보살의 명호를 부르는 것으로 분노가 사그라지는 기적이 일어납니다.

또 정말 화재가 나서 불 속에 갇히더라도 관세음보살과 내가 하나가 되는 마음으로 그 명호를 부르면 불가사의한 힘이 생겨서 불이 나를 태우지 못하게 됩니다. 놀라고 당황해서 허둥지둥하지 않으며 평정이 유지되고 재난에서 헤어날 길이 보이게 됩니다. 재난에서 구해 주는 그 힘이 관세음보살의 가피력인지 아니면 내 내면의 어떤 능력이 발휘된 것인지는 모르더라도 염피관음력(念彼觀音力) 즉 관세음보살을 염하는 힘으로 불길에서 벗어나게 됩니다. 다시 말해서 외부의 관세음보살과 내부의 관세음보살이 둘이면서 둘이 아닌 경지에 이르러 그 힘으로 가능해집니다. 관세음보살의 위신력임과 동시에 관세음보살을 부르는 그 힘으로 설사 온 천지가 활활 타더라도 불길이 해를 끼치지 못하게 됩니다.

두 번째로 물의 재난에서 벗어나게 됩니다. 만약 큰 물에 떠내려 가더라도 관세음보살의 이름을 일심으로 일컬으면 곧 얕은 곳에 닿게 된다고 했습니다. 물도 외부의 물과 내면의 물로 구분할 수 있습니다. 보통 탐욕을 물에 비유합니다. 어떤 대상을 보고 탐내는 마음이 일어나더라도 관세음보살의 명호를 일심으로 부르면 탐욕의 거센 물결에 휩쓸리지 않고 벗어날 수 있습니다. 또 실제로 큰 비가 오거나 혹은 바다에 가거나 해서 물에 떠내려가게 될 수 있습니다. 그렇다 하더라도 관세음보살을 일심으로 부르면 벗어날 길이 열립니다. 우주 삼라만상이 모두 나와 혼연일체가 될 정도로 그렇게 일심으로 관세음보살을 찾으면 거기에서 불가사의한 힘이 생깁니다. 관세음보살의 힘으로 그리고 관세음보살을 부르는 그 힘으로 문제를 해결할 방법이 나타납니다. 중요한 것은 일심불란(一心不亂)입니다. 관세음보살과 내가 하나가 되도록 온 마음을 다해서 부르는 것이 중요합니다.

세 번째로 바람의 재난에서 벗어나게 됩니다. 중생이 보배를 구하려고 큰 바다에 들어갔다가 폭풍을 만나 표류하다가 나찰 귀신의 나라에 닿게 되었을지라도 그 재난에서 벗어나게 된다고 했습니다. 나찰 귀신도 나오지만 이것은 풍난(風難)에 해당합니다. 이 대목에서 유의할 것이 있는데, 많은 사람이 한 배를 탔더라도 그 가운데 한 사람이라도 관세음보살의 이름을 일컬으면 다른 사람도 함께 재난을 면하게 된다고 했습니다. 이것을 저처럼 그대로 믿으면 순진한 사람이라고 생각할지도 모르겠습니다. 그러나 참으로 철저히 믿는 마음자세가 있어야 제대로 관음신앙을 가진 사람이라고 할 수 있습니다. 그런 사람이야말로 '만연도방하(萬緣都放下) 단념관세음(但念觀世音)' 즉 온갖 인연을 다 떨쳐버리고 오직 관세음보살만 생각하는 사람입니다. 이것이 곧 최고의 경지이며, 여래선이고 조사선입니다. 그렇습니다. 순수한 마음으로 일념으로 명호를 부를 때 그 속에는 높은 경지의 도(道)와 깨달음의 경지가 다 포함됩니다. 그러니 얼마나 좋은 방편이고 또 얼마나 좋은 신앙입니까?

겉으로 보기에 관세음보살의 명호를 부르는 일은 누가 하더라도 똑같아 보입니다. 그러나 부르는 사람의 수준과 근기에 따라서 복을 구하는 기복신앙이 되기도 하고, 경지 높은 수행법이 되기도 합니다. 이것이 관음신앙의 특징입니다. 관음신앙은 쉽게 이렇다 저렇다 단언해서도 안 되고, 단언할 수도 없는 미묘하고 불가사의한 신앙입니다. 관세음보살의 명호만 부르면 모든 것이 다 이루어진다고 해서 저급한 차원으로 생각할 것이 아니라는 말입니다.

불자님들은 보통 소원이 있을 때 관세음보살님을 많이 부릅니다. 목적이 있을 때만 부르게 된다는 말이지요. '우리 아이가 대학에 가야 되는데'라고 생각하며 기도하러 와서 관세음보살은 잊어버리고 '대학 가야 되는데, 대학 가야 되는데' 하며 망상에 빠지게 됩니다. 얼마나 깊이 망상에 빠졌는지 어느새 관세음보살이 아니라 '대학보살, 대학보살'하고 부르고 있더라는 이야기가 있습니다. 제가 어떤 부전스님에게서 들은 이야기로 실제로 있었던 일입니다.

얼마나 다급했으면 그렇게 되었겠습니까마는 이것은 온전한 관음기도가 못 됩니다. 견성해서 성불하려고 참선하지만, 참선할 때 견성성불이 마음에 있으면 안 됩니다. 자녀가 대학에 합격하기를 바라고 관음기도를 하지만, 기도할 때 대학 입학이 마음에서 떠나지 않으면 기도를 이루지 못합니다. 원하는 바를 이루고자 하면 모든 잡념을 다 떨쳐버려야 합니다. 심지어 내가 바라는 그것조차도 떨쳐버리고 오직 관세음보살과 내가 하나가 되도록 일심으로 명호를 부르는 것이 핵심입니다. 이렇게 관세음보살을 불러야 제대로 믿는 것이고 원하는 대로 성취할 수 있습니다.

【 경문 】

若復有人이 臨當被害하야 稱觀世音菩薩名者면 彼所執刀杖이 尋段段壞하야 而得解脫하며 若三千大千國土에 滿中夜叉羅刹이 欲來惱人이라도 聞其稱觀世音菩薩名者면 是諸惡鬼가 尙不能以惡眼視之어니 況復加害리요 設復有人이 若有罪어나 若無罪히 杻械枷鎖가 檢繫其身이라도 稱觀世音菩薩名者면 皆悉斷壞하고 卽得解脫하나니라

만약 또 어떤 사람이 해를 입게 되었을 적에 관세음보살의 이름을 일컬으면 그들이 가진 칼과 몽둥이가 조각조각 부서져서 벗어나게 되느니라. 만약 삼천대천세계에 가득한 야차와 나찰들이 와서 괴롭히려 하다가도 그 사람이 관세음보살의 이름을 외우는 소리를 들으면 이 악귀들이 흉

악한 눈으로 보지도 못할 것이니, 하물며 해롭힐 수가 있겠는가.

설사 또 어떤 사람이 죄가 있거나 죄가 없거나 간에 수갑과 족쇄와 칼과 쇠사슬이 그 몸을 속박하더라도 관세음보살의 이름을 일컬으면 모두 부서지고 끊어져서 벗어나게 되느니라.

※ 네 번째는 도장난(刀杖難) 즉 칼과 몽둥이의 재난에 대한 이야기이고, 다섯 번째는 야차와 나찰들에 의한, 귀신으로 인한 재난에 관한 것입니다. 이런 상황에 처하더라도 열심히 관세음보살을 부르면 그 힘으로 재난에서 벗어날 수 있습니다. 관세음보살을 부르는 내 마음에서 생겨난 파동이 온 우주에 가득한 관세음보살의 전파에 연결되어 공명(共鳴)하게 됩니다. 불보살의 세계와 나의 정신세계가 공명하게 되는 것입니다. 예를 들어서 옆방에서 어떤 방송을 틀었는데 이쪽 방에서도 같은 방송을 틀면 볼륨을 조금만 올려도 공명이 되어서 소리가 크게 울립니다. 그와 같이 비록 우리의 마음이 작고 약하더라도 관세음보살님께 주파수를 맞추어서 불보살의 세계와 바로 연결되면 상상도 못할 불가사의한 일이 생깁니다. 그러면 칼과 몽둥이가 조각조각 부서지고, 야차와 나찰이 괴롭히지 못하게 됩니다.

1960년대의 일인데, 당시는 보통 사람들의 생활수기가 많이 읽히던 시절이었습니다. 그때 일본의 어떤 야쿠자가 쓴 자서전에 나온 일화가 기억납니다. 그 야쿠자가 어느 사찰에 도둑질을 하러 갔는데, 스님이 조금도 움직이지 않고 그저 염불만 열심히 하더랍니다. 스님의 염불 소리에 그만 도둑질을 하려던 마음이 싹 사라져서 그냥 나왔다고 합니다. 지금 이 시대에는 칼과 몽둥이를 만나고 야차와 나찰을 만나는 경우가 얼마나 많습니까? 세상이 복잡해지면서 더 어지럽고 살기 힘들게 되었습니다. 인적이 드문 외진 골목을 지나갈 때는 꼭 관세음보살님을 모시는 것이 좋습니다. 뿐만 아니라 평소에도 늘 관세음보살을 모시고 다니는 것이 좋습니다. 운전을 할 때든 사람을 만날 때든 일을 할 때든 어떤 장소 어떤 상황에서도 관세음보살을 부르십시오. 관세음보살처럼 사랑과 자비의 마음을 가득 담고 관세음보살과 같은 자세로 운전을 하고 일을 한다면 관세음보살의 가피가 늘 함께할 것입니다.

여섯 번째는 가쇄(枷鎖)의 난, 즉 족쇄와 쇠사슬의 난이라고 합니다. 죄 있는 사람을 끌고 가는 것은 당연한 것이니 그런 사람들을 왜 구해주어야 하느냐고 생각할 수도 있습니다. 그러나 죄가 있거나 없거나 간에 용서하고 받아들이며, 어떻게 해서든 모두 구제하려는 것이 불교의 정신입니다. 잘못을 저질렀다고 해서 벌을 주어야 한다는 것은 불교의 정신을 모르는 사람이 하는 이야기입니다. 벌을 주는 것이 중요한 일이 아니라 그 사람이 잘못을 뉘우치고 올바르고 착하게 되는 것이 중요합니다. 무조건 벌을 주어야 개과천선을 한다면 벌을 줄 수도 있겠지만 대개는 그렇지 않습니다. 벌을 주기보다는 용서하는 것이 개과천선으로 가는 훨씬 빠른 길입니다.

【 경문 】

若三千大千國土에 滿中怨賊하면 有一商主가 將諸商人하야 齎持重寶하고 經過險路할새 其中一人이 作是唱言하대 諸善男子야 勿得恐怖하고 汝等應當一心으로 稱觀世音菩薩名號하면 是菩薩能以無畏로 施於衆

生하리니 汝等若稱名者면 於此怨賊에 當得解脫이라하니 衆商人聞하고 俱發聲言하대 南無觀世音菩薩하면 稱其名故로 卽得解脫하나니라 無盡意야 觀世音菩薩摩訶薩의 威神之力이 巍巍如是니라

만약 삼천대천세계에 도적이 가득 찼는데 어떤 상인들 중의 우두머리가 장사꾼들을 데리고 귀중한 보물을 가지고 험난한 길을 지나갈 적에 그 중의 한 사람이 말하기를 '선남자들이여, 무서워하지 말고 그대들은 일심으로 관세음보살의 이름을 일컬으시오. 이 보살은 능히 중생들의 두려움을 없애주나니, 그대들이 그 이름만 일컬으면 이 도적들의 난에서 벗어나게 될 것이다.' 하여, 여러 장사꾼들이 듣고 함께 소리를 내어 '나무 관세음보살' 하면 그 이름을 일컬은 연고로 곧 벗어나게 되느니라.
무진의여, 관세음보살마하살의 위신력이 이와 같이 높고 높으니라.

🪷 마지막 일곱 번째 도적의 재난에 대한 이야기입니다. 도적을 만난 것은 앞에서 칼과 몽둥이로 위협을 당하는 경우와 같다고 할 수 있습니다. 도적을 만났을 때 어떻겠습니까? 도적이 칼이든 몽둥이든 별별 험한 무기를 들고 우리를 위협하겠지요. 이럴 때는 정말 다른 방법이 없습니다. 관세음보살님을 열심히 부르고 또 불러서 그 도적의 마음 속에 있는 또 하나의 관세음보살이 함께 공명하도록 부르는 수밖에 없습니다. 그러면 일본 야쿠자의 수기에 나온 것처럼 도둑질하려던 마음이 싹 사라질 것입니다.

심심풀이로 적당히 부르는 정도로 이런 불가사의한 영험이 나타

나기를 바래서는 안 됩니다. 아무 것도 떠올릴 수 없는 위급한 상황에서 모든 망념을 접고 오로지 일심으로 관세음보살을 불러야 합니다. 내가 어떤 상황에 처해 있는지조차도 잊어버릴 정도로 일심으로 부르면 참으로 온 우주에 있는 관세음보살의 힘과 내 마음 속에서 우러나오는 관세음보살의 힘이 공명해서 불가사의한 영험이 나타나게 됩니다.

3. 삼독(三毒)을 떠나다〔意業〕

【 경문 】

若有衆生이 多於婬欲이라도 常念恭敬觀世音菩薩하면 便得離欲하며 若多瞋恚라도 常念恭敬觀世音菩薩하면 便得離瞋하며 若多愚癡라도 常念恭敬觀世音菩薩하면 便得離癡하나니 無盡意야 觀世音菩薩이 有如是等 大威神力하사 多所饒益일새 是故衆生이 常應心念하나니라

만약 어떤 중생이 음욕(婬欲)이 많더라도 항상 관세음보살을 생각하고 공경하면 문득 음욕을 여의게 되느니라.
만약 성내는 마음이 많더라도 항상 관세음보살을 생각하고 공경하면 문득 성내는 마음을 여의게 되느니라.
만약 어리석은 마음이 많더라도 항상 관세음보살을 생각하고 공경하면 문득 어리석음을 여의게 되느니라.
무진의여, 관세음보살은 이러한 큰 위신력이 있어서 이익케 하나니, 그러므로 중생들은 항상 응당히 마음으로 생각할 것이니라.

❄ 삼독은 탐욕(貪欲)과 진에(瞋恚), 우치(愚癡)의 세 가지 번뇌를 이르는 말입니다. 탐욕에는 재물, 명예, 음식, 수면 그리고 색에 대한 욕심 등 다섯 가지 탐욕이 있는데 그 가운데서 색욕 즉 음욕이 가장 크다고 합니다. 그래서 탐욕심의 대표로 음욕을 열거한 것입니다. 성내는 마음도 우리가 관세음보살을 일심으로 부를 수만 있다면 저절로 사라지게 됩니다. 남에게 성내는 마음이 일어나서 입으로 못된 말을 하면서 해치려는 행동을 하려고 하더라도 그 순간에 관세음보살을 부르면 칼 대신 연꽃이 나가게 됩니다. 이것이 관세음보살보문품의 기적입니다.

어리석음이라는 것은 모든 이치를 제대로 꿰뚫어보지 못하는 마음을 일컫습니다. 그렇더라도 화두를 들거나 진언을 염하거나 혹은 경전을 읽거나, 관세음보살을 지성으로 부르면서 업장을 닦아가다 보면 저절로 마음이 맑아지게 됩니다. 그래서 지혜가 드러나면서 모든 존재의 실상과 이치를 꿰뚫게 되어 어리석음이 한 순간에 날아가 버리게 됩니다.

4. 자녀(子女)를 얻다〔身業〕

【 경문 】

若有女人이 設欲求男하야 禮拜供養觀世音菩薩하면 便生福德智慧之男하고 設欲求女하면 便生端正有相之女하야 宿植德本이라 衆人愛敬하리니 無盡意야 觀世音菩薩이 有如是力하니라 若有衆生이 恭敬禮拜觀世音菩薩하면 福不唐捐하나니 是故衆生이 皆應受持觀世音菩薩名號니라

만약 어떤 여인이 아들을 낳기 위하여 관세음보살에게 예배하고 공양하면 문득 복덕이 많고 지혜가 있는 아들을 낳게 되느니라.
설령 딸을 낳기를 원하면 문득 단정하고 잘생긴 딸을 낳으리니 숙세(宿世)에 덕의 근본을 심었으므로 모든 사람이 사랑하고 공경하리라.
무진의여, 관세음보살은 이와 같은 힘이 있느니라.
만약 중생들이 관세음보살에게 공경하고 예배하면 복이 헛되지 않으리라. 그러므로 중생들은 모두 관세음보살의 이름을 받아 지닐지니라.

❀ 관세음보살을 일심으로 부르는 것은 기도이지만 임산부가 부를 때는 태교의 성격을 띠기도 합니다. 관세음보살의 그림이나 부처님의 모습을 평소에 자주 보면서 마음을 평안하게 하고 관세음보살의 지혜와 자비를 늘 생각하면서 명호를 부르면 이보다 더 좋은 태교가 없습니다. 이렇게 관세음보살의 정신과 내가 혼연일체가 되었을 때 그 결과는 불을 보듯 분명할 것입니다.

관음기도를 하고 자식을 얻은 사례는 일일이 열거할 수조차 없을 정도로 많습니다. 제가 아는 불자는 관음기도를 하고 결혼한 지 9년 만에 득남을 했습니다. 더욱 중요한 것은 기도 가피로 낳은 아이는 뭔가 달라도 다르다는 것입니다. 언젠가 아이를 데리고 절에 찾아온 적이 있는데, 네 살밖에 되지 않은 어린애가 절도 넙죽넙죽 잘하고 잘생기고 의젓한 모습이 '기도해서 낳은 아이라 다르구나' 하는 생각이 절로 들었습니다. 경전 말씀은 단 한 말씀도 허투루 하신 게 없습니다. 지혜와 복덕이 구족한 아이를 출산코자 원한다면 지극정성으로 관세음보살을 염하십시오.

5. 관세음보살의 이름을 지니는 복덕

【 경문 】

無盡意야 若有人이 受持六十二億恒河沙菩薩名字하고 復盡形토록 供養飮食衣服과 臥具醫藥하면 於汝意云何오 是善男子善女人의 功德多不아 無盡意言하사대 甚多世尊하 佛言若復有人이 受持觀世音菩薩名號하야 乃至一時라도 禮拜供養하면 是二人福이 正等無異하야 於百千萬億劫에 不可窮盡이니라 無盡意야 受持觀世音菩薩名號하면 得如是無量無邊福德之利하리라

무진의여, 만약 어떤 사람이 육십이 억 항하강의 모래 수와 같은 보살의 이름을 받아 지니고, 또 몸이 다하도록 음식과 의복과 침구와 의약으로 공양(供養)한다면 그대는 어떻게 생각하는가? 이 선남자·선여인의 공덕이 많겠는가?"
무진의보살이 말하였습니다.
"매우 많겠습니다. 세존이시여."
부처님께서 말씀하셨습니다.
"만일 어떤 사람이 관세음보살의 이름을 받아 지니고 한 때만이라도 예배하고 공양하면, 이 두 사람의 복이 꼭 같고 다름이 없어서 백천만억 겁에 이르러도 다하지 아니하리라.
무진의여, 관세음보살의 이름을 받아 지니면 이와 같이 한량없고 그지없는 복덕(福德)의 이익을 얻느니라."

6. 관세음보살의 삼업(三業)을 묻다

【 경문 】

無盡意菩薩이 白佛言하사대 世尊하 觀世音菩薩이 云何遊此娑婆世界하며 云何而爲衆生說法이며 方便之力은 其事云何닛고

무진의보살이 부처님께 말씀드렸습니다.
"세존이시여, 관세음보살이 어떻게 이 사바세계에 다니며, 어떻게 중생들을 위하여 법을 설하며, 방편의 힘은 어떠합니까?"

※ 관세음보살의 삼십이응신이 등장하는데 그 내용이 묘음보살품의 내용과 똑같습니다. 그리고 능엄경에도 같은 내용이 등장합니다. 관세음보살의 응신이 서른두 가지뿐이겠습니까? 천수천안(千手千眼)이라고 하지 않습니까? 천 개의 눈으로 살피고 천 개의 손으로 중생을 구제하는 분이니 그 나투는 모양의 수를 헤아려 셀 수 없을 것입니다. 중생의 가없는 아픔이 얼마나 애달팠으면 천 개의 손을 가지셨겠습니까? 그러나 중생의 팔만 사천 고통을 제거하시고 팔만 사천 소원을 다 들어주시려면 천 개의 눈과 손만으로는 어림도 없지요. 천(千)이라는 수는 딱 천 개가 아니라 무수히 많다는 것을 표현한 것입니다.

관세음보살은 넓고 넓은 자비로 악한 사람이든 선한 사람이든 가리지 않고 구제하십니다. 선악을 분별하지 않고 구제하는 것이 불교의 정신입니다. 선한 사람은 상을 주지만, 악한 사람은 가차 없이 벌을 주는 다른 종교와는 근본부터 다르다고 할 수 있습니다. 불교 경전

에도 악인이 벌을 받는 장면이 없는 것이 아닙니다. 그러나 악한 사람이라도 벌을 다 받은 다음에는 다시 선행을 쌓아서 복을 받을 수 있고, 또 불보살님께 간절히 의지하면 그 벌에서 벗어날 수도 있습니다. 다른 종교에서는 악행을 지은 사람은 지옥에 떨어져서 벌을 받는데 다시 구제될 길이 없습니다.

이것을 사막의 종교와 숲의 종교가 가진 차이라고 하기도 합니다. 유대교나 이슬람교와 같이 척박한 땅에서 탄생한 사막의 종교는 환경의 영향 때문인지 풍요로운 숲에서 탄생한 숲의 종교보다 훨씬 무자비해 보입니다. 불교는 풍요로운 숲의 종교에 속합니다. 선인과 악인을 분별하지 않고 모든 중생을 다 받아들이고 용서해 주고 구제해 주기 때문입니다. 성인의 마음이라면 응당 그래야 합니다. 선행을 하는 사람만 받아들이고 악행을 지은 사람은 배척하면서 사람에 따라 구분한다면 그것은 보통 사람의 마음씀씀이지 성인의 마음씀씀이라고 할 수 없겠지요.

7. 관세음보살의 삼십이응신(三十二應身)

【 경문 】

佛告無盡意菩薩하사대 善男子야 若有國土衆生이 應以佛身得度者는 觀世音菩薩이 卽現佛身하야 而爲說法하며 應以辟支佛身得度者는 卽現辟支佛身하야 而爲說法하며 應以聲聞身得度者는 卽現聲聞身하야 而爲說法하며

부처님께서 무진의보살에게 말씀하셨습니다.

"선남자여, 만약 어떤 국토의 중생이 부처님의 몸으로서 제도(濟度)할 이에게는 관세음보살이 부처님의 몸을 나타내어 법을 설하느니라. 마땅히 벽지불의 몸으로 제도할 이에게는 벽지불의 몸을 나타내어 법을 설하고, 마땅히 성문의 몸으로 제도할 이에게는 성문의 몸을 나타내어 법을 설하느니라.

【 경문 】

應以梵王身得度者는 卽現梵王身하야 而爲說法하며 應以帝釋身得度者는 卽現帝釋身하야 而爲說法하며 應以自在天身得度者는 卽現自在天身하야 而爲說法하며 應以大自在天身得度者는 卽現大自在天身하야 而爲說法하며 應以天大將軍身得度者는 卽現天大將軍身하야 而爲說法하며 應以毗沙門身得度者는 卽現毗沙門身하야 而爲說法하며

마땅히 범천왕의 몸으로 제도할 이에게는 범천왕의 몸을 나타내어 법을 설하고, 마땅히 제석천왕의 몸으로 제도할 이에게는 제석천왕의 몸을 나타내어 법을 설하고, 마땅히 자재천의 몸으로 제도할 이에게는 자재천의 몸을 나타내어 법을 설하고, 마땅히 대자재천의 몸으로 제도할 이에게는 대자재천의 몸을 나타내어 법을 설하고, 마땅히 천신대장군의 몸으로 제도할 이에게는 천신대장군의 몸을 나타내어 법을 설하고, 마땅히 비사문의 몸으로 제도할 이에게는 비사문의 몸을 나타내어 법을 설하느니라.

【 경문 】

應以小王身得度者는 卽現小王身하야 而爲說法하며 應以長者身得度者는 卽現長者身하야 而爲說法하며 應以居士身得度者는 卽現居士身하야 而爲說法하며 應以宰官身得度者는 卽現宰官身하야 而爲說法하며 應以婆羅門身得度者는 卽現婆羅門身하야 而爲說法하며

마땅히 작은 왕의 몸으로 제도할 이에게는 작은 왕의 몸을 나타내어 법을 설하고, 마땅히 장자의 몸으로 제도할 이에게는 장자의 몸을 나타내어 법을 설하고, 마땅히 거사의 몸으로 제도할 이에게는 거사의 몸을 나타내어 법을 설하고, 마땅히 재상의 몸으로 제도할 이에게는 재상의 몸을 나타내어 법을 설하고, 마땅히 바라문의 몸으로 제도할 이에게는 바라문의 몸을 나타내어 법을 설하느니라.

【 경문 】

應以比丘比丘尼와 優婆塞優婆夷身得度者는 卽現比丘比丘尼와 優婆塞優婆夷身하야 而爲說法하며 應以長者居士宰官婆羅門婦女身得度者는 卽現婦女身하야 而爲說法하며 應以童男童女身得度者는 卽現童男童女身하야 而爲說法하며

마땅히 비구·비구니·우바새·우바이의 몸으로 제도할 이에게는 비구·비구니·우바새·우바이의 몸을 나타내어 법을 설하고, 마땅히 장자·거사·재상·바라문의 부인의 몸으로 제도할 이에게는 부인의 몸을 나타내어 법을 설하고, 마땅히 동남·동녀의 몸으로 제도할 이에게는

동남·동녀의 몸을 나타내어 법을 설하느니라.

【 경문 】

應以天龍夜叉와 乾闥婆阿修羅와 迦樓羅緊那羅와 摩睺羅伽人非人等 身得度者는 卽皆現之하야 而爲說法하며 應以執金剛神得度者는 卽現 執金剛神하야 而爲說法하나니라 無盡意야 是觀世音菩薩이 成就如是功 德하야 以種種形으로 遊諸國土하사 度脫衆生하나니라

마땅히 천신·용·야차·건달바·아수라·가루라·긴나라·마후라가와 사람과 사람 아닌 이들의 몸으로 제도할 이에게는 다 그 몸을 나타내어 법을 설하고, 마땅히 집금강신으로 제도할 이에게는 집금강신을 나타내어 법을 설하느니라. 무진의여, 이 관세음보살이 이와 같은 공덕을 성취하고 가지가지 형상으로 여러 국토에 다니면서 중생들을 제도하여 해탈케 하느니라.

❀ 관세음보살은 이렇게 수많은 모습으로 바꾸어 나투면서 중생을 제도합니다. 이 모습들은 그대로 일상생활에서 있을 수 있는 내용을 모두 표현하고 있습니다. 여기서는 서른두 가지 모습만 이야기했지만 실제로는 백 억의 화신이 필요할 수도 있습니다. 관세음보살이 서른두 가지 응신의 모습으로 나투는 것은 서원에 따라 자비를 행하는 것이며, 또한 보살로서 이 세상을 살아가는 모습이기도 합니다.

사실 내 주위에 있는 온갖 사람들과 나를 둘러싼 여러 가지 환경과 조건이 사실은 모두 나에게 지혜의 눈을 열어주어서 깨우치기 위

해 존재합니다. 우리가 한 생각 돌리면, 악인이나 악연일지라도 나의 스승이요, 선지식이 될 수 있습니다. 그래서 모든 것이 나를 위해 존재한다고 이해해야 합니다.

8. 관세음보살에게 공양하다

【 경문 】

是故汝等은 應當一心으로 供養觀世音菩薩이니 是觀世音菩薩摩訶薩이 於怖畏急難之中에 能施無畏라 是故此娑婆世界가 皆號之爲施無畏者라하나니라

그러므로 그대들은 마땅히 한결같은 마음으로 관세음보살에게 공양해야 하느니라.
이 관세음보살마하살이 무섭고 위급한 환난 가운데서 능히 두려움이 없게 하나니, 그러므로 이 사바세계에서 모두 그를 이름하여 두려움이 없도록 베푸는 이(施無畏者)라 하느니라."

　　보시에는 법시(法施)와 재시(財施), 무외시(無畏施)의 세 가지가 있습니다. 관세음보살은 이 세 가지 보시 중에서 무외시 즉 '두려움이 없도록 베푸는 이'라고 했습니다. 어두운 밤에 혼자 길을 갈 때나 갑자기 두려움이 엄습할 때는 관세음보살님께 의지하는 것이 최고입니다. 오랜 세월 동안 우리 민족의 무의식에 깊이 뿌리내린 관음신앙 때

문에라도 저절로 '관세음보살' 하고 부르게 됩니다. 이럴 때 관음기도를 하는 불자에게는 자신의 기도에 대한 점검이 되기도 합니다. 무서우면 기도에 틈이 있는 것입니다. 기도를 제대로 못해서 마음에 틈이 생겼을 때 무서움을 느끼기 때문입니다.

무섭다, 안 무섭다는 것도 마음에서 생기는 것이고 힘들고 어렵다는 것도 다 마음에서 생깁니다. 내가 무섭다고 생각하면 무서움을 느끼게 되고, 무섭다고 생각하지 않으면 무섭지 않습니다. 어떤 일이나 상황이든 힘들다, 어렵다고 생각하면 힘들고 어려워집니다. 반면에 재미있다, 할 수 있다고 생각하면 재미있고 수월하게 할 수 있습니다. 그 기준을 마음이 정하는 것입니다. 사람들은 보통 마음 속으로 어떤 기준을 정해 놓습니다. 그 기준에 맞으면 괜찮고 좋은 것이고 맞지 않으면 나쁘고 무섭고 싫은 것으로 여깁니다. 바로 그것입니다. 다른 이유는 아무 것도 없습니다. 이렇게 우리는 자신이 정한 생활 기준, 가치관의 환상에 사로잡혀 살고 있습니다. 자기 마음에 들지 않으면 '아니다'고 하고 '세상에 어떻게 그럴 수 있느냐?'며 고개를 휘휘 내젖습니다. 그러나 따지고 보면, 그럴 수 있으니까 그런 것이 아니겠습니까? 본래 그럴 수 없는 것이라면 그런 일이 생기지도 않았을 것입니다.

'두려움이 없도록 베푸는 사람'은 달리 표현하면 '당당함을 베푸는 사람'이라고 생각됩니다. 어떤 상황에서도 겁 없이 살도록, 당당하게 살도록 해 주는 분이 관세음보살이라고 보면 됩니다. 우리가 관세음보살의 명호를 불러서 단순하게 눈에 보이는 혜택만 입으려고 할 것이 아닙니다. 관세음보살의 본래 뜻이 무엇인지 헤아려서 참된 삶의 길을 찾는 것이 참다운 관음기도라고 생각합니다.

【 경문 】

無盡意菩薩이 白佛言하사대 世尊하 我今當供養觀世音菩薩호리다하고 卽解頸衆寶珠瓔珞하니 價直百千兩金이라 而以與之하고 作是言하대 仁者受此法施珍寶瓔珞하소서 時觀世音菩薩이 不肯受之어늘 無盡意가 復白觀世音菩薩言하사대 仁者愍我等故로 受此瓔珞하소서

 무진의보살이 부처님께 말씀드렸습니다.
"세존이시여, 제가 지금 관세음보살께 공양(供養)하겠습니다."
그리고 곧 목에 장식하였던 영락의 값이 백천 금이나 되는 것을 풀어서 드리면서 이렇게 말하였습니다.
"인자(仁慈)하신 분이시여, 이 법으로 보시하는 보배영락을 받으십시오."
이때에 관세음보살은 받지 않으려 하거늘 무진의가 다시 관세음보살에게 말하였습니다.
"인자(仁慈)하신 분이시여, 우리들을 어여뻐 여기시어 이 영락을 받으십시오."

❀ 무진의보살이 백천 금이나 되는 보배영락을 관세음보살에게 공양하려고 합니다. 그런데 물질인 영락을 일컬어 '법으로 보시하는 보배영락'이라고 했습니다. 왜 그럴까요? 그것은 물질이라도 법으로 생각하고 받아달라는 것입니다. 법을 듣고 법을 펴는 의미로써 보시를 하고 받아달라는 뜻이기 때문에 법보시가 되는 것입니다. 공양을 받는 것이 사실은 공양하는 이를 생각해서 받아주는 것이라고 할 수 있습니다. 다른 면을 살펴보면, 받는 사람이 답답한 쪽이 아니라 주는

사람이 답답한 쪽입니다. 보시를 하는 사람은 복을 쌓는 것이 되지만 보시를 받는 이는 있던 복이 깎이게 됩니다.

그래서 인도에서는 도리어 거지가 큰 소리를 친다고 합니다. 달라고 구걸해서 실컷 받고 나서는 "내 덕분에 당신이 복을 지었다. 당신이 복을 지을 기회를 내가 주었으니 나에게 고마워해야 한다. 보시를 받아서 내 복이 줄어들었지만 당신이 장차 받을 복이 늘어나지 않았는가?"라고 말입니다. 그렇듯 관세음보살이 보배영락을 받아주어야 무진의보살이 공덕을 짓게 됩니다.

【 경문 】
爾時佛告觀世音菩薩하사대 當愍此無盡意菩薩과 及四衆天龍夜叉와 乾闥婆阿修羅와 迦樓羅緊那羅와 摩睺羅伽人非人等故로 受是瓔珞이니라 卽時觀世音菩薩이 愍諸四衆과 及於天龍人非人等하사 受其瓔珞하야 分作二分하대 一分奉釋迦牟尼佛하고 一分奉多寶佛塔하니라 無盡意야 觀世音菩薩이 有如是自在神力하사 遊於娑婆世界하나니라

이때 부처님께서 관세음보살에게 말씀하셨습니다.
"마땅히 이 무진의보살과 사부대중(四部大衆)과 천신·용·야차·건달바·아수라·가루라·긴나라·마후라가와 사람과 사람 아닌 이들을 어여삐 여겨서 이 영락을 받을지니라."
곧 그때 관세음보살이 사부대중과 천신·용·야차·건달바·아수라·가루라·긴나라·마후라가와 사람과 사람 아닌 이들을 어여삐 여겨서 그 영락을 받아 두 몫으로 나누어 한 몫은 석가모니 부처님께 바치고 또

한 몫은 다보불탑(多寶佛塔)에 바치었습니다.
"무진의여, 관세음보살은 이렇게 자유자재한 신통의 힘이 있어서 사바세계에 다니느니라."

무진의보살이 바치는 백천 금이나 되는 값비싼 보배영락을 관세음보살이 거듭해서 사양하자 부처님께서 중재에 나섰습니다. 관세음보살은 모든 대중을 위하는 마음에서 영락을 받으라고 부처님께서 말씀하십니다. 보시를 받아주어야 보시하는 이에게 공덕이 돌아가기 때문입니다. 그렇게 해야 관세음보살의 모든 서원과 행업이 생명력을 띠게 되고, 진실이 될 것입니다. 그 진실에 바탕하여 모든 사람들이 관세음보살을 믿고 의지하게 될 것이라는 뜻이 담겨 있습니다. 관세음보살이 보배영락 공양을 받아들이는 것은 보살을 위한 것이 아니라 일체의 모든 생명을 위한 것이 됩니다.

관세음보살은 보배영락 공양을 받으면서 보시의 공덕을 더욱 크게 만들었습니다. 그 영락을 둘로 나누어 석가모니 부처님과 다보 부처님께 바쳤습니다. 다보 부처님은 법화경을 설하는 곳은 어디든지 나투어 증명하겠다는 서원을 이루기 위해 다보불탑 안에서 설법을 듣고 계셨습니다. 관세음보살의 신통력이 진리를 가르친 석가모니 부처님과 그 진리를 증명하신 다보 부처님의 덕분이기에 보배영락을 바쳤습니다. 즉 관음력은 석가모니 부처님께서 가르치신 진리를 깨닫고 실행하는 것으로만 얻을 수 있음을 확실하게 밝히고 있습니다.

관세음보살이 자신이 받은 공양을 두 분 부처님께 회향한 것은 큰 의미를 지니는 일입니다. 관세음보살의 현명한 회향 덕분에 무진의보살의 보시 공덕이 더욱 커졌을 뿐만 아니라 관세음보살에게도 공덕이 돌아가게 되었습니다. 이렇게 되어야 보시가 제대로 이루어지는 것입니다. 살아가는 일도 마찬가지입니다. 지식이든 시간이든 혹은 경제력이든 노동력이든 간에 우리는 다른 사람에게 베풀 만한 것을 나름대로 가지고 있습니다. 배운 것이 부족하고 가진 재물이 없다고 생각하는 사람은 몸으로 봉사하면 됩니다. 다른 사람에게 봉사하고 베풀 거리를 찾아보면 무궁무진하게 많습니다. 법당에서 자리를 양보하는 것이나 맨 뒤에 들어가면서 다른 사람들의 신발을 가지런하게 정리하는 일도 남을 위한 보시이고 공양이며 회향입니다. 관세음보살이 보여주는 이치대로, 그것이 무엇이든 다른 사람을 위해 보시하고 회향하면 그것은 몇 배로 불어나게 됩니다.

관세음보살은 무진의보살이 바치는 보배영락을 받지 않으려 했지만, 영락을 바치는 무진의보살을 불쌍하게 여겨서 공양을 받아들였습니다. 나를 위해서가 아니라 주는 사람을 위해서 받아들인 것입니다. 어떤 사람들은 다른 이에게 신세 지는 것을 아주 싫어하며 신세 지지 않으려고 합니다. "나는 남의 신세는 안 진다. 남의 덕은 안 본다."고 하고 "남에게 절대 피해 끼치지 않는다."고 말합니다. 이것은 자기 자신만 생각하는 이기적인 행동입니다. 다른 사람의 도움을 받지 않는 것이 반드시 좋은 삶이라고 할 수 없습니다. 그것은 독각승의 행태입니다. 다른 사람의 도움을 받지 않으려면 아무도 없는 곳에서 혼자서 살 때 가능한 일입니다. 아니, 혼자 산다 해도 불가능합니다. 알게 모르게 의지하고 사는 게 인생이기 때문입니다.

여럿이 모여 사회를 이루고 사는 것이 사람의 삶입니다. 더러는 신세도 지고 더러는 베풀기도 하는 것이 사람이 살아가는 모습입니다. 관세음보살은 베풀기만 하는 것이 아니라 다른 이의 도움도 받아서 더 크게 회향하는 자세를 보여주고 있습니다. 다른 이의 도움을 받지 않겠다는 것은 참으로 옹졸한 생각입니다. 다른 이가 마음을 내서 주는 것은, 설령 부담스럽고 탐탁치 않더라도 받아들이는 것이 옳습니다. 받아서 잘 회향하면 되는 일입니다. 준 사람에게도 훨씬 더 복이 되게 하는 길입니다.

　우리가 참으로 관세음보살을 믿고 따른다면 '관세음보살'하고 명호만 열심히 부를 것이 아니라, 관세음보살의 정신을 배우고 실천해야 할 것입니다. 보살의 지혜와 자비를 다 배우지 못하더라도 지금 이 대목에 나타난 회향의 정신 하나만이라도 배워서 실천할 줄 안다면 관세음보살보문품을 공부한 의미가 있다고 하겠습니다.

9. 게송(偈頌)을 설하다

【 경문 】

爾時無盡意菩薩이 以偈問日
世尊妙相具시여 我今重問彼하노니
佛子何因緣으로 名爲觀世音이닛고

이때에 무진의보살이 게송으로 물었습니다.
"세존께서 아름다운 모습을 갖추셨습니다.

제가 지금 저분의 일을 다시 묻겠습니다.
관세음보살은 어떠한 인연으로써
관세음보살이라 부르십니까?"

❁   석가모니 부처님께서 무진의보살에게 관세음보살의 크나큰 서원과 보살행을 아름다운 게송으로 설하시는 대목입니다. 이 게송은 여래수량품의 자아게, 법화경 약찬게와 법성게 등과 함께 경전에 있는 게송 중에서 손꼽히는 아주 중요하고 유명한 게송입니다. 앞의 산문에서 풀이한 내용과 크게 다르지 않지만 반복하는 것도 있고 새로운 이야기가 등장하기도 합니다. 게송의 내용이 저절로 마음을 평안하게 하고 구절도 아름다워서 하루에 몇 번이라도 소리 내어 읽기에 좋습니다. 관세음보살보문품 전체의 내용뿐만 아니라 관음신앙의 정수가 이 게송에 압축되어 있다고 할 수 있습니다. 그래서 일본에서는 부채에 이 게송 전체를 써넣어서 선물을 하기도 하고, 병풍에 써서 집에 모시기도 하면서 관세음보살의 지혜와 자비를 배우고 익히는 교훈으로 삼고 있습니다.

【 경문 】

具足妙相尊이 偈答無盡意하사대
汝聽觀音行의 善應諸方所하라
弘誓深如海하야 歷劫不思議라
侍多千億佛하야 發大淸淨願일새
我爲汝略說하노니 聞名及見身하고

心念不空過하면 能滅諸有苦로다

아름다운 모습을 갖추신 세존께서 게송으로 무진의보살에게 대답하셨습니다.
"그대는 관세음보살의 행(行)을 들어라.
어느 곳이든지 알맞게 잘 응하느니라.
크나 큰 서원(誓願)은 바다와 같이 깊어
헤아릴 수가 없는 여러 겁 동안을
여러 천억 부처님을 모셔 받들며
청정한 큰 서원을 세웠느니라.
내가 이제 그대에게 간략하게 말하리라.
그의 이름을 듣거나 몸을 보거나
마음에 생각하여 소중히 간직하면
모든 세상의 괴로움을 능히 소멸하리라.

관세음보살의 바다와 같이 크나 큰 서원은 억겁 동안 수많은 부처님을 받들어 모시며 세운 것이라고 했습니다. 관세음보살이 받들어 모신 천 억의 부처님이 누구이겠습니까? 모든 사람입니다. 더 나아가 생명 있는 모든 존재를 다 부처님으로 받들어 섬겼다는 이야기입니다. 그래야 천 억이라는 수의 부처님이 계셨다는 말이 가능해집니다. 그렇게 세운 서원이기에 어느 곳이든 알맞게 응하게 된 것입니다.

어떤 시대 어떤 사회의 누구에게도 그 사람의 근기와 적성에 따라서 필요한 모습으로 나투어서 설법하고 제도하는 분이 관세음보살입니다. 그러므로 관세음보살의 명호를 마음에 소중히 간직하면 세상의 모든 괴로움을 능히 소멸할 수 있습니다. 입 밖으로 소리 내어 부르는 것도 좋지만 주변에 있는 사람이나 일하는 데 방해가 될 수도 있으니 마음 속으로 자꾸 따라하는 것이 좋습니다. 언제 무엇을 하든지 자동으로 '관세음보살'하고 마음이 따라가게 하면 됩니다.

【 경문 】

假使興害意하야 推落大火坑이라도
念彼觀音力으로 火坑變成池하며
或漂流巨海하야 龍魚諸鬼難이라도
念彼觀音力으로 波浪不能沒하며

가령 어떤 사람이 해치려는 생각을 품고
불구덩이에 밀어서 떨어뜨려도
관세음보살을 생각하는 거룩한 힘으로
불구덩이는 연못으로 변하게 되리라.
혹 큰 바다에 빠져서 떠내려가서
용과 고기와 귀신의 난을 만나더라도
관세음보살을 생각하는 거룩한 힘으로
파도가 빠뜨리지 못하게 되리라.

❀   세상의 모든 괴로움을 능히 소멸시키는 것이 염피관음력 즉 관세음보살을 생각하는 거룩한 힘입니다. 내 마음 안에 계시는 관세음

보살이든 밖에 계시는 관세음보살이든 간에 관세음보살을 부르는 나 자신과 혼연일체가 되도록 일심으로 불러야 합니다. 우주와 내가 하나가 되고, 주관과 객관이 하나가 되며, 부르는 나와 불리는 관세음보살이 하나가 되었을 때, 그때에는 해결하지 못할 일은 아무 것도 없을 것입니다.

【 경문 】
或在須彌峯하야 爲人所推墮라도
念彼觀音力으로 如日虛空住하며
或被惡人逐하야 墮落金剛山이라도
念彼觀音力으로 不能損一毛하며

혹 수미산 봉우리에 서 있을 적에
어떤 이가 밀어서 떨어뜨려도
관세음보살을 생각하는 거룩한 힘으로
해와 같이 허공에 떠있게 되리라.
혹 흉악한 사람에게 쫓겨 가다가
금강산에 떨어져서 굴러 내려도
관세음보살을 생각하는 거룩한 힘으로
털끝 하나도 손상치 않게 되리라.

※ 수미산 봉우리는 세상에서 제일 높은 곳입니다. 그렇게 높은 곳에 서 있다는 말은 자만심에 가득 차 있을 때를 가리킵니다. 내가 남

보다 높은 자리에 올랐다, 남보다 돈이 많다, 내가 잘났다고 생각하는 자만심을 말합니다. 이렇게 자만에 빠진 사람이 있으면 밑으로 끌어내리려고 하는 것이 세상 인심입니다. 시기하고 질투하며 심지어는 없는 일도 꾸며내서 모함하기도 합니다. 그야말로 내가 남보다 잘났다고 자만에 빠지는 순간 주변의 모든 사람이 전부 적이 된다고 해도 과언이 아닙니다. 사람의 본성은 누구나 똑같기 때문에 한 치의 양보도 없습니다. 아니, 양보하도록 되어 있지 않습니다. 마지 못해서 양보하는 척할 뿐입니다. 늙으나 젊으나 있으나 없으나 간에 감정이 움직이는 것은 똑같습니다.

그렇기 때문에 성공할수록 남보다 더 나은 위치에 있게 될수록 더욱 하심(下心)해야 합니다. 겉으로 드러나는 재물이나 권세가 중요한 것이 아니라 사람이 중요하기 때문입니다. 사람은 사람이기 때문에 존엄합니다. 설령 수미산 꼭대기에 나 홀로 있게 될 정도가 되더라도 관세음보살처럼 언제나 겸손하고 하심하기를 잊지 말라는 말씀입니다. 관세음보살의 명호만 부를 것이 아니라 관세음보살의 정신과 가르침을 실천하면 어떤 해침도 받지 않을 것입니다.

또한 흉악한 사람에게 쫓겨 금강산에서 굴러 떨어지더라도 관세음보살을 생각하는 거룩한 힘으로 털끝만큼도 다치지 않을 것이라고 했습니다. 우리나라에서는 금강산이라고 하면 아주 아름다운 산이라는 뜻이지만 이 대목에서는 아주 험한 산을 말합니다. 세상살이가 쉽지 않기 때문에 고해(苦海) 즉 고통의 바다라고 하지 않습니까? 그것처럼 힘들고 험한 세상을 금강산으로 비유했다고 할 수 있습니다. 아무리 괴롭고 힘든 세상살이라고 해도 관세음보살처럼 지혜롭고, 관세음보살처럼 겸손하며, 관세음보살처럼 자비를 베풀고 회향할 줄 아는 마음으로 산다면 힘들고 어려운 일도 쉽게 헤쳐나갈 수 있습니다. 나를 해치려고 했던 사람도 끝내는 감동하고 나를 도와주게 될 것입니다. 관세음보살을 생각하는 힘은 관세음보살의 정신과 삶을 따르는 것입니다. 관세음보살의 정신을 조금이라도 실천하면서 흉내 내다 보면 언젠가는 관세음보살의 인생이 나의 인생이 될 것입니다.

【 경문 】

或值怨賊繞하야 各執刀加害라도
念彼觀音力으로 咸卽起慈心하며
或遭王難苦하야 臨刑欲壽終이라도
念彼觀音力으로 刀尋段段壞하며

혹 원수나 도적에게 둘러싸여서
제각기 칼을 들고 해치려 하더라도
관세음보살을 생각하는 거룩한 힘으로
모두다 자비(慈悲)한 마음을 내게 되리라.
혹 어쩌다가 국법(國法)에 걸려들어서
사형을 집행하여 죽게 되어도
관세음보살을 생각하는 거룩한 힘으로
칼날이 조각조각 부서지리라.

【 경문 】

或囚禁枷鎖하야 手足被杻械라도
念彼觀音力으로 釋然得解脫하며
呪詛諸毒藥으로 所欲害身者라도
念彼觀音力으로 還著於本人하며

혹 옥중에 갇히어서 큰칼을 쓰고
손과 발에 쇠고랑과 족쇄를 채웠더라도
관세음보살을 생각하는 거룩한 힘으로
저절로 시원하게 벗어나리라.
혹 저주하며 독한 약으로
나의 몸을 해치려 하는 자가 있어도
관세음보살을 생각하는 거룩한 힘으로
도리어 그 사람에게 돌아가리라.

【 경문 】

或遇惡羅刹과 毒龍諸鬼等이라도
念彼觀音力으로 時悉不敢害하며
若惡獸圍繞하야 利牙爪可怖라도
念彼觀音力으로 疾走無邊方하며

혹 흉악한 나찰이나 독한 용이나
여러 가지 악귀들을 만나더라도

관세음보살을 생각하는 거룩한 힘으로
그것들이 해치지 못하게 되리라.
만약 악한 짐승들에 둘러싸여
험상궂은 이빨과 발톱이 무섭더라도
관세음보살을 생각하는 거룩한 힘으로
끝없는 먼 곳으로 달아나게 되리라.

【 경문 】

蚖蛇及蝮蠍이 氣毒烟火燃이라도
念彼觀音力으로 尋聲自回去하며
雲雷鼓掣電하고 降雹澍大雨라도
念彼觀音力으로 應時得消散하며

살모사와 독사와 전갈들이
독기를 불꽃처럼 내뿜더라도
관세음보살을 생각하는 거룩한 힘으로
그 소리를 듣고 스스로 피해 가리라.
혹 검은 구름과 천둥에 번개가 치면서
우박과 소나기가 퍼붓더라도
관세음보살을 생각하는 거룩한 힘으로
잠시 사이에 흩어져서 걷히게 되리라.

【 경문 】

衆生被困厄하야 無量苦逼身이라도
觀音妙智力이 能救世間苦니라

중생들이 곤액(困厄)과 핍박을 받아
한량없는 괴로움이 닥치더라도
관세음보살의 미묘한 지혜의 힘이
세간의 모든 고통을 구해주리라.

【 경문 】

具足神通力하고 廣修智方便하야
十方諸國土에 無刹不現身하니라

신통하고 묘한 힘을 모두 갖추고
지혜의 방편까지 널리 닦아서
시방의 모든 세계 어디서든지
갖가지 몸을 나타내지 않는 데 없네.

❀   이 대목은 관세음보살보문품의 사구게라고 불릴 정도로 유명하고 높이 평가받는 부분입니다. 우리가 관세음보살 기도를 할 때, 관음염불에 으레 들어가는 구절입니다.

【 경문 】

種種諸惡趣와 地獄鬼畜生의
生老病死苦를 以漸悉令滅하나라

가지가지 험하고 나쁜 갈래와
지옥과 아귀들과 축생에까지
나고 늙고 병들고 죽는 고통을
차츰차츰 모두 다 없애버리네.

【 경문 】

眞觀淸淨觀하며 廣大智慧觀하며
悲觀及慈觀하나니 常願常瞻仰이니라
無垢淸淨光이며 慧日破諸闇이라
能伏災風火하고 普明照世間이니라

참된 관찰과 청정한 관찰과
넓고 크신 지혜의 관찰과
가엾이 여기는 관찰과 자비로운 관찰을
언제나 원하고 언제나 우러러보네.
때 묻지 않은 청정하고 밝은 광명이
태양 같은 지혜로 어둠을 깨고
풍재(風災)와 화재(火災)들을 굴복시키고
골고루 밝은 빛이 세상을 비추네.

🏵 우리는 보통 관세음보살이라고 하면 자비의 화신으로만 생각합니다. 그러나 지혜가 없는 자비는 참다운 자비가 아닙니다. 관세음보살의 자비는 단박에 어둠을 깨뜨리는 태양과 같은 지혜가 함께 하기에 참다운 자비가 됩니다. 관세음보살은 참다운 관찰, 청정한 관찰 즉 마음을 텅 빈 관찰, 넓고 큰 지혜의 관찰, 가엾게 여기는 관찰과 자비로운 관찰을 갖추고 있는데 이것은 모두 어둠을 깨뜨리는 태양과 같은 지혜를 말합니다.

우리가 세상을 살아가는 동안 온갖 답답한 것, 눈물겨운 것 등 별별 일을 다 겪습니다. 그때마다 누군가에게 달려가서 도와달라고 하소연하기 전에 내가 지혜의 안목으로 꿰뚫어보아야 합니다. 그 일이 벌어진 상황을 꿰뚫어보는 것이 가장 필요합니다. 일단 꿰뚫어보고 나면 어느새 엉켜있던 구름이 저절로 사라지면서 마음이 홀가분해집니다. 이보다 더 큰 해결책이 있을 수 없습니다. 그래서 태양과 같은 지혜로 어둠을 깨고 풍재와 화재를 굴복시킨다고 한 것입니다.

【 경문 】

悲體戒雷震과 慈意妙大雲으로
澍甘露法雨하야 滅除煩惱焰하나니라

자비는 체(體)가 되고 계행(戒行)은 우레가 되고,
인자한 마음은 아름다운 큰 구름이 되어
감로(甘露)의 법의 비를 뿌려주어서
번뇌의 뜨거운 불꽃을 소멸하나니라.

🪷　관세음보살의 지혜와 자비의 덕화를 표현한 구절입니다. 불은 물로 꺼야 합니다. 그래서 번뇌의 뜨거운 불은 법의 비(雨)로 꺼진다고 했습니다. 다른 사람 때문에 상처를 받든지 아니면 내 마음이 어리석어서 상처를 받든지 간에 그런 상황이 모두 번뇌의 불길이 타오르게 합니다. '관세음보살'하고 자꾸 부르면서 관세음보살의 지혜와 자비를 내 살림살이로 만들어야 이 불길이 꺼집니다. 이렇게 관세음보살을 부르는 동안에 관세음보살의 가르침을 실천하게 되는데 그것이 바로 감로의 법 비인 것입니다. 관세음보살의 지혜는 반야심경에도 담겨 있습니다. 아침저녁으로 반야심경을 봉독하거나 마음이 어지러울 때 일심으로 봉독하는 것도 좋은 방법이 됩니다.

【 경문 】

諍訟經官處와 怖畏軍陣中이라도
念彼觀音力으로 衆怨悉退散하니라

송사하고 다투는 관청에서나
무섭고 겁이 나는 군대의 진중에서도
관세음보살을 생각하는 거룩한 힘이
원수들을 물리쳐서 흩어버리네.

【 경문 】

妙音觀世音과 梵音海潮音이
勝彼世間音이니 是故須常念하대

念念勿生疑니라 觀世音淨聖이
於苦惱死厄에 能爲作依怙라

아름다운 음성의 관세음보살이여,
범천왕의 음성과 해조음(海潮音)의 소리
세간의 음성과 견줄 수 없네.
그러므로 언제나 생각을 하여
잠시라도 의심을 내지 말아라.
관세음보살 같은 청정한 성인은
괴로움과 번뇌와 죽는 재앙에서
능히 믿고 의지할 데가 되리라.

❋　언제나 생각하며 잠깐이라도 의심하는 마음을 내지 말라고 했습니다. 관세음보살을 부르면 진짜로 이루어질까? 하고 의심하지 말라는 말입니다. 의심하는 시간에 관세음보살을 한 번 더 부르는 것이 낫습니다. 불도를 실천하는 데 필요한 다섯 가지 힘을 오력(五力)이라고 하는데 신력(信力), 정진력(精進力), 염력(念力), 정력(定力), 혜력(慧力)이 그것입니다. 그 첫 번째로 신력을 꼽는 것은 그만큼 믿음이 중요하기 때문입니다. 믿음이 있어야 열심히 수행을 할 힘이 생기는 것입니다. 그래서 잠시라도 의심해서는 안 됩니다. 의심이 없어야 일념으로 관세음보살을 부를 수 있습니다. 일념이 되어야 삼매가 이루어지고 곧 깨달음으로 연결됩니다. 깨달음까지는 바라지 않더라도, 내 기도가 될까 안 될까 하고 의심하면서 기도하면 절대 이루어지지 않습니

다. 조금도 의심하지 않고 일념으로 하는 기도는 어떤 번뇌라도 물리치고 죽음의 고난에서도 벗어날 수 있는 의지처가 됩니다.

【 경문 】

具一切功德하사 慈眼示衆生하며
福聚海無量일새 是故應頂禮니라

여러 가지 공덕을 다 갖추시고
자비하신 눈으로 중생을 보며
복덕의 무더기는 바다같이 한량없나니
그러므로 머리 숙여 예배하여라.”

❈ 여기까지가 관세음보살보문품의 유명한 게송입니다. 보문품 전체를 사경하는 것이 힘든 분이나 짧은 글을 사경하고 싶은 분은 이 게송 부분을 사경하는 것이 좋습니다. 한 번만 사경할 것이 아니라 108번이나 1,080번 정도 사경하는 것이 좋습니다. 관세음보살 기도를 대신해서 이 게송 부분을 사경해도 좋습니다. 좀 더 욕심이 나는 분은 관세음보살보문품 전체를 사경하십시오. 사경으로 생기는 공덕은 설명이 필요없을 정도로 모두 잘 알고 있을 것입니다. 기왕에 게송 부분을 사경하기로 마음먹었으면 1,000번 정도는 하는 것이 좋습니다. 불자들에게 참으로 필요한 내용이 들어있습니다.

10. 관세음보살보문품을 듣고 이익을 얻다

【 경문 】
爾時持地菩薩이 卽從座起하야 前白佛言하사대 世尊하 若有衆生이 聞是觀世音菩薩品自在之業과 普門示現神通力者는 當知是人은 功德不少니다 佛說是普門品時에 衆中八萬四千衆生이 皆發無等等阿耨多羅三藐三菩提心하니라

그때에 지지(持地)보살이 자리에서 일어나 부처님 앞에 나아가 말씀드렸습니다.
"세존이시여, 만일 어떤 중생이 이 관세음보살품의 자재(自在)하신 일과 넓은 문으로 나타내시는 신통의 힘을 듣는 이가 있으면 이 사람의 공덕은 적지 아니한 것을 마땅히 알 수 있겠습니다."
부처님께서 이 보문품(普門品)을 설하실 때에 팔만 사천 중생들이 모두 견줄 수 없는 최상의 깨달음에 대한 마음을 내었습니다.

❀ 누구든지 험한 세상을 살아가는 동안에 불보살님을 의지하지 않고는 견디기 힘든 경우를 만나게 됩니다. 관세음보살품에서는 그렇듯 힘겨운 상황에서 의지할 것을 상세하게 풀어주고 있는데 그 내용을 깊이 들어가 보면 그 이치가 매우 과학적이고 합리적입니다. 단순히 맹목적인 신앙이 결코 아닙니다. 관세음보살보문품을 듣는 것만으로도 공덕이 큽니다. 아울러 일심으로 기도하면 누구든지 그 이치를 깨달을 수 있다는 것을 깊이 새기시기 바랍니다.

26
다라니품

(陀羅尼品)

우리나라 불교의 특징을 통불교라고 하는데 이것은 여러 가지 불교 사상을 종합한 것을 말합니다. 원효 스님과 의상 스님께서 화엄경을 받아들여서 펼치기 전까지는 어떤 특색이 없었습니다. 의상 스님께서 중국에서 화엄학을 공부하고 오셔서 전국에 화엄십찰(華嚴十刹)을 짓고 제자를 길러내면서 활발하게 포교 활동을 하셨고, 또 원효 스님도 『화엄경소』를 짓는 등 화엄경을 널리 펴셨습니다. 지금도 양산의 천성산에는 원효 대사가 수천 명의 스님들에게 화엄경을 강설했다는 화엄벌이 남아있지요. 이름이 이렇듯 화엄경을 토대로 우리나라의 불교가 형성되었습니다.

　불교의 발달사적 관점에서 보면 후기 대승불교시대에 이르러 밀교가 발달합니다. 대승불교가 우리나라에 들어오면서 밀교적인 요소도 함께 따라왔습니다. 사실 대승불교의 경전에는 어떤 것이든 밀교적인 요소가 다 들어있습니다. 반야심경처럼 짧은 경전에도 밀교적인 요소로 진언이 들어있습니다. 대승불교 경전의 대표적인 화엄경과 법화경에도 밀교적인 요소가 들어있습니다. 다라니나 진언은 밀교적인 요소의 하나입니다.

　우리가 모든 불교의식을 행할 때마다 독송하는 천수경도 관세음보살을 중심으로 한 경전이지만 사실은 밀교경전이고, 강원에서 공부하는 교과서 중 하나인 능엄경도 밀교경전에 속합니다. 이밖에도 우리나라 불교에는 밀교적인 요소가 상당히 많습니다. 사찰에서 큰 행사를 할 때는 반드시 실담자로 쓰인 다라니를 찍어서 만국기처럼 줄에 매달아서 온 도량에 겁니다. 이렇게 살펴보면 한국불교의 20% 정도는 밀교가 차지하고 있다고 봐도 과언이 아닙니다.

　우리나라 불교의 특색으로 선불교를 들 수 있는데 지금은 다른 어떤 것보다 선불교가 널리 일반화되어 있다고 볼 수 있습니다. 그러나 그런 가운데 찬찬히 살펴보면 다른 종파의 영향을 찾아볼 수 있습니다. 신중단에 예배를 하는 것이나, 조사스님들이 돌아가시고 나서 시식할 때 관음시식을 하지 않고 화엄시식을 하는 것도 화엄사상의 영향입니다.

　화엄의 요소, 밀교적 요소, 선불교의 요소에 기복불교, 호국불교 등 여러 가지 성격을 다 가지고 있기 때문에 한국불교를 통불교라고 표현합니다. 대승불교를 공부하더라도 밀교적인 요소를 배제할 수 없습니다. 다라니품도 법화경 안에 묻어 들어온 밀교사상이고, 제일 뒤의 보현보살권발품에서 보현보살이 다라니를 외우는 내용도 밀교적 요소의 하나입니다.

밀교(密敎)에 반대되는 말은 현교(顯敎)입니다. 현교는 모든 뜻을 설명하고 가르쳐서 이해를 돕는 내용입니다. 반야심경에서 진언 '아제 아제 바라아제 바라승아제 모지 사바하'의 앞부분이 현교에 해당합니다. 진언은 밀교에 해당하는데, 간단하고 짧지만 많은 뜻을 함축하고 있고 번역하기 어려운 말로 표현된 부분입니다. 이런 진언(眞言)이나 다라니(陀羅尼) 혹은 주문(呪文)은 모두 밀교적인 요소에 속합니다.

사실 진언, 다라니, 주문이라는 말은 조금씩 차이가 있기는 하지만 뜻은 같습니다. 길이가 길면 다라니라고 하고 길이가 짧으면 진언이라고 하는데 모두 특별한 힘이 깃들어 있는 말이고 뜻을 새기지 않습니다. 일상적인 예불을 올릴 때나 천도재를 할 때나 불교 의식에는 으레 진언이 들어있습니다. 우리가 늘 독송하는 천수경에도 여러 가지 진언과 다라니가 주 내용을 이루고 있습니다. 진언이라고 하든 다라니라고 하든 뜻을 번역하지 않고 인도 말의 소리를 가능한 그대로 따라 합니다. 경전에 있는 소리는 원래의 인도 말을 정확하게 옮기지는 못했습니다. 경전을 번역하면서 중국 사람들은 중국말로 비슷하게 소리를 옮겼고, 우리는 그 한자를 우리가 부르는 식으로 표기해서 읽고 있습니다. 그 소리가 원래의 인도 말과 비슷하든 아니면 많이 다르든 간에 신비한 뜻을 가진 말이기 때문에 번역하지 않고 그대로 독송하고 있습니다.

옛날에 인도에서 들여온 경전을 한문으로 번역할 때 현장 법사는 오종불번(五種不飜)이라고 하여 번역하지 않는 다섯 가지 원칙을 세웠습니다. 그 하나가 차방무고불번(此方無故不飜)인데, 인도에는 있지만 중국에는 없는 동물이나 식물, 지명, 인명과 같은 것은 번역하지 않았습니다. 예를 들어서 석가모니 부처님의 고향인 카필라 성은 인도에는 있지만 중국에는 없기 때문에 '가비라(迦毘羅)'라고 그 소리를 음사했습니다. 또 염부수(閻浮樹)는 인도에만 있는 나무이기 때문에 소리를 음사했습니다.

또 하나가 함다고불번(含多故不飜)인데 한 가지 낱말에 많은 뜻이 들어있는 경우에도 번역하지 않았습니다. 예를 들어서 육바라밀(六波羅蜜)의 경우에 육(六)은 뜻을 새겨서 번역했지만, 바라밀은 소리를 따서 옮겼습니다. 바라밀도 도피안(到彼岸)이라고 뜻을 새길 수도 있지만 도피안에는 바라밀이 가진 모든 뜻이 담기지 못합니다. 그래서 바라밀이라고 소리만 옮긴 것입니다. 바가범(薄伽梵)이나 마하(摩訶)도 이 경우에 속합니다.

또 순고고불번(順古故不飜)이라고 하여 언제부터인가 관습적으로 번역하지 않고 써 온 말도 그대로 번역하지 않았습니다. 예를 들어서 보살이나 아라한, 아뇩다라삼먁삼보리와 같은 말은 가끔 번역하기도 하지만 거의 대부분은 그대로 사용합니다. 그래서 특별히 번역하지 않아도 그 뜻을 다 아는 말은 번역하지 않습니다.

또 비밀지고불번(秘密之故不飜)이라고 하여 비밀스러운 말이기 때문에 번역하지 않는 것도 있습니다. 다라니나 진언이 여기에 속하는데, 뜻이 깊고 미묘해서 간단히 생각할 수 없는 내용이 담겨 있기 때문에 번역하지 않습니다.

　마지막으로 존중고불번(尊重故不翻)은 번역하면 본래의 참된 의미를 잃어버리게 되므로 번역하지 않는다는 말입니다. 반야의 경우에 지혜라고 옮겨도 되지만 그대로 두었을 때 반야가 가지는 참된 의미를 더 살릴 수 있기 때문에 번역하지 않았습니다.

　현장 스님 이후로 이 다섯 가지 번역하지 않는 것이 하나의 원칙으로 정해졌습니다. 그래서 이 품에서도 다라니는 뜻을 새기지 않고 그 소리만 옮겼습니다. 다라니는 비밀한 말이기 때문에 뜻을 모르고 독송해도 그 힘이 매우 큽니다. 오히려 그 뜻을 옮기면 다라니나 진언이 가진 본래의 뜻이 손상되어서 1/10도 표현되지 못합니다.

1. 법화경을 독송(讀誦)한 공덕

【경문】

爾時藥王菩薩이 卽從座起하야 偏袒右肩하고 合掌向佛하사 而白佛言하사대 世尊하 若善男子善女人이 有能受持法華經者하야 若讀誦通利거나 若書寫經卷하면 得幾所福이닛고

그때에 약왕(藥王)보살이 자리에서 일어나 오른 어깨를 드러내어 진실을 보이고 부처님을 향하여 말씀드렸습니다.
"세존이시여, 선남자·선여인으로서 법화경을 받아 지니어 읽고 외워 통달하거나 경전(經典)을 쓴다면 얼마나 많은 복을 받겠습니까?"

❀   경전을 수지독송하는 것은 경전을 통해 수행하는 것과 같은 말입니다. 경전을 받아 지니고, 읽고, 외우고, 사경하고, 남을 위해 설명하는 다섯 가지 방법이 곧 수행방법이 됩니다. 이 다섯 가지를 모두 행하는 사람을 제10 법사품에서 오종법사(五種法師)라고 했습니다. 이 다섯 가지 외에 다른 어떤 특별한 수행을 주장하지 않았습니다. 경전을 늘 가까이 하면서 이치를 깨닫기 위해 노력하는 것이 곧 수행이었습니다. 부처님의 가르침은 대부분 이렇습니다. 특별히 어떤 기도를 열심히 하거나 참선을 열심히 하는 것을 집중적으로 권했다기보다는 부처님께서 깨달은 것을 제자들에게 열심히 가르쳤고 그 제자들이 깨달으면 그것으로 충분했습니다. 그리고 그 가르침을 많은 사람들에게 널리 알리는 것을 권하셨습니다.

【 경문 】
佛告藥王하사대 若有善男子善女人이 供養八百萬億那由他恒河沙等諸佛하면 於汝意云何오 其所得福이 寧爲多不아 甚多世尊하 佛言하사대 若善男子善女人이 能於是經에 乃至受持一四句偈하야 讀誦解義하고 如說修行하면 功德甚多니라

부처님께서 약왕보살에게 말씀하셨습니다.
"만일 선남자·선여인이 팔백만억 나유타 항하사의 부처님들에게 공양하였다면, 어떻게 생각하는가? 그의 얻은 복덕이 얼마나 많다 하겠는가?"
"매우 많습니다, 세존이시여."

부처님께서 말씀하셨습니다.

"만일 선남자·선여인이 이 경에서 네 구절로 된 한 게송(一四句偈)만을 받아 지니고 읽고 외우고 뜻을 해설하며 설한 내용과 같이 수행(修行)하면 그 공덕이 더 많으니라."

❀ 법화경에서 사구게 하나만 수지 독송하면서 그 뜻을 실천하여도 공덕이 무궁무진하다고 합니다. 사구게 즉 네 구절로 된 게송을 특별히 말하는 것은 사구게 안에 중요한 핵심적인 내용이 압축되어 있기 때문입니다. 법화경에는 그와 같이 중요한 사구게가 많지만 그 중에서 대표적인 것은 제2 방편품의 사구게를 들 수 있습니다. 이 게송은 정말 중요하기 때문에 돌아가신 분을 천도하는 천도재 의식문에도 들어갑니다. 이렇게 빛나는 훌륭한 말씀을 영가가 듣고 생사 해탈을 하라는 뜻이지요. 그 사구게를 다시 살펴보면 이렇습니다.

제법종본래(諸法從本來)
상자적멸상(常自寂滅相)
불자행도이(佛子行道已)
내세득작불(來世得作佛)

모든 법은 본래부터
언제나 저절로 적멸한 모습이니
불자들이 이러한 도를 행하면
오는 세상에 부처님이 되리라.

모든 법은 본래부터 언제나 저절로 적멸한 모습(諸法從本來 常自寂滅相)이라고 했습니다. 여기서 말하는 법은 부처님의 가르침이나 교법을 말하는 것이 아닙니다. 우주에 존재하는 모든 존재와 그 존재 원리, 그리고 존재의 실상을 가리키는 말입니다. 삼라만상 전체를 일컫는다고 해도 좋습니다. 그 존재가 언제나 저절로 적멸하다 즉 본래부터 스스로 텅 비어서 고요하다고 했습니다.

그렇지만 우리 눈에는 그와 반대로 비치지요. 계절이 변함에 따라 나뭇잎이 연두빛에서 짙푸른 녹색이 되었다가 다시 울긋불긋해집니다. 자연의 높고 낮은 것이나 가고 오는 것이나 모두 차별을 보여주고 있습니다. 우리 마음도 그 차별상에 휘말려서 시시각각으로 변합니다. 그러나 그 존재의 본질, 존재의 실상을 꿰뚫어보면 적멸한 모습을 띠고 있습니다. 적멸하다는 것은 고요하고 시끄럽지 않고 차별없이 모두 평등하고 공(空)하다는 말입니다. 공하지 않고는 평등할 수 없지요. 다시 말해서 차별된 모습 그대로 공하다는 뜻입니다.

그래서 불자들이 이러한 도를 행하면 오는 세상에 부처님이 될 것이라고 했습니다. 여기서 오는 세상 즉 내세(來世)는 바로 다음 순간을 말합니다. 죽어서 다시 태어나는 세상은 내생(來生)이라고 합니다. 내세는 초 단위로 나누면 바로 다음 초가 내세이고, 시간 단위로 나누면 다음 시간이 내세가 됩니다. 그렇지만 시간과 같이 긴 단위로는 나누지 못합니다. 왜냐하면 우리 마음은 한 시간 단위로 변하는 것이 아니라 아주 짧은 순간순간에 바뀌고 변하기 때문입니다. 그래서 모든 존재의 참다운 모습을 바로 알아서 그 이치를 따라서 사는 사람의 마음이 바뀌는 순간 그 사람은 곧 성불한다고 이해해도 좋습니다.

세상의 모든 문제는 차별상에서 벗어나지 못하는 것에서 출발합니다. 모든 존재의 공한 실상을 제대로 보지 못하고 차별해서 보기 때문에 온갖 시시비비가 일어나고 고통이 뒤따르게 된 것입니다. 법화경의 가르침을 한 구절로 요약해서 담고 있는 것이 소중한 사구게입니다. 이와 같은 이치가 마음에 스며들게 하기 위해서 우선은 읽고 쓰고 외우고 음미하고 사유하는 것이 필요합니다. 이 사구게 한 구절만이라도 시간 날 때마다 떠올리고 펜으로 써보기도 하면서 그 뜻을 깊이 사유하는 동안 법화경의 이치가 내 삶 안에 녹아들어서 마침내 삶이 크게 바뀔 것입니다.

2. 약왕(藥王)보살이 주문(呪文)으로 수호하다

【 경문 】

爾時藥王菩薩이 白佛言하사대 世尊하 我今當與說法者의 陀羅尼呪하야 以守護之호리다 卽說呪曰

安爾(一) 曼爾(二) 摩禰(三) 摩曼禰(四) 旨隸(五) 遮梨第(六) 賒咩(七) 賒履多瑋(八) 羶帝(九) 目帝(十) 目多履(十一) 娑履(十二) 阿瑋娑履(十三) 桑履(十四) 娑履(十五) 叉裔(十六) 阿叉裔(十七) 阿耆膩(十八) 羶帝(十九) 賒履(二十) 陀羅尼(二十一) 阿盧伽婆娑簸遮毗叉膩(二十二) 禰毗剃(二十三) 阿便哆邏禰履剃(二十四) 阿亶哆波隸輸地(二十五) 歐究隸(二十六) 牟究隸(二十七) 阿羅隸(二十八) 波羅隸(二十九) 首迦差(三十) 阿三磨三履(三十一) 佛陀毗吉利袟帝(三十二) 達磨波利差帝(三十三) 僧伽涅瞿沙禰(三十四) 婆舍婆

舍輪地(三十五) 曼哆邏(三十六) 曼哆邏叉夜多(三十七) 郵樓哆(三十八) 郵樓哆憍舍略(三十九) 惡叉邏(四十) 惡叉冶多冶(四十一) 阿婆盧(四十二) 阿摩若那多夜(四十三)

이때 약왕(藥王)보살이 부처님께 말씀드렸습니다.
"세존이시여, 제가 이제 법을 설하는 이에게 다라니 주문(呪文)을 주어 수호하겠습니다."
곧 주문을 설하였습니다.
"안니1 만니2 마네3 마마네4 지레5 자리데6 샤마7 샤리다위8 선데9 목데10 목다리11 사리12 아위사리13 상리14 사리15 사예16 아사예17 아기니18 선데19 샤리20 다라니21 아로가바사파자빅사니 네비데22 아변다라23 네리데24 아단다파례수디25 구구례26 모구례27 아라례28 바라례29 수가차30 아삼마삼리31 붓다비기리질데32 달마바리차례33 싱가녈구사네34 바사바사수디35 만다라36 만다라사야다37 우루다38 우루다교사랴39 악사라40 악사약사야41 아바로42 아마야나다야43."

🌸 다라니 주문이라고 이중으로 표현하고 있지만 다라니나 주문이나 같은 뜻입니다. 이 주문으로 약왕보살이 법화경의 사구게만이라도 수지 독송하는 사람을 지키고 보호하겠다고 했습니다. 다라니는 뜻풀이를 하지 않는 것이기 때문에 여기에 소리만 달아두었습니다. 그러나 시중에 다라니의 뜻을 풀이해 놓은 책도 있으니 뜻이 궁금한 분들은 그런 책을 참고하기 바랍니다.

【 경문 】

世尊하 是陀羅尼神呪는 六十二億恒河沙等諸佛所說이라 若有侵毁此法師者면 則爲侵毁是諸佛已니다 時釋迦牟尼佛이 讚藥王菩薩言하사대 善哉善哉라 藥王아 汝愍念擁護此法師故로 說是陀羅尼하야 於諸衆生에 多所饒益이로다

"세존이시여, 이 다라니 신주(神呪)는 육십이억 항하사 부처님들이 말씀하신 것입니다. 만일 이 법사(法師)를 침해(侵害)하여 헐뜯는 이가 있으면 그는 곧 이 여러 부처님을 침해하여 헐뜯는 것입니다."
이때 석가모니부처님께서 약왕보살을 찬탄하셨습니다.
"훌륭하고, 훌륭하여라. 약왕이어, 그대가 이 법사를 어여삐 여기고 옹호(擁護)하기 위하여 이 다라니를 설하니 여러 중생들에게 이익이 많으리라."

3. 용시(勇施)보살의 주문

【 경문 】

爾時勇施菩薩이 白佛言하사대 世尊하 我亦爲擁護讀誦受持法華經者하야 說陀羅尼호리니 若此法師가 得是陀羅尼하면 若夜叉若羅刹과 若富單那若吉蔗와 若鳩槃茶若餓鬼等이 伺求其短이라도 無能得便하리다 卽於佛前에 而說呪曰
痤隷㈠ 摩訶痤隷㈡ 郁枳㈢ 目枳㈣ 阿隷㈤ 阿羅婆第㈥ 涅隷第

㈦涅隷多婆第㈧伊緻柅㈨韋緻柅㈩旨緻柅㈩㈠涅隷墀柅㈩㈡
涅犂墀婆底㈩㈢
世尊하 是陀羅尼神呪는 恒河沙等諸佛所說이며 亦皆隨喜니 若有侵毁
此法師者면 則爲侵毁是諸佛已니다

이때 용시(勇施)보살이 부처님께 말씀드렸습니다.
"세존이시여, 저도 법화경을 읽고 외우고 받아 지니는 이를 옹호하기 위하여 다라니를 설하겠습니다. 만약 이 법사가 이 다라니를 얻으면 야차나 나찰이나 부단나 길자나 구반다나 아귀 등이 그의 결점을 엿보려 해도 쉽지 않을 것입니다." 하고 곧 부처님 앞에서 주문을 설하였습니다.
"자례1 마하자례2 우기3 목기4 아례5 아라바데6 녈례데7 녈례다바데8 이디니9 위디니10 지디니11 녈례지니12 녈리지바디13."
"세존이시여, 이 다라니 신주는 항하사와 같은 부처님들께서 말씀하신 바이며, 모두 따라서 기뻐하는 것입니다. 만일 이 법사를 침해하여 헐뜯는 이는 곧 이 여러 부처님을 침해하여 헐뜯음이 될 것입니다."

❀ 법을 옹호하고 수호하고자 하는 호법 정신은 참으로 중요합니다. 불법은 진리의 말씀이고 훌륭한 말씀이기에 승속을 막론하고 보호하고 지켜서 오래도록 전해지도록 하는 데 노력하고 헌신해야 합니다. 그것이 불자의 도리입니다. 불법을 옹호한 분들이 있었기 때문에 삼천년이 지난 오늘날 우리들이 이렇게 법화경을 공부할 수 있는 것입니다.

용시보살의 다라니를 외우면 어떤 귀신도 범접하지 못한다고 했습니다. 야차나 나찰은 많이 들어보았을 것입니다. 부단나는 열병을 일으키는 귀신이고, 길자는 시체에 붙어있는 귀신입니다. 이런 귀신들이 법화행자의 결점을 엿보려 해도 쉽지 않을 것이라고 했습니다. 귀신들이 괴롭히려면 단점 즉 약한 곳이 있어야 합니다. 사람의 약한 곳을 파고드는 것이 귀신입니다. 그런데 사람이라면 누구나 단점이 있습니다. 단점 없는 사람이 어디 있겠습니까? 단점이 있더라도 감히 귀신들이 범접하지 못하게 된다는 말입니다.

　사실 귀신이 접하는 것은 불교와는 관계없는 일입니다. 그러나 중생이 겪는 온갖 다양한 세계는 부처님께서 하나도 놓치지 않고 일일이 보살피십니다. 그래서 이런 귀신과 관련된 세계에 대한 이야기도 경전에 나오는 것입니다. 물론 최고의 가르침은 마음을 깨닫게 하는 가르침입니다만 그런 수준 높은 가르침을 받아들일 근기가 되는 사람이 몇이나 되겠습니까? 팔만 사천 가지 온갖 근기에 따라서 사람의 관심사도 다 다르지만, 이 모든 것을 부처님께서는 다 감싸안고 보살피고 제도하시는 대자대비를 보여주십니다.

　깨닫지 못한 사람에게는 모든 세계가 다 있지만, 깨달은 사람에게는 아무 것도 없다는 이야기가 있습니다. 깨달은 사람에게는 온 우주가 텅텅 비어서 삼천대천세계도 없습니다. 무아(無我) 즉 자기 자신도 없는데 무엇이 따로 있겠습니까? 있어도 없는 도리를 깨달아서 수용하는 것이 불교입니다. 그러나 그와 같은 도리를 깨닫지 못한 사람에게는 온갖 것이 다 있습니다. 천신도 있고 극락이나 지옥도 있고 귀신도 있습니다. 없는 도리가 없이 다 존재합니다. 깨달은 사람은 이런 경지를 초월하기 때문에 아무 것도 없게 됩니다. 그런 연유로, 없다는 말도 맞고 있다는 말도 맞는 것입니다. 그래서 '없는 것도 아니고 있는 것도 아니다'라는 말이 나오는 것이지요. 알고 보면 이렇게밖에 표현할 길이 없습니다.

　　단점이 있는 사람에게 귀신이 접한다고 했습니다. 단점이라는 것이 무엇이겠습니까? 대개의 경우 의지가 약한 사람이 그렇습니다. 자기 의지가 강하고 허점이 없는 사람들은 귀신 소굴에 들어가도 귀신이 범접하지 못합니다. 그렇지만 허점이 있는 사람, 의지가 약하고 마음이 약한 사람들은 나쁜 귀신이 그 빈 틈 사이로 들어와서 괴롭힙니다. 그러나 법화경 공부만 열심히 하면 단점이 있는 사람이라도 귀신의 침노를 받지 않는다고 했습니다.

4. 비사문천왕(毘沙門天王)의 주문

【 경문 】
爾時毗沙門天王護世者가 白佛言하사대 世尊하 我亦爲愍念衆生하야 擁護此法師故로 說是陀羅尼호리다 卽說呪曰
阿梨(一) 那梨(二) 㝹那梨(三) 阿那盧(四) 那履(五) 拘那履(六)
世尊하 以是神呪로 擁護法師하고 我亦自當擁護持是經者하야 令百由旬內에 無諸衰患케호리다

이때 세상을 보호하는 비사문천왕(毘沙門天王)이 부처님께 말씀드렸습

니다.

"세존이시여, 저도 중생을 어여삐 여기며 이 법사를 옹호하기 위하여 다라니를 설하겠습니다."

곧 주문을 설하였습니다.

"아리1 나리2 노나리3 아나로4 나리5 구나리6."

"세존이시여, 이 신주로써 법사를 옹호(擁護)하고, 저도 이 경전을 지니는 이를 옹호하여 백 유순 안에서는 온갖 걱정이 없게 하겠습니다."

5. 지국천왕(持國天王)의 주문

【 경문 】

爾時持國天王이 在此會中하야 與千萬億那由他乾闥婆衆으로 恭敬圍繞하고 前詣佛所하야 合掌白佛言하사대 世尊하 我亦以陀羅尼神呪로 擁護法華經者호리다 卽說呪曰

阿伽禰(一) 伽禰(二) 瞿利(三) 乾陀利(四) 栴陀利(五) 摩蹬耆(六) 常求利(七) 浮樓莎柅(八) 頞底(九)

世尊하 是陀羅尼神呪는 四十二億諸佛所說이라 若有侵毁此法師者면 則爲侵毁是諸佛已니다

이때 지국천왕(持國天王)이 이 법회 가운데 있다가 백천만 억 나유타 건달바 무리에게 공경을 받으며 둘러싸여 부처님 앞에 나아가 합장하고 부처님께 말씀드렸습니다.

"세존이시여, 저도 다라니 신주로 법화경을 지니는 이를 옹호하겠습니다."
곧 주문을 말하였습니다.
"아가네1 가네2 구리3 건다리4 전다리5 마등기6 상구리7 부루사니8 알디9."
"세존이시여, 이 다라니 신주는 사십이 억 부처님들이 말씀하신 바이니, 만일 이 법사를 침노하여 헐뜯는 이는 곧 여러 부처님을 침노하여 헐뜯는 것이 됩니다."

6. 나찰녀(羅刹女)의 주문

爾時有羅刹女等하니 一名藍婆요 二名毗藍婆요 三名曲齒요 四名華齒요 五名黑齒요 六名多髮이요 七名無厭足이요 八名持瓔珞이요 九名皐帝요 十名奪一切衆生精氣라 是十羅刹女가 與鬼子母와 幷其子及眷屬으로 俱詣佛所하야 同聲白佛言하사대 世尊하 我等亦欲擁護讀誦受持法華經者하야 除其衰患하리니 若有伺求法師短者면 令不得便케호리다하고 卽於佛前에 而說呪曰
伊提履(一) 伊提泯(二) 伊提履(三) 阿提履(四) 伊提履(五) 泥履(六) 泥履(七) 泥履(八) 泥履(九) 泥履(十) 樓醯(十一) 樓醯(十二) 樓醯(十三) 樓醯(十四) 多醯(十五) 多醯(十六) 多醯(十七) 兜醯(十八) 㝹醯(十九)

이때 나찰의 여자들이 있었으니, 첫째는 남바(藍婆)요, 둘째는 비람바(毗

藍婆)요, 셋째는 곡치(曲齒)요, 넷째는 화치(華齒)요, 다섯째는 흑치(黑齒)요, 여섯째는 다발(多髮)이요, 일곱째는 무염족(無厭足)이요, 여덟째는 지영락(持瓔珞)이요, 아홉째는 고제(皐帝)요, 열째는 탈일체중생정기(奪一切衆生精氣)였습니다. 이 나찰녀 열 명이 귀자모(鬼子母)와 그 아들과 권속들로 더불어 부처님이 계신 곳에 나아가서 소리를 함께 하여 부처님께 말씀드렸습니다.

"세존이시여, 저희들도 법화경을 읽고 외우고 받아 지니는 이를 옹호하여 그의 걱정을 덜어 주겠습니다. 만일 법사의 부족한 결점을 엿보는 이가 있으면 기회를 얻지 못하게 하겠습니다."

곧 부처님 앞에서 주문을 설하였습니다.

"이데리1 이데민2 이데리3 아데리4 이데리5 니리6 니리7 니리8 니리9 니리10 루혜11 루혜12 루혜13 루혜14 다혜15 다혜16 다혜17 도혜18 노혜19."

【 경문 】

寧上我頭上이언정 莫惱於法師니 若夜叉와 若羅刹과 若餓鬼와 若富單那와 若吉蔗와 若毗陀羅와 若犍馱와 若烏摩勒伽와 若阿跋摩羅와 若夜叉吉蔗와 若人吉蔗와 若熱病인 若一日과 若二日과 若三日若四日乃至七日과 若常熱病의 若男形若女形과 若童男形과 若童女形이 乃至夢中에도 亦復莫惱리다 卽於佛前에 而說偈言하사대

若不順我呪하고 惱亂說法者면

頭破作七分을 如阿梨樹枝하며

如殺父母罪하고 亦如壓油殃과

斗秤欺誑人과 調達破僧罪호리니

犯此法師者는 當獲如是殃이니다

"차라리 내 머리 위에 올라앉을지언정 법사를 괴롭히지 말아야 하나니, 야차나 나찰이나 아귀나 부단나 길자나 비타라나 건타나 오마륵가나 아발마라나 야차길자나 사람길자나, 열병귀(熱病鬼)로서 하루 열병귀·이틀 열병귀·사흘 열병귀·나흘 열병귀 내지 이레 열병귀나 항상하는 열병귀나 사내 형상이나 여자 형상이나 동남(童男)의 형상이나 동녀(童女)의 형상들이 꿈속에서라도 괴롭히지 못하게 하겠습니다."
곧 부처님 앞에서 게송으로 설하였습니다.
"나의 주문을 순종하지 않고 법을 설하는 이를 괴롭히면
머리를 깨어 일곱 조각을 내어 아리 나뭇가지와 같이 하리라.
부모를 죽인 죄와도 같고 기름을 짠 죄와도 같고
저울과 말을 속인 죄와도 같고
조달(調達)이 화합승(和合僧)을 깨뜨린 죄와도 같이 여기리라.
이 법사를 침범한 자는 그와 같은 재앙을 받으리라."

※ 법사를 괴롭히는 귀신으로 온갖 병을 앓게 하는 귀신의 이름을 들고 있습니다. 이것은 사람들이 병을 앓는 것은 모두 귀신의 작용이라고 보고 그런 귀신들이 접근하지 못하게 지키겠다는 내용입니다. 그렇지만 귀신에 지나치게 신경 쓰는 사람들의 이야기를 들어보면 참 황당하기도 합니다. 무엇이 눈에 보인다고 하기도 하고, 길 가다가 돌부리에 걸려 넘어지는 것조차도 귀신의 장난이라고 치부합니다. 그러나 사람이 한 생각 놓아버리고 다른 데 정신을 팔면 벌써 자기 정신을

떠났다고 볼 수 있습니다. 그렇게 되면 넘어갈 수도 있는 것이지요. 귀신의 장난이라는 생각에 정신이 팔리면 이미 그것 자체가 허점이 됩니다. 그 사람의 마음에 허점이 생긴 것이지요. 허점이 있기 때문에 문제가 생기는 것입니다. 그 문제를 귀신의 장난이라고 봐도 좋지만, 사실은 마음에 빈틈이 생겼기 때문이라고 봐야 합니다.

어떤 연유로 그런 일이 일어나든지 간에 나찰녀들이 법화경을 수지 독송하는 법사를 옹호하겠다고 맹세합니다. 그리고 법사를 침범하는 자는 부모 죽인 죄나 기름을 짜듯 괴롭히는 것이나 저울을 속인 죄를 지은 것과 같이 다스리겠다고 합니다. 그리고 조달이 승가의 화합을 깨뜨린 죄와 같이 처단하겠다고 덧붙였습니다.

조달은 제바달다를 말합니다. 제바달다는 오역죄를 지었는데 그것은 무간지옥에 떨어지는 큰 죄입니다. 제바달다는 승단의 화합을 깨뜨리고, 부처님의 몸에 상처를 입혀서 피를 내었고, 아라한을 죽이는 등 오역죄를 세 가지나 지었습니다. 2,500년 불교의 역사에서 너무도 극악무도한 죄를 지었지만, 법화경 제12 제바달다품에서 부처님께서는 "나의 스승은 제바달다이고, 제바달다로 인해서 내가 부처가 되었으며 제바달다도 또한 부처님이다."라고 말씀하시면서 쌓이고 쌓인 원결을 너그럽게 푸셨습니다. 우리가 법화경을 공부한 이상 제바달다를 미워해서는 안 될 것입니다.

부처님께서 앞서 제바달다를 이미 용서하셨지만 이 대목에서는 어쨌든 그런 죄는 용서할 수 없을 정도로 나쁘다고 말하는 것입니다. 그래서 그런 큰 죄를 지은 것과 같이 취급하겠다고 엄포를 놓는 것이 나찰녀들의 마음입니다. 법화경을 너무나 귀중하게 생각해서 지키고 보호하려는 지극한 마음의 한 표현이라고 할 수 있습니다. 그렇다 하여도 이와 같이 처단하겠다는 것은 부처님을 올바르게 위하는 마음은 아니라고 말씀드리고 싶습니다.

【 경문 】

諸羅刹女가 說此偈已하고 白佛言하사대 世尊하 我等亦當身自擁護受持讀誦修行是經者하야 令得安隱하며 離諸衰患하고 消衆毒藥호리이다 佛告諸羅刹女하사대 善哉善哉라 汝等이 但能擁護受持法華經者라도 福不可量이온데 何況擁護具足受持하고 供養經卷하대 華香瓔珞과 抹香塗香燒香과 幡蓋伎樂이며 然種種燈하대 酥燈油燈과 諸香油燈과 蘇摩那華油燈과 薝蔔華油燈과 婆師迦華油燈과 優鉢羅華油燈의 如是等百千種으로 供養者이리요 皐帝야 汝等及眷屬이 應當擁護如是法師니라
說是陀羅尼品時에 六萬八千人이 得無生法忍하니라

모든 나찰녀들이 이 게송을 말하고 부처님께 말씀드렸습니다.

"세존이시여, 저희들도 몸소 이 경을 받아 지니고 읽고 외우고 닦아 행하는 이를 옹호하여 항상 편안하고, 모든 쇠퇴하는 걱정을 없게 하며, 모든 독약(毒藥)을 소멸케 하겠습니다."

부처님께서 여러 나찰녀들에게 말씀하셨습니다.

"훌륭하고, 훌륭하여라. 그대들이 능히 법화경의 이름만 받아 지니는 이를 옹호하여도 복이 헤아릴 수 없겠거늘, 하물며 법화경을 구족하게 받아 지니며, 경전(經典)에 공양하기를 꽃·향·영락·가루 향·바르는 향·사르는 향·번기·일산과 풍류로써 하고, 갖가지 등을 켜는 데 우

유등 · 기름등 · 향유등 · 소마나 꽃 기름등 · 첨복화 기름등 · 바사가꽃 기름등 · 우발라꽃 기름등 이러한 백천 가지로 공양하는 이를 옹호하는 것이겠는가. 고제여, 그대들과 권속들은 마땅히 이런 법사(法師)를 잘 옹호하라."
이 다라니품을 설할 때 육만 팔천 사람이 무생법인(無生法忍)을 얻었습니다.

※ 바른 가르침을 따르는 사람들은 당연히 보호받아야 합니다. 지켜져야 하고 보호받아야 하고 옹호 받아 마땅합니다. 참된 이치를 따르는 사람을 여러 신장들이 음으로 양으로 보호하는 이치를 이 다라니품에서 더 부연하고 확대하여 설명하고 있습니다. 신장들뿐만 아니라 여러 부처님과 보살님들도 공부와 수행을 도와주십니다. 우리를 수호해 주시는 불보살과 신장들과 연결시키는 끈이나 사다리와 같은 역할을 다라니가 합니다. 우리가 다라니나 진언에 일심으로 집중하는 힘으로 연결 고리가 생겨납니다.

널리 알려진 진언 중에 관세음보살 육자대명왕진언인 '옴 마니 반메 훔'이 있는데, 우리가 이 진언에 의지하면서 일심으로 부르면 관세음보살의 명호를 일심으로 부르는 것과 같은 효과가 생깁니다. 사실, 진언이 되었든 염불이 되었든 혹은 화두가 되었든 간에 마음을 오롯이 집중하고 일컫는 것에 의미가 있습니다. 어떤 진언을 외우느냐, 어떤 부처님의 명호를 외우느냐, 어떤 화두를 드느냐가 중요한 것이 아닙니다. 일심(一心)으로 행하는 것이 중요합니다.

27 묘장엄왕본사품

(妙莊嚴王本事品)

우리나라는 다종교 사회라서 할아버지는 유학을 따르고 할머니는 절에 다니고, 젊은 아들은 젊은이들이 많은 교회에 나가고 딸은 분위기가 마음에 들어서 천주교 성당에 나가는 가족을 심심치 않게 봅니다. 어떤 종교를 믿느냐는 것은 각자가 자유롭게 선택할 권리가 있고, 여러 가지 종교를 얼마든지 쉽게 접할 수 있는 환경 덕분에 한 가족이면서도 서로 다른 종교를 믿는 이들이 많습니다. 그러나 자기의 인생에 대해 또는 존재의 실다운 모습에 대해 나름의 안목이 생기고 깨달음이 열리게 되면 자기 확신이 서게 마련입니다. 자기 확신이 확고하게 섰을 때 다른 길을 가는 가족들을 바른 길로 인도하려는 것은 당연한 일입니다.

　효도에는 여러 가지 방법이 있습니다. 세상의 예법에 따라서 부모님을 잘 봉양하는 것도 좋은 효도입니다. 이보다 더 좋은 효도는 부모의 이름을 욕되지 않게 하며 부모의 뜻을 따르는 것입니다. 그러나 이런 것들은 세상에서 행하는 효도입니다. 정말 바람직한 효도는 부모님을 바른 사상과 가르침으로 이끌어 진리를 구현하며 살 수 있도록 인도하는 것입니다. 자녀가 부모에게 효도하고 부모가 자녀를 위하는 가장 뛰어난 길은 바로 바른 사상과 가르침으로 인도하는 것이라고 부처님께서 말씀하셨습니다. 그렇습니다. 가족 가운데 누군가가 삿된 가르침을 따르는 것이 분명하다면 어떤 방법을 강구해서라도 바른 길로 인도하려고 하는 것이 가족된 마음일 것입니다.

　묘장엄왕본사품에서도 어머니와 두 아들은 부처님의 가르침을 따르는데 아버지만 삿된 가르침에 빠져 있었습니다. 그때 어머니와 두 아들은 강제적인 방법을 사용하지 않았습니다. 방편으로 신통을 보여 아버지를 감동시켜서 부처님께 귀의하도록 인도했습니다. 이 품을 읽으면서 나는 우리 가족을 어떻게 해야 바른 길로 인도할 수 있는지 고민하고 방법을 강구하는 시간을 가져보는 것도 의미 있는 일입니다. 다종교 사회인 우리나라에서는 가족 간의 문제뿐만 아니라 배우자를 만날 때도 종교 때문에 고민이 많고 문제가 많이 생깁니다. 지나치게 편협한 종교적 관념을 내세우는 종교 때문에 가정이 파괴되어 가족이 뿔뿔이 흩어지는 경우도 있고, 친척이 남보다 더 소원한 관계가 되는 사례가 비일비재한 실정입니다. 그렇기 때문에 더욱 이 묘장엄본사품의 내용을 잘 읽고 생각해 볼 필요가 있습니다.

1. 운뢰음(雲雷音)여래

【 경문 】

爾時佛告諸大衆하사대 乃往古世에 過無量無邊不可思議阿僧祇劫하야 有佛하니 名雲雷音宿王華智多陀阿伽度阿羅訶三藐三佛陀며 國名光明莊嚴이요 劫名喜見이라

그때에 부처님께서 대중들에게 말씀하셨습니다.
"지나간 옛적에 한량없고 그지없는 불가사의 아승지겁 전에 부처님이 계시었으니 이름이 운뢰음수왕화지(雲雷音宿王華智)여래·응공(應供)·정변지(正遍知)이시고, 국토의 이름은 광명장엄(光明莊嚴)이고, 겁의 이름은 희견(喜見)이었느니라.

2. 정장(淨藏)과 정안(淨眼)의 수행

【 경문 】

彼佛法中에 有王하니 名妙莊嚴이요 其王夫人名曰淨德이며 有二子하니 一名淨藏이요 二名淨眼이라 是二子가 有大神力과 福德智慧하며 久修菩薩所行之道하니 所謂檀波羅蜜이며 尸羅波羅蜜이며 羼提波羅蜜이며

毗梨耶波羅蜜이며 禪波羅蜜이며 般若波羅蜜이며 方便波羅蜜이며 慈悲喜捨로 乃至三十七品助道法을 皆悉明了通達이러라 又得菩薩의 淨三昧와 日星宿三昧와 淨光三昧와 淨色三昧와 淨照明三昧와 長莊嚴三昧와 大威德藏三昧하야 於此三昧에 亦悉通達하니라

그 부처님의 법 가운데 임금이 있으니 이름이 묘장엄(妙莊嚴)이요, 부인의 이름은 정덕(淨德)이며, 두 아들이 있었으니 하나는 정장(淨藏)이요 다른 하나는 정안(淨眼)이었느니라.
이 두 아들이 큰 신통의 힘과 복덕과 지혜가 있고 오래 전부터 보살이 행하는 도를 닦았으니, 이른바 보시바라밀다・지계바라밀다・인욕바라밀다・정진바라밀다・선정바라밀다・지혜바라밀다・방편바라밀다와 자・비・희・사(慈悲喜捨)와 내지 삼십칠품(三十七品)의 도를 돕는 법을 모두 분명하게 통달하였느니라.
또 보살의 정(淨)삼매와 일성수(日星宿)삼매와 정광(淨光)삼매와 정색(淨色)삼매와 정조명(淨照明)삼매와 장장엄(長莊嚴)삼매와 대위덕장(大威德藏)삼매를 얻었는데, 이런 삼매도 모두 통달하였느니라.

❀ 묘장엄왕에게는 정장과 정안 두 아들이 있는데 이 아들이 닦아서 지닌 큰 신통과 복덕, 지혜와 보살행에 대해서 먼저 소개하고 있습니다. 뒤이어서 아버지 묘장엄왕을 교화하기 위해서 신통을 보이기 때문에 두 아들이 어떤 신통을 지녔는지 먼저 알려줍니다. 육바라밀과 자비희사의 사무량심과 보살행은 모두 불자들이 실천해야 할 덕목들입니다. 여기에 37가지 도를 돕는 법도 닦았는데 사념처, 사정근,

사신족, 오근, 오력, 칠각지, 팔정도까지 다 닦았다는 말입니다. 여기에 더해서 여러 가지 삼매도 모두 통달하여 얻었다고 했습니다.

　　삼매의 힘 즉 선정의 힘이 있어야 여러 능력을 발휘할 수 있습니다. 앞의 묘음보살품에서 묘음보살이 삼매의 힘으로 팔만 사천의 보배 연꽃을 변화로 만들어 나투는 이야기가 나옵니다. 그것처럼 어떤 능력을 발휘하기 위해서는 삼매의 힘 즉 선정력이 필요합니다. 기도를 열심히 하거나 경을 열심히 읽거나 혹은 참선을 열심히 하거나 진언을 염송하는 등 마음을 오롯이 모아 일심으로 하면 삼매에 들게 되고 선정력을 키울 수 있습니다. 진언이나 다라니를 열심히 염송하면 주력(呪力)이 키워집니다. 천수경에 나오는 신묘장구대다라니를 하루에 백 번씩 외우는 기도를 하는 것도 보았는데, 일심으로 하면 선정의 힘이 키워집니다. 선정의 힘을 제대로 키우기 위해서는 집중하는 노력 즉 정진력이 필요합니다. 그렇게 해서 선정력이 갖추어지면 자신이 표현하려는 것은 모두 자유자재로 표현할 수 있습니다.

3. 두 아들의 교화(敎化) 방편

[1] 부처님께서 법화경을 설하다

【 경문 】
爾時彼佛이 欲引導妙莊嚴王하며 及愍念衆生故로 說是法華經하니라 時淨藏淨眼二子가 到其母所하야 合十指爪掌하고 白言하대 願母往詣雲雷

音宿王華智佛所하소서 我等亦當侍從親近하야 供養禮拜호리니 所以者
何오 此佛於一切天人衆中에 說法華經하리니 宜應聽受니다

 그때에 그 부처님이 묘장엄왕을 인도(引導)하고 중생들을 어여삐 생각
하므로 이 법화경을 설하였느니라.
이때 정장·정안 두 아들이 그 어머니에게 가서 열 손가락과 손바닥을
합하고 말씀드렸느니라.
'원컨대 어머니시여, 운뢰음수왕화지 부처님이 계신 곳에 가십시다.
저희들이 모시고 가서 친근하고 공양하고 예배하겠습니다. 왜냐하면,
이 부처님이 모든 천신과 인간 대중 가운데서 법화경을 설하시니 마땅
히 들어야 합니다.'

[2] **아버지를 교화할 것을 권하다**

【 경문 】

母告子言하대 汝父信受外道하야 深著婆羅門法하시니 汝等應往白父하
야 與共俱去케하라 淨藏淨眼이 合十指爪掌하고 白母하대 我等是法王子
로 而生此邪見家로다 母告子言하대 汝等當憂念汝父하야 爲現神變이니
若得見者면 心必淸淨하야 或聽我等하야 往至佛所리라

어머니가 아들에게 말하였느니라.
'너희 아버지가 외도(外道)를 믿고 바라문의 법에 빠져 있으니, 너희는
아버지에게 가서 말씀드리고 함께 가자고 하여라.'

정장·정안이 열 손가락을 합하고 어머니에게 말씀드렸느니라.
'우리는 법왕(法王)의 제자로서 이 삿된 소견을 가진 이의 집에 태어났습니다.'
어머니가 아들에게 말하였느니라.
'너희는 아버지를 걱정하여 신통(神通) 변화를 보여라. 아버지가 보시면 마음이 반드시 청정하여져서 우리들과 함께 부처님이 계신 곳에 갈 듯하느니라.'

🏵 운뢰음수왕화지 부처님께서 법화경을 설하시자 두 왕자는 어머니를 모시고 가서 부처님을 뵙게 해 드리고 예경을 올리고 싶어졌습니다. 그래서 어머니에게 함께 가시자고 청원했는데 어머니는 당신보다는 아버지의 허락을 받고 함께 모시고 가는 것이 더 중요하다고 말합니다. 이렇게 되자 두 왕자는 마음이 편안하지 않았습니다. 그래서 자신들은 부처님의 가르침을 바르게 믿고 따르는 법왕자인데 어쩌다가 삿된 가르침을 믿는 아버지를 두게 되었는가 하고 한탄합니다.

이때 어머니가 참으로 현명한 제안을 합니다. 아들들에게 신통 변화를 보여서 아버지의 마음을 돌리도록 하라고 말입니다. 자식들과 함께 합심해서 남편을 교화하는 것입니다. 이런 상황에 처한 가정이 생각보다 많을 것입니다. 마음은 저만큼 앞서 가는데 내가 하는 말이라면 콩으로 메주를 쑨다고 해도 듣지 않으려는 가족이라면 어떻게 인도할 지 참 막막하고 암담할 것입니다. 이 품에서 정장과 정안 두 왕자는 신통 변화를 보여서 아버지를 바르게 이끄는 데 성공합니다. 두 왕자와 같은 신통력이나 법력을 보이기는 어려운 일입니다. 그렇다면 우리는 어떤 방편을 사용하는 것이 좋을지 고민해 봅시다.

(3) 두 아들이 신통을 보이다

【 경문 】
於是二子가 念其父故로 踊在虛空하대 高七多羅樹라 現種種神變할새 於虛空中에 行住坐臥하대 身上出水하고 身下出火하며 身下出水하고 身上出火하며 或現大身하대 滿虛空中타가 而復現小하고 小復現大하며 於空中滅하야 忽然在地하며 入地如水하고 履水如地하야 現如是等種種神變하사 令其父王으로 心淨信解러라

이에 두 아들이 아버지를 생각하여 허공으로 일곱 다라수쯤 올라가서 여러 가지 신통 변화를 나타내는데 허공 중에서 가고 · 서고 · 앉고 · 눕기도 하였느니라. 몸 위에서 물을 뿜고 몸 아래서 불을 뿜으며, 몸 아래서 물을 뿜고, 몸 위에서 불을 뿜었느니라. 혹 큰 몸을 나타내어 허공에 가득하다가 또 작은 몸을 나타내기도 하고, 작은 몸으로 다시 큰 몸을 나타내었느니라. 공중에서 없어져서 땅 위에 있기도 하고, 땅 속에 들어가기를 물과 같이 하고, 물 위에 다니기를 땅과 같이 하였느니라. 이렇게 갖가지 신통 변화를 나타내어서 아버지로 하여금 마음이 청정케 하여 믿게 하였느니라.

❀   정장과 정안 두 왕자가 신통 변화를 보여서 아버지인 묘장엄왕의 마음이 바뀌었습니다. 두 왕자가 보여준 신통 변화는 일차적인 신

통이라고 할 수 있습니다. 천수경에 '수지신시광명당(受持身是光明幢) 수지심시신통장(受持心是神通藏)'이라는 구절이 있습니다. 즉 불법을 수지하는 사람은 광명의 깃발이 되어야 하고, 신통의 창고가 되어야 한다는 말입니다. 부처님의 모든 가르침을 다 알고 기억하지 못한다 하더라도 경전을 찾든 기도를 통해서건 어떤 능력을 보여줄 책임이 있습니다. 불법을 수지하는 사람의 몸과 마음은 가정과 사회에서 최소한 이 정도의 역할을 해야 합니다. 희망과 꿈을 가지고 적극적으로 바르게 살면서 사회의 빛이 되고 가정을 제대로 선도하는 것이 우리의 신통입니다. 다른 이를 인도하는 가장 바르고 빠른 길은 행동으로 모범을 보이는 것입니다. 하심하고 겸손히 행동하며 모범을 보이는 것보다 더 좋은 방편은 없다고 생각합니다.

[4] 아버지가 크게 환희하다

【 경문 】

時父見子神力如是하고 心大歡喜하야 得未曾有하며 合掌向子言하대 汝等師爲是誰며 誰之弟子인가 二子白言하대 大王이시여 彼雲雷音宿王華智佛이 今在七寶菩提樹下法座上坐하사 於一切世間天人衆中에 廣說法華經이시니 是我等師요 我是弟子니다 父語子言하대 我今亦欲見汝等師로니 可共俱往이니라

그때 아버지는 아들의 신통(神通)이 이와 같은 것을 보고, 마음이 기뻐서 미증유(未曾有)를 얻고는 합장하고 아들에게 말하였느니라.

'너희들의 스승은 누구이며 누구의 제자이냐?'
두 아들이 여쭈었느니라.
'대왕이여, 저 운뢰음수왕화지 부처님께서 지금 칠보로 된 보리수 아래에 있는 법좌(法座)에 앉으시어 모든 세간의 천신·인간 대중에게 법화경을 말씀하시니, 그분이 저희 스승이며 저희는 그분의 제자입니다.'
아버지가 아들에게 말하였느니라.
'나도 너희들의 스승을 뵙고자 하니 함께 가자.'

4. 두 아들이 출가수도(出家修道)를 원하다

【 경문 】

於是二子가 從空中下하사 到其母所하야 合掌白母하대 父王今已信解하야 堪任發阿耨多羅三藐三菩提心이니다 我等爲父하야 已作佛事로니 願母見聽하사 於彼佛所에 出家修道케하소서 爾時二子가 欲重宣其意하사 以偈白母하니라
願母放我等하사 出家作沙門하소서
諸佛甚難値라 我等隨佛學하노이다
如優曇鉢華하야 値佛復難是며
脫諸難亦難이라 願聽我出家하소서
母卽告言하사대 聽汝出家하노니 所以者何오 佛難値故니라

이에 두 아들이 허공에서 내려와 어머니의 앞에 가서 합장하고 여쭈었

느니라.

'부왕(父王)께서 지금 믿고 이해했으니, 마땅히 최상의 깨달음에 대한 마음을 낼 것입니다. 저희가 아버지를 위하여 불사(佛事)를 지었으니, 바라건대 어머니께서 저희들이 저 부처님이 계신 곳에서 출가(出家)하여 도를 닦도록 허락하여 주십시오.'

이때 두 아들이 그 뜻을 거듭 펴려고 게송으로 어머니에게 여쭈었느니라.

'어머니시여, 저희를 버리시어
출가하여 사문이 되게 하십시오.
부처님을 만나기는 어려운 일이니
우리는 부처님을 따라 배우렵니다.
우담바라 꽃을 만나기 어렵거니와
부처님은 이보다 더 만나기 어렵습니다.
온갖 어려움을 벗어나기는 더 어려우니
우리의 출가함을 허락하여 주십시오.'

어머니는 말하였느니라.

'너희들의 출가를 허락한다. 왜냐하면 부처님을 만나기 어렵기 때문이다.'

❀   정장과 정안 두 왕자는 자신들이 묘장엄왕을 위해 불사(佛事)를 지었으니 그것을 보아서 자신들의 출가를 허락해 달라고 청합니다. 우리는 보통 불사라고 하면 전각을 짓고 탑을 세우는 것으로 알고 있지만, 사실 경전을 찾아보면 어디에도 그런 의미의 불사는 없습니다.

사람을 제도하는 일을 불사라고 하고, 법을 펴는 일을 불사라고 합니다. 출가(出家)도 꼭 머리 깎고 절로 들어가야만 출가인 것은 아닙니다. 삭발염의하는 것은 외형적인 출가입니다. 진정한 출가는 마음이 바뀌는 것입니다. 부처님의 가르침에 따라 삶의 가치관을 새로이 정립하는 것을 참된 출가라고 생각해야 합니다. 또한 내가 먼저 솔선수범하여 충실하고 성실하게 부처님의 가르침대로 사는 것을 출가자의 생활이라 여겨야 합니다.

5. 불법 만나기가 맹구우목(盲龜遇木)과 같다

【 경문 】

於是二子白父母言하사대 善哉父母여 願時往詣雲雷音宿王華智佛所하야 親近供養이니 所以者何오 佛難得值는 如優曇鉢羅華하며 又如一眼之龜가 値浮木孔이라 而我等宿福深厚하야 生値佛法이니 是故父母는 當聽我等하사 令得出家니다 所以者何오 諸佛難値며 時亦難遇니다

이에 두 아들은 부모님에게 말씀드렸느니라.
'거룩하십니다. 부모님이시여, 바라건대 이제 운뢰음수왕화지 부처님 계신 데 가서 친근하고 공양하십시다. 왜냐하면 부처님을 만나기 어려움이 우담바라 꽃과 같습니다. 또 외눈박이 거북이가 떠다니는 나무토막의 구멍을 만나는 것과 같습니다. 이제 우리가 숙세(宿世)의 복이 두터워서 금생(今生)에 불법을 만났습니다. 그러므로 부모님께서 저희들

의 출가를 허락하시니, 그 까닭은 부처님을 만나기 어렵고 그 시기(時期)도 만나기 어렵기 때문입니다.'

※ 유명한 맹구우목의 이야기가 등장합니다. 잡아함경의 맹구경에도 같은 이야기가 자세히 나옵니다. 눈 먼 거북이가 백 년마다 한 번씩 바다 위로 숨을 쉬기 위해 올라옵니다. 그때 마침 눈 먼 거북이가 큰 나무를 만나서 잠시 의지하고 숨을 쉬다가 내려갑니다. 그런데 그 나무에 구멍이 있어서 그 구멍에 목을 내밀고 편안히 숨을 쉰다고 합니다. 넓고 넓은 바다 위에서 그 시간에 마침 그런 나무를 만나기가 어디 쉬운 일이겠습니까? 억만 분의 일도 되지 않는 확률일 것입니다. 부처님을 뵙고 법을 듣는 것이 이보다 더 어려운 일입니다.

그래도 "숙세(宿世)의 복이 두터워서 금생(今生)에 불법을 만났습니다."라고 했습니다. 참으로 감동적인 표현입니다. 우리는 보통 전생에 지은 복이 많아서 귀한 집에 태어났다, 부자로 산다, 벼슬이 높다, 수명이 길다고 말합니다. 그러나 높은 자리에 올랐더라도 잠깐 판단을 잘못하면 형무소에 가기 바쁘고 주변 사람들에게 피해를 끼치기도 합니다. 그렇게 되어도 높은 벼슬을 복이라고 하겠습니까? 다른 사람들처럼 평범하게 살면서 삶의 참된 의미를 깨달아서 바르게 사는 것이 더 크고 좋은 복입니다. 그래서 두 왕자는 전생에 복을 많이 지은 덕분에 불법을 만났다고 합니다. 명예나 재물, 수명보다 중요하고 귀한 것이 부처님의 가르침입니다. 진정으로 좋은 복은 훌륭한 법을 만나서 그 법에 따라 사는 것입니다.

6. 교화의 공(功)이 드러나다

【 경문 】

彼時妙莊嚴王後宮에 八萬四千人이 皆悉堪任受持是法華經하고 淨眼菩薩은 於法華三昧에 久已通達하며 淨藏菩薩은 已於無量百千萬億劫에 通達離諸惡趣三昧하야 欲令一切衆生으로 離諸惡趣故며 其王夫人은 得諸佛集三昧하야 能知諸佛秘密之藏이러라 二子如是以方便力으로 善化其父하야 令心信解하고 好樂佛法케하니라

그때 묘장엄왕의 후궁(後宮)인 팔만사천 사람들이 다 이 법화경을 받아 지닐 만하였느니라. 정안보살은 법화삼매(法華三昧)를 오래 전부터 통달하였으며, 정장보살은 한량없는 백천만 억 겁 전부터 나쁜 갈래 여의는 삼매를 통달하였느니라. 모든 중생들로 하여금 모든 나쁜 갈래를 여의게 하려는 까닭이니라. 그 왕의 부인은 여러 부처님을 모으는 삼매를 얻어서 여러 부처님의 비밀한 법장(法藏)을 알았느니라.
두 아들이 이렇게 방편의 힘으로 그 아버지를 잘 교화(敎化)하여 마음으로 믿고 이해하여 불법(佛法)을 좋아하게 하였느니라.

7. 부처님께 나아가 설법을 듣다

【 경문 】

於是妙莊嚴王은 與群臣眷屬俱하고 淨德夫人은 與後宮采女眷屬俱하며

其王二子는 與四萬二千人俱하야 一時共詣佛所하야 到已頭面禮足하며 繞佛三帀하고 却住一面이러니 爾時彼佛이 爲王說法하사 示敎利喜하시니 王大歡悅이러라

이에 묘장엄왕은 여러 신하와 권속들을 데리고, 정덕부인(淨德夫人)은 후궁의 시녀들을 거느리고, 두 왕자는 사만 이천 사람을 데리고 한꺼번에 부처님이 계신 곳에 가서 머리를 숙여 발에 예배하고 부처님을 세 번 돌고 물러가 한쪽에 앉았느니라.
이때 저 부처님이 왕을 위하여 법을 설하여 보여주고 가르치고 이익케 하고 기쁘게 하니, 왕이 매우 기뻐하였느니라.

※ 온 가족이 모두 법회에 참석하는 일이 가정마다 있으면 얼마나 좋겠습니까? 요즘은 많이 달라지고 있습니다만, 여성 불자의 수가 훨씬 더 많습니다. 남성들은 법회에 가고는 싶지만 많은 여성들 가운데 앉아서 함께 법문을 듣는 일을 매우 쑥스러워하는 경향이 있습니다. 요즘 큰 도시의 일요법회에는 가족들이 다 같이 나와서 법문을 듣는 모습을 자주 볼 수 있어 참으로 다행스럽다는 생각을 했습니다. 얼마 전에 한 설선법회에서는 남자신도들의 수가 얼른 봐도 반이 넘는 것 같았습니다. 정말 보기 좋고 바람직한 모습입니다.

【 경문 】
爾時妙莊嚴王과 及其夫人이 解頸眞珠瓔珞하사 價値百千으로 以散佛上하시니 於虛空中에 化成四柱寶臺하고 臺中有大寶牀하야 敷百千萬天

衣하며 其上有佛이 結跏趺坐하사 放大光明이러라 爾時妙莊嚴王이 作是念하대 佛身希有하야 端嚴殊特하며 成就第一微妙之色이로다

그때 묘장엄왕과 그 부인이 목에 걸었던 백천 냥 값이 가는 진주영락을 풀어 부처님 위에 흩으니, 허공 중에서 네 기둥의 보배 대(臺)로 변화하였느니라. 대 안에는 큰 보배로 된 법상이 있어 백천만 가지 하늘의 옷을 깔았는데, 그 위에 부처님이 결가부좌하고 앉아서 큰 광명을 놓았느니라. 그때 묘장엄왕은 이렇게 생각하였느니라.
'부처님의 몸이 희유하시어 단정하고 엄숙하고 특히 빼어나 제일 미묘한 색상을 성취하시었도다.'

❀　묘장엄왕은 부처님의 모습만 보고도 깊이 감동합니다. 이제 교화가 다 되었다고 이해할 수 있습니다. 이야기는 아주 쉽지만 우리에게 던져주는 화두는 참 무겁습니다. 우리의 가족과 이웃, 친지들을 어떤 방편으로 부처님 앞으로 인도할 것인지, 어떻게 해야 불법을 공부해서 존재의 실상을 깨닫고 바른 이치대로 살도록 할 수 있는지가 화두 중의 화두입니다. 각자의 능력과 주변 환경에 알맞은 좋은 방편을 잘 생각할 필요가 있습니다.

8. 묘장엄왕은 사라수왕불(娑羅樹王佛)이 되리라

【 경문 】

時雲雷音宿王華智佛이 告四衆言하사대 汝等見是妙莊嚴王이 於我前 合掌立不아 此王於我法中에 作比丘하야 精勤修習하고 助佛道法이라가 當得作佛하리니 號娑羅樹王이라 國名大光이요 劫名大高王이며 其娑羅 樹王佛이 有無量菩薩衆과 及無量聲聞하며 其國平正하리니 功德如是니라

이때 운뢰음수왕화지 부처님께서 사부대중에게 말씀하셨느니라.
'그대들은 이 묘장엄왕이 내 앞에 합장하고 서있는 것을 보는가. 이 왕이 나의 법 가운데서 비구가 되어 부지런히 수행하면서 부처님의 도법(道法)을 돕다가 당래(當來)에 성불하여 이름을 사라수왕불(娑羅樹王佛)이라 하리라.
국토의 이름은 대광(大光)이요, 겁의 이름은 대고왕(大高王)이니라. 그 사라수왕불에게는 한량없는 보살대중과 한량없는 성문이 있으며 국토는 평평하고 반듯하리니, 공덕이 이러하니라.

9. 왕(王)이 출가하여 수행하다

【 경문 】

其王卽時에 以國付弟하고 與夫人二子와 幷諸眷屬으로 於佛法中에 出 家修道하며 王出家已에 於八萬四千歲를 常勤精進하야 修行妙法華經하

고 過是已後에 得一切淨功德莊嚴三昧하니라

그 왕이 즉시 나라 일을 아우에게 맡기고, 부인과 두 아들과 여러 권속들과 함께 불법(佛法)에 출가(出家)하여 도를 닦았느니라.
왕이 출가하고 나서 팔만사천 년 동안 부지런히 정진하여 묘법연화경(妙法蓮華經)을 수행하다가 그 뒤에 일체정공덕장엄삼매(一切淨功德莊嚴三昧)를 얻었느니라.

'묘법연화경을 수행했다'는 것은 불교 최고의 길을 수행했다, 인불사상을 몸으로 실천했다는 말과 같은 뜻입니다. 법화경을 수행하는 방법으로 받아 지니고 읽고 외우며 남을 위해 설명하고 책으로 널리 펼치는 다섯 가지가 있습니다. 그런데 법화경 수행의 핵심은 거듭 말씀드리듯 모든 사람을 부처님으로 받들어 섬기는 것입니다. 이밖에 다른 길은 없습니다. 오직 이 길만이 우리의 참된 행복으로 나아가는 길입니다.

10. 두 아들은 아버지의 선지식(善知識)

【 경문 】
卽昇虛空高七多羅樹하야 而白佛言하사대 世尊하 此我二子가 已作佛事하사 以神通變化로 轉我邪心하야 令得安住於佛法中하고 得見世尊호니 此二子者는 是我善知識이라 爲欲發起宿世善根하야 饒益我故로 來生

我家니다

그리고는 곧 허공으로 일곱 다라수를 올라가서 부처님께 말씀드렸느니라.

'세존이시여, 저의 두 아들이 불사(佛事)를 지어서 신통 변화로 저의 삿된 마음을 돌이켜 불법 가운데 편안히 머물게 하여 세존을 뵈옵게 되었습니다. 이 두 아들은 저의 선지식(善知識)입니다. 숙세의 선근을 일으켜 저를 이익케 하려고 저희 집에 태어났습니다.'

❀ 자신의 두 아들이 바로 선지식이라고 했습니다. 얼마나 멋진 대목입니까? 아버지나 선생님처럼 꼭 윗사람이 선지식이어야 한다는 법은 없습니다. 아들도 선지식이고 손자도 선지식이고 남편도 아내도 선지식입니다. 나의 마음을 일깨우는 사람은 누구든지 선지식입니다. 묘장엄왕이 이렇게 열린 마음을 지니고 있었기 때문에 쉽게 교화될 수 있었던 것입니다.

좋은 모습, 멋진 모습만이 아니라 나쁘고 험악한 모습으로 나타나서 깨우침을 주는 선지식도 많습니다. 나를 힘들게 하고 화나게 하고 슬프게 하는 일을 만드는 사람이야말로 나를 깨우치려고 나타난 선지식으로 생각해 보십시오. 쉬운 예로 내가 차를 운전하고 있는데, 운전 습관이 나쁜 사람이 계속 끼어들면서 왔다 갔다 할 수 있습니다. 그리고 나는 급하게 가야 하는데 비켜주지도 않으면서 천천히 가는 사람을 만날 수도 있습니다. 그럴 때는 나에게 인내심을 가르쳐 주기 위해 잠깐 선지식으로 나타난 것이라고 생각할 수 있습니다. 이런 자세를 가질 줄 아는 것이 또한 불자입니다.

11. 두 아들의 덕행(德行)

【 경문 】

爾時雲雷音宿王華智佛이 告妙莊嚴王言하사대 如是如是하야 如汝所言하니라 若善男子·善女人이 種善根故로 世世得善知識하니 其善知識이 能作佛事하야 示敎利喜하야 令入阿耨多羅三藐三菩提니라 大王當知하라 善知識者는 是大因緣이라 所謂化導하야 令得見佛하고 發阿耨多羅三藐三菩提心케하나니라 大王汝見此二子不아 此二子已曾供養六十五百千萬億那由他恒河沙諸佛하사 親近恭敬하며 於諸佛所에 受持法華經하고 愍念邪見衆生하야 令住正見이니라

그때에 운뢰음수왕화지 부처님께서 묘장엄왕에게 말씀하셨느니라.
'그러하니라, 그대가 말한 바와 같으니라. 만일 선남자·선여인이 선근을 심은 연고로 세세(世世)에 선지식을 만나느니라. 그 선지식이 불사를 지어 보여주고 가르치고 이익케 하여 기쁘게 하며, 최상의 깨달음에 들어가게 하느니라. 대왕이여, 마땅히 알라. 선지식은 큰 인연이니 이른바 교화하고 지도하여 부처님을 친견하고 최상의 깨달음을 얻게 하느니라.
대왕이여, 그대가 이 두 아들을 보는가. 이 두 아들은 이미 육십오백천만 억 나유타 항하사 부처님께 공양하고 친근하고 공경하였으며 여러

부처님 처소에서 법화경을 받아 지니고 삿된 소견 가진 중생들을 가엾이 여겨 바른 견해(見解)에 머물게 하느니라.'

❀　　선지식이 큰 인연이라고 했습니다. 그리고 선지식이 교화하고 지도하여 부처님을 친견하고 최상의 깨달음을 얻게 한다고 했습니다. 가족 관계로 만나는 것도 좋은 인연이고 큰 인연이지만 사실 영원한 삶을 통해서 보면 정말 불교를 만나고 부처님을 만나고 법화경을 만나는 것이 가장 큰 인연이라고 생각해야 합니다. 내 자녀다, 내 밑에 있는 사람이다 혹은 나와 비슷한 사람이라고 생각하는 마음을 가지게 되면, 나도 모르게 무시하거나 가벼이 여기는 마음이 생깁니다. 그러면 손해가 많이 생깁니다. 내 주변의 모든 사람을 스승으로, 선지식으로 받아들일 줄 아는 자세가 된다면 이익이 참으로 큽니다. 항상 귀를 기울여서 나를 깨우치는 것이 무엇인가 찾는 자세를 취하는 것이 불자의 자세입니다.

　　바른 견해에 머물게 했다고 했습니다. 사실, 사람에게 재산이나 지위, 명예가 있고 없는 것이 중요한 것이 아니라 눈이 밝아야 합니다. 살림에는 눈이 보배라고 했듯이 인생을 살아가는 데는 정말로 소견이 보배입니다. 바른 소견보다 더 중요한 것은 없습니다. 먼저 삶에 대한 안목이 있어야 합니다. 그 안목에 따라서 삶을 살아가는 방식이 결정됩니다. 그래서 정장과 정안 두 왕자는 잘못된 소견으로 불행한 삶을 사는 중생들을 가엾게 생각하였던 것입니다.

12. 부처님을 찬탄하고 서원을 세우다

【 경문 】

妙莊嚴王이 卽從虛空中下하사 而白佛言하사대 世尊하 如來甚希有하사 以功德智慧故로 頂上肉髻에 光明顯照하시며 其眼長廣하사 而紺靑色이며 眉間毫相은 白如珂月하시고 齒白齊密하사 常有光明이시며 脣色赤好는 如頻婆果니다 爾時妙莊嚴王이 讚歎佛의 如是等無量百千萬億功德已하시고 於如來前에 一心合掌하사 復白佛言하사대 世尊하 未曾有也로이다 如來之法은 具足成就不可思議微妙功德하사 敎誡所行에 安隱快善이니다 我從今日로 不復自隨心行하고 不生邪見憍慢瞋恚諸惡之心호리다 說是語已에 禮佛而出이러라

묘장엄왕이 허공 중으로부터 내려와 부처님께 말씀드렸느니라.

'세존이시여, 여래께서 매우 희유하십니다. 공덕과 지혜로 말미암아 정상(頂上)의 육계(肉髻) 광명이 환히 비치시고 눈이 길고 넓으며 검푸른 빛이십니다. 미간(眉間)의 백호(白毫)가 달과 같이 희고, 치아는 희고 가지런하여 항상 광명이 있습니다. 입술은 붉고 아름다워 빈바(頻婆)의 열매와 같습니다.'

그때 묘장엄왕이 부처님의 이렇게 한량없는 백천만 억 공덕을 찬탄하고는 여래의 앞에서 일심으로 합장하고 다시 부처님에게 말씀드렸느니라.

'세존이시여, 예전에 없던 일입니다. 여래의 법은 헤아릴 수 없이 미묘한 공덕을 구족하게 성취하였으므로 그 가르침의 실천은 편안하고 즐

겁고 좋습니다.

제가 오늘부터는 다시 마음대로 행하지 않겠습니다. 삿된 소견과 교만한 버릇과 성내는 등의 나쁜 마음을 내지 않겠습니다.'

이렇게 말하고는 부처님께 예배하고 떠났느니라."

※ 여래의 가르침을 실천하는 것은 편안하고 즐겁고 좋다고 했습니다. 매우 중요한 말입니다. 어떤 가르침이든 그것이 참된 가르침이라면 이와 같아야 합니다. 가르침을 따르는 것이 힘들고 까다롭고 어렵다면 크게 마음을 내어야만 실천할 수 있겠지요. 그런 가르침은 피하고 싶은 마음이 먼저 들 것입니다. 깨달은 분들의 말씀도 한결같습니다. 자기 자신의 분수를 따르고 인연을 따르며 근기에 따라서 행하라고 했습니다. 자신의 근기에 넘치고 인연이나 분에 넘치는 것은 억지로 하려고 하지 말라고 했습니다. 가르침을 실천하는 것은 편안하고 즐겁고 좋은 느낌을 받으면서 해야 합니다.

또한 아무리 배우지 못해 무식한 사람이라고 해도 본래 자리는 신령스럽습니다. 그 마음자리는 정말 신령스럽기 때문에 그것이 옳은 말인지 옳지 않은 말인지 아니면 무엇인가 미심쩍은 말인지를 자신도 모르게 알아차립니다. 본능적으로 감지한다는 말입니다. 물론 지식이 있어서 정확하게 알아내면 좋겠지만 그렇지 못하더라도 우리 마음이 편안하고 즐겁고 좋으면 좋은 가르침이고, 좋은 사람인 것입니다.

13. 부모와 두 아들의 현재(現在)

【 경문 】

佛告大衆하사대 於意云何오 妙莊嚴王이 豈異人乎아 今華德菩薩是요 其淨德夫人은 今佛前에 光照莊嚴相菩薩是라 哀愍妙莊嚴王과 及諸眷屬故로 於彼中生하고 其二子者는 今藥王菩薩과 藥上菩薩是니라 是藥王藥上菩薩이 成就如此諸大功德已하고 於無量百千萬億諸佛所에 植衆德本하야 成就不可思議諸善功德이니 若有人이 識是二菩薩名字者는 一切世間과 諸天人民이 亦應禮拜니라 佛說是妙莊嚴王本事品時에 八萬四千人이 遠塵離垢하고 於諸法中에 得法眼淨하니라

부처님께서 대중들에게 말씀하셨습니다.
"어떻게 생각하는가. 묘장엄왕은 다른 사람이 아니니라. 지금의 화덕(華德)보살이요, 정덕부인은 지금 내 앞에 있는 광조장엄상(光照莊嚴相)보살이니라. 묘장엄왕과 모든 권속들을 어여삐 여기어서 저 가운데 난 것이니라. 그 두 아들은 지금의 약왕(藥王)보살과 약상(藥上)보살이니라.
이 약왕보살과 약상보살은 이러한 큰 공덕을 성취하고는 한량없는 백천만 억 부처님이 계신 곳에서 모든 덕의 근본을 심고, 불가사의한 여러 선근 공덕을 성취하였느니라.
만약 어떤 사람이 이 두 보살의 이름을 아는 이가 있으면 모든 세간의 천신과 사람들이 또한 마땅히 예배할 것이니라."
부처님께서 이 묘장엄왕본사품(妙莊嚴王本事品)을 설하실 때에 팔만 사천 사람들이 번뇌를 멀리하며 때를 여의고 여러 가지 법 가운데서 법의 눈

이 청정함을 얻었습니다.

☸ "부처님께서 이 묘장엄왕본사품을 설하실 때에 팔만 사천 사람들이 번뇌를 멀리하며 때를 여의고 여러 가지 법 가운데서 법의 눈이 청정함을 얻었습니다."라는 마지막 구절을 읽으면서 전율이 일지 않습니까? 법을 전하는 공덕이 이렇게 큽니다. 법을 듣는 것만으로도 번뇌를 여의고, 허물을 여의고 이렇듯 법의 눈이 청정해지는 것입니다. 부처님께서 성불하실 때 일체 중생이 동시에 성불한 것입니다. 앞에서도 거듭 말씀드렸습니다만 역사적으로 부처님의 성불은 모든 중생이 본래 부처라는 것을 자각한 사건이기에 온 인류사에서 가장 대단한 것이요, 아인슈타인을 비롯한 미래학자들이 인류의 희망이 불교에 있다고 강조하는 것도 바로 이런 차원인 것입니다.

28
보현보살권발품

(普賢菩薩權發品)

불교의 4대 보살로 문수보살, 보현보살, 관세음보살, 지장보살이 있습니다. 관세음보살과 지장보살이 짝이 되고 문수보살과 보현보살이 짝을 이룹니다. 법화경의 법회를 시작하는 서품에 문수보살이 등장합니다. 문수보살은 지혜를 뜻하는데, 모든 것을 정확하게 관찰하고 바로 알고 꿰뚫어보는 것이 지혜입니다. 모든 존재의 실상이 무엇인지, 우주의 존재 원리가 무엇인지를 꿰뚫는 것, 이 세상에서 일어나는 모든 일이 어떤 모습을 하고 있는지를 꿰뚫는 것이 지혜입니다. 이와 같은 지혜가 있어야 소중한 인생을 참답게 살 수 있음을 일깨우기 위해서 문수보살이 등장했다고 볼 수 있습니다.

법회가 중반에 접어들면 미륵보살이 주요하게 등장하는데 미륵보살은 자비의 상징이고 희망의 상징입니다. 자씨미륵존불(慈氏彌勒尊佛)이라고도 불리는데 앞으로 오는 세상에서 부처님이 되신다는 것이 바로 우리의 꿈이고 희망입니다. 우리 모두가 부처님이 된다는 꿈을 미륵보살에게 실어 의미를 부여한 것입니다.

그리고 법화경을 마무리하면서 보현보살이 등장합니다. 모든 것을 꿰뚫어보는 지혜도 훌륭하고 꿈과 희망을 가지는 것도 좋지만, 실천이 없다면 아무 의미가 없습니다. 그래서 실천을 상징하는 대행보현보살이 등장한 것입니다. 시작과 끝을 장식하는 문수보살과 보현보살은 상호 보완적인 존재입니다. 꿰뚫어보는 지혜를 지닌 문수보살과 그 지혜를 실천으로 옮기는 보현보살이 앞뒤로 호위하고, 우리의 꿈을 상징하는 미륵보살이 장면 장면마다 등장하는 법화경은 참으로 조직적이고 치밀한 경전입니다.

불자들이 일반적으로 신행활동을 하면서 가장 많이 의지하고 기도하는 대상은 관세음보살과 지장보살입니다. 관세음보살은 현세적인 소원을 성취해 주고, 지장보살은 이 육신을 벗고 난 다음의 세계, 유명(幽冥)의 세계를 보장해 주는 보살입니다. 이렇게 관세음보살과 지장보살도 상호보완적인 관계를 가지고 있습니다.

우리는 법화경을 통해서 우리가 이루어야 할 꿈이 무엇인지도 알았고, 그 꿈을 실현할 수 있는 근거도 알게 되었습니다. 우리는 모두 부처가 될 수 있는 불성을 지닌 존재라는 것이 근거이자 꿈인 것입니다. 이 사실은 절대 잊어버려서는 안 됩니다. 법화경 전체에 일관되게 흐르는 정신은 모든 존재는 본래 부처라는 것입니다. 그 진실, 그 정신 위에서 모든 것이 이루어지고 있습니다.

1. 보현(普賢)보살이 영축산(靈鷲山)에 오다

【 경문 】

爾時普賢菩薩이 以自在神通力과 威德名聞하사 與大菩薩無量無邊不可稱數로 從東方來할새 所經諸國이 普皆震動하고 雨寶蓮華하야 作無量百千萬億種種伎樂하며 又與無數諸天龍夜叉와 乾闥婆阿修羅와 迦樓羅緊那羅와 摩睺羅伽人非人等大衆으로 圍繞하며 各現威德神通之力하사 到娑婆世界耆闍崛山中하야 頭面禮釋迦牟尼佛하사 右遶七帀하니라

그때에 보현보살이 자재한 신통의 힘과 위덕(威德)과 잘 알려진 이름으로써 한량없고 그지없고 일컬을 수 없는 대보살들과 함께 동방(東方)에서 오는데, 지나오는 국토마다 모두 다 진동하고 보배 연꽃을 비 내리며, 한량없는 백천만 억의 갖가지 풍악을 연주하였습니다.
또 수없는 천신·용·야차·건달바·아수라·가루라·긴나라·마후라가와 사람과 사람 아닌 이들의 대중들에게 둘러싸여 각각 위덕과 신통의 힘을 나타내면서 사바세계의 기사굴산(耆闍崛山) 중에 이르러서 석가모니 부처님께 머리를 숙여 예배하며 오른쪽으로 일곱 바퀴를 돌았습니다.

❀   보현보살이 늦게서야 이렇게 등장하고 있습니다. 이제부터 보

현보살이 자재한 신통의 힘과 위덕의 힘으로 영축산으로 와서 법화경을 찬탄하고 법화경을 수호하며 널리 펼치겠다는 서원을 세우는 모습을 보여줍니다.

2. 법화경을 얻을 방법을 묻다

【 경문 】

白佛言하사대 世尊하 我於寶威德上王佛國에 遙聞此娑婆世界說法華經하고 與無量無邊百千萬億諸菩薩衆으로 共來聽受호니 唯願世尊하 當爲說之하소서 若善男子善女人이 於如來滅後에 云何能得是法華經이닛고

그리고 부처님께 말씀드렸습니다.
"세존이시여, 제가 보위덕상왕(寶威德上王) 부처님 국토에 있으면서, 멀리 이 사바세계에서 법화경(法華經)을 말씀하시는 것을 듣고 한량없고 그지없는 백천만 억 보살 대중들과 함께 와서 듣고자 합니다. 원컨대 세존께서 말씀하여 주십시오. 만일 선남자·선여인이 여래가 열반하신 뒤에 어떻게 하면 이 법화경을 만날 수 있겠습니까?"

※ 뛰어나고 희유한 가르침을 담고 있는 법화경을 부처님께서 열반에 드신 뒤에도 널리 많은 사람들에게 전하려면 어떻게 해야 하는지를 묻고 있습니다. 부처님의 바른 법이 오래도록 널리 전해지고 또 보다 더 많은 사람들이 제도받기를 바라는 마음에서 보현보살이 부처

님께 간곡하게 여쭙는 장면입니다.

3. 법화경을 얻을 네 가지 조건

【 경문 】

佛告普賢菩薩하사대 若善男子善女人이 成就四法하야사 於如來滅後에 當得是法華經이니 一者爲諸佛護念이요 二者植衆德本이요 三者入正定聚요 四者發救一切衆生之心이라 善男子善女人이 如是成就四法이라사 於如來滅後에 必得是經이니라

부처님께서 보현보살에게 말씀하셨습니다.
"선남자·선여인이 네 가지 법을 성취하면 여래가 열반한 뒤에 이 법화경을 만날 수 있느니라. 하나는 부처님들의 호념(護念)함이요, 둘은 여러 가지 덕의 근본을 심는 것이요, 셋은 바로 결정된 종류[正定聚]에 들어감이요, 넷은 모든 중생을 구호하려는 마음을 냄이니라. 선남자·선여인이 이렇게 네 가지 법을 성취하면 여래가 열반한 뒤에 반드시 이 경을 만나게 되느니라."

❀ 이 네 가지를 법화행자의 4대 강령이라고 불러도 좋으리라 생각됩니다. 첫째는 여러 부처님들의 호념(護念)함이라고 했습니다. 우리가 부처님을 찾지 않아도 여러 부처님께서 항상 우리를 염려하고 감싸며 보호해 준다는 말입니다. 또한 본래부터 부처인 내 마음이 항상 나를

지켜보고 있다고 생각해도 좋습니다. 내가 선이 아니라 악을 행해도 부처인 내 마음이 항상 지켜보고 있습니다. 굳이 2,500년 전에 오셨던 석가모니 부처님께서 지켜본다고 생각하지 않아도 됩니다. 물론 석가모니 부처님께서도 지켜보고 계시지만, 그보다 더 가까이에서는 내 마음이 늘 지켜보고 염려하며 보호한다는 말입니다.

둘째로 여러 가지 덕의 근본을 심는 것이라고 했습니다. 여러 가지 복을 많이 지어라, 선근을 심어라 하는 이야기입니다. 사실 우리가 법화경을 만나고 공부하는 것만으로도 참으로 많은 복을 받은 것입니다. 요즘 사람들은 많은 재물이나 높은 지위나 명예, 아리따운 외모를 갖추면 복이 많다고 하지만 참된 진리를 배우는 것이야말로 진정한 복입니다. 세속적인 가치기준을 다 만족시키며 살려면 끝이 없습니다. 그저 항상 부족함을 느끼게 될 뿐입니다. 의식주의 문제는 그저 몸이 아프지 않고 굶지 않으며 내 몸 하나 누일 자리만 있으면 되는 것입니다. 성인의 가르침을 만나서 환희하고 기뻐하며 삶의 보람을 느끼는 것이 참된 복입니다. 이것을 청복(淸福)이라고 합니다.

셋째로 결정된 종류에 들어가는 것이라고 했습니다. 이것은 정정취(正定聚)라고 하는데, 간단히 말해서, 성불이 결정된 사람을 말합니다. 사정취(邪定聚)라는 것은 속되고 삿된 가르침을 믿는 것이고, 부정취(不定聚)는 무엇이 옳고 그른지 분명하게 결정하지 못한 사람을 말합니다. 부정취는 아직 정해져 있지 않다는 말이고 정정취는 바르고 확고하게 결정된 상태라는 말입니다. 다시 말해 불심이 아주 견고해서 결코 흔들리지 않을 확고부동한 믿음을 가진 사람을 이르는 말입니다. 또한 취(聚)는 모임이라는 뜻이 있는데, 바른 가르침을 펴는 사람이나 모임과 함께 하라는 말입니다. 삿된 가르침에 빠져들게 된다면 어떻게 될 지 생각해 보십시오. 아무리 열심히 실천한다고 해도 바르지 못한 길을 간다면 무슨 공덕이 있고 소득이 있겠습니까? 그래서 한 걸음을 나아가더라도 바른 방향으로 가는 것이 중요합니다.

　넷째로 모든 중생을 구호하려는 마음을 내라고 했습니다. 우리가 성인의 가르침을 만나서 바르게 사는 것에 대한 긍지와 자부심 그리고 소신을 가지게 되었을 때는 그 가르침을 다른 사람에게도 전하려고 하는 마음이 자연스럽게 우러납니다. 그것이 중생을 구호하려는 마음입니다. 좋은 법회가 있다, 좋은 가르침이 있다, 좋은 책이 있다며 자꾸 여러 사람들에게 권하고 이끌어서 마침내는 그들을 구하는 것입니다. 나 혼자만 잘 사는 것은 진정한 의미에서 잘 사는 것이 아닙니다. 다른 사람들과 더불어 함께 잘 살아야 참으로 잘 사는 것입니다. 다른 이들과 더불어 같이 제도되어야 제대로 제도된 것입니다. 지금까지 공부한 법화경의 내용을 다 잊어도 좋습니다. 이 네 가지만 잘 기억하면 모든 것을 성취할 수 있습니다.

4. 법화행자(法華行者)를 수호할 것을 서원하다

[1] 외난(外難)을 수호하다

【경문】
爾時普賢菩薩이 白佛言하사대 世尊하 於後五百歲濁惡世中에 其有受

持是經典者면 我當守護하야 除其衰患하며 令得安隱하야 使無伺求得其便者하며 若魔若魔子와 若魔女若魔民과 若爲魔所著者와 若夜叉若羅刹과 若鳩槃茶若毗舍闍와 若吉蔗若富單那와 若韋陀羅等諸惱人者는 皆不得便하리다

이때 보현보살이 부처님께 말씀드렸습니다.
"세존이시여, 최후 오백세(五百歲)의 흐리고 나쁜 세상에서 이 경전을 받아 지니는 사람이 있으면, 제가 마땅히 수호하여 쇠망(衰亡)하는 근심을 덜고 편안함을 얻게 하며 그 결점을 엿보는 이가 없게 하겠습니다. 만일 마군(魔群)이거나 마의 아들이나 마의 여자나 마의 백성이나 마가 붙은 이나 야차나 나찰이나 구반다나 비사사나 길자나 부단나나 위타라 등의 사람을 괴롭게 하는 자가 그 결점을 얻지 못하게 하겠습니다.

❀ 석가모니 부처님께서 열반에 드신 후 500년이 지났을 무렵에 대승불교가 새롭게 흥기해서 발전했습니다. 그것은 500년의 세월이 지나는 동안 출가수행자도 재가자도 부처님의 본래 정신에서 점차 멀어지게 되었기 때문입니다. 부처님의 본 뜻을 다시 되살리려는 사람들의 노력이 대승불교운동으로 일어났던 것입니다. 그래서 500년을 단위로 다섯 가지로 시대를 구분하는 방법이 새로이 생겼습니다. 첫 번째 오백년은 해탈견고시대이고, 두 번째는 선정견고시대, 세 번째는 다문견고시대, 네 번째는 탑사견고시대, 마지막 다섯 번째는 투쟁견고시대라고 불립니다. 여기서 말하는 '최후 오백세'는 다섯 번째 투쟁견고시대를 말하는 것입니다. 사실 세월이 얼마나 지났든 간에 해

탈에 이른 사람은 해탈견고시대를 사는 것이고, 선정을 최고로 알고 선정에만 몰두하는 사람은 선정견고시대를, 경전의 말씀을 공부하면서 이론적으로 파고드는 사람은 다문견고시대를 살고 있는 것입니다. 전각을 세우거나 탑을 올리는 가시적인 불사에만 관심 있는 사람은 탑사견고시대를 살고, 시시비비만 살피면서 남의 잘못을 찾아내어 따지기 바쁜 사람은 투쟁견고시대를 살고 있다고 보면 됩니다.

(2) **법을 수호하다**

【경문】

是人若行若立에 讀誦此經하면 我爾時乘六牙白象王하고 與大菩薩衆으로 俱詣其所하야 而自現身하며 供養守護하야 安慰其心하고 亦爲供養法華經故로 是人若坐하야 思惟此經이면 爾時我復乘白象王하고 現其人前하며 其人若於法華經에 有所忘失一句一偈하면 我當教之하야 與共讀誦하야 還令通利케하리다 爾時受持讀誦法華經者가 得見我身하고 甚大歡喜하야 轉復精進하며 以見我故로 即得三昧와 及陀羅尼하리니 名爲旋陀羅尼며 百千萬億旋陀羅尼며 法音方便陀羅尼라 得如是等陀羅尼니다

이 사람이 다니거나 섰거나 이 경을 읽고 외우면 제가 그때에 어금니 여섯 개 가진 흰 코끼리(六牙白象)를 타고 대보살들과 함께 그의 처소에 가서 몸을 나타내어 공양하고 수호하여 그 마음을 위로하겠습니다. 역시 법화경을 공양하기 위해서입니다.
이 사람이 만일 앉아서 이 경을 생각할 적에 제가 그때에 흰 코끼리를

타고 그 앞에 나타나되 그 사람이 만약 법화경의 한 구절·한 게송을 잊었더라도 제가 마땅히 가르쳐 주어 함께 읽고 외워서 다시 통달하게 하겠습니다.

이때 법화경을 받아 지니고 독송하는 사람이 제 몸을 보고 매우 기뻐하여 더욱 정진하며, 저를 본 인연으로 삼매와 다라니를 얻을 것입니다. 이름이 선다라니(旋陀羅尼)와 백천만억 선다라니와 법음방편(法音方便) 선다라니이니 이러한 다라니를 얻을 것입니다.

🪷　선다라니의 선은 돌 선(旋) 자입니다. 본래대로 되돌아간다, 나왔다가 다시 근본으로 돌아간다는 뜻을 지니고 있습니다. 그리고 다라니는 진언과 같은 뜻으로 쓰일 때도 있지만 총지(摠持)의 뜻으로 쓰일 때도 있습니다. 우리가 보는 것이든 듣는 것이든 모두 하나도 놓치지 않고 다 기억하고 그 뜻을 분별하는 지혜나 능력을 말합니다. 그래서 나태해졌다가도 열심히 공부하는 자세로 다시 되돌아가고, 게으름 피우며 세상의 복잡한 일에 휘말렸다가도 다시 정진하는 자세로 돌아가는 것이 선다라니입니다.

　또한 법화경의 한 구절 한 게송이라도 듣고 배운 것은 절대 잊지 않고 모두 기억하게 되는 것도 선다라니입니다. 보현보살은 이러한 선다라니를 법화행자가 얻게 하겠다고 서원하고 있습니다.

【 경문 】

世尊하 若後世後五百歲濁惡世中에 比丘比丘尼와 優婆塞優婆夷의 求索者受持者와 讀誦者書寫者로 欲修習是法華經인댄 於三七日中에 應

一心精進하야 滿三七日已하면 我當乘六牙白象하고 與無量菩薩로 而自圍繞하며 以一切衆生所喜見身으로 現其人前하야 而爲說法하며 示敎利喜하고 亦復與其陀羅尼呪하며 得是陀羅尼故로 無有非人이 能破壞者하며 亦不爲女人之所惑亂하고 我身도 亦自常護是人하리니 唯願世尊은 聽我說此陀羅尼呪하소서

세존이시여, 만일 오는 세상의 최후 오백세(五百歲)의 흐리고 나쁜 세상에서 비구·비구니·우바새·우바이들로서 찾는 이, 받아 지니는 이, 읽는 이, 외우는 이, 쓰는 이들이 이 법화경을 닦아 익히려면, 삼칠일(三七日) 동안 한결같은 마음으로 정진해야 할 것이니, 삼칠일이 되면 제가 어금니 여섯 개 가진 흰 코끼리를 타고, 한량없는 보살에게 둘러싸여, 모든 중생들이 보기 좋아하는 몸으로 그 사람의 앞에 나타나서 법을 설하여 보여 주고 가르치고 이익케 하여 기쁘게 하겠습니다. 그리고 다시 다라니 신주(神呪)를 주겠습니다.

이 다라니의 힘으로 말미암아 사람 아닌 것들이 감히 파괴하지 못하며, 여인들이 어지럽게 하는 유혹도 받지 아니할 것입니다. 저도 이 사람을 항상 수호하겠습니다.

[3] 주문을 설하다

【경문】
卽於佛前에 而說呪曰
阿檀地㈠ 檀陀婆地㈡ 檀陀婆帝㈢ 檀陀鳩舍隷㈣ 檀陀修陀隷㈤

修陀隷(六) 修陀羅婆底(七) 佛馱波羶禰(八) 薩婆陀羅尼阿婆多尼(九) 薩婆婆娑阿婆多尼(十) 修阿婆多尼(十一) 僧伽婆履叉尼(十二) 僧伽涅伽陀尼(十三) 阿僧祇(十四) 僧伽婆伽地(十五) 帝隷阿惰僧伽兜略阿羅帝波羅帝(十六) 薩婆僧伽地三摩地伽蘭地(十七) 薩婆達磨修波利刹帝(十八) 薩婆薩埵樓馱憍舍略阿㝹伽地(十九) 辛阿毗吉利地帝(二十)

오직 바라옵건대 세존께서 저에게 이 다라니 신주를 설하도록 허락하여 주십시오."
곧 부처님 앞에서 주문(呪文)을 설하였습니다.
"아단디1 단다바디2 단다바데3 단다구사례4 단다수다례5 수다례6 수다라바디7 붓다바션녜8 살바다라니아바다니9 살바바사아바다니10 수아바다니11 싱가바리사니12 싱가녈가다니13 아싱기14 싱가파가디15 뎨례아다싱가도랴아라뎨바라뎨16 살바싱가삼마디가란디17 살바달마수바리찰뎨18 살바살타루다교사랴아노가디19 신아비기리디뎨20."

5. 보현보살의 위신력(威神力)

【경문】

世尊하 若有菩薩이 得聞是陀羅尼者면 當知普賢神通之力이며 若法華經이 行閻浮提하야 有受持者면 應作此念하대 皆是普賢威神之力이니다

"세존이시여, 만약 어떤 보살이 이 다라니를 듣는 이는 마땅히 보현의

신통의 힘인 줄을 알아야 합니다. 만약 법화경이 염부제(閻浮提)에 유통할 적에 받아 지니는 이는 마땅히 다 보현의 위덕과 신통의 힘인 줄을 생각해야 할 것입니다.

6. 수승한 선근이 되다

【 경문 】

若有受持讀誦正憶念하야 解其義趣하고 如說修行하면 當知是人은 行普賢行하야 於無量無邊諸佛所에 深種善根이라 爲諸如來의 手摩其頭니다

만일 받아 지니고 읽고 외우고 바르게 기억하고 뜻을 해설하고 설한 대로 수행(修行)하는 이가 있으면, 이 사람은 보현의 행을 행하여, 한량없고 그지없는 부처님 처소에서 깊이 선근(善根)을 심으며 모든 여래(如來)의 손으로 머리를 만져주시는 줄을 알아야 하겠습니다.

❈   존재의 실상을 바로 깨닫는 것도 중요하지만, 깨달은 내용을 보살행으로 회향해야 가치가 있는 것입니다. 깨달음을 행동으로 실천하는 것이 불교의 목적이라고 할 수 있습니다. 보살행을 펼친다는 것은 많은 사람들의 이익과 행복에 보탬이 되는 삶을 살겠다는 것과 같습니다. 나 혼자만 깨달음의 높은 경지에 오르고 내 주변의 사람에게는 아무 도움이 되지 못한다면, 깨달음이 무슨 의미가 있겠습니까? 나 한 사람만 제도하는 것은 부불법외도(附佛法外道) 즉 불법에 붙어있는 외

도라고 하여 부처님께서 통렬하게 꾸짖으신 일입니다. 나 혼자만의 이익을 추구하는 것은 그 이익이 설령 깨달음이라고 해도 외도의 행위에 불과한 것입니다. 비록 깨달음의 경지에 미치지 못하는 아주 작은 보살행이라도 다른 사람들의 마음을 깨우쳐서 이치를 깨달을 수 있도록 돕는 것이 가장 바람직한 불자의 길입니다. 이러한 삶이 보살행입니다.

불교에서는 보살이 닦아야 할 덕목으로 육바라밀이나 사무량심, 사섭법 등 여러 가지를 드는데, 보살행의 가장 대표적인 보살로 보현보살을 손꼽습니다. 그래서 법화경의 대미를 보현보살이 장식하는 것이리라 생각됩니다. 화엄경에서는 수행자의 대표로 선재동자를 들고 있는데, 선재동자가 53명의 선지식을 뵐 때마다 한결같은 질문을 합니다. "어떻게 하면 보살행을 배우고 닦아서 보살행을 실천할 수 있습니까?" 이 물음에 대한 답을 보현행원품에서 하고 있습니다. 이 보현행원품이 어떤 의미에서 보면 화엄경의 결론인 동시에 불교의 결론이 되기도 합니다. 보현행원품에서 보현보살이 10가지 행원을 들고 있습니다. 그 첫째가 예경제불(禮敬諸佛)인데 이것은 제가 늘 주장하는 인불사상을 말합니다. 모든 사람을 부처님으로 받들어 섬기면 나도 행복하고 그도 행복해지는 인불사상의 근본원리가 예경제불에 있습니다. 여기에서 보현의 행을 행한다고 한 것은 법화경의 가르침을 실천하는 사람은 이미 보현보살의 행원을 실행하는 사람이라는 말입니다.

7. 법화행자(法華行者)의 공덕

【 경문 】

若但書寫하면 是人命終에 當生忉利天上하리니 是時八萬四千天女가 作衆伎樂하고 而來迎之어든 其人卽著七寶冠하고 於采女中에 娛樂快樂이온대 何況受持讀誦正憶念하야 解其義趣하고 如說修行이릿가 若有人受持讀誦하고 解其義趣하면 是人命終에 爲千佛授手하사 令不恐怖케하며 不墮惡趣하고 卽往兜率天上彌勒菩薩所하리다 彌勒菩薩은 有三十二相한 大菩薩衆의 所共圍繞며 有百千萬億天女眷屬하야 而於中生에 有如是等功德利益이니라 是故智者는 應當一心으로 自書나 若使人書하고 受持讀誦正憶念하야 如說修行이니다

만약 다만 쓰기만 하여도 이 사람은 목숨을 마치고는 마땅히 도리천상(忉利天上)에 태어날 것이니, 팔만 사천 천녀(天女)들이 온갖 풍류를 연주하면서 와서 맞이할 것입니다. 이 사람은 칠보관(七寶冠)을 쓰고 시녀들 속에서 호사하며 즐길 것입니다. 그런데 하물며 받아 지니고 읽고 외우고 바르게 기억하고 뜻을 해설하고 말한 대로 수행하는 것이겠습니까? 만일 받아 지니고 읽고 외우고 뜻을 해설하면 이 사람은 목숨이 마치면 일천 부처님께서 손을 내밀어주어, 두렵지도 않고 나쁜 갈래에 떨어지지도 않고, 곧 도솔천상(兜率天上)의 미륵보살이 계신 데 왕생할 것입니다. 미륵보살은 삼십이상(三十二相)이 있는 대보살들에게 둘러싸여서 백천만 억 천녀의 권속들이 있는 가운데 태어나게 되는 이와 같은 공덕과 이익이 있을 것입니다.

그러므로 지혜 있는 사람은 마땅히 일심으로 스스로 쓰거나 다른 사람으로 하여금 쓰게 하여 받아 지니고 읽고 외우고 바르게 기억하고 말한 대로 수행할 것입니다.

🏵 참으로 지혜 있는 사람은 무슨 일이든 순수하고 의심하지 않으며 온 정성을 다하는 사람입니다. 잘 믿지 않고 머리를 이리저리 굴려가며 원인과 결과를 찾으려고 드는 사람은 겉으로만 총명한 사람일 뿐 사실은 더없이 어리석은 사람입니다. 그와 같은 사람은 똑똑하다고 해도 설 똑똑한 것이고, 지혜도 엉터리 지혜입니다. 이것을 일러 간혜(乾慧) 즉 바짝 마른 지혜라고 경전에서 지적하고 있습니다. 참으로 지혜로운 사람은 성인의 말씀을 그대로 순수하게 받아들이고 의심하지 않는다는 사실을 알 수 있습니다.

8. 보현보살의 서원

【 경문 】
世尊하 我今以神通力故로 守護是經하야 於如來滅後閻浮提內에 廣令流布하야 使不斷絶케하리다

세존이시여, 저는 신통의 힘으로 이 경을 수호하며, 여래가 열반하신 뒤에 남섬부주에 널리 선포하여 끊어지지 않게 하겠습니다."

🌸   이 대목이 보현보살의 서원입니다. 법화경을 잘 수호하여서 부처님께서 열반하신 뒤에도 세상에 길이길이 남도록 하겠다고 했습니다. 그래서 지금 어떻습니까? 2,500년이 지난 지금에도 우리가 이렇게 법화경을 읽고 공부할 수 있는 것은 보현보살과 같은 훌륭한 분들이 수호하고 지켜준 덕분입니다.

9. 보현보살의 내력을 말하다.

【 경문 】
爾時釋迦牟尼佛이 讚言하사대 善哉善哉라 普賢아 汝能護助是經하면 令多所衆生으로 安樂利益이니라 汝已成就不可思議功德하야 深大慈悲며 從久遠來로 發阿耨多羅三藐三菩提意하고 而能作是神通之願하야 守護是經이로다 我當以神通力으로 守護能受持普賢菩薩名者리라

그때에 석가모니 부처님께서 찬탄하시었습니다.
"훌륭하고 훌륭하여라. 보현(普賢)이여, 그대가 이 경을 보호하고 도와서 많은 중생들을 안락하고 이익케 하였으니, 그대는 부사의한 공덕을 성취하였느니라. 자비가 깊고 커서 오래 전부터 최상의 깨달음에 대한 마음을 내었으며, 능히 이렇게 신통한 서원을 세워서 이 경을 받아 지니니 내가 마땅히 신통한 힘으로써 보현보살의 이름을 받아 지니는 이를 수호하리라.

10. 법화행자는 이러하니라

【 경문 】

普賢아 若有受持讀誦正憶念하야 修習書寫是法華經者면 當知是人은 則見釋迦牟尼佛이며 如從佛口하야 聞此經典이니 當知是人은 供養釋迦牟尼佛이며 當知是人은 佛讚善哉며 當知是人은 爲釋迦牟尼佛이 手摩其頭며 當知是人은 爲釋迦牟尼佛의 衣之所覆니라

보현이여, 만일 이 법화경(法華經)을 받아 지니고 읽고 외우고 바르게 기억하여 닦아 익히고 쓰는 사람이 있으면, 마땅히 알아라. 이 사람은 석가모니 부처님(釋迦牟尼佛)을 친견하고 부처님의 입으로부터 이 경전을 들은 것이니라. 마땅히 알아라. 이 사람은 석가모니 부처님에게 공양한 것이니라. 마땅히 알아라. 이 사람은 부처님이 훌륭하다고 찬탄한 것이니라. 마땅히 알아라. 이 사람은 석가모니 부처님이 손으로 그 머리를 쓰다듬은 것이 되느니라. 마땅히 알아라. 이 사람은 석가모니 부처님이 옷으로 덮어준 것이 되느니라.

❁ "법을 보는 자는 나를 보고, 나를 보는 자는 법을 본다."고 석가모니 부처님께서 아함경에서 분명하게 말씀하셨습니다. 부처님을 본다는 것은 법 즉 부처님의 가르침을 배우는 것과 같고, 부처님의 가르침을 따르는 사람은 부처님을 친견하는 것과 똑같다는 말입니다. 지금이 오탁악세의 혼란한 말세라 하더라도 법화경을 수지독송하는 사람은 부처님을 친견하는 것과 같습니다. 부처님으로부터 직접 설법을

듣고, 부처님께 직접 공양을 올린 것과 같습니다. 또한 부처님께서 그 사람의 머리를 당신 손으로 쓰다듬어 주시면서 훌륭하다고 칭찬하시는 것과 같습니다.

　　부처님의 가르침을 모르는 사람은 설사 살아계신 부처님을 직접 뵙는다 하더라도 부처님을 뵈온 것이 아닙니다. 단지 형상을 뵈었을 뿐입니다. 부처님의 정신을 모른다면 부처님을 친견했어도 친견했다고 할 수 없습니다. 상응부 바카리 경에서 임종에 다다른 바카리 비구가 부처님께 마지막 예배를 올리려고 하자 부처님께서 아주 단호하게 말씀하셨습니다.

　　"법(法)을 보는 자는 나를 보고 나를 보는 자는 법(法)을 본다. 나도 곧 썩어 넘어질 육신인데, 썩어 넘어지는 육신으로 썩을 육신에게 예배한들 무슨 의미가 있겠느냐? 나의 가르침에 눈을 뜬 자는 설령 맹인이라도 나를 본다. 그러니 그만두어라."

　　불교가 무엇이며, 불교를 바르게 믿는 길이 무엇인지를 이 대목에서 아주 멋지게 설명해 주셨습니다. 부처님의 가르침 중에서도 가장 수승한 가르침인 법화경을 수지독송하는 사람은 부처님을 친견한 것과 같을 뿐만 아니라, 부처님께 공양을 올리고, 부처님으로부터 직접 칭찬을 들은 것과 같습니다.

【 경문 】

如是之人은 不復貪著世樂하며 不好外道經書手筆하며 亦復不喜親近其人과 及諸惡者의 若屠兒와 若畜猪羊鷄狗와 若獵師와 若衒賣女色하고 是人心意質直하야 有正憶念하며 有福德力이라 是人不爲三毒所惱며

亦不爲嫉妬我慢과 邪慢增上慢所惱며 是人少欲知足하야 能修普賢之
行이니라

이런 사람은 더 이상 세간의 욕락을 탐하지 않으며, 외도(外道)의 경서
(經書)와 글씨를 좋아하지 않으며, 또 그 사람들을 친근하기를 좋아하지
않으며 백정이나 돼지·양·닭·개를 기르는 이나, 사냥꾼이나, 여색(女
色)을 판매하는 나쁜 이들을 친근하지도 않느니라. 이 사람은 마음이 순
박하고 정직하며 바르게 기억하고 복덕의 힘이 있으므로 삼독(三毒)의
시달림을 받지도 않느니라. 질투·아만·사만(邪慢)·뛰어난 체하는 이들
의 괴롭힘도 받지 않느니라. 이 사람은 욕심이 적고 만족함을 알아서
보현의 행을 능히 닦느니라.

❀ 화엄경 보현행원품의 열 가지 행원 가운데 첫 번째가 예경제불
(禮敬諸佛)입니다. 예경제불은 모든 부처님께 예배하고 공경하는 것입
니다. 우리가 과거·현재·미래의 모든 부처님을 일일이 다 찾아 뵙고
예배하고 공경하는 것은 사실상 불가능에 가깝습니다. 그러나 내 주
변의 사람들을 부처님으로 받들어 섬긴다면 예경제불의 행원을 실천
할 수 있게 됩니다. 이것이 제가 주창하는 인불사상이고 보현보살의
사상이며 보살행을 실천하는 길이며 행복으로 가는 열쇠입니다. 부처
님으로 받들어 섬긴다는 것은 사람의 진정한 가치를 우리 자신이 알
고 인정하는 것입니다. 또한 이것이 부처님의 가르침을 올바로 이해
하는 길이기도 합니다.

【 경문 】

普賢아 若如來滅後後五百歲에 若有人이 見受持讀誦法華經者면 應作是念하대 此人不久에 當詣道場하야 破諸魔衆하고 得阿耨多羅三藐三菩提하며 轉法輪擊法鼓하고 吹法螺雨法雨하며 當坐天人大衆中師子法座上하리라

 보현이여, 여래가 열반한 뒤 최후 오백세(五百歲)에 어떤 사람이 법화경을 받아 지니고 읽고 외우는 이가 있으면 응당히 이렇게 생각하리라. 이 사람은 오래지 않아 도량(道場)에 나아가서 마군의 무리를 깨뜨리고 최상의 깨달음을 얻으며, 법륜(法輪)을 굴리고 법고(法鼓)를 치며, 법의 소라를 불고 법의 비를 내리며, 마땅히 하늘과 인간의 대중 가운데서 사자좌에 앉을 줄로 생각할 것이니라.

 도량에서 마군의 무리를 항복받고 최상의 깨달음을 얻으며 법륜을 굴리고 법고를 치면서 사자좌에 앉는 것은 석가모니 부처님께서 깨달음을 얻었을 때의 일입니다. 이런 일이 일어난다는 말은 그 사람이 반드시 성불한다는 뜻입니다. 어떤 시대 어떤 장소에 있든 반드시 부처의 경지에 이르게 될 것입니다. 옛날에는 비록 물질적으로 궁핍했으나 사회적인 상황이나 분위기가 불법을 공부하기에 더 좋았다고 볼 수 있습니다. 현대사회는 물질문명이 발달해서 수명이 배로 늘어나고 온갖 편리를 누리지만 반면에 인성은 더 메마르고 성인의 가르침에서 더욱 멀어지는 경향이 있습니다. 지금과 같은 최후 오백세의 투쟁견고시대, 말세를 사는 중생이 이 법화경의 가르침을 알고 배우

며 실천하고자 한다면 참으로 대단한 일이 될 것입니다.

【경문】

普賢아 若於後世에 受持讀誦是經典者는 是人은 不復貪著衣服臥具飮食資生之物하야도 所願不虛하며 亦於現世에 得其福報라

보현이여, 만일 후세에 이 경전을 받아 지니고 읽고 외우는 이는 다시 의복이나 침구나 음식이나 살림하는 물품을 탐하지 않아도 그 소원이 헛되지 아니하리라. 또 이 세상에서 그 복의 과보(果報)를 얻으리라.

❈ 불교 공부는 물질적인 풍요를 추구하지 않는 것입니다. 마음의 풍요함을 구하면 물질적 풍요와는 멀어지게 되기도 합니다. 그러나 바른 이치를 배워서 몸소 실천하는 삶을 살면 의식주가 저절로 구족되어 부족함을 모르게 됩니다. 일부러 구하지 않아도 저절로 쌀이 들어오고 옷이 생기는 공부가 부처님 공부입니다. 거짓말처럼 들리겠지만 신실하게 부처님의 가르침을 배우고 실천하는 사람은 누구나 체험으로 느껴서 아는 이치가 그렇습니다.

【경문】

若有人이 輕毀之言하대 汝狂人耳라 空作是行이요 終無所獲이라하면 如是罪報는 當世世無眼이리라 若有供養讚歎之者면 當於今世에 得現果報요

만일 어떤 사람이 업신여기며 말하기를 '너는 미친 사람일 뿐이다. 부질없이 이런 행을 하는 것이요, 아무 소득도 없으리라.'고 하면, 이 죄보(罪報)로 날 적마다 눈이 멀게 되리라. 만약 공양하고 찬탄하는 이는 이 세상에서 좋은 과보를 받을 것이니라.

【경문】

若復見受持是經者하고 出其過惡의 若實若不實하면 此人現世에 得白癩病이요 若輕笑之者는 當世世牙齒疎缺하고 醜脣平鼻하며 手脚?戾하고 眼目角睞하며 身體臭穢하고 惡瘡膿血하며 水腹短氣의 諸惡重病하리라 是故普賢아 若見受持是經典者면 當起遠迎하대 當如敬佛이니라

만일 이 경을 받아 지니는 이를 보고 그의 허물을 드러내면, 그것이 사실이거나 사실이 아니거나 이 사람은 이 세상에서 백라병(白癩病)을 얻을 것이니라. 만약 경멸하고 비웃으면 세세생생에 이가 성글고 빠지고, 입술이 추악하고, 코가 납작하고, 손발이 삐뚤어지리라. 눈은 튀어나오거나 움푹 패일 것이고, 몸에서는 더러운 냄새가 나고, 나쁜 부스럼에 피고름이 흐르고 배에 물이 차게(水腹) 되고 숨이 가쁘며, 여러 가지 나쁘고 중한 병에 걸리리라.
그러므로 보현이여, 이 경전을 받아 지니는 이를 보거든 마땅히 일어나서 멀리 나가 영접하여 부처님을 공경하듯이 할 것이니라."

❀ 보현보살권발품은 법화경 공부하는 마음을 내라고 권하는 품인데 좀 무서운 말씀을 하고 있습니다. 꼭 여기 나와 있는 것처럼 되지

는 않겠지만 어리석은 사람에게는 이러한 방편이 필요할 경우가 간혹 있습니다. 분명히 법을 비방하는 것은 아주 무거운 과보를 받는 죄입니다. 법화경의 참된 뜻을 이해하지 못하고 비방하는 경우가 있을 것입니다. 그런 사람들은 욕하거나 미워하지 말고, 부드러운 말로 이해시키고 설득해서 비방하지 못하도록 하는 것이 좋습니다. 법을 비방하는 것은 모르고 하더라도 큰 죄가 되기 때문입니다.

서양식의 과학적 사고에 익숙한 사람들에게 통하지 않는 이야기를 자꾸 늘어놓으면서 강권하면 거부당하기 쉽습니다. 이른바 미신적인 요소로 치부될 수 있는 것을 지나치게 강조하다 보면 불교 전체가 그렇다는 식으로 매도당할 위험이 있습니다. 만일 그렇게 된다면 그것은 불자의 탓이고 불자의 잘못입니다.

쉽게 이해하기 힘든 내용을 강조하기보다는 부처님의 가르침과 보살행을 실제 생활에서 몸소 실천하는 노력이 가장 바람직한 전법활동이라고 생각됩니다. 우리 자신이 먼저 불법의 이치를 배우고 체득해서 실천하는 것, 그것이 가장 값지면서 가장 시급히 행해야 할 일입니다.

11. 보현보살권발품을 설한 공덕

【경문】

說是普賢勸發品時에 恒河沙等無量無邊菩薩은 得百千萬億旋陀羅尼하고 三千大千世界微塵等諸菩薩은 具普賢道하니라 佛說是經時에 普賢

等諸菩薩과 舍利弗等諸聲聞과 及諸天龍人非人等一切大會가 皆大歡喜하야 受持佛語하고 作禮而去하니라

이 보현권발품(普賢勸發品)을 말씀하실 때에 항하사와 같이 한량없고 그지없는 보살들은 백천만 억 선다라니를 얻고, 삼천대천세계의 티끌 수 보살들은 보현의 도를 구족하였습니다.
부처님께서 이 경을 말씀하실 적에 보현 등의 여러 보살과 사리불(舍利弗) 등의 여러 성문과 천신들과 용과 사람과 사람 아닌 이 등 모든 대중이 모두 크게 환희하여 부처님 말씀을 받아 지니고 예배하고 물러갔습니다.

❀   전체 7권 28품으로 이루어진 묘법연화경을 한마디로 정리하면 인불사상(人佛思想)입니다. 모든 사람을 부처님으로 받들어 섬기는 것입니다. 왜 그래야 할까요? 바른 안목을 열어서 깊이 이해하면 모든 사람이 부처님이라는 사실 외에 다른 것은 아무 것도 없기 때문입니다. 정말로 부처님이기 때문에 부처님으로 받들어 섬기지 않을 수 없습니다. 국자는 국물의 맛을 모르는 것처럼 단지 말로 설명해서 쉽게 이해될 이치는 아닙니다. 그러나 분명한 것은 사람을 부처님으로 받들어 섬기면 나도 행복하고 그도 행복해진다는 사실입니다. 이고득락(離苦得樂) 즉 괴로움을 여의고 즐거움을 얻는 것이 불교의 목적이라면 이보다 더 확실하게 행복해지는 길이 있겠습니까? 이렇듯, 인불사상을 제대로 실천하는 사람이 으뜸가는 보살행을 하는 사람이며 곧 보현행자요, 법화행자입니다.

무비 스님
법화경 강의 _ 【하권】

2008년 11월 17일 초판 1쇄 발행
2023년 11월 3일 초판 9쇄 발행

지은이 무비 스님
발행인 박상근(至弘) • 편집인 류지호 • 편집이사 양동민
편집 김재호, 양민호, 김소영, 최호승, 하다해 • 디자인 김소현
제작 김명환 • 마케팅 김대현, 이선호 • 관리 윤정안
콘텐츠국 유권준, 정승채, 김희준
펴낸 곳 불광출판사 03169 서울시 종로구 사직로10길 17 인왕빌딩 301호
대표전화 02) 420-3200 편집부 02) 420-3300 팩시밀리 02) 420-3400
출판등록 제300-2009-130호.(1979. 10. 10)

ISBN 978-89-7479-635-8 (04220)

값 35,000원

독자의 의견을 기다립니다. www.bulkwang.co.kr
잘못된 책은 바꾸어드립니다.
불광출판사는 (주)불광미디어의 단행본 브랜드 입니다.